U0369815

近代稀见旧版文献再造丛书

民国中国文化史要籍汇刊（影印本）

侯杰 主编

第十八卷

陈安仁 中国近世文化史

南開大學出版社

图书在版编目(CIP)数据

民国中国文化史要籍汇刊. 第十八卷 / 侯杰主编
. —影印本. —天津 : 南开大学出版社, 2019.1
(近代稀见旧版文献再造丛书)
ISBN 978-7-310-05717-7

Ⅰ. ①民… Ⅱ. ①侯… Ⅲ. ①文化史—文献—汇编—
中国 Ⅳ. ①K203

中国版本图书馆 CIP 数据核字(2018)第 278417 号

版权所有　侵权必究

南开大学出版社出版发行
出版人:刘运峰
地址:天津市南开区卫津路 94 号　　邮政编码:300071
营销部电话:(022)23508339　23500755
营销部传真:(022)23508542　　邮购部电话:(022)23502200
*
北京隆晖伟业彩色印刷有限公司
全国各地新华书店经销
*
2019 年 1 月第 1 版　　2019 年 1 月第 1 次印刷
148×210 毫米　32 开本　14.375 印张　4 插页　413 千字
定价:180.00 元

如遇图书印装质量问题,请与本社营销部联系调换,电话:(022)23507125

出版说明

一、本书收录民国时期出版的中国文化史著述，包括通史性文化著述、断代史性文化著述和专题性文化史著述三大类；民国时期出版的非史书体裁的文化类著述，如文化学范畴类著述等，不予收录；同一著述如有几个版本，原则上选用初始版本。

二、个别民国时期编就但未正式出版过的书稿如吕思勉的《中国文化史六讲》和民国时期曾以文章形式公开发表但未刊印过单行本的著述如梁启超的《中国文化史·社会组织篇》，考虑到它们在文化史上的重要学术影响和文化史研究中的重要文献参考价值，特突破标准予以收录。

三、本书按体裁及内容类别分卷，全书共分二十卷二十四册；每卷卷首附有所收录著述的内容提要。

四、由于历史局限性等因，有些著述中难免会有一些具有时代烙印、现在看来明显不合时宜的内容，如『回回』『满清』『喇嘛』等称谓及其他一些提法，但因本书是影印出版，所以对此类内容基本未做处理，特此说明。

南开大学出版社
二〇一八年十一月

总序

侯杰

中国文化，是世代中国人的集体创造，凝聚了难以计数的华夏子孙的心血和汗水，不论是和平时期的锲而不舍、孜孜以求，还是危难之际的攻坚克难、砥砺前行，都留下了历史的印痕，闪耀着时代的光芒。其中，既有精英们的思索与创造，也有普通人的聪明智慧与发奋努力；既有中华各民族儿女的发明创造，也有对异域他邦物质、精神文明的吸收、改造。中国文化，是人类文明的一座巨大宝库，发源于东方，却早已光被四表，传播到世界的很多国家和地区。

如何认识中国文化，是横亘在人们面前的一道永恒的难题。虽然，我们每一个人都不可避免地受到文化的熏陶，但是对中国文化的态度却迥然有别。大多离不开对现实挑战所做出的应对，或恪守传统，维护和捍卫自身的文化权利、社会地位，或从中国文化中汲取养料，取其精华，并结合不同历史时期的文化冲击与碰撞，进行综合创造，或将中国文化笼而统之地视为糟粕，当作阻碍中国迈向现代社会的羁绊，欲除之而后快。这样的思索和抉择，必然反映在人们对中国文化的观念和行为上。

中国文化史研究的崛起和发展是二十世纪中国史学的重要一脉，是传统史学革命的一部分——传统史学在西方文化的冲击下，偏离了故道，即从以帝王为中心的旧史学转向以民族文化为中心的新史学，又和中国的现代化进程有着天然的联系。二十世纪初，中国在经受了一系列内乱外患后，千疮百孔，国力衰微；与此同时，西方的思想文化如潮水般涌入国内，于是有些人开始对中国传统文化产生怀疑，甚至持否定态度，全盘西化论思潮的出笼，更是把这种思想推向极致。民族自信力的丧失既是严峻的社会现实，又是亟待解决的问题。而第一次世界大战的惨剧充分暴露出西方社会的弊端，其文化取向亦遭到人们的怀疑。人们认识到要解决中国文化的出路问题就必须了解中国文化的历史和现状。很多学者也正是抱着这一目的去从事文化史研究的。

在中国文化史书写与研究的初始阶段，梁启超是一位开拓性的人物。早在一九〇二年，他就深刻地指出：『中国数千年，唯有政治史，而其他一无所闻。』为改变这种状况，他进而提出：『历史者，叙述人群进化之现象也。』而所谓『人群进化之现象』，其实质是文化演进以及在这一过程中所进发出来的缤纷事象。以黄宗羲『创为学史之格』为楷模，梁启超呼吁：『中国文学史可作也，中国种族史可作也，中国财富史可作也，中国宗教史可作也。诸如此类，其数何限?』从而把人们的目光引向中国文化史的写作与研究。一九二一年他受聘于南开大学，讲授『中国文化史』，印有讲义《中国文化史稿》，后经过修改，于一九二二年在商务印书馆以《中国文化史稿第一编——中国历史研究法》之名出版。截至目前，中国学术界将该书视为最早的具有史学概论性质的著作，却忽略了这是梁启超对中国文化历史书写与研究的整体思考和潜心探索之举，充满对新史学的拥抱与呼唤。

与此同时，梁启超还有一个更为详细的关于中国文化史研究与写作的计划，并拟定了具体的撰写目录。梁启超的这一构想，部分体现于一九二五年讲演的《中国文化史·社会组织篇》中。在这个关于中国文化史的构想中，梁启超探索了中国原始文化以及传统社会的婚姻、姓氏、乡俗、都市、家族和宗法、阶级和阶层等诸多议题。虽然梁启超终未撰成多卷本的《中国文化史》(其生前，只有《中国文化史·社会组织篇》等少数篇目问世)，但其气魄、眼光及其所设计的中国文化史的书写与研究的构架令人钦佩。因此，鉴于其对文化史的写作影响深远，亦将此篇章编入本丛书。

此后一段时期，伴随中西文化论战的展开，大量的西方和中国文化史著作相继被翻译、介绍给中国读者。桑戴克的《世界文化史》和高桑驹吉的《中国文化史》广被译介，影响颇大。国内一些学者亦仿效其体例，参酌其史观，开始自行编撰中国文化史著作。一九二一年梁漱溟出版了《东西文化及其哲学》，这是近代国人第一部研究文化史的专著。尔后，中国文化史研究进入了一个短暂而兴旺的时期，一大批中国文化史研究论著相继出版。在二十世纪二三十年代，有关中国文化史的宏观研究的著作不可谓少，如杨东莼的《本国文化史大纲》、陈国强的《物观中国文化史》、柳诒徵的《中国文化史》、陈登原的《中国文化史》、王德华的《中国文化史略》等。在这些著作中，柳诒徵所著《中国文化史》被称为『中国文化史的开山之作』，而杨东莼所撰写的《本国文化史大纲》则是第一本试图用唯物主义研究中国文化史的著作。与此同时，对某一历史时期的文化研究也取得很大进展。如孟世杰的《先秦文化史》、陈安仁的《中国上古中古文化史》和《中国近世文化史》等。在宏观研究的同时，微观研究也逐渐引起学人们的注意。其中，中西文化交流史研究成绩斐然，如郑寿麟的《中西文化之关系》、张星烺的《欧化东渐史》等。一九三六至一九三七年，商务印书馆出版了由王云五等主编的《中国文化史丛书》，共有五十余种，体例相当庞大，内容几乎囊括了中国文化史的大部分内容。

此外，国民政府在三十年代初期出于政治需要，成立了『中国文化建设会』，大搞『文化建设运动』，致力于『中国的本位文化建设』。一九三五年十月，陶希盛等十位教授发表了《中国本位文化建设宣言》，提出『国家政治经济建设既已开始，文化建设亦当着手，而且更重要』。因而主张从中国的固有文化即传统伦理道德出发建设中国文化。这也勾起了一些学者研究中国文化史的兴趣。

同时，这一时期又恰逢二十世纪中国新式教育发生、发展并取得重要成果之时，也促进了『中国文化史』课程的开设和教材的编写。清末新政时期，废除科举，大兴学校。许多文明史、文化史的著作因非常适合作为西洋史和中国史的教科书，遂对历史著作的编纂产生很大的影响。在教科书撰写方面，多部中国史的教材，无论是否以『中国文化史』命名，实际上都采用了文化史的体例。而这部分著作也占了民国时期中国文化史著作的一大部分。如吕思勉的《中国文化史二十讲》（现仅存六讲）、王德华的《中国文化史略》、丁留余的《中国文化史问答》、李建文的《中国文化史讲话》、范子田的《中国文化小史》等。

二十世纪的二三十年代实可谓中国学术发展的黄金时期，这一时期的文化史研究成就是有目共睹的，不少成果迄今仍有一定的参考价值。此后，从抗日战争到解放战争十余年间，中国文化史的书写和研究遇到了困难，陷入了停顿，有些作者还付出了生命的代价。但尽管如此，仍有一些文化史论著问世。此时，综合性的文化史研究著作主要有缪凤林的《中国民族之文化》、陈安仁的《中国文化史》、王治心的《中国文化史类编》、陈竺同的《中国文化史略》和钱穆的《中国文化史导论》等。其中，钱穆撰写的《中国文化史导论》和陈竺同撰写的《中国文化史略》两部著作影响较为深远。钱穆的《中国文化史导论》，完成于抗日战争时期。该书是继《国史大纲》后，他撰写的第一部系统讨论中国文化史的著作，专就中国通史中有关文化史一端作的导论。因此，钱穆建议读者『此书当与《国史大纲》合读，庶易获得写作之大意所在』。不仅如此，钱穆还提醒读者该书虽然主要是在专论中国，实则亦兼论及中西文化异同问题。数十年来，『余对中西文化问题之商榷讨论屡有著作，而大体论点并无越出本书所提主要纲宗之外』。故而，『读此书，实有与著者此下所著有关商讨中西文化问题各书比较合读之必要，幸读者勿加忽略』。陈竺同的《中国文化史略》一书则是用生产工具的变迁来说明文化的进程。他在该书中明确指出：『文化过程是实际生活的各部门的过程』，『社会生产，包含着生产力与生产关系。这本小册子是着重于文化的过程。至于生产关系，就政教说，乃是权力生活，属于精神文化，而为生产力所决定』。除了上述综合性著作外，这一时期还有罗香林的《唐代文化史研究》、朱谦之的《中国思想对于欧洲文化之影响》等专门性著作影响较为深远。

不论是通史类论述中国文化的著作，还是以断代史、专题史的形态阐释中国文化，都包含着撰写者对中国文化的情怀，也与其人生经历密不可分。柳诒徵撰写的《中国文化史》也是先在学校教习之用，后在出版社刊行。鉴于民国时期刊行的同类著作，有的较为简略，有的只可供学者参考，不便于学年学程之讲习，所以他发挥后发优势，出版了这部比较丰约适当之学校用书。更令人难忘的是，柳诒徵不仅研究中国文化史，更有倡行中国文化的意见和主张。他在《弁言》中提出：『吾尝妄谓今之大学宜独立史学院，使学者了然于史之封域非文学、非科学，且创为斯院者，宜莫吾国若。三二纪前，吾史之丰且函有亚洲各国史实，固俨有世界史之性。丽、鲜、越、倭所有国史，皆师吾法。夫以数千年丰备之史为之干，益以近世各国新兴之学拓其封，则独立史学院之自吾倡，不患其异于他国也。』如今，他的这一文化设想，在南开大学等国内高校已经变成现实。正是由于有这样的文化观念，所以他才自我赋权，主动承担起治中国文化史者之责任：『继往开来……择精语详，以诏来学，以贡世界。』

杨东莼基于『文化就是生活。文化史乃是叙述人类生活各方面的活动之记录』的认知，打破朝代观念，将各时代和作者认为有关而又影响现代生活的重要事实加以叙述，并且力求阐明这些事实前后相因的关键，希望读者对中国文化史有一个明确的印象，而不会模糊。不仅如此，他在叙述中，尽力坚持客观的立场，用经济的解释，以阐明一事实之前因后果与利弊得失，以及诸事实间之前后相因的关联。这也是作者对『秉笔直书』『夹叙夹议』等历史叙事方法反思之后的选择。

至于其他人的著述，虽然关注的核心议题基本相同，但在再现中国文化的时候却各有侧重，对中国文化的评价也褒贬不一，存在差异。这与撰写者对中国文化的认知，及其史德、史识、史才有关，更与其学术乃至政治立场、占有的史料、预设读者有关。其中，既有学者之间的对话，也有学者与读者的倾心交流，还有对大学生、中学生、小学生的知识普及与启蒙，对中外读者的文化传播，及其跨文化的思考。他山之石，可以攻玉。二十世纪二十年代日本学者高桑驹吉的著述以世界的眼光，叙述中国文化的历史，让译者感到：数千年中，我过去的祖先曾无一息与世界相隔离，处处血脉流转，气息贯通。如此叙述历史，足以养成国民的一种世界的气度。三十年代，中国学者陈登原不仅将中国文化与世界联系起来，而且还注意到海洋所带来的变化，以及妇女地位的变化等今天看来都亟待解决的重要议题。实际上，早在二十世纪二十年代，就有一些关怀中国文化命运的学者对十九世纪末到二十世纪初通行课本大都脱胎于日本人撰写的《东洋史要》一书等情形提出批评：以外人目光编述中国史事，精神已非，有何价值？而陈旧固陋，雷同抄袭之出品，竟占势力于中等教育界，垂二十年，亦可怜矣。乃者，学制更新，旧有教本更不适用。为改变这种状况，顾康伯广泛搜集文化史料，因宜分配，撰成《中国文化史》，脉络分明，宗旨显豁，不徒国史常识可由此习得，即史学门径，亦由此窥见。较之旧课本，不可以道里计，故而受到学子们的欢迎。此外，中国文化的海外传播、中国对世界文化的吸收以及中西文化关系等问题，也是民国时期中国文化史撰写者关注的焦点议题。

围绕中国文化史编纂而引发的有关中国文化的来源、内涵、特点、价值和贡献等方面的深入思考，耐人寻味，发人深思。孙德孚更将翻译美国人盖乐撰写的《中国文化辑要》的收入全部捐献给因日本侵华而处于流亡之中的安徽的难胞，令人感佩。

实际上，民国时期撰写出版的中国文化史著作远不止这些，出于各种各样的原因，没有收入本丛书，也是非常遗憾的事情。至于已经收入本丛书的各位作者对中国文化的定义、解析及其编写体例、使用的史料、提出的观点、得出的结论，我们并不完全认同。但是作为一种文化产品值得批判地吸收，作为一种历史的文本需要珍藏，并供广大专家学者，特别是珍视中国文化的读者共享。

感谢南开大学出版社的刘运峰、莫建来、李力夫诸君的盛情邀请，让我们徜徉于卷帙浩繁的民国时期中国文化史的各种论著，重新思考中国文化的历史命运；在回望百余年前民国建立之后越演越烈的文化批判之时，重新审视四十年前改革开放之后掀起的文化反思，坚定新时代屹立于世界民族之林的文化自信。

感谢与我共同工作、挑选图书、撰写和修改提要，并从中国文化中得到生命成长的区志坚、李净昉、马晓驰、王杰升等香港、天津的中青年学者和志愿者。李力夫全程参与了很多具体工作，表现出一位年轻编辑的敬业精神、专业能力和业务水平，从不分分内分外，让我们十分感动。

总目

陈国强　物观中国文化史（上、下）

第十三卷　丁留余　中国文化史问答

姚江滨　民族文化史论

缪凤林　中国民族之文化

第十四卷　王治心　中国文化史类编（上、中）

第十五卷　雷海宗　中国文化与中国的兵

蒋星煜　中国隐士与中国文化

第十六卷　孟世杰　先秦文化史

罗香林　唐代文化史研究

第十七卷　陈安仁　中国上古中古文化史

第十八卷　陈安仁　中国近世文化史

第十九卷　朱谦之　中国思想对于欧洲文化之影响

第二十卷

张星烺　欧化东渐史

郑寿麟　中西文化之关系

梁启超　中国文化史·社会组织篇

吕思勉　中国文化史六讲

陈安仁《中国近世文化史》

陈安仁（1889—1964），字任甫，广东东莞人，一九一〇年加入同盟会。辛亥革命后，任广东新军军部秘书。后曾任国民革命军总政治部编审委员、国民政府侨务委员、国立中山大学史学系教授，其间，在东莞创办多所学校。抗战爆发后，任第九战区少将参事、中国史学会理事、教育部史地教育委员会委员。撰写《文明家庭教育法》《中国政治思想史大纲》《中国近世文化史》等专著。

陈安仁所著《中国近世文化史》共一册，一九三六年由商务印书馆出版。其与同由商务印书馆一九三八年出版发行的《中国近世文化史》，两书将夏至清的文化划分为上古（夏至周）、中古（秦汉唐）、近世（宋至清）三个时期，按照政治社会、社会风习、家族制度、农业税制、商业、交通等十六个专题加以阐述。一九四七年，商务印书馆将这两部著作结集出版，定名为《中国文化史》。

中國近世文化史

陳安仁著

商務印書館發行

自序

人類以社會爲組織之基礎，未有社會則人類之集團無所寄託也；社會以文化爲生活之基礎，未有文化，則社會之機體無所附麗也。泰羅（Tylor）於其所著原始文化中有曰：『文化是包括智識信仰藝術道德風俗，與其他在社會中獲得之能力與習慣之總合體。』易言之，文化是包括人類生活之總體，不論物質生活精神生活，皆爲文化之所包。文化不良者，物質生活與精神生活，亦從而受不良之影響；世未有文化不良者，而物質生活精神生活可得而良也。是故改造人類之生活，須改造文化始；欲創造人類社會種種之制度工具，須創造文化始。人類是與文化相終始，野蠻人類，有野蠻人類之淺演文化；開化人類，有開化人類之進步文化。中國立國已有數千年，在上古時代，文化已經開展，而原始文化如何？史家鈎稽，未得而詳也。予於所著中國文化演進史觀一書中國幾千年之經濟狀況與文化演進之關係一篇有曰：『中國幾千年文化的進步，可說是播種於伏羲神農黃帝堯舜，而萌芽於夏商，發揚於周秦漢唐，停頓於宋元明淸之間。』所謂播種是指有史記載之始言之耳，其未有史記載以前之淺演文化，基礎文化，固未獲詳爲探討也。伏羲之世，與文化之開展有關係者八事：如畫八卦，制嫁娶，與佃漁畜牧，製衣服，築城邑，創官制，作曆數，造琴瑟，凡玆種種，固非上古淺演文化之民族所能語於是也。中國文化已開展於數千年前，在此數千年悠遠之時間中，文化之進步，當比世界任何國家爲優異，乃反落後，而不能等量齊觀，斯則由於宋元明淸之間，文化之停頓不進，有以階之；雖其間如宋代印刷術之發明，儒家思想之轉變；元代交通制度之推廣，戲曲小說之勃興，明代與外國交通之銳進，造船工業之進步；清代經史典籍之搜羅，西方學術之模仿；在在時代雖表見文化之特色；而物質文化精神文化之平均發展，未能與歐美文化銳進之國家並駕齊驅，致影響於國家之衰落，民族之銷沉，斯則可慨已。歐洲近代與現代文化之進步，是由於十六世紀歐洲文化獲得一新開展之途徑。十六世紀文化之新成分，最主要者有下列數種：（一）印刷術之發明，而知識傳達甚廣；（二）因人文主義（Humanism）之產生，使文藝批評發達甚速；（三）十六世紀間，為繪圖與建築之黃金時代；（四）各國國語文學之發揚光大；（五）近代自然科學之萌芽發生。（參閱 Carlton J. H. Hayes, "A Political and Social History of Modern Europe", P. 177.）惟在中國宋元明清四代，以文化之發展，偏而不全，又中經異族統治摧殘原有之文化，遂使文化之光芒暗澹，不足語於歐洲十六世紀文化之新生時代也。蓋歐洲十六世紀新生時代之文化，非突然發現，而有所胎原，如希臘天文學醫學之基本觀念，各種文學體裁，戲劇，史詩，圓柱建築，人體雕刻；羅馬之法律典章，凱旋門之建築；與中世紀在天主教直接指導之下，產生一種之基督教文化，重新研究古代希臘之哲學，各種通用文字，方言文學，民衆文學，莊嚴教堂之藝術；皆足為十六世紀文化開導之前路。中國近世文化雖銜接於唐代，然中經殘唐五代之亂離，未能直進其機勢，此自宋以後文化之不能平均發展，其一因也。吾人欲知中國現代文化銷沉之原因，不可不研究中國近世文化之史實，舉凡政治、風習、家族、制度、農業、商業、交通、幣制、官制、軍制、法制、宗教、美術、教育、學術、理學、文學等類，一一從而鉤稽之，詳述之，估量宋、元、明、清四代文化之歷史價值，從而促進國人向新文化之坦途邁進，完成中國新生時代之文化使命，斯誠國人努力之標準也。是書爲數年來於中山大學史學系三年級任文化史一科之講述，區區二十七萬言之論著，未足以概其全，世有大雅，其有以匡之。時民國二十四年七月一日，著者序。

目錄

第二章　元代之文化……一四九

第四章　清代的文化……三一一

中國近世文化史

緒論

世界各國的文化乃是多元的，非是一元的；乃是複雜的，非是簡單的；乃是演進的，非是突現的；乃是融合的，非是安插的；乃是機體的，非是堆積的。現代世界的文化，乃由多數的系統組成，而各系統又由種種不同的要素組成，很像人的身體，吸收各種不同的食物而入於胃部，徐圖消化，而後將其營養物吸收於機體中，又由牠的機能呈新陳代謝之作用，潛滋暗長，而促身體的發展一樣。在現代的世界中，惹起千種萬態的社會事業，而此千種萬態的社會事業，是由千種萬態的文化形態相映照而成，此是過去歷史上萬數千年來人類文化的創造發展，所產出的成果；所以每一個民族，每一個國家，不是完全同其他民族其他國家一樣，很像人的身體，因機能新陳代謝作用，完成體格形貌，而體格形貌，不盡人人相同，在現代世界的文化系統中，最重要的系統，是極東文化，印度文化，回教文化，西洋文化四大系統，而各系統中又可分析許多相異的文化要素，如將西洋文化系統中發見其要素，有古代東方文化，猶太文化，希臘文化，羅馬文化，以及日耳曼文化，而此等五大要素中，其長於知識，富於想像，卓越於藝術之美，而影響於世界最大的，當推希臘的文化。然而希臘的上古文化，除卻牠本身具有的實素外，乃是吸收附近小亞細亞沿岸的文化而來，即是愛琴（Ægean Sea）文化，同時在其東鄰有所謂東方文化的存在，比之愛琴文化，爲更盛大的發達常有刺激愛琴文化的事實所謂古代東方文化，其中有在尼羅河畔上溯紀元前三千年以上的埃及文化；有米索波達米亞（Mesopotamia）河域同樣悠遠的加列底（Chaldean）巴比崙人（Babylon）亞西里亞人（Assyrian）的文化此等古代的東方文化，在幾千年間很悠久的發展之中，或依海上交通，或由陸路往來，遂與愛琴文化相接觸而刺激其進步。希臘的亞該亞（Achaia）民族，在紀元前二千年的中葉以後，由北方南下進入希臘本土，和愛琴文化相接觸，以武力的優勢支持愛琴海的部分，大約數世紀之間，希臘人遂成就許多的大事業（古希臘史的中古時期），在此期中，一面破壞由上古傳來的古代文化，一面又徐徐地採長補短，以開發其固有之國民的文化建設的端緒，正如後世的日耳曼人侵入羅馬帝國以後，一面蹂躪其古代文化，一面又徐徐地爲牠所薰陶，以作成現代西歐諸國民之社會的基礎一樣。文化是發生於社會的接觸，而社會的接觸，是發生於相互間個人的關係；文化爲增進社會接觸效能的工具，但同時又爲社會接觸的結果（Social contacts are made more efficient through culture, which in turn is obtained largely through social contacts）近代文化的進展，是由各種不相同的社會，不相同的民族，互相移動互相接觸的結果。白色人種歷史家稱爲亞利安人種（Aryans），亞利安在紀元前一萬年頃離開他們的故鄉土耳其斯坦（Turkestan）向各處分布，居西亞細亞的爲閃族（Semites），分爲巴比崙人，古亞述人，希伯來人，腓尼基人，薩拉森人，進亞非利加的爲含族（Hamites），稱爲古代埃及人；入印度的便成了印度人；又歐羅巴的，可分爲四種族：在希臘的，爲希臘人（Greeks），在意大利的，為拉丁人(Latins)，在西北部的，為日耳曼族(Germanii)，在西南部的，為克里特族(Celt)，在東部的，為斯拉夫族(Slavs)，這些種族繼承着他固有的文化因移動接觸之故，在古代文化史上具有偉大的貢獻。人類文化最初的發生，歷史家稱自印度大陸，因人類的移動，把太初的文化傳播到各地方，但那所傳播的地方，為各地方的地理環境所影響而異化，又隨各地理環境所影響的民族性而異化。古代的巴比崙，由亞拉伯移來的塞密族佔據着，因而建設了巴比崙王國，到了漢謨拉比王(Hammurabi)的時候，商業及工業，都有很大的進步，為巴比崙象徵的文化很多，其中最顯著者是漢謨拉比的法典，這個法典，是由閃族的習慣而發達的，(見"James Henry Breasted: History of Europe" P. 48.)巴比崙人的性習，信仰月神日神能保護人類，假使有不高興的事，便反給人以凶禍，更信星辰支配着人的運命，故常留意天體的運行，因之判斷吉凶禍福，於是占星術和天文學，從而發達。埃及上古的文化，開發於尼羅河的岸濱，因尼羅河的氾濫，教埃及的居民，能建造堤防水門及貯水的法子。埃及人富於自然崇拜，深信人死後尚有生命保存，結果將遺骸保存，乃有「木乃伊」的發明。又因尼羅河定期底氾濫，天空澄清之故，土地測量與天體觀測，都有進步，數學與曆術，也因之非常發達。巴比崙與埃及間有二民族，一為希伯來，一為腓尼基，希伯來是富於宗教性的民族，他們崇奉的一神教，因堅貞信仰之故，成為歐洲文化啓導原因之一；腓尼基(Phoenicia)東有山脈，西臨地中海，土地磽角，不適耕種，所以住民的生活資源，非求之於海洋不可；他們利用利巴嫩山的檜材，建造船舶，從事於海上的發展，出太平洋而達北海；又向陸地組織商隊，自阿拉伯、巴比崙、亞述、黑海沿岸、埃及等地，輸進各種物產；他在世界文化史上的貢獻，為開拓各地的交通貿易，輸運先進文化國的文化，入未開化的地方，可說是文化的傳播者；他的文化的開展，一方面由於冒險性的民風，一方面亦由地中海沿岸的地理環境。上古的波斯大帝國，自印度河至愛琴海，自高加索至埃及，領屬很大的版圖，以寬大的態度對付屬地，因此在軍事上及政治上成了大功；牠的文學及藝術，雖沒有可誇耀的東西，但建築物頗爲偉大，雕刻模倣着亞述的；牠宮殿的圓柱，融合埃及與希臘的特徵，牠的宗教，指示着善神的勝利，追求着正義與光明的傾向，以宗教的感化，結果完成統一的大業。在古代西洋文化中，含着希臘與羅馬文化兩要素，普通西洋史，是自希臘始，但是希臘的文明，並不是突然而起，如羅馬文化，受希臘文化之賜，希臘文化，胎原於古代東洋的文化，希臘民族，合亞該亞族（Achaian）伊奧利族（Æolian），愛奧尼亞族(Ionian)，多利亞族(Dorian)四族而成。希臘民族，愛美與愛自由愛自然，其性質適於冥想，產生純然的理想，他的哲學，開西洋哲學的基礎，他的美術，受益古代東洋諸國處居多，尤取範於埃及與米索波達米亞(Mesopotamia)先進諸國的民衆的藝術；希臘文化，經長期間的發展，而以思想藝術哲學爲其特長，在此以表現希臘的精神。希臘人的精神，在乎自由與調和，一切學問，經過此種精神之洗鍊，而邁進而高深的形而上思想，唯物的原子論，人生的目的論，處世的教訓，各種應用的學術技藝，詩歌文章，言語的學問，尤其是戲劇，典雅的建築，崇高的雕刻，華麗的壁畫，或嵌鑲細工，均表現他自由與調和的精神，形成西洋文化系統有力的要素。古代西洋文化，是由希臘人與羅馬人築其基礎，希臘人富於創造性，羅馬人富於保守性，希臘人憧憬於眞善美，注視着理想的世界，羅馬人愛好衣食住，注視着現實世界的享樂，前者於文學與藝術有所成功，後者於政治及法律占了優勝。歷史家考察羅馬文化，譬作海洋，在各處長育的文化，成爲大河注入羅馬之海，表現一個綜合的文化；希臘人尊重個性，雖多創造，而其國家分爲小都市國家，不能統一，羅馬人注重集團，能以堅固團結之法，共同致力，所以能完成一個大帝國。歐洲人能取兩者的特長以完成近代的文化。從上引說，地理環境與民族特性對於文化的影響，是可以明見了。

中國文化，開展於幾千年前，牠也不能免地理環境與民族特性的影響。中國文化，起源於沿黃河揚子江流域廣大的平原，在這些地方，就有遠古原始的民族定住，後來有西北方移動的漢族，以武力征服原住的民族，組織平原的農業的封建的國家制度的形態；依農業氣候的觀察，發達了天文學與陰曆；依天體恐懼與尊崇的感情，發展祀天的宗教觀念；依人生需要的關係，發明土木水利醫藥工藝繪畫建築及竹木紀錄的雕刻；至周代文化，遂達於高度。春秋戰國，以中央政權的衰頹，和羣雄割據的對立抗爭，政治混亂，社會紛離，在這時候，北方產了孔子的儒學，在南方產了老子的道教，前者是提倡修身齊家治國平天下之道，及忠孝信義仁愛之德，其末流竟成了曲學阿世，爲權貴的工具；後者提倡自然哲學，蔑視權威，排斥虛僞，主張任天安命，後來竟成了頹廢無爲之風。秦漢以後，君權擴張，封建文明，頗增彩色。唐代中國統一，國威遠播，文化爲東亞之冠，日本學者僧侶，紛紛留學於中國，盡力灌輸中國文化。在那時的統治勢力，東達朝鮮，西達波斯，北達西伯利亞，南及南洋羣島，東西交通，頻繁起來，陸路從長安西行經甘肅新疆，越葱嶺，經中央亞細亞，西達波斯，南抵印度。海路則從廣州出發，航行南洋羣島間，西抵印度錫蘭島，最西入波斯灣，與阿剌伯帝國交通，貿易都很繁盛。在那時宗教很發達，除本宗儒道二教外，由阿剌伯傳入回教，由波斯傳入祆教景教，且因玄奘西行，赴印度求佛法，經十九年的時光，歸國極力繙譯經典，給中國的宗教界及繙譯界開展的途徑。唐代因不斷的向外發揚，帝國統一，政治登進軌道，遂造成開元天寶間歷史上的光榮時代；但經過了多年的和平豐樂，一般人因爲生活太舒服，流於享樂主義，武人只曉剝削人民，宮庭只曉奢侈度活，社會經濟日益枯窘，民生疾苦日益加甚，結果引起黃巢流寇之禍，經過多年的爭奪屠殺，造成了五代的局面，在這六七十年的歲月中，可算中國文化史上的黑暗時代。從唐代中葉以後，東北的契丹，北方的回紇，西方的吐蕃，南方的南詔，遂紛紛來侵，直到後晉石敬塘割讓燕雲十六州給契丹後，從此東北藩籬已失，開此後中國民族屈辱之局，這是中國文化史上一件應注意的大事。

中國文化，經唐代的隆盛期，本來有此雄厚的文化根據，應該向前邁進，但自宋以後，經元明清數朝，文化竟在停頓期中，這是何故？依我的見解，第一，因爲宋代大談性理形上之學，只注重心觀而不注重物觀；只注重義理明道，而不注重民生經濟，只注重釋老空修，不注重現實改造。第二，因爲宋朝一代與外患相終始，起初東北有遼人爲宋的強敵，到北宋末年，遼的部屬有女眞一族突起，先滅遼，繼侵宋，宋不能抵抗，徽欽二宗被擄，高宗南渡，遷都於杭州，黃河流域受異族的蹂躪，又過了一百年，金人亦被蒙古所滅，黃河流域二度被蹂躪，經過這幾次游牧民族的侵擾，中國元氣大傷，而文化亦受不少的摧殘。明代崛起，首定江南，次渡河驅除異族，舉黃河流域數百年之蠻俗陋習，而一洗刷之，史家比之「去昏墊而之平成」可說是功烈有加。惟開國規模初定，以殘酷之手段殺戮功臣，株連而死者至四萬五千人，且屢興文字獄，以屠殺士人，這種專制的淫威，與文化的影響，是很重大的。接續滿洲游牧民族統治中國，肆行專制束縛誅鋤政策，凡漢人之言論思想均失去自由，中國固有文化之受摧殘，不言而喻。就中國幾千年歷史紀載以來，中國文化有所長亦有所短，其長者不但要保存，且要發揚之且吸收世界各國(西方包在內)優良的文化，以產生創造更爲優美的具有歷史價値的文化。中國爲文化一古國，牠的文化，屬於自創，抑由於外界輸入？現尙紛紛其說，在歷史上一般稱爲中華中夏華夏，對於環住的夷狄而自尊自視其國爲世界文化的中心，這和古代波斯人自稱其國爲伊蘭(Iran 光明之義)，稱北方之國——中央亞細亞一帶——爲土蘭(Turan 黑暗之義)一樣。中國文化之開展，實爲漢族之力，有說其起原是從中央亞細亞移徙的，又一說謂和西亞細亞有關係，然兩者都沒有可憑的證據，不過漢族初繁殖於黃河沿岸，遂推測發源地是在那河的上流，又因爲加列底(Chaldea)的斯馬爾(Smer)及阿加德(Akkad)兩民族的文化，偶然與漢族有類似之點，遂謂與西亞細亞有關；英人巴克(Parker)說：『或謂中國文化受之於巴比崙埃及，或謂受之於中國本地，均乏確實證據』。(見諸夏原來第三十一章)，英人韋爾斯(Wells)說：『中國文化，似爲自然發生未受他助』。(見世界史綱第十六章)英人羅素(Russell)說：『中國文化，乃歐洲以外完全獨立之發達』。我以爲上古漢族，由西方遷徙到中國，當然帶有原居住地的文化形態，及其移殖中國本土後，與原居中國本土的民族相接觸，文化必有因襲(如苗族)，大概漢族之先，是在支那土耳其斯坦(China-Turkestan)地方的，他向東方移動，植基於黃河流域，與先佔住中國的民族，如通古斯族，圖伯特族，印度支那族，土耳其族等，卽漢族所謂東夷西戎南蠻北狄等民族，經了多次的戰爭以後，遂自黃河流域佔有至揚子江一帶的地方，在這許多民族當中，和漢族抗得最烈的，乃印度支那族中之苗民，及土耳其族的戎狄，這兩族能够與漢族許久相對抗，是有他原有的文化根據以爲對抗之資的。(如苗族的兵器)，自漢族植基於黃河流域，及擴展勢力於揚子江流域以後，幾千年來發展他的文化勢力，在人類文化史上，是有許多的價值。在這許多的文化中，自然有長有短，有優有劣，有高有下；倘若漢族幾千年來所創造的文化，均是短的，劣的，下的，沒有價值，值不得保存的，則中國民族是應爲天演淘汰的民族，必隨加列底、巴比崙等古代文化之邦，成爲歷史上的陳迹了。美人羅斯（E. A. Ross）說『古代中國文化，盛於東亞，景教入中國，不久消滅，猶太人入開封，失其語言宗教，滿洲入中國，亦失其語言文學，或謂中國如大海，凡流入之物，無不溶化，此言誠然』（見Changing Chinese）英人羅素（Russell）說：『中國文化有若干處高於西國，至少亦西國之對手』。又說『中國生於西國之前，或仍存於西國既亡之後，將來西國之興衰，在中國史上，不過佔數頁之地位，且不過言在某時代內受西人侵擾，至某時代後西人已衰，中國復享平安而已』。（見中國問題），美人卜朗（Brown）歷述中國古代之發明有說：『在亞伯拉罕時代二百年以前，中國天文學家，已有確實之測算記載；在耶穌紀元以前，中國人已用火礮，在歐人之祖先茹毛飲血，穴居野處時代，中國已用茶，用膠，造火藥，造陶器，以絲爲衣服，以屋爲居處；中國人發明活字印刷，在歐人發明活字印刷五百年以前；中國人發明拱形建築，至今爲西方建築家所用；又如航海所不能不用之羅經，亦爲中國人所發明』。（見中國在太陽之地位第三章引）英人韋爾斯（Wells）說：『中國逐匈奴西去，以速羅馬之滅亡，而救歐洲之停頓；中國給世界以紙章使能印書印報，以立新世界之根本；中國教蒙古人匈奴人以戰術，使幾乎征服歐洲，以驚起歐人，遂發現南非洲北美洲之機會』。（見北京英文導報一九二四年五月二十二日倫敦通信），

就第一說解釋，兩種民族相遇，其人數多而文化又高者，常能同化人數少與文化低者。就第二說解釋，羅素對中國

文化有逾分的頌揚，我以爲中國民族如不獨立復興起來，中國文化只有一天衰落一天，中國社會只有一天落後一天，豈敢說仍存於西國既亡之後。就第三說第四說解釋，中國文化在歷史上確有價值，對於世界確有貢獻的。有等人對於中國固有文化，一概賤視，一概抹煞，未免數典忘祖了。

歷史發展的階段和文化發展的程序，不是這樣的簡單的。我們常看見兩個常存的原因，存在歷史中，即地理的環境和人類的本性，這常存的原因又與其他相爲條件的勢力相交互，由交互作用，變更其性質和內容。人類的本性，對於環境的刺激發生反應，便在生活上發生特殊的形態，這種形態支配着科學和技術發達的程度，又由科學技術發達的程度，促進政治法律道德教育文藝等的進步，所以歷史上文化演進的步驟，是互相爲因，互相爲果；文化是複雜的生活機構，各種不同的生活機構，產生各種不同的文化現象，有等是固有的發明，有等是傳播的產物，有等是吸收融化的結果，列表如下：

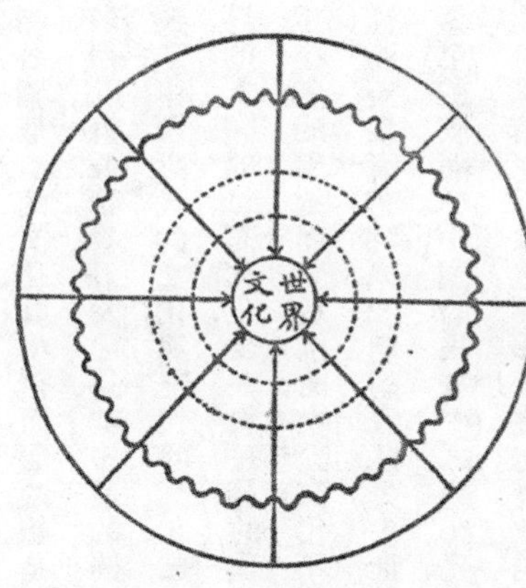

如上圖表示其中直而實的線，是指各國原有的文化，其中環而曲的線，是指地理環境人類本性的文化基礎，其中環而虛的線，是指各國文化之吸收融化，互爲影響，互爲因果，其中心的圓形，是指各國的文化，均向於世界的人類最高的文化標準，大同的目的而邁進。中國近代的文化，與現代的文化，已在於停頓衰落，吸收西方的優良文化，及世界各國的優良文化，以創造世界的人類的最高文化，全在於民族的復興，與文化的復興以爲判斷。

中國民族不能復興，或竟由帝國主義者的壓迫而至於沉淪；中國文化不能復興，或竟由帝國者利用文化的勢力征服之，喪失文化之主動性發展性，而至於衰落，那末我們國家已失去世界一員的推動邁進的力量，必像古代加列底、巴比崙的文化，祇供史家的憑弔感慨而已。中國的民族，中國的文化，中國的社會在過去是佔人類光榮歷史的一頁，而今民族也衰落敗了！文化也退落了！社會也不振了！從這衰敗退落不振的地位，而發奮復興起來，是現在中國人所擔負的歷史使命。我們研究中國的文化史，是認識中國文化的本來面目；研究中國近代文化史，是認識中國近代文化的本來面目，從這個認識上，並對於西方文化迎頭趕上，以創造文化的新系統，這是中國人共同努力的目標。

歐洲現代文化的發展，是由於歐洲近代史的轉機，踏上了科學之路；中國現代文化的衰落，是由於中國近代的文化趨勢，走向於內心理性的研究，而沒有併力向物質的科學的方面講求之故。歐洲近代文化發展史的成分有幾種：（一）印刷術的發明而知識傳達甚廣。一四五〇年荷蘭哈連姆鎮（Haarlem）有哥斯泰（Lourens Coster）發明活字印刷，其後德國、英國、意國、法國，均已採用印刷術發明之結果，使書籍的數量大爲增加，使錯字減少，使書籍需要大為增加。（二）藝術的復興十五六世紀歐洲藝術復興，常模仿希臘、羅馬的程式，在建築雕刻繪畫音樂都有進展。（三）自然科學的開展。自然科學如天文學，在那時已樹立基礎，偉大思想家，如培根與笛卡兒（Descartes），應用科學的新方法，以研究世界一切的事理；物理學家笛氏的科學方法論，（Discourse on Method. 1637 版），和哲學原理，（Principles of Philosophy），與培根的著作，合併起來，可說為科學界開一新紀元。中國近代文化史上，可說是有偉大的理學家，而沒有偉大的科學思想家，所以在近代史文化停頓而不能踏上歐洲科學的道路上，就是其中很重要的原因。

第一章　宋代的文化

第一節　宋代之政治社會

五代以來，各地割據對立，互爭雄長；北漢據今山西北部；後蜀據四川；南唐據安徽、江西、福建；吳越據浙江與江南；荊南據湖北、湖南；南漢據廣東、廣西。宋所統有者，祇直隸、山東、河南、湖南、陝西等地。宋太祖趙匡胤（涿郡人），爲後周太祖世宗兩代的名將，屢立戰功，當帶兵防遼入寇時，受軍士所擁戴，踐皇帝位（建隆元年民國紀元前九百五十二年），其武功可述者：（一）削平羣雄。太祖代周，周昭義節度使李筠起兵潞州（山西長治縣），會北漢伐宋，並據澤州城，太祖遣石守信等分兵擊之，下其城；周淮南節度使李重進，亦抗命，乃親征，拔廣陵，重進自焚死；湖南張文表據潭州爲亂，命慕容延、李處耘等帥師討之，不久荊南湖南，亦爲宋有；後蜀孟昶約北漢同侵宋，命王全斌等伐蜀，繞間道出劍門南克之，遣劉光義、丁德裕會師以張其軍，而四川完全爲宋有；南漢屢侵宋邊，太祖遣潘美帥師伐之，一戰破韶州，繼偪廣州，廣南諸鎮，遂爲宋有；又遣曹彬等伐江南，克池州、銅陵，繼又敗南唐兵於秦淮，進圍金陵，李煜降，江南之地全爲宋有，各地漸次平定，始歸統一。（見九朝紀事本末卷六綱鑑合纂卷二十八）（二）對付邊患。宋代與外患相終始，太祖對於北方外夷，是取守勢的，史稱太祖使李漢超屯關南（瓦橋關），馬仁瑞守瀛州，韓令坤鎮常山，（今河北正定縣），賀惟忠守易州，何繼筠鎮隸州，（今山東惠民縣），以拒北狄。郭進控西山，（衞州刺使兼西巡檢），武守琪戍晉州，（今山西臨汾縣），李謙溥守隰州，（今山西隰縣），李繼勳鎮昭義以禦太原，而遼勢可少阻。趙贊屯延州，（今陝西的膚施縣），姚內賓守慶州，（今甘肅慶陽縣），董重誨守環州，（今甘肅環縣），王彥昇守原州，（今甘肅鎮原縣）馮繼業鎮靈武以備西夏而西夏不得逞。其政治上可述者：（一）削除藩鎮之權。唐代藩鎮跋扈，卒致禍國至五代其勢仍在；太祖既得天下，與趙普謀，思削其權，乃罷石守信等典禁兵而以爲節度使，令就各鎮；繼又罷諸功臣藩鎮使奉朝請節度使有死者或致仕者以文臣代之；藩鎮所領之支郡，直隸朝廷，得自奏事；藩鎮領地之租稅甚少上供，乃於諸州置轉運使管理其租稅歸之於朝；設通判於諸州，軍民之政，皆統治之，事得專達，與長吏均禮，大州或置二員，以分其政權；又命諸州長吏擇本道兵驍勇者送都下以補禁旅之闕，並選強壯者爲兵分送諸道；下令諸州凡決大辟錄案聞奏付刑部詳覆以滅藩鎮枉殺之弊；自是以後，藩鎮節度使之權，遂減削了。（二）政治的改革太祖對於人民政尙寬厚注意薄斂令官毋得妄收逾法收納者，多免職，天災病民，旱甚者，卽蠲其租，又禁鑄佛，禁火葬，禁賭博，勸民重農，勸民儲蓄，且崇尙節儉，爲人民之範，殊不愧爲開國規模。

宋當太宗炅卽位以後，有事於遼夏，而遼人窺伺宋邊尤急（遼其先爲契丹，居熱河，太祖耶律阿保機，乘唐末之亂，始強大，後奄有今東三省、蒙古、直隸、山西北部，國號遼，與宋對立，爲北朝，凡九主，二百十九年，爲金所滅，其族耶律大石，據尋思干稱帝，奄有葱嶺東西之地，史稱西遼，後滅於元），民國紀元前九百三十三年，宋太宗大舉北伐，先滅北漢，契丹使來問興師之由，太宗說：『河東逆命，所當問罪，若北朝不援，和約如故，不然，惟有戰耳』，自是和好中絕，北漢滅後，乘勝攻遼，取順薊二州（順州現今河北省順義縣，薊州河北省薊縣），包圍幽州，兵勢很盛，但其時遼國景宗耶律賢在位，不如穆宗時的腐敗，且引用耶律休哥爲將，兵力很強，太宗與耶律休哥大戰於高梁河（北京之西北，即玉泉山經流之河），太宗大敗，耶律休哥追擊三十餘里，殺死宋兵萬餘人；遼景宗死，聖宗耶律隆緒繼立，年方十二歲，由蕭太后當國，蕭太后命耶律休哥戍守南邊，形勢更固，但宋太宗誤聽邊將賀令圖的話，以爲遼國婦人當朝，有機可乘，遂命曹彬、崔彥進、米信、杜彥圭由雄州出兵，田重進由飛狐嶺（在今河北省淶源縣西北）出兵，潘美、楊業由雁門關（在今山西省代縣西北）出兵，大舉北伐。曹彬、米信等攻涿州（在今河北省涿縣），爲耶律休哥所打敗；潘美、楊業攻寰、朔、應、雲四州（寰州在今山西省馬邑縣，朔州在山西省朔縣，應州在山西省應縣，雲州在山西省大同縣），潘美被耶律斜軫（別作色珍）敗於飛狐嶺，楊業被殺於陳家谷（在今山西朔縣南），太宗遂急召田重進還師，東北各州大受遼兵抄掠，不得安寧，而連年侵擾不休，宋朝再無力進取。契丹之外，又有西夏，是黨項的支族，拓跋氏的後裔，宋太宗時，其後人李繼捧立，率其族人入朝太宗，並獻地，其族弟繼遷不服，屢侵宋邊；太宗淳化五年（民國紀元前九百十八年），命李繼隆爲河西都部署，發兵討亂，破夏州城，平之，而繼遷遂服，已而又叛，繼隆討之，終不能破，夏後繼遷又復遣使納款，乃割夏、綏、銀、宥、靜五州與之，而西夏暫無事。

宋太宗死，子趙恆（眞宗）繼立；恆初立，遼聖宗隆緒親率師南下，至澶州（在今河北省濮陽縣西南），派兵渡黃河，抄掠山東，眞宗親自出兵抵禦，行至大名（在今河北省大名縣，宋朝的北京），遼兵退去。咸平六年（民國紀元前九〇八年），遼聖宗又與蕭太后發兵來攻，再至澶州，朝廷驚恐，王欽若請遷都金陵，陳堯叟請遷至成都，眞宗意不決，問寇準（華州下邽人今陝西渭南縣東北），寇準力主張出兵親征說：『陛下惟可進尺，不可退寸，河北諸軍日夜望鑾輿至，士氣百倍；若回輦數步，則萬衆瓦解，虜乘其後，金陵亦不可得至也』。於是車駕渡河，進至澶州南城，觀望風色，寇準又以爲不可，眞宗遂渡河，至北城，登城樓，遼兵望見旌旗，知眞宗御駕親征，十分驚懼，前鋒攻至澶州城下，被宋兵擊退，遼兵氣勢漸餒，乃利用降將王繼忠爲居間人，與宋朝議和，磋議的結果，宋以歲幣銀十萬兩，絹二十萬匹，成和，遼主稱眞宗爲兄，眞宗稱遼主爲弟，並稱遼國蕭太后爲叔母，這就是所謂「澶淵之盟」。這次「澶淵之盟」，雖發動於遼國，結果也是宋朝吃虧，從民國紀元前九〇八年成和之後，到七九〇年，再開兵釁，差不多有百二十年之久。

眞宗在位二十六年死，太子禎立，是爲仁宗皇帝。時契丹主隆緒亦死，其子宗眞立，他見到本國富強，想設法恢復被後周世宗奪取的地方，把兵隊集中幽薊一帶示威，一面派劉六符至宋朝要求割地，仁宗使派富弼至遼國談判（民國前八百七〇年），遼興宗責備宋朝不應無端修築城堡，增加兵備，指爲有背盟約，富弼陳說兩國用兵，則利在臣下，言和則利在主上，反復論難，纔取消用兵的意思；但宋朝從此每年增加送給遼國的銀絹，各十萬兩匹。宋朝對遼國的交涉，固然處於弱國被壓迫的地位，但始終因和約的關係，很久沒有兵釁，實際上受害較甚的，乃是西夏。元昊是西夏一個豪傑，他吸收中國和吐蕃兩種文化，定官制，造文字，設立蕃學漢學，區畫郡縣，分配屯兵，本人兼通中國和吐蕃兩種文字，善於繪畫和製造，又精明佛學，他卽位之後，西夏的情形，就呈蓬勃的現象；民國紀元前八七三年，元昊舉兵侵宋邊疆，宋令夏竦做陝西招討使，韓琦、范仲淹兩人做他的副手，韓琦主張猛攻，范仲淹主張堅守，議論不一，因而防備疏懈，西夏來攻，致副將任福，大敗於好水川，（在甘肅隆德縣東）後又把陝西四路，分派龐籍守鄜延，范仲淹守環慶，王沿守涇原，韓琦守秦鳳，總是不能得利，元昊雖屢次打勝仗，而國中因連年用兵，也甚困弊，就遣書龐籍請和，和議成，宋朝封他為夏國王，每年賜銀絹茶綵共二十五萬五千。（時為西紀一〇四四年）元昊反叛，雖不過五年，然而宋朝用兵的耗費和沿邊地方的破壞，所受的損失甚大，陝西地方元氣，始終沒有恢復。（元昊僭逆事可參閱九朝紀事本末西夏卷十四）仁宗以和議成，乃召韓琦范仲淹入樞密使，別將代之，會夏人定境界，後四年，元昊死，少子諒祚立，仁宗亦封諒祚為夏王。

仁宗死，無嗣，太宗的曾孫英宗嗣入承大統，在位四年，以久疾沒，其子神宗即位；神宗是有振作的，感於連年的外患緊迫，想改革內政，富強國家，以挽其頹勢，即位後二年，便選用王安石為宰相，（安石字介甫，江西臨川縣人，生於民國紀元前八九一年，歿於紀元前八百二十六年）勵行新法；王安石變法的主張，是注重富國強兵的，想富國強兵，先要注重財政與軍政，他的新法，是注意這兩方面的改革。關於前者，便創設一個從根本整理的總機關，即是制置三司條例司，主要職責，是節制兼併，救濟貧乏，變通全國的財富，考核三司簿籍，把一年的支出編著定式，因此削減冗費十之四，用來增加官吏俸給。制置三司條例司，所定與民生有重要影響者，一為青苗法，一為免役法。青苗法，是當春天播種時，如農民有資本缺乏者，可揣度收穫可得多少贏餘，向官府借貸，到收穫時歸還，叫做青苗錢；其法用各路各州各縣的常平倉廣惠倉所有錢穀作資本，農民借貸青苗錢作資本，凡借貸青苗錢的，官府取利息二分，當青黃不接之時，借貸於地方的豪強，必受他的剝削，倘政府能當農民不足之時，貸給農民，不取高息，是很好的法子，王安石在上五事劄子說：『昔之貧者，舉息於豪民，今之貧者，舉息於官，官薄其息，而民救其乏』。是道實的話。免役法，是想變當時病民之差役制為募役制。差役法即古代力役之征，當時用人民之力，一歲不過三日，及後為君主者，每濫用之而無節制，唐朝末年以來的役法，更加苛虐，除官紳將士僧道外，按民家的人口貲產，調使充當差役，有專任保管運輸官家物件的衙前，有專任督課賦稅的里正戶長鄉書手，有專任逐捕盜賊匪徒弓手壯丁，有充當雜差人力手力等種種苦累，民不堪命；韓琦韓絳等嘗痛論其害，安石主張改為募役法，四方土俗不同，役法輕重不一，凡當役人戶以等第出錢，名免役錢，其坊郭等第戶及成丁單女戶寺觀品官之家，舊無差役而出錢者，名助役錢，凡輸錢先視州若縣，應用雇直多少，而隨戶等均取，雇直既已足用，又率其數增取二分，以備水旱欠缺，雖增加，毋得過二分。其徵收之法，以財產的高下，列為等第，富者徵收較重，貧者徵收較微，其尤貧者，則盡免之，這誠便民的善政。但當時因不便於富豪，遂致引起士大夫之反對。（如蘇轍文彥博等）此外尚有調劑物價的均輸法，古代國家徵收租稅，多以實物，故因道里遠近，而輸送之勞逸不均；因年歲之豐歉，而供求之相劑有所不調，均輸之法，是通天下之貨，制為輕重斂散之術，使輸者有無得以懋遷，凡糴買稅斂上供之物，皆得徙貴就賤，用近易遠，可以便轉輸，可以省勞費，可以寬農民。扶助小農小工的市易法，市易法是一種均通物價的專賣法，是擇通財之官任其責，凡貨之可市及滯於民而不得售者，平其價市之，願以易官物者聽，欲市於官，則度其抵而貸之錢，責期使償，半歲輸息十之一，一歲倍之。這個方法，是方便於一般人民的。尚有就舊法整理改良的，如督責各路官吏注重農田水利，講究種植方法，修濬陂塘堤堰溝洫，史稱：『自熙寧三年至九年，諸路所興修水利田，凡一萬七百九十三處，為田三十六萬一千一百七十八頃云」。又整理田賦，舉行荒田均稅法，每歲九月，委人分地計畝，辨地肥瘠而分五等以定稅則，換句說，是以土地的品質價值定賦稅的高低。關於後者，安石對於軍政先着手裁兵，宋朝養兵百餘萬，耗用國帑甚巨，都不堪作戰，安石執政後，把不堪充任禁軍的，淘汰爲地方軍，不堪充任地方軍的，使他們退伍，計由兵額一百十六萬二千，減至五十六萬八千六百餘，後來雖有增加，亦不過六十一萬二千二百餘（仁宗時，文彥博、龐籍，曾建議裁陝西、河北諸路弱兵），裁兵之後，把全國兵制，重行編制，其編制法以將爲單位，編全國兵隊，爲九十二將，分駐各路，把軍權統一。另又以實行保甲法，是一種民兵制，與今世所謂警察者相類，據宋史所載，其大略內容如下：十家爲一保，五十家爲一大保，十大保爲一都保，其同保不及五家者，附於他保，每保置保長一人，每大保置大保長一人，以主戶有幹才者充之；每都置都保正一人，副一人，以衆所服者充之；每一大保，夜輪五人儆盜，凡告捕所獲，以賞從事者。凡同保中有犯強盜殺人放火強姦傳習妖教等罪，知而不以告者罰之；有窩藏強盜三人以上，經三日以上，鄰保雖不知情，亦科亦失覺之罪。此法在京畿試行，以次推行各路。第二步乃訓練保甲以爲民兵，先集合大保長，使教頭和禁軍教頭等，教以弓馬武器，大保長武藝成就，乃以大保長爲教頭，轉教保丁。保甲法之外，還有保馬法和軍器監；保馬法，是人民代官府養馬，免除其一部分租稅，每年查閱其肥瘠，死病者補償，三等以上十戶爲一保，四等以下十戶爲一社，以待病斃補償者，保戶馬斃，保戶獨償，社戶馬斃，社戶半償之，其後遂徧行於諸路，神宗在位十八年，議者反對甚力，遂與保甲之法同罷。軍器監，負改良軍器之責，此法建議於王雱（安石之子），他說：「今天下歲課弓弩甲冑入充武庫者以萬數，乃無一堅好精利實爲可用者，莫若更制法度，斂數州之作，聚爲一處，若今錢監之比，擇知工事之臣，使其專職，且募良工爲匠師，而朝廷內置工官以總制其事，察其精窳而賞罰之』。神宗以其說爲然，遂設置軍器監。自設立軍器監之後，人民獻器械法式的很多。安石對於財政軍政的改革，可說是具有政治上的偉大主張，但因爲引起當時士大夫的反對，新法不能徹底行之有效，至終亦不能挽回宋朝的國運。（以上可參閱拙著中國政治思想史大綱二四九至二五五頁，中國史話第四十三章，宋史卷三十七）神宗時代，對外亦發生種種關係。在位六年時，遼國道宗在河東路沿邊，增修戍壘，起鋪舍，侵入蔚、應、朔三州界內，使其臣蕭禧來說，乞行撤廢，另立界至。神宗因遣太常少卿劉忱，卽境上與遼開議，會於大黃平（山西代縣境），議不決。明年復遣蕭禧來，乃命韓縝與遼使議，定以分水嶺爲兩國界，喪地至七百里之廣，議者以是爲執政之咎。神宗初立時，邊將种諤襲取西夏，取綏州（陝西綏德縣），釁開，西夏復侵邊。在位三年，西夏秉常大舉入環慶，西陲事漸棘手。時王韶獻平戎三策，以爲：『欲取西夏，宜先復河湟（甘肅鞏昌府以西之地），欲復河湟，當先以恩信招撫沿邊諸種。自武威之南，至於洮、河、蘭、鄯，皆故漢郡，其地可以耕而食，其民可以役而使，幸今諸羌瓜分，莫能統一，宜併有之，使夏人無所連結』。議定，使王韶主洮安安撫司事。神宗熙寧五年，王韶擊吐蕃，大勝，遂取武勝（甘肅狄道縣），立爲城，復開置熙河路（熙州今甘肅狄道縣，河州今甘肅河縣），以王韶爲經略安撫使，連取河、洮、岷諸州。神宗元豐四年（在位十四年時，民國紀元前八百三十一年），命熙河經制李憲等大舉征夏，與种諤、高遵裕等分道出師；遵裕師至靈州，圍城久不下，夏人決黃河水灌營，復抄絕餉道，士卒凍溺死，餘軍潰散，宋軍大敗。邊臣欲報夏，絕其患，給事中徐禧至邊，乃築永樂城（陝西米脂縣西），永樂依山無水泉，卒爲夏人所陷，徐禧等敗死。李憲等擁兵爲夏人所妨礙，不能進，將校死者數百人，兵士死者二十餘萬人，綜計邕州永樂之役，宋人死者約六十萬，喪棄銀錢絹穀，不可勝算。宋平南漢，疆土南鄰海，其節度使丁璉遣使入貢，宋封璉爲交阯郡王，歷受宋封册。時宋方議開疆，知桂州沈起不和於邊，乃以劉彝代之，彝至有所經營，以爲交阯可取，乃大治戈船，交人來互市者盡遏止，交阯遂由廣府、欽州、崑崙關三道入寇，連陷邊地，繼又攻陷邕州。神宗命郭逵爲安南招討使，趙卨副之，郭逵至長沙，先遣將復邕、廉二州，而自將西征，至富良江，交阯以精兵乘船迎戰，宋兵不能濟，趙卨設伏擊之，斬其太子洪眞，交阯遣使奉表納款，取其數州而還，南邊漸定。又神宗對西南夷，亦注意經略，熙寧五年命中書檢正官章惇，察訪荆湖北路經制蠻事，惇招降梅山（湖南安化縣西南）峒蠻，置安化縣；明年，惇擊南江蠻平之；熙寧九年，五溪之蠻悉平，湖南事全定。惇經略蠻事三年有奇，所招降巨酋十數，其他四十餘州，俱爲宋屬。

神宗在位十八年，太子煦立，是爲哲宗皇帝。哲宗即位，時年尚幼，由太皇太后高氏臨朝攝政，太后嘗言新法不便，至是遣散修京城役夫，詔諭中外，禁苛斂，寬保甲保馬之法，任用司馬光，使與呂公著協力，罷免新法。凡安石所創諸法，剗除略盡，黜呂惠卿、蔡確等，而登庸文彥博、程頤、蘇軾等舊黨，史稱爲元祐的更化。未幾太后及司馬光相繼死，時呂惠卿、章惇等皆退休散地，銜怨入骨，各自依黨相攻，而朝臣中分裂爲洛、蜀、朔三黨；洛黨以程頤爲首，蜀黨以蘇軾爲首，朔黨以劉摯、梁燾、王巖叟、劉安世爲首，互相排斥；於是章惇、呂惠卿、蔡京、蔡卞等新法黨，乘機會入朝，再振黨勢，新法次第規復，繼則悉貶元祐諸臣，追奪司馬光、呂公著等的謚號，政局再變，史稱爲紹聖的紹述。（見宋史卷四十六）。

哲宗死，（在位十五年），無子，立神宗子端王佶，是爲徽宗皇帝。徽宗卽位之初，皇太后向氏臨朝聽政，復范純仁等官，用韓琦之子韓忠彥及曾布等，罷章惇、蔡京等新法黨，追復司馬光、呂公著等三十餘人官，欲以大公至正之心，消除朋黨，遂改元爲建中靖國。時韓忠彥雖爲首相，而政權悉歸曾布；曾布原出於章惇之門，曾不多時，卽與韓忠彥有隙，迎合徽宗意旨，傾向紹述，諷御史中丞趙挺之，使排擊元祐諸舊黨，而推薦蔡京。未幾，韓忠彥與曾布均罷相，蔡京乃以新法黨的領袖而登相位。京既得志，援引黨與，皆爲僚屬，設講議司，講述諸新法，遂復紹述之役法，於端禮門外，立黨人碑，言司馬光以下百二十人爲姦黨；以臺諫論己，悉以黨事陷之，貶竄者十餘人。時四方無事，府庫充盈，蔡京首唱豐亨豫大之說，盛興土木，濫授官爵，建花石綱，以舟運送江南之花石，又設應奉司，御前生活所，營繕所，蘇杭造作局等，掌供奉土木之事，累朝儲蓄，爲之一空。其後羣臣言京罪，乃貶京於杭州，以張商英爲尙書右僕射兼中書侍郎。商英改蔡京諸法，勸帝節奢侈，息土木，經過一年，商英復罷，更召蔡京，賜第於京師，以太子太師致仕，命三日一至朝議事。時在朝諸臣，非京之子弟，卽其親戚故舊，京四出執國政，更改法度，競起土木，疾視人民，天下大困，而邊釁亦因之大開，金人之禍遂作。

宋代是受異族侵擾、壓迫的嚴重時代。前半期受遼國和西夏的侵擾，後半期受金國的壓迫。金姓完顏氏，其地在黑龍江的上游，他的祖先，據說是古代的肅愼氏，三代時候，曾與中國交通，後漢稱爲挹婁，南北朝時稱爲勿吉，隋唐時稱爲靺鞨；靺鞨分爲粟末部、伯咄部、安車骨部、佛涅部、號室部、黑水部、白山部；唐朝時粟末、靺鞨兩部出了幾個英雄，建立渤海國，其疆域包有現今吉林、黑龍江兩省和兩省外的俄國屬地阿穆爾、沿海兩州，朝鮮的咸鏡道、平安道的大部分開國時已有書契，後又派人留學唐朝，一切制度文化，都以唐朝爲模範，儼然一個海東文明之國；到五代時爲契丹太祖耶律億所滅。（見唐書本傳）。渤海被契丹滅後，靺鞨人大都服屬契丹，金史說：『在南者係遼籍謂之熟女眞；在北者不系籍，謂之生女眞』。大金國志說明：『熟女眞在混同江之南，生女眞在混同江之北』。生女眞散處於黑龍江、長白山之間，勢力不弱，對遼國不十分服從，其中有姓完顏的酋長烏古迺受遼國任命爲生女眞部族節度使，用這名義，吞併附近各部落，一面阻止遼兵入境，至完顏阿骨打時，實力充足了，乃背叛遼國。遼國當宋徽宗時已經衰弱，天祚帝時，不理政事，對女眞多騷擾，阿骨打就乘機激勵部下，興兵攻遼，（民國紀元前七九八年），陷寧江州（在今吉林東北），遼天祚帝遣蕭嗣先討之，大敗於出河店，（在今夫餘縣附近），金遂取咸州，（在今鐵嶺之東），阿骨打稱帝，定國號爲金，是爲金太祖。金國在其時只想獨立，並無吞滅遼國之意，所以寧江洲咸州既下之後，就遣使與遼議和，遼國對金國所提出交還仇人阿疏和遷去黃龍府於別地的條件不答應，金太祖乃繼續用兵攻破黃龍府，天祚帝自統兵七十萬至駞門拒敵，不料內部混亂，只得退兵，金太祖乘勝追至護步答岡，（在今熱河省開魯縣西南），大敗遼兵，繼取東京，又派人與遼國議和，和議終不成，遼金再開戰；當遼金議和時，宋徽宗聽信蔡京、童貫的計劃，派馬政由海道赴金國通好，請於滅遼之後，把後晉割讓契丹的地方交還，金太祖遂約宋同時出兵，宋朝攻遼國的南京，金國攻遼國的中京，金兵屢勝，宋兵連敗，結果童貫只得派人到金國，請金兵代攻南京。此時遼晉國王死了，遼人立天祚帝的次子秦王耶律定爲皇帝，推尊秦晉國王的妻蕭氏爲太后，同聽政。金太祖承宋朝的請求，親自蔚州攻破居庸關，並下南京，遼國五京完全失陷，天祚帝於民國紀元前七八六年，被金人捕獲；遼國就此而亡。遼國宗室耶律大石率餘衆西走，併天山南路的回紇諸部，而侵入中央亞細亞森馬干(Samarkand)降之，自稱黑契丹(Kara-Khitai)的加魯汗(Garu Khan)，奠都於吹(Chui)河之上，即所謂西遼，稱天祐皇帝，其後漸漸強大，成爲西域一大國，至民國紀元前七一一年，被蒙古西部的乃蠻國(Naimam)所滅。(據日人高桑駒吉著中國文化史並爲摩罕默德(Mohammed)所分割)。金國攻下遼國之後，只肯還宋朝燕京和薊、景、檀、順、涿、易六州；並且要宋朝把南京的租稅給他們，磋商多次，方纔妥洽，結果宋朝每年送銀二十萬兩，絹二十萬匹，和南京(即燕京)代價錢一百萬緡給金國，金國把南京和薊、景、檀、順、應、蔚、儒、嬀、奉聖、歸北、武、朔等州給還宋朝，(薊順涿應四州見前註，易州在現今河北省易縣，景州在今河北省遵化縣，檀州在今河北省密雲縣，蔚州在今山西省朔縣，儒州在今察哈爾省延慶縣，嬀州在今察哈爾省懷來縣，奉聖州在今察哈爾省涿鹿縣，歸化州在今察哈爾省宣化縣，武州在今山西省神池縣，朔州在今山西省朔縣西北)，其他涿易二州是遼將郭藥師帶來投降宋朝，已是宋朝的地方，宋朝把這些地方，連上金人歸還的地方分建燕山府和雲山府兩路；各州金帛子女，悉爲金掠，宋人所得回者祇是空城，張浦批評說：『圖燕之議，國人皆曰不可，獨童貫王黼納馬植邪說，銳意用兵，竭天下之財，僅獲七空城，禍釁不解，幾亡宋室，其失策無論，……賊臣開疆，天不必祐，王安石尚無功，况黼貫哉』。(見宋史紀事本末卷五十三)。宋朝恢復已失土地，銳意用兵，此是政府的職責，與黷武開疆者絕不相同，張浦譏爲賊臣，未免過甚。當金給還失地時，留平州未給，金把他建爲南京，以遼國降將張轂爲留守，不久張轂據城降宋，(九朝紀事本末，張轂作張玨，呂思勉編白話本國史作張覺)，宋朝受之，時金太祖已死，其弟完顏吳乞買立，是爲太宗。太宗責宋納其叛人，令斡離不攻平州圍之，張瑴逃至燕山府，金索張瑴急，王安中取貌類張瑴者，斬其首與之，金知非瑴，遂欲以兵攻燕，宋不得已令安中縊殺之，函其首，併瑴二子於金，但金國竟據爲口實，再命粘沒渴、斡離不分兩路兵攻宋，宋派童貫駐守太原，郭藥師駐守燕山，童貫聞金兵來攻，卽行逃跑，後又投降，並引導金兵渡河，遂深入中山府，（直隸保定府）徽宗詔天下勤王，遂禪位於太子桓，是爲欽宗皇帝。

欽宗卽位，遣使修好，斡離不想退兵，郭藥師以燕山降金，金信其言，進陷信德府；（直隸順天府），粘沒渴又圍太原急，帝募京東淮西兩浙兵入衞，金兵已渡河，乃進圍汴京，童貫擁宋徽宗先逃至鎭江，汴京由主戰的李綱，奉欽宗固守，斡離不抵京師，宰相李邦彥請割地求和，斡離不提出和議條件如下：（一）宋朝送金五百萬兩，銀五千萬兩，表緞百萬匹，牛馬一萬頭給金國。（二）宋朝割讓太原、中山、河間（太原今山西省陽曲縣，中山今河北省定縣，河間今河北省河間縣）三鎭，給金國。（三）宋朝皇帝，尊稱金國皇帝爲伯父。（四）宋朝使親王宰相，至金國爲質。欽宗就汴京城內（開封一名汴梁）搜掠金二十萬兩，銀四百萬兩，先行交付，並使肅王趙樞爲質，以張邦昌爲計議使，奉康王構往金求成，（欽宗桓之弟），時种師道督涇原秦鳳之兵入援，見帝極論和議之不宜，李綱（邵武人，靖康初爲兵部侍郎，金兵來侵，力主迎戰，被謫）亦極力主戰，他說：「金人無厭，勢必用師，彼兵號六萬，而吾勤王之師集城下者，已二十餘萬，當以計取，可以必勝」。惟李邦彥則專主和，因之議論不一，都統制姚平仲貪功，將兵夜襲金營，不克，金勢更張，斡離不詰責用兵違誓，欽宗懼，用李邦彥謀，罷李綱以謝金人，太學生陳東及都人數萬上書請用綱，帝以綱爲可用，詔爲京城防禦使，以肅王樞代康王爲質，遂遣使持割三鎭（太原、河間、中山）之詔書往，金兵圍京城已三十日，及得詔割地，不待輸金之足，卽行退師；但粘沒渴還在太原圍攻，聽得斡離不議和，得了許多金銀，也派人來宋朝要求利益，宋朝認爲和議旣定，不應再來需索，遂拒絕他，粘沒渴大怒，分兵攻破威勝軍、隆德府，進取澤州（威勝軍今山西沁縣，隆德府今山西長治縣，澤州今山西省晉城縣），宋朝認爲金國破壞和議，知照三鎭固守，而且派兵去救應，又拘留金國使者蕭仲恭，蕭仲恭的母親本是遼國公主，乃誑說能爲宋朝招耶律余睹，教他叛金歸宋，宋朝誤信其言，寫信給耶律余睹，託蕭仲恭帶去，蕭仲恭走到燕山，便將信獻給斡離不，金國因此便與宋朝決裂，再命粘沒渴斡離不攻宋，粘沒渴由西路陷太原、平陽、河南、河陽諸府，至京師；斡離不由東路陷眞定，（今河北省正定縣）；長驅至京師；時汴京守兵仍有七萬，張叔夜等又率兵來援，而唐恪等仍堅主和議，按兵不動，有兵卒郭京者，自說能用六甲法生擒金將，朝廷使募兵，京盡令守禦人下城，與張叔夜坐城樓上，出兵挑戰，金兵鼓譟而進，京兵敗死，京城遂陷，張叔夜被傷，父子仍力戰，帝聞城陷慟哭說：『不用种師道言以至於此』。於是奉表請降，獻兩河地；欽宗與徽宗爲金人所逼，與太子親王帝姬，皇族三千人，共赴金營；吏部侍郎李若水侍帝在營，哭罵不輟，遂死於難；金人執二帝，掠金帛，凡冠服禮器，教坊樂器，祭品，八寶，九鼎，圭璧，渾天儀，銅人，刻漏，古器，大淸樓秘閣三館書，天下府州圖，及官吏內人內侍伎藝工匠倡優，府庫蓄積，爲之一空。金主詔選異姓卽位，乃立張邦昌爲楚帝，挾徽宗欽宗北還，後二帝皆死於金。宋自太祖至徽欽二帝被虜，計傳九主，歷一百六十六年，以其建都汴京，在江淮以北，史家稱爲北宋，高宗構南渡以後，宋都遷於臨安，史家稱爲南宋。

五胡亂華，是異族壓迫中國的大劇變，這一次有名的永嘉之亂，造成中國民族大遷徙，以前中國文化的中心點，都在黃河流域，這次就轉到長江流域來了；以前沒有人跡的地方，現在就成為繁華的區域了；元帝對諸葛恢說：『今之會稽，昔之關中』，隋唐之後，南北經濟有倒轉調換之象，韓愈說：『當今賦出天下，江南居十九』，可以想見遷徙後的景況。中國民族第二次大遷徙，是在永嘉之難後約八百年，即靖康之難；金軍陷汴京，文化受重大的摧殘，且把士大夫家中的子弟妻妾，擄去甚多，均變為奴婢，受很苛待遇，其餘大部民衆，跟着高宗南渡，從事開發江南各地。杭州在高宗建炎三年建都，此後杭州為南宋的京都，差不多百五十年，造成『上有天堂，下有蘇杭』的繁盛。杭州建都以後，中國文化中心，亦自汴洛之間，移於東南沿海。但從另一方面看，遼金南下，其影響於漢族者亦甚大，據劉師培中國民族志說：『遼金南下以來，其影響漢族者有三：一曰漢族之北徙也。自契丹南征，朔方淪陷，漢民陷虜，實繁有徒，或歸化於虜廷，（許元宗奉使行程錄：言幽民苦劉守光暴虐，逃入契丹，契丹建灤州而處之），或見虜於異域，（金地理志言遼以所虜望都民置海山縣，以所虜安喜民置遷安縣，以所虜定州民置昌黎縣，皆漢族為契丹所虜之證，又宋人儒林公議說：太宗征契丹之後，河朔之人，數被其毒，驅掠善民入國中，分諸部落，鞭笞凌辱，酷不忍聞，亦漢族見虜之證），而契丹民族，遂向華風，（契丹用漢族之民，為漢族所化，觀金人以契丹人為漢人，而以宋人為南人，可知漢族多與契丹族相合），及金人南伐，漢民罹禍尤深，（大金國志，盧益奉使時，言國主自入燕以後，所虜中原士大夫家子女姝姬，凡二三千北歸），此實漢族遷徙之一大關鍵也。加以漢族不振，浸染夷風，祖國山川，棄之如遺，甚至偸息苟生，右虜下漢，（儒林公議：始石晉時，關南山後初淪虜民，既不樂附，又為虜所侵辱，日久企思中國，嘗若偸息苟生，周世宗止平關南，功不克就，歲月既久，漢民宿齒盡逝，新少者漸便習，不怪居常，右虜下漢，其間士人及有識者，亦常憤然，無可奈何）影響及漢族者，此其一。二曰：異族之雜處也。金皇統五年，創屯田軍，凡女眞契丹之民，皆自本部徙中土，計戶授田，與民雜處，號明安穆昆，（自燕南至淮隴以北，皆有之），凡數萬人，（明安穆昆與百姓雜處，民多失業），驅游牧之蠻民，適中華之樂土，是直以中國爲牧場矣；金史天會六年，禁民漢服，令民削髮，漢族之禮俗，無一不變於夷矣，影響及漢族者此其二。……』又說：『江淮大河以北，古稱膏腴之區，文物之國者，何今北省諸地，人才湮沒，文化陵夷，等於未開化之壤邪？則以與蠻族同化之故也』。洪邁容齋三筆說：『靖康之後，陷於金虜者，帝子王孫，宦門士族之家，盡沒爲奴婢，使供作務，每人一月支稗子五斗，令自舂爲米，得一斗八升，用爲餱糧，歲支麻五把，令緝爲裘，此外更無一錢一帛之入，男子不能緝者，則終歲裸體，虜或哀之，則使執爨，雖時負火得煖氣，然纔出外取柴歸，再坐火邊，皮肉脫落，不日輒死，惟喜有手藝，如醫人繡工之類，尋常只團坐地上，以敗席或蘆藉襯之，遇客至開筵，引能樂者使奏技，酒闌客散，各復其初，依舊環坐刺繡，任其生死，視如草芥）。從上引證來看，凡一個民族不能生存獨立者，他的原有文化必不能保存，甚或爲征服的民族所卵翼而同化，或摧殘而消滅啊。

張邦昌已爲楚帝，宋臣多不服，遂於金兵退出汴京之後，推尊宋哲宗的廢后孟氏爲宋太后，垂簾聽政，不久以宋太后之命，迎立兵馬大元帥康王趙構於南京，（宋朝以歸德府爲南京，即今河南省商邱縣，）是爲宋高宗，高宗即位之後，知和議之誤國，乃罷耿南仲等，以李綱爲相，李綱以十事要說，（議國是，議巡幸，議赦令，議僭逆，議僞命，議守，議本政，議久任，議修德，見九朝紀事本末宋史卷六十，）然後就位。自李綱爲相後，邊防軍政，始稍就緒，而黃潛善，汪伯彥，皆帝舊僚，屢阻其議，乃勸帝復主和，綱爲相七十七日而罷，黃潛善等代之，二八決策幸揚州，無復有經略北方之意，帝遂幸揚州。民國紀元前七百八十三年，金兵前鋒到揚州，高宗避至杭州，金兵大掠揚州而去，不久，金之宗室完顏兀朮，帶兵渡江，破建康，後直逼臨安府，（建康現今南京，臨安府，宋高宗避至杭州，即改杭州爲臨安府，）高宗又逃至明州，從昌國出海，（明州今浙江省鄞縣，昌國今浙江省的象山縣，）金兵追逐不及而還，兀朮俘掠財物，退歸北方，至鎭江遇韓世忠，相持八十餘日，兀朮用火攻，纔得渡江而去。先是高宗既南渡，用張浚做川、陝、京、湖宣撫使，以經略上游，張浚統兵與金兵戰於富平，（今陝西的興平縣，）浚兵大敗，關中多陷落，張浚力任戰守，和金兵相持，保守全蜀，金國立劉豫於河南，爲齊帝，以爲緩衝，金宋之間，得免直接衝突，因此，宋朝的將士，如岳飛，韓世忠等方能乘間掃平各地的盜匪，勘定內部，時劉豫想買歡於金人，遣劉麟、劉猊、孔彥舟等，分三路兵入犯，都爲宋兵打退，金國見劉豫無用，便把他廢掉。宋金之間，又成直接衝突的形勢，宋朝分主戰主和兩派，武人主戰，以岳飛爲激昂；官僚主和，以秦檜爲領袖；高宗由平江還臨安時，以趙鼎，張浚爲左右相，繼使浚都督諸路監江上軍，又以岳飛爲河北京西招討使，韓世忠爲淮東招撫使；時秦檜爲樞密副使，專主和議，力排岳飛之所言，及帝以秦檜爲相，和議遂興。金兵以四路來侵，東京副留守劉錡，大破之於順昌府，岳飛破之於偃城，韓世忠破之於淮陽，秦檜復言於帝，亟命班師，於是諸將皆退還，秦檜聽金人之言，殺岳飛，和議遂成，其條件爲：（一）宋朝與金國，東以淮水，西以大散關（在今陝西省寶鷄縣南）爲界；（二）宋朝向金國稱臣；（三）宋朝每年送銀二十五萬兩，絹二十五萬匹給金國。和議之後，南宋君臣，仍舊腐敗，不知振作。自高宗用秦檜主和，以爲半壁東南，可以無事，其實不然，紹興十九年，（高宗年號，）金之內亂起，金熙宗亶之從弟亮，殺亶自立，是爲廢帝。廢帝野心未死，大舉南侵，統軍六十萬，誓渡江，爲虞允文打敗於宋石，江南始告解嚴。（金主亮臨江築臺自被金甲，登臺殺黑馬祭天，誓渡江。虞允文受命犒師，或以不宜督戰爲說，允文對他說；『危及社稷，吾將安避』遂命諸將列陣。（見九朝紀事本末卷七十四，又中華通史第四册一〇四一頁。）

民國紀元前七五〇年，高宗傳位於孝宗，孝宗是主張恢復的。（紹興和議成後，宋朝和金朝又開過兩次兵釁，一次是海陵的南侵，一次是韓侂胄的北伐。）起用張浚做兩淮宣撫使，張浚派李顯忠、邵弘淵兩人出兵，金副元帥紇石烈志甯來援，顯忠之兵大潰於苻離，繼被陷兩淮州郡，和議條件（一）宋主稱金主爲叔父，（二）歲幣銀絹各減五萬兩匹，（三）疆界如紹興時。孝宗和議成，仍不忘恢復，嘗教閱禁軍，措置兩淮屯田，但至終仍不能挽回積弱之勢。民國紀元前七二二年，孝宗傳位於光宗，稱壽聖皇帝，及壽聖王死，光宗託病不出，乃傳位於嘉王，是爲寧宗，韓侂胄當國，乘金國勢弱，欲立奇勳，遂急以備戰。寧宗在位十二年，（即開禧二年，）下詔伐金，泗州、虹縣、諸地皆復，惟分師攻宿州、壽州、蔡州、唐州均敗績；吳曦在西蜀練兵，至是亦叛，獻關外階、成、和、鳳、四州於金，求封蜀王，上游亦失；王大節、李汝翼、皇甫斌、李爽諸失事之將，一時盡貶，而使邱崈宣撫兩淮，宋勢因而不振。時金廷使布薩揆（別作僕散揆）分師九道南下，宋勢岌岌可危，襄陽、淮東、淮西皆陷落，其間吳曦又以四川叛降金，宋朝更爲吃緊，韓侂胄又想議和，叫邱崈暗中遺書金人，金人覆書要得韓侂胄的首領，侂胄大怒，和議又絕。寧宗皇后楊貴妃素與韓侂胄有隙，趁此機會叫他的哥哥楊次山與史彌遠合謀，把韓侂胄殺掉，函首畀金，以贖淮南陝西侵地，於是金始歸大散關及濠州之地於宋。是年金章宗璟沒，叔父衞王永濟立，是爲後廢帝。

宋寧宗死，理宗昀卽位，國事多誤於史彌遠，史嵩之。時蒙古勢最強，窩闊台爲帝，是爲元太宗皇帝。太宗承父之志，大舉伐金，遣使王檝來宋，請夾攻金，許事成後，歸河南之地與宋，汴京爲金主所據，乃先攻汴京，金將崔立以汴京降，卽囚金太子及皇后，送蒙古軍，金自完顏旻稱帝，凡九世，百十七年而亡，由是宋與蒙古爲鄰國。金國亡後，宋朝計議收復三京，（是東京汴京，北京大名，西京洛陽）貿然出兵侵入汴京，洛陽，旣得之而不能守，反因此與蒙古開釁，襄陽，成都都被攻破，江淮一帶，大受攻擊，進圍鄂州，（今湖北省武昌縣，）臨江，瑞州，（臨江現今江西省清江縣，瑞州今江西省高安縣，）亦被攻破，宋理宗信用賈似道爲宰相，賈似道親自帶兵去救鄂州，卻又毫無辦法，派人到忽必烈軍中求和，情願稱臣納貢，劃江爲界；忽必烈還至開平，（今察哈爾省多倫縣北，）改國號爲元，是爲元世祖。世祖卽位之後，派人來修好，賈似道把蒙古來使拘禁在眞州，（今江蘇省儀徵縣，）不讓他們到臨安府，宋將劉整與賈似道不睦，投降蒙古，勸世祖攻掠襄陽，襄陽被圍六年，賈似道坐視不救，守將呂文煥乃忿而投降，元世祖繼命宰相伯顏統兵攻宋，伯顏攻破鄂州，由長江順流東下，一路平定江西、兩湖，一路平定眞、揚、淮南，一路自統兵進攻臨安，臨安陷，宋恭帝趙㬎被擄。臨安失陷之後，故相陳宜中，擁立益王趙昰於福州，是爲端宗；元兵占福州，文天祥、張世傑、陸秀夫等，乘機謀恢復，屢戰不利，端宗逃至硇州，（今廣東省吳川縣，）受驚病死，其弟衞王趙昺繼立，再避至崖山，（在今廣東省新會縣，）民國紀元前六百三十三年，元兵破崖山，陸秀夫負宋帝投海，諸臣從死者甚衆，經七日，尸浮海上者十餘萬人。張世傑擬退安南，別謀恢復，中途覆舟溺死，宋室遂亡。宋自太祖稱帝至是凡三百二十年。宋代得國雖久遠，但與外患相始終；遼、金、元北方的異民族，屢侵中國，中國在邊防上，沒有鞏固的兵力；朝中主戰主和，沒有決定的國策用人行政沒有堅定的主張；所以宋代之政治社會陷於分崩離析的景象。差幸民族意識能加強銳化，崖山之役戰敗不屈而自願沉死者十數萬人，這種壯烈驚人的舉動，誠爲歷史精神和文化精神光榮的表現啊！

第二節　宋代之社會風習

風俗習慣，是人類行爲生活的表現，看人類行爲生活是好是劣，是文是野，徵驗於他的風俗習慣是什麼樣？就可以知道多少。在風俗習慣裏可以分幾方面觀察（一）飲食。人類社會的生存最重要的就是飲食，飲食生產的方法是屬於農業的改進，（留在下節詳述）如何發明食品及利用烹調則屬於風習的表現，易君左在所編中國社會史有說『中國民族的發明食品烹調方法，與飲食俗尙充分足以表現中國社會的進化程度。』（見一四九頁）宋代的飲食風尙何如？據楓窗小牘說：『舊京工役，固多奇妙，卽烹煮槃案，亦復擅名，如王樓梅花包子，曹婆婆肉餅，薛家羊飯，梅家鵝鴨，曹家從食，徐家瓠羹，鄭家油餅，王家乳酪，段家爊物，石逢巴子南食之類，皆聲稱於時；若南遷湖上魚羹，宋五嫂羊肉，王家血肚羹，宋小巴之類，皆當行不數者。』此可以覘當時飲食之好尙，其普通製作飲食之法，則虞悰食珍錄言之最詳。（二）衣服。人類之穿著衣服，是文化演進的表徵，王制：『東方曰夷，被髮文身；南方曰蠻，雕題交趾；西方曰戎，被髮衣皮；北方曰狄，衣羽毛穴居。』禮運：『昔者先王未有麻絲，衣其羽皮，後聖有作，然後治其麻絲，以爲布帛。』可知由衣服中可以看見各社會各民族的文化與風習。宋史輿服志『初皇親與內臣所衣紫，皆再入爲黝色，後士庶漸相效，言者以爲奇袞之服，仁宗始禁之，紫衫本軍校之服，中興士大夫服之以便戎事；高宗紹興二十六年，禁毋得以戎服臨民，自是紫衫遂廢。涼衫其制如紫衫，亦曰白衫，孝宗乾道初，王曮奏：竊見士大夫皆服涼衫，甚非美觀，而以交際臨民，居官純素，可憎有似凶服，陛下方奉兩宮，所宜革，且文武並用，本不偏廢，朝章之外，宜有便衣，仍存紫衫，未害大體，於是禁服白衫；先是宮中尙白角冠梳，人爭效之，謂之內樣，名曰垂肩等肩，至有長三尺者，梳長亦逾尺，言者以爲服妖，仁宗乃下詔，令婦人所服冠高毋得逾四尺，廣毋得逾一尺，梳毋得逾四寸，毋以角爲之。」文獻通考：「宋眞宗大中祥符間，禁民間服皂班纈衣。」朝野雜記述宋代衣服之改變則謂：「自渡江以後，人情日趨於簡易，不能復故。」婦女服冠，已如上述，而對於纏足，亦爲俗之所好尙，鷄林玉露：「建炎四年（宋高宗紀元）柔福帝姬至，以足大疑之，顰蹙曰：金人驅迫跣行萬里，豈復故態，上爲惻然。」老學庵筆記：「宣和末，（徽宗紀元，）婦人鞵底尖，以二色合成，名曰錯到底。」輟耕錄：「元豐以前，（神宗紀元，）猶少裹足，宋末遂以大足爲恥。」由上引證，宋代裹足，必風行一時。（三）婚姻。早婚之制，宋亦不能免，觀令文凡男年十五，女年十三以上，並聽婚嫁，司馬氏書儀，則定男年爲十六以上，女年爲十四以上，與令文相差不過一歲。連姻多主因親及親之說，以示不想忘，故蘇洵以其女嫁內兄程濬之子之才，而其女作詩，有鄉人嫁娶重母黨之句。姨表兄弟姊妹可成婚，如呂滎公夫人張氏，乃待制張昷女，待制夫人，卽滎公母申國夫人之姊，然姑舅兄弟，當時猶有疑其不可爲親者，容齋續筆，亦曾論及。婚姻論財，媒妁之言難信，據袁采著世範則謂：「嫁娶固不可無媒，而媒者之言，多不能全信。如給女家則曰男家不求備禮，且助出嫁遣之貲；給男家，則厚許其所遷之賄，而虛指數目。若輕信其言而成婚，則積恨見欺，夫妻反目，至於仳離者有之。」陸游老學庵筆記說：「娶婦謂之索婦。」淸波雜志說：「尋常人家娶個新婦，尙點幾個樂人。」

袁采世範說：『今之士族，當婚之夕，以兩椅相背，置一馬鞍，反令壻坐其上，飲以三爵，女家三請而後下，謂之上高座，不及設者，則爲缺禮，雖一時衣冠右族，莫不皆然。』從是而觀，可知當時的風習。又遼金婚姻之制，多詳於帝室而略於氓庶，金之初興，立有同姓爲婚及繼父繼母之男女無相嫁娶之禁，未立禁之前，同姓必多爲婚，其繼父繼母之男女有相爲嫁娶者可知；金廢帝亮時，命庶官許求次室二人，百姓亦許置妾；章宗璟時，又制定人民聘財爲三等：上百貫，次五十貫，次二十貫，凡此皆遼金時婚姻制度的大概。（四）喪葬。三年之喪，古之通制，宋當太宗匡義時曾下詔：『孝爲百行之本，喪有三年之制，著於典禮，以厚人倫，中外文武官子弟，或父兄之淪亡，蒙朝廷之齒敍，未及卒哭，已聞游宦，遽忘哀慼，頗玷風教；自今文武官子弟，有因父亡兄沒，特被敍用，未及百日，不得趣赴公參，御史臺專加糾察；並有冒哀求仕，釋服從吉者，並以名聞。』但後來喪禮盡廢，士大夫居喪，飲酒食肉，無異平時，又相從宴集，人亦毫不爲怪，至於民間，初喪未殮，親朋送酒饌往勞，主人亦備酒饌，相與飲啜，醉飽連日，及葬亦如是，甚者初喪作樂以娛尸，及殯葬則以樂道輀車而號泣隨之，亦有乘喪即嫁娶者。（論出司馬溫公）當時信浮屠誑誘，凡有喪事，無不供佛飯僧，說爲死者滅罪增福，使登天堂，受諸快樂，不爲者必入地獄，剉燒舂磨，受諸苦楚；喪祭用紙錢以禮鬼神，（紙錢起於漢之葬埋瘞錢，南齊東昏侯始實行之，見洪慶善杜詩辯證，）宋時紙錢，盛行於民間，火葬之俗，當時最盛，宋史紹興二十七年（高宗紀元，）監登聞鼓院范同說：『今民俗有所謂火化者，生則奉養之具，惟恐不至，死則燔爇而捐棄之，國朝著令，貧無葬地者，許以官地安葬，河東地狹人衆，雖至親之喪，悉用焚棄。』景定二年，（理宗紀元，）黃震爲吳縣尉，乞免再起化人亭狀說：『照對本司久例，有行香寺曰通濟，在城外西南一里，本亭久爲焚人空亭，約十間以罔利，合城愚民，悉為所誘，親死即舉而付之烈燄，餘骸不化，則又舉而投之深淵，哀哉斯人！何苦而遭此身後之大戮耶』火葬之事，見於春秋，（衞侯）然風俗上，殊不謂然，田單以掘齊墓燒死人，激怒齊人，而因以破燕；尉佗在粵聞漢掘燒其先人塚，而有反意；漢尹齊為淮陽都尉所誅甚多，及死，仇家欲燒其尸；東海王越亂晉，石勒剖其棺焚其尸；楊元感反隋，乃掘其父素之塚，焚其骸骨；可見中國舊俗焚尸，是對待仇人惡人。據列子說：『秦之西，有義渠之國者，其親戚死，聚柴積而焚之，燻則煙上，謂之登遐。』荀子說：『氐羌之民，其虜也不憂其係累，而憂其死不焚也。』火焚之俗，是出西方，而印度日本亦火葬盛行，宋代火葬之俗，我以為印度佛教傳播中國後，社會風俗感染使然。金國死喪，無百官丁憂之制，故遇親喪者，但予給假，與宋之重喪丁憂輕喪給假之例不同。（五）巫覡鬼神迷信，深入人心，病不服藥，惟事祈禳，故巫覡得以施其誑誘之術。宋史李惟清傳：『惟清解褐涪陵尉，蜀民尚淫祀，病不療治，聽於巫覡，惟清擒大巫笞之，民以為及禍，他日又加箠焉，民知不神，然後教以醫藥，稍變風俗焉。』侯可傳：『可知巴州化城縣，巴俗尚鬼而廢醫，惟巫言是用，可禁之，幾變其俗。』蔣靜傳：『靜為安仁令，俗好巫，疫癘流行，病者寧死不服藥，靜悉論巫罪，聚其所祀淫像三百軀，毀而投諸江。』陳希亮傳：『希亮知鄠縣，巫覡歲斂民財祭鬼，謂之春齋，否則有火災，民訛言有緋衣老人行火，希亮禁之，民不敢犯，火亦不作，毀淫祠數百區，勒巫為農者七十餘家。』夏竦傳：『竦徙壽安洪三州，洪俗尚鬼，多巫覡惑民，竦索部中得千餘家，敕還農，毀其淫祠以聞，詔江浙以南，悉禁絕之。』巫覡利用邪術，以醫病斂錢，在宋代是很普遍的。巫覡邪術，在淺演野蠻的社會也很流行的，美國 Malinowski 在他所著蠻族社會之犯罪與風俗一書，曾論及南洋士人的社會中，有所謂術士者，學成了符咒，以醫治疾病災患，以營業斂財，魚肉善良的。在宋代許多賢有司，加以禁止這種不良的風習，是應該的。（六）養奴。在宋代有養奴的風俗，袁采世範有說：『奴僕小人，就役於人者天資多愚作事乖舛違背，不能有便當省力之處，如頓放雜物，必以斜爲正，如裁截物色，必以長爲短若此之類殆非一端又性多忘囑之以事，全不能記憶又性多執，自以爲是，又性多狠，輕以應對，不識分守；所以顧主於使令之際，常常叱咄，其爲不改，其行愈辯，顧主愈不能耐，於是箠楚加之，或失手而至於死亡者有焉。』據此，可以知道宋代士夫之家待遇奴僕是怎樣的。（七）引用外語。宋代爲遼金勢力壓迫，社會人士有畏其勢者，多習用其語言，此如今人之歆羡西方文化勢力，以熟習西方語言爲榮；宋余靖刁約奉使於遼，俱有北語詩，余靖詩：『夜筵設罷（侈盛）臣拜洗（受賜）兩朝厥荷（通好）情斡勒（厚重）微臣稚魯（拜舞）祝若統（福佑）聖壽鐵擺（嵩高）俱可忒（無極。）』刁約詩：『押燕移離畢（移離畢官名，）秀房賀跋支（賀跋支官名，）餞行三匹裂（匹裂似小木罌，）密諭十貔貍（形如鼠而大，味如豚肉。）』可見當時士大夫，喜引用遼金語言，甚有安插詩句者。宋代風習，略如上述，其文化程度如何，可以知了。

第三節　宋代之家族制度

家族制度，是文化的表徵，中國家族制度，和其他各國比較起來，可說是採用大家族制度的。在中國舊時代之家庭裏，夫婦成爲家族內的一分子，家庭裏面營着二組或三組的共同生活，向來不喜分家，把五代同堂，作爲一家繁榮的誇張，這種古代的宗法家族制，在秦代曾受過一次打擊，商鞅所謂『民二男以上不分居者，則倍其賦』就是限制大家族的法令。但是到漢代這大家族制，又復活起來，在後漢書可以看見的，所謂：『蔡邕叔父，與其弟同居，三世不分財，鄉黨高其義。』觀此可以明白。風俗通義引三例如下：『袁盎與三兄子弟分居，供給公家費。』『薛孟嘗與子弟分居，子弟財盡，乃更與之。』『戴幼起讓財於兄，使妻出居客舍。』大家族制裏，以有無相通施惠讓財爲特點。宋代以前的家族制度，只有皇族和貴族有廣大的組織，其餘人民組織的範圍，大概是限於五服以內，五服以外的關係，就疏遠了；因此分炊析居，各營業務，各地雖有聚族而居的村落，實際與異姓團集的鄰里坊保一樣，而共炊合住幾代合居的大家族，就不多見。直到宋朝，因儒家學說的鼓吹，敬宗睦族的信仰，深入人心，於是宗法轉盛，大家族的理想，傳爲美談，期諸實現，如宋仁宗時范仲淹在平江府（今江蘇省吳縣）創建義莊，置義田以贍養族人，其法選族中年長而有才能的董理出納事務，將義田收入，供給族人需要，嫁娶喪葬，都有津貼；嫁女者五十千，再嫁者三十千，娶婦者三十千，再娶者十五千，葬者如再嫁之數，葬幼者十千，當時人都很稱道他的辦法，以爲很合於親親仁民的儒家主張。宋代儒家學說的擡頭，原是五代紛亂殘暴的反動，五代時代，如朱友珪的懷憤殺父，竟罵老賊萬段；李彥珣的背鄉從亂，竟忍心發矢害母；這種駭人聽聞之事，不一而足。宋朝統一之後，政府固想竭力掃清亂源，社會一般人，也覺得有矯正薄俗的必要，名分權威，大受擁護，社會上更推廣了宗法的勢力，學術界朱熹一派大占勢力，所以宗法推行，更是得力。宋儒眞德秀於大學衍義中，對於女子定下一個界說：『女子者順男子之教而長其理者也，是故無專制之義，而有三從之道，』所謂『必敬必戒，無違夫子，』『餓死事小，失節事大，』『女子無才便是德，』遂爲家族制度的中心理論，而奉行唯謹。在家族制度中，有許多的流弊，家族共產，弄到爲家長者，難以兼顧，爲子弟者倚賴性成，不肯爲一家數十人數百人謀利益而勞働；因爲宗法過嚴，社會觀念形成薄弱，宗族過大缺乏國家思想在宗法極嚴的地方，排斥異姓必很利害，結果釀成互結怨仇聚衆械鬭的惡風，歐美學者認中國宗法的族居制，是國民團結民衆政治的障礙。就家族內部說，家族過大，營共居的生活，每易起嫌怨嫉妒之心，釀成紛爭及家族不寧的景象；昔張公藝九世同居，高宗問他的時候，張默寫百個忍字以進，族居之苦，可以知之，而且家長賢明，則全家受其益，家長不賢明，則名門巨室，常有陷於破產瓦解，致子孫墜落不堪，這阻礙國家社會發展之種種弊端，在宋代也是不能免的。惟據宋史太祖開寶元年六月，對於荆蜀人民，禁止與其父母及祖父母異居分財；同年八月，對川陝諸州下詔，凡與父母別居分財者，處以死刑；太宗淳化元年九月，對川陝人民禁止與父母離居而爲人壻。可知這種大家族制，在當時亦不能防維人心，竟有破壞至於與父母分居異財者。

第四節　宋代之農業

中國在地理上，占了寒熱氣候適宜沃野平原宜於耕種的地帶，以所住環境的關係和經濟階段說，是一個典型的農業社會，與『韋鞲毳幕，以禦風雨，膻肉酪漿，以充饑渴』的部落民族，其文化的進展，實有不可同日語。在唐代以後宋代以前五十餘年的時間，是中國歷史上最混亂的時代，遊牧民族的契丹，乘這時侵入中國的內地，由石敬瑭每歲奉納帛三十萬匹以作貢品，並割讓幽、冀、涿、檀、順、新、雲、蔚、瀛、莫、武、應、朔、儒、寰、媯等十六州，（在今河北山西綏熱諸區域）這被契丹佔據的地方，終宋之世，都沒有恢復。在與契丹戰爭的時候，農民受着影響，流離轉徙，死亡逃散，耕地佔有的轉移變換甚速，舊的耕地關係之破壞亦更烈，到宋的時候，混戰雖漸告結束，但全國經過大混亂之後，因耕地舊有制度的破壞，在這種狀況之下亦難以統一整理，故宋代三百二十年中，終不能頒佈整理耕地的法令。據宋史食貨志第一百二十六載：『農田之制，自五代以兵戰爲務，條章多闕，周世宗始遣使均括諸州民田，（此處所說的均田不是隋唐以前的均田制度，是指耕地兼併轉移，有的耕地少而賦重，有的耕地廣而賦輕，甚至有等有耕地而無賦稅，有等無耕地而賦籍未除，周世宗之令，是均賦，不是均田，）太祖即位，循用其法，建隆（太祖紀元）以來，命官分詣諸道均田，苛暴失實者輒譴黜，申明周顯德三年之令，課民種樹，定民籍爲五等，第一等種雜樹百，每等減二十爲差，梨棗半之，男女十歲以上，種韭一畦，闊一步，長十步，乏井者鄰伍爲之鑿，令佐春秋巡視，書其數，秩滿第其課爲殿最，又詔所在長吏諭民，有能廣植桑棗，墾闢荒田者，止輸舊租，縣令佐能招徠勸課，致戶口增羨，野無曠土者議賞，諸州各隨風土所宜，量地廣狹，土壤瘠埆，不宜種藝者，不須責課，遇豐歲，則諭民謹蓋藏，節費用，以備不虞，民伐桑棗爲薪者，辠之，剝桑三工以上爲首者死，從者流三千里，不滿三工者減死，從者徒三年。』在這法令中，只注意勸課農桑，找不着限制農民的耕地，和對無地的農民，如何設法去均一部份耕地，使他們有田可耕。在當時只有官田和民田兩種，沒有甚麼的均田制度，據宋神宗元豐時，檢正中書戶房公事畢仲衍，投進中書備對內所述，當時田的數量，和官田的分量，如開封府界，京東路，京西路，河北路，陝府西路，河東路，淮南路，兩浙路，江南東路，江南西路，荊湖南路，荊湖北路，福建路，成都路，梓州路，利州路，夔州路，廣南東路，廣南西路，總合四、四六三、一六三頃六一畝，官田六二、六〇三頃七四畝。再據宋史載：元豐間，天下總四京十八路，田四百六十一萬六千五百五十六頃內民田四百四十五萬三千一百六十三頃六十一畝官田六萬三千三百九十三頃，這兩個數目，有許多出入，此外還有兩數減除之十萬頃大約是屯田、營田以及省莊田、朱熹奏略說：『本州有產田、有官田、有職田、有學田，有常租課田名色不一，租稅輕重亦各不同。』可見當時除官田和民田外，尚有其他名色的田，這些田或為中央政府所有，或為各地方政府所有，非是民田的性質。官田是土地所有權屬於國家，為國有的財產，歸政府管理，為私經濟的經營而收其租，與地主之收租相同；宋代除以天荒地逃戶地山川陂澤等地以及原屬國有的土地，和用政權沒收逆產及籍沒犯法官民的田產以擴張官田外，另想出很多的法子，增加官田：（一）人民田地不與田契相符，以規避租稅及胥吏的欺詐，政府按契檢覈田地，田浮於契者，沒為官田，並侵奪下戶的閒田。（二）按田追契，無契者沒官，有契者則向原賣田者追討舊契，至無契時，則將田沒收。（三）在檢驗民田時，以不足之尺丈量，量餘的田地，則收為官有，指定租課。（四）官田在建中靖國（徽宗紀元）後，以財政困難，屢次出賣，南京則給鈔收買，幾等於沒收，並沒收地主限外之田，以為官田。這幾種法子，都不是正當的法子，祕書監高斯得上封事力陳：『買田之失人心致天變。』工部尚書張闡言：『占百姓之田以為官田，奪百姓之穀以為官穀，老稚無養，一方騷然。』均是說出其弊病，至南宋帝㬎德祐元年三月下詔：『公田最為民害，稔怨召禍，十有餘年，自今並給田主。』（見宋史一百七十三末段）為時已晚了。公田是與官田一樣的，據宋史食貨志：『公田之賦，凡官莊、屯田、營田等賦，民耕而收其租者也。』通考卷七載：『公田之法，縣取民間之田契根磨，如田今屬甲，則從甲而索乙契，乙契既在，又索丙契，輾轉推求，至無契可證，則量地所在，增立官租；一說謂按民契而以樂尺打量，其贏，則拘入官而創立租課。』這可以證明上述第二法的非僞官田依其耕種的方法，有數種不同的情形：（甲）營田。宋之營田，由五代沿襲而來，和唐初之府兵屯田制相同，分散於州縣，不限於邊郡，凡官田所在的地方，多置營田，領其事者爲營田使，或營田事通判；有等地方則以轉運使兼招致營田使，起初以廂軍耕種，或招募兵夫，餘田則由弓箭手耕種，官給牛及耕具，有馬者加五十畝，每五十畝爲一營，以耕種成績優劣，加以賞罰。（見宋史卷一百七十六）（乙）屯田。宋之屯田，異於唐之府兵屯田，與漢之邊郡屯田相同，卽是置重兵於邊爲屯田，一面藉以保護居民富庶邊地，一面可以節省糧餉，田是由軍兵耕種，政府遣官設吏以經營之，同時淮南、浙江、福建等地，都有屯田，亦由軍兵耕種，以技術拙劣，所出之糧，不足供給，大中祥符（眞宗紀元）以後，乃改變方策，把屯田多賦民而權收其租，間有屯田獲利者，乃是强調民夫，借用人民之牛耕種所致，（文獻通考卷五）人民受害累者甚大，慶歷四年，（仁宗紀元，）罷河北屯田，務令人民租佃，各州亦令招人佃種或募人耕種而收其租；南渡後雖有屯田之名，性質上不復是屯田，成爲招人墾荒的性質。（丙）官莊。屯田營田外，尙有官莊，凡官田所在地，隨時設置官莊，官莊以招人佃耕爲主，令其納租，官莊的設置，每縣以十莊爲則，每五頃爲一莊，所召客戶五家相保爲一甲，推一人爲甲頭，每莊所屬地，置册編號以便管理，官莊事務，則由縣尉主管，間有以所收租數爲分莊標準者，每公租達三千石，卽置一莊，縣以下設分司承佃，政府每年照額收租。（丁）職田。隋唐官吏有職分田，爲俸外之祿田，隨品級高低，定田數多寡，五代以後遂廢，至眞宗咸平年復置，（宋史卷一百七十二）以官莊及遠年逃戶田充之，對於國家可免租稅，招浮客充佃戶，依鄉原例納租，課租分配於州縣長吏十之五，餘則按職位高下，分給於長吏下之人員，職田的數額，較唐爲低，最多者四十頃，少者二頃。但這種職田，亦發生流弊：（1）地畝不足，強令浮客承認租課；（2）不問地之厚薄，一律令納高額的租金；（3）令地方保正催納，逋欠則由保正代納，或勒人民代納；（4）輸送時每額外多取。另外有一種公田，不屬於國家，亦不屬於私人，所收得的租，祇歸入特種團體，或特別用途，除寺田外，此種公田，在形式上看，像是官田，並設官管理，實質上則不同，不過受政府權力的支配，在官田出賣時，亦常隨之出賣；依其性質，可分三種如下：（一）倉田。宋有常平倉，廣惠倉，前者是調劑物價的，後者是救濟災荒的，皆有公田以為基金，設置官莊經營。（二）學田。學田來源有三：（甲）熙甯三年，（神宗紀元）以一部官田撥給諸路作學田。（乙）紹興二十一年，（徽宗紀元）命撥寺僧絕產以贍學，並將無敕額菴寺的田地，亦撥作學田。（丙）由學者或官吏捐助。前二者沒有租稅，後者原地已起稅，作學田後，仍按原數納稅。（三）寺田。佛教傳至中國後，在社會上勢力很大，南北朝時，寺院領有大量土地，招佃收租，可以不納稅，至宋時，僧尼的社會地位雖然降低，但侵占民田之風氣仍盛，宋史卷一百七十三載：『福建八郡之田，分三等，膏腴者給僧寺道院，中下者給土著流寓。』宋會要卷二百八十二載：『私荒地田，法聽典賣與觀寺，（人民）多以膏腴田土作荒廢，官司不察，而民水旱歲一不登，人力不繼，即至荒廢，觀寺得之，無復更入民間。』以上所說的，不是國家的公田，而是社會的公田。現在所論及的，即是民田。民田是所有權屬於人民，而對國家有納稅義務的土地。以納稅的情形來說，可分兩種：（一）巨室的民田。巨室是以前為官的，以他們的勢力，占了許多的民田，以為己有，為租稅的分配者，或以私人領有大量的土地，成為巨室，勾結官場，免差與稅，民戶負擔愈重，國家收入減少，這等巨室，在社會便利條件之下，耕地不斷的集中於他們手中，如是耕地成為嚴重的問題，在社會上所激起的反影，就是限田，而限田之制，亦僅曇花一現於仁宗之世。仁宗卽位之初，下詔限田，公卿毋過三十頃，衙前將吏，毋過十五頃，逾限則收納稅役，以田賞告者。此等限田之法，本足以挽救兼併之弊，施行之初，未嘗不雷厲風行，但朱門豪族，終感未便，任事者每以限田不便，未幾卽廢，馴至『承平寖久，勢官富姓，佔田無限，兼併冒僞，習以成俗，重禁莫能止焉。』（見宋史一百七十三。）其後蘇洵也主張恢復限田，他說：『有田一人，耕者十人，是以田主日累其半，以至於富強，耕者日食其半，以至於窮餓而無所告，……吾欲少爲之限，而不奪其田嘗已過吾限者，但使後之人，不敢多占田以過限耳；要之，數世富者之子孫，或不能保其地，以復於貧，而彼嘗已過吾限者，散而入於他人矣，或者子孫出而分之亦無幾矣；如此則富民所占者少而餘地多，則民易取以爲業，不爲人所役屬，各食其地之全利，利不分於人而樂輸於官，夫端坐於朝廷，下令於天下，不驚民，不動衆，不用井田之制，而獲井田之利，雖周之井田，何以遠過於此也？』（見闢書集成五十八）謝方叔亦主張限田的，他奏摺說：『豪強兼併之患，至今日而極，非限民名田，有所不可，是救世道之微權也。國朝駐蹕錢塘，百有二十餘年矣，外之境土日荒，內之生齒日繁，權勢之家日盛，兼併之習日滋，百姓日貧，經制日壞，上下煎迫，若有不可爲之勢；所謂富貴持柄者，皆非人主之所得專，識者懼焉。夫百萬生靈，生養之區，皆本於穀粟，而穀粟之產，皆出於田，今百姓之膏腴，皆歸貴勢之家，租米有及百萬擔者，民無百畝之田，頻年差充保役，官吏誅求百端，不得已，則獻其產於巨室，以規免役，小民田日減，而保役不休，以此弱之肉，強之食，兼併寖盛，民無以遂其生，於斯時也，可不嚴立經制以爲防乎？去年諫官，嘗以限田爲說，朝廷付之悠悠，……。』（謝方叔，宋威州人，南宋寧宗嘉定進士，歷官監察御史，數言得失，淳祐中，知樞密院事，拜左丞相，）可知當時因爲耕地很利害集中到地主商人貴族變相的巨室之手中，限田之說，所以興起。（二）普通的民田。這種民田佔墾田中之最多數，其納稅亦佔最多數，這等農田是國家土地制度的基礎。俄國沙發諾夫在所著中國社會發展史引述：『在宋朝的時候，因爲耕種方法的落後，土地枯竭已達到空前未有的程度，』甚至好灌溉的田地，也得不到收穫，這個時期在江蘇，安徽旱魃爲虐，竟有這樣厲害，有許多地方連井連河流，都涸絕了，牛和其他的牲畜沒有飲料，甚至連鷄犬也沒有，在陝西省，常有許多孩子遺棄在道路上，（見三四五頁）由這種情形，可以知道一般普通農民所受的遭遇。司馬光曾上疏論及此事，他說：『四民之中，惟農最苦，寒耕熱耘，沾體塗足，戴日而作，戴星而息，蠶婦治繭，績麻紡緯，縷縷而積之，寸寸而成之，其勤極矣；而又水旱霜雹蝗蜮，間爲之災，幸而收成，公私之債，交爭互奪，穀未離場，帛未下機，已非己有，所食者糠籺而不足，所衣者綈褐而不完，直以世服田畝，不知舍此之外，有何可生之路耳？』（見宋史卷一百七十三）因此宋代遂注意到民食的問題：（甲）栽種桑柘。神宗時勸民栽種桑柘，毋得增賦，官計其活茂多寡，得差減在戶租數，活不及數者，罰責之補種，然官奉行不善，民以爲病。哲宗初年，准胡昌等奏請罷之，並蠲除所負罰金，然各州縣官吏，能課民種桑棗者，仍優加獎勵。（乙）農事指導。關於農事指導，宋代太宗太平興國中，兩京諸路，許民共推練土地之宜，明樹藝之法者一人，任爲農師，令相視田畝肥瘠，及五穀所宜，凡有丁男耕牛種子者，卽同三老里胥，召集餘夫，分畫曠土，勸令種植，候歲熟共取其利，爲農師者，蠲稅免役，人民有怠於農務者，農師察得，卽白州縣論罪，以警游惰，所墾之田，卽爲永業，官不收其租，這種辦法，於農業實有裨益，當時以煩擾之故罷除。（丙）製作農具。宋太宗淳化五年，宋亳數州牛疫死者過半，官借錢，令就江淮市牛，未至，帝慮耕稼失時，命陳堯叟等依踏犂式製造給民。眞宗景德二年，河朔戎寇之後，耕具頗闕，牛多瘠死，出踏犂式，詔河北轉運使詢於民間，如可用則由官造給與之。

（丁）撲除害蟲。宋太宗時連歲旱蝗，淳化二年，蝗害更甚。仁宗時，遇有蝗生，募民捕之，蝗子一升，換菽粟三升或五升；神宗熙寧八年，謂有蝗蝻處，委縣令佐躬親打撲，如地方廣闊，多差通判職官監司提舉，分任其事，除蝗之法，視前代爲備。淳熙年間，（孝宗紀元）又以法令申敕各部，凡諸蝗初生，若飛落地，主鄰人隱蔽不言者，保不卽時申舉撲除者，各杖一百，許人報告，當職官承報不受理，及受理而不親臨撲除，或撲除未盡而妄申淨盡者，各加二等；可知當時如何注重掃除蝗害。（戊）限制火田。縱火燎原，有傷植物，所以歐美各國，甚注重保護森林。宋大中祥符四年（眞宗紀元）下詔：『火田之禁，著在禮經，山林之間，合順時令；其或昆蟲未蟄，草木猶蕃，輒縱燎原，則傷生類。諸州縣人畬田，並如鄉土舊例，自餘焚燒野草，須十月後，方得縱火，其行路野宿人所在，檢察，毋使延燒。』可知對於農事護生，是注意到的。（己）開墾荒土。宋太祖時，獎掖樹藝，開闢荒土，令州縣記其數，卽爲官吏考成之計。太宗端拱初，復親耕籍田，以示提倡。淳化五年，（太宗紀元）凡州縣曠土，許民請佃爲永業，蠲三歲租，三歲外，輸三分之一，當時墾荒雖免常賦，而以租稅繁重，逃賦衆多，吏胥迫索，已墾者寧曠棄，願墾者懼擾累。陳靖條陳辦法：凡逃民復業及浮客請佃者，委農官勸驗，以給授田土，州縣不能議其差役，乏糧種耕牛者，令司農以官錢給借，其後以陳靖爲京西勸農使，勸人民墾田。眞宗景德初，下詔諸州，不堪牧馬閑田，招主客戶，多方種蒔，以沃瘠分三等輸課。仁宗天聖中，下詔民流積十年者，其田聽人耕，三年而後收賦，減舊額之半。後又詔流民能自復者，賦亦如之，計四十年間墾田，約三千餘萬頃。（庚）置官勸農。眞宗景德四年，以知州兼管內勸農事，通判兼勸農司，諸路轉運副使兼本路勸農使。天禧四年，

（眞宗紀元，）即以諸路提點刑獄朝臣爲勸農使使臣爲副使，所至取民籍，視其差等，不如式懲革之，勸恤農民以時耕墾。仁宗敦本務農，躬耕籍田，爲天下先。（辛）與修水利。宋朝頗注意以興修水利，凡諸州長吏令佐能勸民修陂池溝洫之久廢者及墾闢荒田，增稅二十萬以上者，議賞；嘉祐中，（仁宗紀元，）唐州守趙尙寬開闢廢渠，引水灌田，幾數萬頃，特進一官。神宗熙寧元年，襄州宜城令朱弦復修水渠，溉田六千頃，詔遷一官。元豐元年，（神宗紀元，）詔開廢田水利，民力不能給役者，貸以常平錢穀。哲宗元祐四年，詔瀕河州縣，積水冒田，在任官能爲民經劃疏溝畎，退出良田，自萬頃至千頃者，分級奬賞。南渡後，江南水利大興，水田之利，亦富於中原。（可參閱中國民食政策史一一四頁，）宋代不但注重栽種桑柘，農事指導，製作農具，撲除害蟲，限制火田，開墾荒土，置官勸農，興修水利，以使民食不致缺乏，且設防範水旱饑荒之義倉制度。宋太祖承五季大亂之後，見倉儲久廢，於建隆四年下詔說：『多事之後，義倉廢寢，歲或小歉，失於預備，宜令諸州於所屬縣，各置義倉，目今官所收二稅，（夏秋二稅，）石別稅一斗，貯之，以備凶歉，給與民。』乾德三年，又制定義倉粟給散辦法；凡民有欲借義倉粟充種食者，縣具籍申州長官，即計口貸訖，然後奏聞，不俟報可。仁宗皇祐五年，右司諫賈黯奏請設立民社義倉說：『今天下無事，年穀豐熟，民人安樂，父子相保，一遇水旱，則流離死亡，捐棄道路。發倉廩賑之，則糧不給，課粟富人，則力不贍，轉運千里，則力不及事，移民就粟，則遠近交困。……則民饑而死者過半矣。願倣隋制，立民社義倉，詔天下州軍，遇年穀豐登，立法勸課蓄積，以備凶災。』義倉時置時罷，所以又設立常平倉。太宗淳化三年，京畿年豐，分遣使臣於四城門，置場增價以糴，命名常平，歲饑則減其值以便民。眞宗景德三年（前九〇六年，）始於京東西、河北、河東、陝西、江南、淮南、兩浙，皆立常平倉，沿邊州郡不置特設司農寺以主其事。天禧四年，（眞宗紀元，）又於荆湖、川、陝、廣南，皆置常平倉，凡諸州通河及大路人煙繁處多糴其僻在山險之處止約本處主客戶收糴。仁宗景祐初常平錢粟，改由諸路轉運使與州長吏，舉所部官掌之；其後有州郡移用之事，乃下詔止之，不數年間，常平儲積有餘，而兵食不足，命司農寺出常平錢百萬緡，助三司給軍費；久之，移用數多而蓄藏無幾。神宗熙寧二年，以常平散斂未得其宜，而行青苗法，青苗法是春散秋斂，將糴本轉貸於農民，春貸十千，隨夏稅繳還，秋貸十千，年終繳還，每期各納息錢二千。蘇轍、司馬光等曾加以反對，南宋朱熹亦以爲其法不能行於天下。另又有社倉，社倉原由人民經營，孝宗乾道四年，朱熹之故鄉饑荒，向建寧府給借常平米六百石，設置社倉，至淳熙八年，（孝宗紀元，）十一月，熹爲浙東提舉，乃將其建議於朝，孝宗從其言，下詔諸路，做行其法，而任從民便，其散斂之事，與本鄉耆老公共措置，州縣並不得干預抑勒，社倉推行，是爲地方人民所自動，但陸九淵以爲『社倉固爲農之利，然農田常熟，則其利可久。苟非常熟之田，一遇歉歲，則有散而無斂；來歲缺糧種時，乃無以賑之，莫若兼置平糴一倉，使無貴賤之患，析所糴爲二，每存其一，以備歉歲，代社倉之匱，實爲常利也。』由上引證，可知宋代之義倉常平倉社倉等制度，實爲救濟民食之辦法。

遼金兩國入寇中國，爲游牧民族與農業民族接觸之時期，及其接觸既久，對於農業的土地的瞭解，亦隨之而較明。遼之田地，據遼史食貨志有二種可分：（一）爲軍人屯邊之公田，卽沿邊各置屯田戍兵，易田積穀以易軍餉，在屯者力耕公田，不輸賦稅。（二）爲民種之在官閑田及聽民自種之私田，卽人民應募或治閑田，或治私田，計畝出粟，以賦公上。遼人苦於征戍，每歲農時，一夫偵候，一夫治公田，又以田地無制度，由農田而起之租賦，甚爲不均。金國對於田地有所謂通檢推排之法，卽歲括實種之田，計畝征斂，大抵手續繁重，吏胥上下其手，故結果反以厲民，國家祇以賦稅之收入爲中心，並不關心於大多數民衆土地分配之疾苦。金之公田，在於開荒及亡遼時籍沒的土地；金之制度，貧民得請佃公田，金史四七食貨志：「量田以營造尺五尺爲步，闊一步長二百四十步爲畝，百畝爲頃。民田業各從其便，賣質於人無禁，但令隨地輸租而已。……凡官地，猛安謀克及貧民請射者，寬鄉一丁百畝，狹鄉十畝，中男半之。」金世宗時有一大規模之括田運動，這種括田，是將百姓之田，括爲官地，不問而知是遺害於人民的。此外金有特種地主，是從金人入寇中國，一般從龍之臣，欲酬其開創之功，勢非給與以優厚的土地不可，所以形成特種之地主階級，因優待這等猛安謀克從龍之臣，勢必致奪平民之土地以與之，金史八十三張汝弼傳述及世宗時：「詔徙女眞猛安謀克於中都，給以近郊官地，皆瘠薄，其腴田皆豪民久佃，遂專爲己有。上出獵，猛安謀克入前訴所給地不可種藝。詔括官田在民久佃者與之，因命張汝弼議其事，請條約立限，令百姓陳過限，許人首告，實者與賞。」由此可知猛安謀克，想假借名義以得肥田。其餘特種之地主階級，卽爲現役軍人，因國家重視軍人之故，軍人成爲特殊勢力，每易占田，金史九十五張萬公傳載：「章宗明昌間，時主兵者，言比歲征伐，軍多敗衄，蓋屯田地寡，無以自贍，至有不免饑寒者，故無鬭志。願括民田之冒稅者，分給之，則士氣百倍矣。」因此軍奪民田之事，在在可見，及其末年，民多流離，而金遂亡。

第五節　宋代之稅制

宋代的稅法，原於唐制，而分夏稅秋稅；據宋史一百七十四載：『賦稅自唐建中初，（德宗紀元，）變租庸調法，作年支兩稅，夏輸毋過六月，秋輸毋過十一月，遣使分道按率，其弊也，先期而苛斂，增額而繁征，至於五代極矣。宋制歲賦，其類有五：曰公田之賦，凡田之在官，賦民耕而收其租者是也。曰民田之賦，百姓各得專之者是也。曰城郭之賦，宅稅地稅之類是也。曰丁口之賦，百姓歲收身丁錢米是也。曰雜變之賦，牛革蠶鹽之類，隨其所出，變而輸之是也。歲賦之物，其類有四：曰穀，曰帛，曰金鐵，曰物產是也。穀之品七：一曰粟，二曰稻，三曰麥，四曰黍，五曰穄，六曰菽，七曰雜子。帛之品十：一曰羅，二曰綾，三曰絹，四曰紗，五曰絁，六曰紬，七曰雜折，八曰絲線，九曰綿，十曰布葛。金鐵之品四：一曰金，二曰銀，三曰鐵鑞，四曰銅鐵錢。物產之品六：一曰六畜，二曰齒革翎毛，三曰茶鹽，四曰竹木麻草芻菜，五曰果藥油紙薪炭漆蠟，六曰雜物。其輸有常處，而以有餘補不足，則移此輸彼，移近輸遠，謂之支移。其入有常物，而一時所輸，則變而取之，使其直輕重相當，謂之折變。其輸之遲速，視收成早暮而寬爲之期，所以紓民力。諸州歲奏戶帳，具載其丁口男夫二十爲丁，六十爲老。兩物折科，物非土地所宜而抑配者禁之。』宋代人民之佃官田者，運送租物則有水腳，政府雜徵則有抑配，應用物品則有折納，而增加租額，則以皇帝的詔命行之。違令者除退佃之外，還要懲罰，官佃所接觸的爲胥吏，多上下其手以勒索人民。據宋史一百七十三載：『諸籍沒田募民耕者，皆仍私租舊額，每失之重，輸納之際，公私事例迥殊，私租額重而納輕，承佃猶可，公租額重而納重，則佃不堪命。州縣胥吏與倉庫官執事之人，皆得爲侵漁之道於耕者也。』關於民田賦稅，分爲正稅與附加稅，正稅是對其他雜稅或附加稅而說的。唐代之兩稅，是資產稅，宋代之二稅，是土地稅，兩者雖均夏秋二季徵收，形式上相同，而性質則不同，唐會要卷八十三載：『戶無主客以見居爲簿，人無丁中，以貧富爲差；不居處而行商者，所在州縣稅三十分之一，度所取與居者均，使無僥倖。」這是按資產之大小並和商稅合一。兩稅變爲二稅的時候，人民負擔則大不相同，第一、二稅資產審定的標準，最後只有土地，單獨擔負了兩稅下一切資產稅，較之兩稅固爲加重，較之租庸調的田租丁庸戶調的分擔，更爲加重。第二、租庸雜徭悉省，而兩稅之外，不復加斂，這是兩稅的立法，也是建中以後的詔書所宣示的，（見兩宋田賦制度引文獻通考卷三說）及兩稅施行，一切雜稅，漸次恢復，並超過了兩稅的正額。到宋之二稅，科斂於田畝之上的附加稅，稅額繁重，在正稅之上，又增加數倍。第三、身庸以稅的形態，加入於兩稅之中，政府有役以錢僱募，差役日重，政府的僱錢不復出，差役更加重負擔。第四、身庸在兩稅法破壞於後，分兩方走，一以勞動的形態出現而爲差役，一以租稅的形態，出現而爲丁口之賦，後者雖只行長江以南各地，卻是國家的正式收入。到了南宋，就成爲普遍的稅法。第五、兩稅是以貧富爲差，合於公平的租稅原則，至宋則巨室有特殊的地位，差役可以免除，田稅可以抗而不納，使賦役集中於小戶，小戶於自己的常賦之外，又代納在社會上有特殊地位者減免下來的稅役，這當然是加重負擔於一般人民的。宋代課稅準則，大約有五：（甲）以土地面積爲準則。以土地面積課稅，是歷代相傳的主要稅法，宋代各地情形，極不一致，兩浙以絹米計，每畝納三尺四寸，米一斗五升二合，桑地每畝納絹四尺八寸二分，原物折價和雜稅的折納，至每畝納稅兩千文；江南東西路，每畝稅額分作三等，上等每畝至稅錢二百文，苗米二斗二升；福建每畝稅額及江南又不同，以福州一處說，中田每畝錢四文米八升，下田錢三文七分，米七升四勺，上田不詳。（乙）以收益爲準則，浙西、浙東、淮西各路，有按土地收益課稅的。（丙）以耕牛爲準則。以土地册喪失，無法征收，不能不採用這種辦法。(丁)以下地種子爲準則。這種方法，也是因土地册籍喪失，以田畝課稅，不能施行，故以所下種子爲準。(戊)以丁口爲準則以丁口爲準則，是與上二者情形相同，也是因爲土地册籍喪失之故但田多者或丁少田少者或丁多無田者或有丁，以丁課稅在稅額平均上，還不及耕牛及種子，較爲眞實。宋代租稅的物品本色與金錢兼納，本色多變爲政府所需要之物，且多折爲貨幣；宋代工業進步，國外貿易發達，銀爲當時所需要，以社會經濟的進展，促使貨幣的變化在社會演進史上是具有意義的。租稅政策常影響於戶口之登記及墾田之申報，宋代最盛時候，墾田和戶口比較前代均相差很多，墾田在元豐八年(神宗紀元)計四百六十一萬六千五百五十六頃，僅及漢時二分之一，不及隋時四分之一，唐時三分之一；戶口在元豐六年，主客戶共一千七百二十一萬一千七百一十三，口二千四百九十六萬九千三百。戶口超過隋唐，口不及兩漢遠甚，戶多口少成爲特殊現象。墾田及戶口之申報減少，租稅的收入就受直接的影響。

附加稅，是以正稅稅額爲基數，以成數或定數，附於正稅之上而加征的稅法。宋代雖沒有附加稅的名稱，很多的稅目意義與附加稅相同：(1)義倉稅。太祖乾德元年，詔諸州各置義倉，於二稅之上，別收一斗作爲義倉積粟以備凶歉，給與災民(見宋史卷一百七十六)，這是十分之一的附加稅。(2)和買。和買本不是租稅，因其時政府用紬絹甚多，人民亦多以紬絹納輸，每年春天機織開工的時候，貧者借貸作本，帛成償債，以時價跌落及倍稱之息的關係，人民吃虧甚大，所以政府預給帛錢，以便人民及時輸納，立法初意本善；及後給錢少，收帛多，民感不便，不願受官錢，而政府則以定額本錢，均敷於人民，於是和買遂爲民間之賦，由不便而至於爲害，敷於田畝之上，則變爲附加稅。(丙)進際稅。進際稅，即是每田十畝處增六畝，即十畝納十六畝之稅，換句說就是納十分之六的附加稅，桑地十畝處增八畝，即十畝納十八畝之稅，附加的更多，因此叫做進際稅。(丁)牛革稅。牛皮牛筋，爲製造軍器的材料，五代時爲政府收用，或出錢收買，嚴禁出境，違者處以死刑，宋仍沿着這種制度，建隆四年，(太祖紀元)定牛皮一張，並隨筋角共折納錢一貫五百文；開寶八年，(太祖紀元)以之附加於田畝之上，詔租每二十石輸牛革一張，折錢一半。(戊)頭子錢。開寶六年，令川陝人戶兩稅，輸納錢帛，每貫收七文，每匹收十文，絲綿一兩，茶一斤，稈草一束各一文。熙寧二年，(神宗紀元)每石亦收五文，並將這種制度通行於各路。(己)法定加耗。加耗是征收制度上的弊端，由弊端進而爲法定的稅制，即所謂法定附加稅，各地征收情形不同，大約正稅一石收耗一斗四五升，每草十束收耗一束，或竟隨意增收。稅制中總有一種雜稅，雜稅是對正稅說的，即所謂雜變之賦，文獻通考卷四載：『自唐以來，民計田輸賦外，增收他物，復折爲賦，即所謂雜變之賦也，亦謂之沿納，而名品煩細，其類不一。』宋代田賦稅的雜稅，一面沿襲，一面增設，玆略述其大概：(1)農器稅。農器稅，是五代的普遍稅法，宋初仍沿用着。(2)支移腳錢。以有餘補不足，移此輸彼，移近輸遠之謂；政府假支移之名，令農民輸錢，不願支移者，則輸納路程所需要的腳錢，有一石貼三斗七升者，一斗有納錢五十六文者，可知稅額的煩重。(3)折變增價。文獻通考卷四對於折變所下的定義說：『入有常物，而一時所須，則變而取之，使其值輕重相當，謂之折變。』折變以每月初旬之市場價格爲準，估計中價，互爲折變，日久弊生，折變遂爲政府增加收入的方法，且爲吏胥欺詐的工具，人民原以本物納稅改爲以錢納時，則將物價估高；人民原以錢納稅改爲以物納時，則將物價估低；有時以絹折錢，又以錢折麥，以絹較錢，錢倍於絹，以錢較麥，麥倍於錢，結果成爲四倍之多。（4）罰稅。人民析居，照例加稅，謂之罰稅。（5）斛面。斛面係納稅時，以斛斗量穀，將穀之上面突起，以便多收，叫做斛面，宋代沿用方法，更爲精密。其他尚有各色雜錢及預征，有預征至於四歲五歲者。（見文獻通考卷五。）

宋之消費稅，和田賦列於同等地位，關於消費稅，徵稅的物品種類，如鹽、茶、酒、麴、醋、香、礬、丹、錫、鐵十種，茲略爲分述如下：（一）鹽。鹽自唐以後，爲政府所壟斷，不許人民私製私賣的。據宋史食貨志卷一百八十一載：『鹽之類有二，引池而成者曰顆鹽，周官所謂盬鹽也；鬻海鬻井鬻鹼而成者曰末鹽，周官所謂散鹽也。宋自削平諸國，天下鹽利，皆歸縣官，官鬻通商，隨州郡相宜，然亦變革不常，而尤重私販之禁。』宋朝因西北多事，故於顆鹽，尤爲注重，其售賣之法，分官鬻及通商二法，官鬻是由官自賣，禁人私鬻，通商則令商人入銀官中，領鹽發賣。（二）茶。宋代搉茶之制，也和鹽法大略相同，禁止私販，行通商法，得以入錢官中，赴他處取茶。（三）酒麴醋礬。宋初酒課很輕，到南宋以後，財政困難，纔加重酒課，諸州城內，皆置務釀酒，縣鎭鄉閭，許人民釀酒而定歲課，當時不但榷酒，連醋礬香等日用之物也在重榷之列。（四）礦稅。宋代採礦權，均操於政府，民間不得私採。據通考載：『冶坑國朝舊有之，官置場監，或民承買，以分數中賣於官。舊制，諸路轉運司本錢亦資焉。其物悉歸之內帑。崇寧（徽宗紀元）以後，廣搜利穴，榷賦益備，凡屬之提舉司者，謂之新坑冶，用常平息錢與剩利錢爲本金，銀等物往往皆積之大觀庫，自蔡京始也。』可見北宋末年，對於採礦賦稅之法，更爲完備。

丁口之賦，始於五代，爲宋正式的租稅，是加於個人身上的人頭稅，這種賦稅，只是行於長江以南各省。據文獻通考卷十一載：『身丁錢者，東南淮、浙、湖、廣等路皆有之，自馬氏據湖南始取永道、郴州、桂陽軍、茶陵縣民丁錢絹米麥。嘉祐四年，（仁宗紀元，）詔無業者與除放，有業者減半，然道州丁米每歲猶爲二千石，人甚苦之。紹興五年，（高宗紀元，）守臣趙坦請以二分敷於田，一分敷於民丁，詔下其議，漕司言如此則貧民每丁當輸二斗有奇，乞盡敷於田畝，言者以爲太重，請捐其一，詔漕司相度。』建立丁身錢的稅法，實財政收入的政策，南宋且爲稅收的主要源泉，故對於丁口納稅的年齡定爲較長的期間，男夫二十歲爲丁，六十爲老，納稅時期達四十年之久，但女戶及殘疾者免納，年老者在訂立戶籍時，不予退去，若家貧無力輸納，丁壯流亡，老弱獨留，只要丁籍存在，催輸甚急。兩浙身丁錢，可以折絹，每丁納絹一丈，綿一兩，皆取於五等下戶，資產少者輸納，大者不及，即無產的下戶也一樣的負擔。宋會要卷二百九十九載：『常州、宜興無稅產人戶每丁納丁鹽錢二百文。』可以證明丁口賦，爲宋代之繁苛稅法，納稅者不能負擔時，有兩個規避的辦法，一個是殺子不養，知建寧府趙彥端說：『民有生子而殺之者，爲的幼時無力贍養，長則復有身丁錢之患。』范成大說：『處州丁錢太重，遂有不舉子之風。』其後且有嚴申殺嬰的禁令，可知當時殺子風氣之甚。再一個辦法，是逃避或改業。文獻通考戶口考引葉水心說：『使之窮居憔悴，無地以自業，其駑鈍不才者，且爲浮客，爲傭力；其懷利強力者，則爲商賈，爲竊盜。』宋會要卷三百零三論丁錢苛斂說及：『是以其民苦之，百計避免，或改作女戶，或涉居異鄉，或捨農而爲工，或泛海而逐商，曾不得安其業。』由此可以知道丁口賦的繁苛了。

力役是以稅的形態，提供於國家或政府的，宋之差役，繁苛騷擾，成爲社會的嚴重問題，通考卷十二載：『國初循舊例，衙前以主管官物；里正、戶長、鄉書手以督課賦稅；耆長、弓手、壯丁以逐捕盜賊；承符、人手力散從官以奔走驅使。在縣曹司至押錄，在州曹司至孔目官，下至雜職虞候，揀掐等人，各以鄉第等戶差充。』衙前不僅主管官物，且供給官物，並得運輸官物。在官物盡竭官吏猶苛索之際，每由衙前供應，相沿成習，官吏則視衙前爲個人輸入的源泉，遂由主管變爲供給，而衙前多由鄉懇充任。里正、戶長、鄉書手主課督賦稅；耆長、弓手、壯丁，則擔任逐捕盜賊。里正和戶長的職役特重，以第一等戶充前者，第二等戶充後者；耆長之職役較輕。里正督課賦稅，凡有欠逋，須負責賠補，輪差者多傾家敗產。鄉書手在里正戶長之下，主催收租稅及典賣田產。另有保正，擔任督催稅賦，並以稅戶三十家差一人充甲頭，每年輪換一次，主催納稅賦及辦理免役。弓箭手略似常備民軍的性質，招集鄉民之習騎射者，以防盜賊。其他雜役在政府機關倉庫牢獄門禁等處供職者，以及其他土木工程，皆不支付的，由鄉戶等第差充。宋代的差役，是不平均的，其富家擁有大量田地，不應差役者，爲數頗多。文獻通考卷十二乾興元年（眞宗紀元）臣僚上言：『以三千戶之邑五等分等中等以上可任差遣者約千戶，官員形勢衙前將吏，不啻一二百戶，並免差遣。』千戶之中，有一二百戶之最富者免役，則差役之所及者，是小富戶及一般平民和單貧小戶負擔結果，必感受痛苦無疑。因這種不均的情形，造成恐怖不安的社會問題，所以在仁宗即位的時候，特提出法律限制，凡隱匿田產及差役者，百日內自首改正名戶，限滿不首，被人告發者，命官使臣除名，公人百姓決配。太平興國三年（太宗紀元），京西轉運使程能也提出九等法，想把差役盡放在富者身上。文獻通考卷十二載：『諸州戶供官役，素無等第，望品定爲九等，著於籍，以上四等，量輕重給役，餘五等免之；後有貧戶，隨所升降』。因違背豪富的利益，僅付轉運使審查，沒有實行；韓絳也提出均役於富的五則法：（一）凡鄉戶視資產多寡置籍，分爲五則；（二）差役以輕重分爲五等，和資產相應；（三）第一等重役十當役十人，列第一等戶百；第二等重役五，當役五人，列第二等戶五十，以備一番役使；（四）五則籍，藏通判治所，遇差役同長吏以下按視之；（五）轉運使提典刑獄，察其違慢，施以監督。這種辦法實行雖有相當效果，但不能救濟弊深害重的差役法。差役弊害，論者頗多，韓琦知幷州時上書說道：『州縣生民之苦，無重於里正衙前，兵興以來，殘剝尤甚，至有孀母改嫁，親族分居，或棄田與人，以免上等；或非分求死，以就單丁；規圖百端，苟脫溝壑之患』。韓絳爲三司時，亦指出這種慘狀說：『害農之弊，無甚差役之法，重者衙前多致破產，次則州役亦須重費，向聞京東有父子二丁，將爲衙前，其父告其子云：吾當求死，使汝曹免凍餒，自經而死。又聞江南有嫁其祖母及與母析居以避役者，此大逆人理，所不忍聞』。（均見文獻通考卷十二引），差役法的弊害已如是，所以王安石變法時，特施行募役法，以替代之，將差役之可除者除之，其不可除者，則由國家募民之願充者以充之；其沒有充募役者，則易征徭的性質，爲賦稅的性質，而其征收之法，以財產之高下，列爲等第，隨等輸錢，（可參閱拙著中國政治思想史大綱二五四頁），免役錢的規定如下：（一）凡當役人戶，以資產等第出錢，叫做免役錢；（二）坊郭戶亦以資產等第出錢，單丁、女戶、寺觀、仕宦之家，舊無差役而出錢者，叫做助役錢；當役戶、坊郭戶、官戶、女戶、單丁、寺觀六者之錢，叫做六色錢；（三）僱役錢之外，另取二分，以備水旱欠闕，叫做免役寬剩錢；（四）凡酒稅、坊場等所出之錢，原來酬衙前者，叫做坊場錢，自是收官自賣，以其錢同役錢給僱役。這種辦法，各地情形不同，得從各路之所便爲法，人民輸納現錢或現物，聽從其便。（參閱劉道元兩宋田賦制度一四五頁）；免役錢之資產標準，依據鄧綰、曾布，與司農寺所審議的辦法：（一）鄉戶計資產之多寡，分爲五等，坊郭戶分爲七等，歲以夏秋隨等輸錢；（二）

鄉戶自四等坊郭自六等以下免輸；（三）兩縣有資產者，上等各隨縣，中等併一縣輸；析居者隨所析而升降其等；（四）官戶、女戶、寺觀、未成丁減半輸。輸錢的資產高下，即其戶之高下，以之著於册籍，人民巧避失實，由郡縣負責資產變動隨變動爲戶之升降，所出之錢，以合物力的大小爲準，故定坊郭五年鄉村三年一審定，若故爲升降者，以違制論。免役出錢，常有巧避失實，呂惠卿於熙寧七年，乃創定手實法以除其弊，規定貧富由人戶自己報告，各負隱匿之責。其法：（一）官定田產中價，使民各以田畝多少高下，自行報價，家室亦報；（二）家資分有蕃息和無蕃息二種，凡不蕃息之錢五，當蕃息之錢一；（三）隱匿者，許他人詰告，若是眞實，則以三分之一充賞；（四）政府制定表式，令人戶塡寫送縣，縣彙集起來，以所報價，列定高下，分爲五等；（五）以一縣之役錢本額，定各等民戶所當輸之錢數；（六）寫明各戶之資產等第，與所輸之錢數，出示兩月，使人民知悉。役錢負擔，以資產之多少爲標準，人民自然不肯多報，以詰告可將資產沒收的緣故，也不敢少報，此法後以官吏奉行煩擾，未幾卽罷。免役法與差役法的比較：第一，差役法只有物力低下的小戶單獨負擔，及不到沒有物力的人戶，也及不到物力雄厚的富豪，而免役法上及於巨富豪右的大戶，同是以資產爲等第，而等第畫分則不同。第二，差役法只及於物力低下的小戶，免役法於當役戶之外，旁及於官戶、女戶、單丁、寺觀、坊郭戶，負擔範圍擴大，負擔分量減輕。第三，差役法繁重，常致官吏苛擾勒索。免役法給錢募人，差役成爲靠僱錢爲生的職業，官吏不能從中巧施誅求。但免役法亦有弊害，弊害在於法的本身：第一，役之多寡，以人戶之資產爲依據，而資產審定的標準，立法者沒有限定，同時又令各地從所便爲法，以致各地頃畝稅額不同，甚至日用之物，家畜之產，亦在審定之列，弄成騷擾不堪，間有役錢已輸，他種名色的力役，又復徵派。第二，募値太輕，募人多不肯就，終或不給予役錢。宋之租稅册籍有二：（一）兩稅版籍；（二）形勢戶帳籍；征收時期以各地氣候不同而分別規定；夏稅多紡織物，秋稅多穀物；前者定爲五月十五或六月一日起徵，七月三十或八月五日納畢，最遲延至十月納足；後者定九月一日起征，十二月十五日納畢，最遲延至明年二月；値閏月時，則由地方官臨時奏定。以上就是宋代稅制的大概。

遼的稅法，其詳不得而知，據續通典卷九載：『遼賦稅之制，自太祖任韓延徽始制國用，太宗籍五京戶丁以定賦稅。聖宗太平七年，詔諸在屯者力耕公田，不輸賦稅，此公田制也；十五年募民耕灤河曠地，十年始納租，此在官間田制也。又詔山前後未納稅戶，並於密雲、燕樂兩縣占田置業入稅，此私田制也；各部大臣從上征伐，俘掠人戶，自置郛郭，爲頭下軍州，凡市井之賦，卽歸之，此頭下軍州賦制也。其餘若南京歲納三司鹽鐵錢折絹，大同歲納三司稅錢折粟，又開遠軍民歲輸稅，向例斗粟折五錢，耶律穆濟守郡時，表請折六錢，各隨地異宜，當時稱爲利民之政焉』。又據續文獻通考田賦卷一載：『興宗重熙十二年十月，定均稅法』。『十四年以南京道新定稅法太重，減之』。『道宗淸寧二年七月，遣使分道平賦稅，勸農桑』。可知遼也注意薄稅之政。

金租稅法，官地收租，私田輸稅。續文獻通考卷一載：『租之制不傳，大率分田之等爲九而差次之，夏稅畝取三合，秋稅畝取五升，又納秸一束，束十有五斤；夏稅六月，止八月，秋稅十月，止十二月，爲初中末三限，州三百里外，紓其期一月；章宗泰和五年，以十月民穫未畢，不可遽令納稅，改秋稅限十一月爲初；中都、西京、北京、上京、遼東、臨潢、陝西地寒，稼穡遲熟，夏稅限以七月爲初，凡輸送粟麥三百里外，石減五升，以上每三百里，遞減五升』。金的租稅，有夏稅秋稅，其制與宋大同小異，其徵收額，有牛具稅，又名牛頭稅，以每來牛三頭爲一具，限民口二十五，受田四頃四畝有奇，歲輸粟大約不過一石。有物力稅，金史食貨志：『租稅之外，算其田園屋舍車馬牛羊樹藝之數，及其藏鏹之多寡，徵錢曰物力；物力之徵，上自公卿大夫，下逮民庶，無苟免者』。又說：『計民田園邸舍車乘牧畜種植之資，藏鏹之數，徵錢有差，謂之物力錢；遇差科必按版籍。先及富者，勢均則以丁多寡定甲乙；有橫斜則視物力，循大至小均科，其或不可分摘者，率以次戶濟之；凡民之物力，所居之宅不預』。物力錢，亦稱推排物力，乃分按民之貧富而課之，金自國初推行此稅以來，弊害百出，人民極感困苦。續通考卷一載：『世宗大定五年十一月，立諸路通檢地土等第稅法。先是二年五月，有言以用度不足，奏預借河北東西路中都租稅，帝以國用雖乏，民力尤艱，不允，至是立通檢法；帝又問參知政事魏子平曰：古者稅十一而民足，今百一而民不足，何也？子平對曰；什一取其公田之入，今無公田而稅其私田，爲法不同，古者有一易再易之田，中田一年荒而不種，下田二年荒而不種，今乃一切與上田均稅之，此民所以困也』。均稅所以使貧富負擔均平，惟行之貴得其道，否則必發生弊害也。

第六節　宋代之商業

宋代政治，陷於萎靡不振，在這種情形之下，商業當難以發展，要想政府以其餘力從事以促進或保護商業的發展，是不容易的。原來宋代商業可以有促進的動機；第一，就是工業的發達，如在同一絲織品的種類中，有很多不同的綾、羅、紬、綴、絹、絁等，而瓷器和漆器也視前代爲精美，採鑛事業也視前代爲發達，工業生產力至此既經膨脹。第二，就是航運的發達，不獨內河航運事業發達，即是海運事業，也有發達。有這種種原因，假使政治有顯著的進步，商業勢力可以發展；但因爲政治不良，政府施種種病商的政策，以摧殘商業，商業那裏會有發展？宋代的都市，隨着商業的發達而增加繁榮，從性質上分別，可以分四類：（一）是政治中心的都市，如北宋的汴京（開封）和南宋的臨安；因政治的關係，同時爲商業的重心。（二）是東南沿海一帶的商埠，即貿易良港的所在，如廣州、泉州、明州、杭州、華亭、上海、江陰、温州、澉浦、密州等，均是宋代國際貿易的中心地點。（三）是內地航運的要衝，如揚州、眞州、楚州、泗州、虔州、江陵、婺州、台州、潭州、吉州、嘉州、鳳翔、斜谷等地。（四）是北番及西南蠻夷貿易的城市，如鎮州、易州、霸州、雄州、滄州、保安軍、鎮戎軍、永康軍、威茂州等。玆就其中重要的城市貿易狀況，略述如下：（一）開封。開封是北宋的都城，宋史地理志說牠是『處四達之會，故建爲都，政教所在，五方雜居』。牠是漕運的中心地，商業自呈繁榮之狀，在那裏置有雜買務和雜買場，以主禁中貿易，由京朝官內侍參主其事，以防侵擾，以免唐代宮市的流弊。（二）臨安。臨安是南宋的都城，即是現在的杭州，人口富庶，街市櫛比，分爲十個市區，每區有大街一條，橫貫城之兩端，城內溝澮小河甚多，橋樑之數，約達二千，河岸有許多石築之堆棧，容積很大，外洋所運來的貨物，都屯貯在堆棧中，以應市區需要；城內手工業發達，工人數目很多，大道能通達全省，由這種情形，可以知道當時商業的狀況了。（三）廣州。廣州自唐以來，爲國外貿易的中心地，宋初國外貿易興起，政府特置提舉市舶司，據朱彧萍洲可談：『崇寧初（徽宗紀元），三路各置提舉市舶司，三方唯廣最盛』，牠的繁榮可想而知。（四）泉州。泉州到了宋代，爲對外貿易良港，特設立提舉市舶司，專司其事，牠的形勢，在當時正不在廣州之下。（參閱鄭行巽編著中國商業史一二〇頁），商稅在宋代，成爲國家歲入的大宗，太祖初年，首先就整理商稅，訂定稅則，以免苛濫，自後守爲家法，凡州縣小邑，對於任何商稅的征收，都不敢專擅創例，必待取得詔旨允許之後，然後遵行，但自淳化年間（太宗紀元），創爲商稅額收比較之制，熙寧年間，（神宗紀元），又創爲本州稅額比較之制以後，租法漸壞，商稅的輕重，就全出於官吏的意思。據宋史卷一百八十六載『商稅凡州縣皆置務，關鎭亦或有之，大則專置官監臨，小則令佐兼領州，仍令都監監押同掌，行者齎貨，謂之過稅，每千錢算二十；居者市鬻，謂之住稅，每千錢算三十，大約如此，然無定制，其名物各隨地宜而不一焉』。徽宗政和間，於則例之外，增收稅錢一分，欽宗紹興間，增收三分或五分；自經總制錢開徵以後，遂以十分爲率，以三分歸本州，以其餘七分歸經總制司，是爲七分增稅錢，商稅因而日重。宋代有所謂關市之徵的商稅，茲據通考十四卷載熙寧十年以前天下諸州商稅歲額表節錄如下：（一）四十萬貫以上者，爲東京、成都、興元三屬。（二）二十萬貫以上者，爲蜀、彭、永康、梓、遂五屬。（三）十萬貫以上者，爲開封、壽、杭、眉、綿、漢、嘉、卬、簡……等十九屬。（四）五萬貫以上者，爲西京、北京、徐、鄆、邳、潁……等三十屬。（五）五萬貫以下者，爲南京、靑、齊、沂、兗、淮陽、……等五十一屬。（六）三萬貫以下者，爲密、登、萊、濰、曹、淄、郢、唐、孟……等九十五屬。（七）一萬貫以下者，爲隨、金、均、信陽、莫、霸……等三十五屬。（八）五千貫以下者，爲廣濟、房、保安、安、丹、廣信、順安、鎭戎、熙、慶、成、鄜、憲、嵐、慈、寧化、火山……等七十三屬。以上是當時各州商業稅額收入的大概。另有市利稅，凡商貨入京者所征收之稅；力勝稅，凡商人販賣米粟者另納此稅；酒稅，凡由民釀酒者皆有歲課；契稅，凡民典賣田宅牛畜皆納契稅；板帳錢，凡帳簿所記數目，而徵收一定的稅額；經制總錢，凡賣酒、鬻糟、商稅、牙稅、頭子錢、樓店錢等，都稍增其數，而別列收繫。

宋有「入中」的辦法，即是商人輸錢於京師榷貨物官給以劵，到一定的地方去取一定的官賣品。「入芻粟」，即是商人納芻粟於邊郡，邊郡給之以劵，或到京師和其他積錢的地方去取錢，或償之以官賣品；眞宗末年以緡錢和茶和香藥犀齒償給入芻粟於西北邊的人，於是西北邊郡專想招徠芻粟，將芻粟的價格抬高，國家償給入芻粟的人的東西就都變成賤賣，邊郡收了芻粟只顧發劵，並不管國家現存的貨物共有若干，以致持了劵兌不到物品，劵價大跌。入芻粟的本來是沿邊的土人，得了劵，並不自己去取物，都是賣給商人和京師的「交引鋪」的商人和交引鋪都要抑勒他的價錢，劵價一跌，反要折本，自然無人來入芻粟，那末國家虛費了許多官賣品，而邊郡的芻粟，仍不充實。宋初官賣的茶本是除掉本錢，再加上利息，賣給商人的，（比方每斤官給園戶本錢二十五文，賣給商人的價是五十六文，則三十一文就是息），仁宗時行「貼射法」，就不給本錢，令商人和園戶直接買賣，國家祇收向來所取的息，（比方商人到園戶買茶一斤，應輸錢三十一文給國家），仁宗嘉祐四年，（前八五四年），把向來息錢的半額，均攤在茶戶身上，謂之租錢，茶戶輸租之後，聽其自由買賣，此法歷神宗哲宗兩朝，無甚改革。徽宗時重行禁榷，其法產茶地方的人民，許其赴場輸息，給與「短引」，在旁近州郡賣茶，其餘的悉令商人到榷貨務納金銀緡錢；或沿邊州軍入芻粟，榷貨務給之以鈔。商人持鈔到茶場上去取茶。茶場發茶的時候，另給一張「長引」，商人拿著這張「長引」，向所到的州軍去，再完納一次商稅，這是徽宗崇寧元年的辦法。其後又罷各茶場，令商人就京師或所在州縣，請給「長引」或「短引」，自己去園戶買茶。鹽是當時政府所專賣，商人買鹽要換鈔，換鈔之後，又要貼輸錢，在後纔可得到鹽。除茶鹽之外，酒麴礬也是爲政府所專營的事業，其次是「和買」及「和糴」。「和糴」

，是什麼地方豐收，便派人增價糴穀；或者什麼地方要米穀，而轉運爲難，便派人去設法收買。「和買」所買的是布帛亦有預先給錢，隨後收帛的，則謂之「預買」，這本是政府同人民做買賣的事並不是收稅；後來就有強買，抑價，不即給價，給價不足的弊病。和糴則每石取耗，預買則按戶硬配，或外加名目收錢，或預買的帛，令折輸錢，或預付的錢，有重取其息的弊病。結果成爲加重人民的負擔。（參閱呂思勉編本國史卷三，一八〇頁），

宋代的均輸法和平準法，是王安石變法所行的新政。均輸之法，是爲通天下之貨，制爲輕重散斂之術，使輸者已便，而有無得以懋遷，凡糴買稅斂上供之物，皆得徙貴就賤，用近易遠，可以便轉輸，可以省勞費，使富商大賈不得乘急邀利，（見宋史卷一百八十六）此法本在利民，及其末流，至和商賈爭利，其法終不能行。市易法，據宋史食貨志載：『市易之法，本漢平準，將以制物之低昂而均通之，其弊也，以官府作賈區，公取牙儈之利，而民不勝其煩矣』。此法，淵源於保平軍節度推官王韶倡爲緣邊市易之說，並採魏繼宗議而制立的，食貨志載：『熙寧五年，遂詔出內帑錢帛，置市易務於京師，先是有魏繼宗者，自稱草澤，上言京師百貨無常價，貴賤相傾，富能奪，貧能與，乃可以爲天下；今富人大姓，乘民之亟，牟利數倍，財既偏聚，國用亦屈，請假榷貨務錢，置常平市易司，擇通財之官，任其責，求良賈爲之轉易，使審知市物之□，價賤則增價市之，貴則損價鬻之，因收餘息，以給公上；於是中書奏在京置市易務官，凡貨之可市，及滯於民而不售者，平其價市之，願以易官物者聽，若欲市於官，則度其抵而貸之錢，責期使償，半歲輸息十一，及歲倍之，凡諸司配率，並仰給焉』。市易法可分爲三項：（甲）結保貸請，凡商人收買官物，或請借官款而無抵押品者，則由三人相保；其償期以半年及一年爲限，半年者納利息一分，一年者納利息二分，過期不償者，則除繳

應納利息之外，更加罰錢，結保貸請，有似於現在之信用交易和信用借款，大略相同。（乙）貿遷貨物。商人之貨物，可以發賣及滯銷者，願賣入官，就先由官府支錢收買，或願和官物互相交換者，也得聽其自便；前者是間接交易，後者是直接交易，貿遷貨物，即是政府專賣。（丙）立契抵押。凡商人賒買官物，或請借官款，而以田宅或金帛爲抵押品者，其付償辦法，以及償期和延期付償辦法，都和結保貸請相同；這種辦法，一方就是抵押交易，他方就是抵押借款。以上諸法，行於神宗熙寧間，以內藏庫錢帛，置提舉，在京設市易務，後改爲都提舉市易司，而秦鳳、兩浙、黔州、成都、廣州、鄆州六市易司，皆歸其統轄，此法行之不久，遂生流弊，與王安石利民之旨相違。宋史食貨志載：『嘉熙三年，（理宗紀元），臣僚言：今官司以官價買物，行鋪以時直計之，什不得二三，重以遷延歲月而不償，胥卒並緣之無藝，積日既久，類成白著，至有遷居以避其擾，改業以逃其害者，甚而蔬菜魚肉，日用所需瑣瑣之物，販夫販婦所資錐刀以營升斗者，亦皆以官價強取之，終日營營，而錢本俱成乾沒，商旅不行，衣食路絕，望特降睿旨，凡諸路州縣官司買物，並以時直，不許輒用官價，違者以贓定辠，從之』。（見卷一八六）可見此法行之頗久，及其末流，遂加以法律取締。

宋代國內商業，固屬發展，而對於國外貿易，已脫離開國初期的幼稚現象，而有進步；在國外貿易所徵收的稅額，成爲國家收入的大宗；南宋軍需浩繁，度支不足，政府更設法獎勵國外貿易，以期稅收的增加。宋代南北東西海陸諸邊，都有與外人貿易之事，東南沿海一帶，如廣、泉、明、杭諸州，都各自專置提舉市舶司，以司理西域諸國和南洋諸國商人來華貿易之事；西北陸地及沿海一帶，如代、潞、保安、鎮易、雄、霸諸州軍，都置有榷場或博易場，與遼、金、夏諸國交易，東海島夷，高麗、新羅諸國，與中國往來貿易，大概乘船至登、萊二州境內行之；至於西南夷在今川、滇、桂一帶者，也與中國交易。宋承唐制，各地置市舶司，將收入爲國用大宗，宋史卷一百八十六載：『互市舶法，自漢初與南越通關市而互市之制行焉。後漢通交易於烏桓、北單于、鮮卑；北魏立互市於南陲，隋唐通貿易於西北；開元定令，載其條目，後唐亦然；而高麗、回鶻、黑水諸國，又各以風土所產，與中國交易。宋初循周制，與江南通市，乾德二年，禁商旅毋得渡江，於建安、漢陽、蘄口置三榷署，通其交易，內外羣臣，輒遣人往江浙販易者，沒入其貨，緣江百姓，及煎鹽亭戶，恣其樵漁、所造屨席之類，榷署給劵，聽渡江販易。開寶三年，徙建安榷署於揚州，江南平，榷署雖存，止掌茶貨，四年置市舶司於廣州，後又於杭、明州置司，凡大食、古邏、闍婆、占城、勃泥、麻逸、三佛齊諸蕃，並通貨易』。淳熙二年，（高宗紀元），詔廣州市舶除榷貨外，他貨之良者，止市其大半，大抵海船至十，先徵其一，價直酌蕃貨輕重而差給之，歲約獲五十餘萬斤條株顆；太平興國初，（太宗紀元），私與蕃國人貿易者，計直滿百錢以上論辠，十五貫以上黥面流海島，過此送闕下。淳化五年，（太宗紀元），申其禁，至四貫以上徒一年，稍加至二十貫以上，黥面，配本州爲役兵。天聖以來，（仁宗紀元），象犀珠玉香藥寶貨充物府庫，嘗斥其餘以易金帛芻粟，縣官用度，實有助焉，而官市貨數，視淳化則微有所損，皇祐中，（仁宗紀元），總歲入象犀珠玉香藥之類，其數五十三萬有餘，至治平中，（英宗紀元），又增十萬。熙寧五年，詔發運使薛向曰：『東南之利，舶商居其一，比言者請置司泉州，其創法講求之』。契丹在太祖時，雖聽緣邊市易，而未有官署，『太平興國二年，始令鎮、易、雄、霸、滄州各置榷務，輦香藥犀象及茶與交易，後有范陽之師，罷不與通。雍熙三年，（太宗紀元），禁河北商民與之貿易；時累年興師，千里饋糧，居民疲乏，太宗亦頗有厭兵之意，端拱元年，（太宗紀元），詔曰：「朕受命上穹，居尊中土，惟思禁暴，豈欲窮兵，至於幽、薊之民，皆吾赤子，宜許邊疆互相市易，自今緣邊戍兵，不得輒恣侵略」，未幾復禁，違者抵死，北界商旅，輒入內地販易，所在捕斬之』。從上引證，可知當其始，私與蕃國人貿易是有限制的，北方因爲敵國的關係，恐怕敵人借貿易以偵探國情，故採閉關政策；對於東南海疆貿易，且採獎勵政策。宋代國際貿易可分：（甲）陸路貿易。陸路國外貿易，以宋和遼、金、夏爲主，（1）宋遼互市，宋初兩國貿易在沿邊之地，政府未曾設有官署，太平興國二年，令鎮、易、雄、霸、滄州各置榷務，特派人員攜帶貨物去交易，出口貨有茶、香、藥、犀、象，而入口貨則有錢、銀、布、羊、馬、橐駝；不許輸出的貨品，在宋則有綿、漆器、秔糯，在遼則有馬、羊、氊、銀。（2）宋夏互市，眞宗景德四年，始於保安軍置榷場，繼於鎮戎軍增置榷場，專司兩國互市事宜，出口貨有繒、帛、羅、綺、香、藥、瓷、漆器、薑、桂等物，而入口貨則有羊、馬、牛、駝、玉、氈、毯、蜜、蠟、麝、臍、毛、褐、羱羊角、硇砂、翎毛、甘草等物；西夏商品以原料居最多數。（3）宋金互市，宋金互市始於南宋，宋於淮西、京西、陝西等地置榷場；而金則於壽州、鄧州、鳳翔、唐州、潁州、蔡州、洮州、泗州等地置榷場，宋輸出於金之商品有新茶、荔支、圓眼、金橘、犀、象、丹砂，就中以茶爲大宗；而金輸出於宋之商品，則有絲、綿、絹等物，兩國禁止輸出品，在宋則有應造軍器之物，及犬馬等，在金則有米、麵、羊、豕，及可作軍器之物。宋代因爲對於遼、金、夏常常用兵，所以互市是時許時禁，榷場是旋置旋廢的。（乙）海外貿易。宋當統一之初，與北方契丹從事兵戰，對於南方無暇顧及，在太宗雍熙四年以前（西九八六年），尙禁止海路貿易，（見宋史太宗本紀），惟廣州因承唐代之盛，於太祖開寶四年，卽已設立市舶司，以管理對外通商事務，所以貿易很興盛。據梁廷枏粵海關志所引稱，當時進口貨物，卽就乳香一項而說，已年達三十四萬八千餘斤，（見蒲壽庚事蹟三二頁），宋史食貨志載：『廣南舶司言，海外蕃商至廣州貿易，聽其往還居止，而大食諸國商，又丐通入他州及京東貿易』，據此，可知廣州所佔海外貿易的形勢了。及眞宗咸平三年（西一〇〇〇年），復開放杭州、寧波，爲對外貿易地；哲宗元祐二年又增開泉州，此等商港均相繼設立提舉市舶司，以監督對外貿易。廣州地位爲泉州所替代，進出口之船舶，均輻輳於泉州，一時爲海上貿易之冠。（見中國國際貿易史引趙汝适諸蕃志）欽宗末年，金陷汴京，宋室遷都，想藉海外貿易以彌補物資缺乏，乃獎勵通商。宋會要：『紹興七年上諭：市舶之利最厚，若措置合宜，所得動以百萬計，豈不勝取之於民……紹興十六年上諭：市舶之利，頗助國用，宜循舊法，以招攬遠人，阜通貨賄』。因此對外貿易日漸發展，當時稅收所入，每年常在二百萬緡上下。至於對外貿易方法，在宋太宗時，爲官督商辦性質；到太宗末年和眞宗時，爲官營專業，禁止民間私營，犯者處罰。其時外人來華貿易者，以阿拉伯人爲最盛，泉州廣州都有居留地。廣州外人居留地，則有歷史上極爲著名之蕃坊，北宋朱彧萍洲可談（守山閣叢書本）卷二『廣州蕃坊，海外諸國人聚居，置蕃長一人，管勾蕃坊公事』。泉州外人之居留地在州城之南，普通稱爲泉南。泉南臨晉江之流，海上交通，頗爲便利。宋時各朝咸獎勵蕃客通商，宋史卷百八十五食貨志：『紹興六年，知泉州連南夫奏請：諸市舶綱首，能招誘舶舟，抽解物貨，累價及五萬貫十萬貫者，補官有差』。常發詔書勸誘蕃商來航中國，宋會要太宗雍熙四年條載：『遣內侍八人，齎敕書金帛，分四綱，各往海南諸蕃國勾招進奉，博買香藥、犀牙、眞珠、龍腦；每綱齎空名詔書三道，於所至處賜之』。因爲這樣，宋代對於蕃商特加以優遇，每年十一月蕃舶歸國之際，中國官吏常設讌慰勞送別。南宋周去非嶺外代答（知不足齋叢書本）卷三『歲十月，提舉（市舶）司大（犒）設蕃商而遣之』。宋會要紹興十四年條載：『每年於十月內，依例支破官錢三百貫文，排辦筵宴，係本司（即市舶司）

提舉官同守臣犒設諸國蕃商等』。每有蕃船到中國，以賓主之禮與貿易商人相見宋史卷四百四十六蘇緘傳載『廣州領蕃舶每商至則擇官閱實其貲商皆豪家大姓習以客禮見主者』。蕃客有犯罪或非法之行爲，往往寬恕不問，僑居中國之外國人若犯徒刑以上之重罪，則由中國官吏審判；若在此限度以下；一律引渡與蕃坊，由彼等之蕃長自己判斷，（見北宋末年朱彧萍洲可談卷二），似擁有治外法權的特典。其時主要商品輸出者，有磁器、絹布、樟腦、大黃、鐵器、砂糖、金屬等項；輸入者有香料、寶石、象牙、珊瑚、刀劍、紡織品等；這等貨物的運販，大都經阿拉伯人的商船，因爲當時之阿拉伯人，在遠東據有三佛齊（今蘇門答臘之浡臨邦（Palembang））之根據地，中西貿易皆須經此，故泉州與浡臨邦兩地間，每年尚有定期航行數次。除阿拉伯商人之外，海外諸蕃在直接或間接和中國有貿易往來者，南洋方面則有 Kalah-bar, Java, Sumatra, Philipine Island, 印度洋方面則有 Indian, 非洲方面則有 Egypt, Alexander, 可知海外貿易的興盛了。

遼國自得中國燕雲十六州之後，版圖擴大，物產豐饒，商業便於發展，先就國內貿易而說，南京（今北平）人口繁密，有三十萬之多，水陸百貨都匯聚於其間；又外城分南北兩市，早晨集於南市，夜間集於北市；上京（今內蒙古巴林旗東北）則南城各有樓對立，下列市肆，交易用布，不用現錢，外國商人亦有來上京貿易者，以回鶻商爲最著名，上京南門之東，有回鶻營，就是回鶻商人的居留地；至於國外貿易，除南邊置榷場和宋通商以外，並在高昌、渤海，立互市；當時女眞、靺鞨、于厥、波斯、魯、高麗等國，都和遼通商；入口貨有金帛、布、蜜蠟、蛤蛛、獸皮、牛羊、駝馬、人參、毛罽之類。（見鄭行巽編中國商業史一三三頁）。

金國本爲游牧民族的部落，初無商業可說，後來破遼滅宋，深入黃河淮河兩流域，國土既闢，國富增加，天產益饒，金人藉此以爲國內外交易的商品，其時上京（今吉林阿城縣治南）有市，各路衝要之區也置市，並有市稅徵收。至於國外貿易，於沿邊置有榷場，和宋通商，據二十四史九通政典類要合編卷二百三十五引：『海陵正隆六年四月（金主亮名迪古乃紀元爲耶律元宜所弑後追廢爲海陵王），詔汝州百五十里內州縣，量遣商賈赴溫湯置市』。『章宗承安元年五月，以久旱徙市，越數日，詔復市如常』；『五年正月，如春水，諭點檢司車駕所至，仍令百姓市易』；『泰和三年四月，諭省司宮中所用物，如民間難得，毋強市之。』可見金也是注意商業的。

第七節　宋代之交通

宋代對於國外貿易如此之發達，是有藉賴於交通事業之發展；倘沒有交通事業之發展，則國外商業是談不到的；交通事業包括水路陸路而言，據當時因交通事業之發展而交通之國家，如朝鮮：於宋太祖建隆三年，高麗國王昭，遣廣評侍郎李興祐等來朝貢，錫以制書，昭卒，其子伷襲位，於太宗時，遣國人金行成入就學，行成擢進士第，累官至殿中丞，後通判安州，太平興國七年，伷卒，其弟治襲位，雍熙元年，遣使來貢，又遣本國學生崔罕王彬至國子監肄業。如日本：於太宗雍熙元年，日本國僧奝然與其徒浮海而至，獻銅器十餘事。如占城：於宋太祖建隆二年，其王遣使來朝，以後屢貢方物，光宗慶元六年，其國主遣使奉表貢方物及馴象二。如三佛齊國（Sarbaza）：於宋太祖建隆元年九月，其王悉利胡大霞里檀，遣使李遮帝來朝貢。如闍婆國（Java）：於宋太宗淳化三年十二月，其王穆羅茶，遣使陀湛，副使蒲亞理判官李陀那假澄等來朝貢。如勃泥國（Sumatra 西北）於宋太宗太平興國二年，其王向打遣使齎表貢大片龍腦、光龍腦、玳瑁、檀香、象牙；神宗元豐五年二月，其王錫理麻喏復遣使貢方物，其使乞從前州乘海舶歸國，從之。如天竺（印度）：乾德三年，滄州僧道圓自西域還，開寶後（太祖紀元），天竺僧持梵夾來獻者不絕。（參閱續通典卷一百四十七，九通政典彙要合編卷二百四十）從以上的引述可以反證宋代對於國外的交通是如何之推廣，而後有各方遣使進貢的事實。宋代之水陸交通，陸不如水，玆就航運事業，略爲引述如下：自隋開鑿運河以後，南北水道交通日便，至宋代內地江河航運日益發展，祇看漕運事業的發展，可以知其大概。宋代漕運分四路至汴都。其一，就是東河，（汴河），東南之粟，由淮入汴。其二，就是西河，（黃河），陝西之粟，由三門、白波轉黃河入汴。其三，就是南河，（惠民河），轉輸陳蔡等州之粟。其四，就是北河，（廣濟河），輸運京東十七州之粟。漕運事業的發達，當然影響於交通了，據文獻通考國用考述及諸州歲造漕運所用船數，在太宗至道末年，共爲三三三七艘；至仁宗天禧末年，則減去四二一艘。造船廠所在的地方，就是虔州、吉州、明州、婺州、溫州、台州、楚州、潭州、鼎州、嘉州、和鳳州、斜谷，此外如揚州、泗州和江陵，也是輸漕轉粟至於海上交通，大概都是在東南沿海一帶，如廣州、泉州、明州等地，都爲當時海舶寄泊之所。當時阿拉伯與中國交通往來的路程，是由波斯灣港，經阿曼（Oman）的麥斯克底（Mascate），至南印度的庫萊姆（Koulam），再繞馬來半島，以達現在的廣東或其他南方諸港。至其所用船舶，可分四等：獨檣舶最大，載重一千婆蘭（每一婆蘭合華斤三百），其次是牛頭舶，其大當獨檣舶的三分之一。又其次是三木舶，當牛頭舶的三分之一。最後以料河舶爲最小，當三木舶的三分之一。海洋交通事業，中國船隻數目也甚多，而船身也比蕃舶大，操舟華人航海技術甚高因爲能利用信風及羅盤針，其時航行南洋中國船之構造及設備，已較爲完整關於此種航行外洋之中國船，在朱彧之萍洲可談卷二中有詳細之記事，更參酌北宋徽宗宣和五年（西一一二三）由海路往高麗使者徐兢之高麗圖經（知不足齋書本）卷三十四客舟記事，與南宋度宗咸淳十年（西一二七四）吳自牧所作之夢粱錄卷十二江海船艦記事等書可知道宋代航行外洋之中國船，其構造形體與航術有如下：（一）船舶之大者可載五六百人。（二）特置綱首（船長）副綱首雜事等職，爲取締乘客及水手並以笞治船員中不服從命令者。（三）船幅廣闊，殆成正方形下側漸狹尖成刃形，以便於破浪。（四）船有布帆及蓆帆二物正風之時用布帆偏風之時用蓆帆。（五）各船備有正副矴石二個俱在船首以藤索維之，藉轆轤以上下之。（六）無風之時則用撑力，每船有櫓八挺或十挺，有時更超過之。（七）船之內部劃分數區，其在區界之處，作嚴重之牆壁，施以種種設備務使船之一部受傷，能不至影響於全體。（八）舟師夜觀星辰，晝察太陽，以定航路方向，遇陰晦之時，專依指南針以定方向。（九）在航海中，時以鉤繫於長繩之端，攝取海底之泥，以便由此等泥質推定位置，又常下鉛錘，以測水量淺深。（十）航行時期定有標準自南海至中國者，須在發西南風之舊曆四月末至五六月之間；反之，自中國往南海者，須在發東北風之十月末至十二月之間。據萍州可談與高麗圖經之記事，可知十一世紀末期之時，及十二世紀初期之時，海上航行之中國船已使用羅盤針，羅盤針之使用在航海史上文化史上爲極重要的事件，然其起源於何時何地，以及如何傳播於世界，直至今日尙無定說。據英文本中國古代歷史一書，略謂中國人雖比較的早知磁石之指極性，以及測定方位之使用法，然對於羅盤針之利用，則未嘗知之阿拉伯人在中國經商之間，由中國人處學得關於磁石之智識，遂利用之於航海。譬如火藥之使用，實中國人發明之，或火砲之使用則反傳自歐洲也。今早知磁石指極性之中國人，而對於羅盤針之使用，則反傳自阿拉伯人，其理固與前者相同。(The Ancient History of China. P. P. 126－136)，但是阿拉伯人在航海上使用羅盤針係先於中國人之說，無何種證據；中國人之使用羅盤針乃傳自阿拉伯人之說，也無何種證據；我們要知道在宋代是中國船隻最發達之時代，其時中國船之使往南洋及海外者甚多，倘不能使用羅盤針，則不能定航路方向，如是書所說中國人關於磁石指極性之智識及測定方位之使用法，已經早知，則關於羅盤針之利用，當然可以聯想知道的。又宋代對於交通事業也知利用輪船，據宋史卷二百六十五岳飛傳記，謂南宋高宗紹興五年，（西一一三五年），岳飛征伐洞庭湖中賊徒之時，賊徒曾使用輪船，其原文有說：『以輪激水，其行如飛』。南宋末吳自牧夢粱錄卷十二杭州西湖之車船一節載稱：『船棚上無人撑駕，但用車輪腳踏而行，其速如飛』。利用推進機，以在湖上航行，能否利用於遠洋之航行，沒有史籍之證明，不能斷定。（可參閱日本桑原隲藏著唐宋元時代中西通商史漢譯本九七頁），據中外交通小史所載，及阿拉伯人來中國者，曾破高仙芝的兵於怛羅斯（Taraz）城，阿拉伯人於所俘中國的兵士有善於造紙的工人，因命俘虜在撒馬爾干（Samarkand）地方設廠造紙，因此造紙術，由阿拉伯傳到歐洲；後來羅盤也因中國的船舶往來南海阿拉伯一帶，阿拉伯人因知此物，更由阿拉伯人傳至歐洲；可知宋代中西交通，對於文化的影響。（見四二頁），

第八節　宋代之幣制

宋之錢法，有銅鐵二等，而折二折三當五折十，則隨時立制，因地定規；四川、湖廣、福建，皆用鐵錢與銅錢兼行，江南舊用鐵錢十當銅錢一；太祖初特鑄宋通元寶，凡諸州輕小惡錢，加以禁止，私鑄者皆棄市，江南錢不得至江北，太祖開寶四年，下詔雅州百丈縣，置監冶鑄鐵錢，歲鑄九千餘貫，增十鑪，禁銅錢入兩川，因蜀郡一帶，自宋初時，卽沿舊習，行使鐵錢，而銅產稀少，材料常感困乏，所以鐵錢時有鑄造。太宗卽位，更鑄太平通寶錢，江南舊用鐵錢，於民不便，乃於昇、鄂、饒等州產銅之地，大用銅錢，銅錢旣不渡江，益以新錢，則民間錢愈多，鐵錢不用，悉鎔鑄爲農器，以給江北流民之歸附者，後遂除銅錢渡江之禁。太平興國四年，令銅錢入蜀，而鐵錢不出境，令民輸租鐵錢十，納銅錢一，時銅錢已竭，民甚苦之，商賈爭以銅錢入川界，與民互市，銅錢一得鐵錢十四；又於鎭江、昇州、江西、饒州等地方，置錢監鑄錢；淳化元年，鑄淳化元寶，至道元年，鑄至道元寶，並規定以後每改元，卽更鑄錢，均稱元寶，而冠以年號，同時因爲原料缺乏，令於饒州、信州產銅地，開採銅鑛，並收集銅器，以爲補救之策。眞宗咸平初，申新小錢之禁，令官置場盡市之，二年，宰相張齊賢請置監廣鑄，令虞部郎馮亮等按視，至建州，置豐國監，江州置廣寧監，凡鑄錢用銅三斤十兩，鉛一斤八兩，得錢一千，重五斤；三年凡鑄錢一百二十五萬。仁宗時，兵事日急，而用度不足，陝西鑄當十大錢，與小錢並行；河東亦鑄當十鐵錢，助關中軍費，未幾，關中奏罷河東鑄大錢鐵錢，而陝西復採儀州竹尖嶺黃銅，置博濟監，鑄大錢，因令江南鑄大銅錢，而江、池、饒、儀、虢各州，又鑄小鐵錢，悉輦至關中，數州錢雜行，大約小銅錢三，可鑄當十大銅錢一，因此民間盜鑄者甚衆，錢文大亂，公私皆患，（見續通典卷十一食貨）後用葉淸臣等議，以小鐵錢三當銅錢一，盜鑄乃止。神宗時，置銅鐵錢皆當二，謂爲折二錢，是時諸路銅鐵諸監，日有增加，每年所鑄鐵錢五百九十四萬餘貫，銅錢五百六萬餘貫，官鑄日盛，而國用日多，常苦錢少；議者又以王安石當國，罷除銅禁，姦民銷錢爲器，邊關海舶，不復禁錢之出使然。續通典卷十一載：『自太祖平江南，江、池、饒、建置爐，歲鼓鑄至百萬緡，積百年所入，宜乎貫朽於中藏充足於民間矣。比年公私上下，並苦乏錢，百貨不通，人情窘迫，謂之錢荒，不知歲所鑄錢，今將安在；夫鑄錢禁銅之法舊矣，令敕具載，而自熙寧七年，頒行新敕，刪去舊條，削除錢禁，以此邊關重車而出，海舶飽載而回，聞沿邊州軍錢出外界，但每貫收稅錢而已，錢本中國寶貨，今乃與四海共用，又自廢罷銅禁，民間銷毀，無復可辦，銷鎔十錢，得精銅一兩，造作器用，獲利五倍，如此則逐州置爐，每爐增數，是由畎澮之益而供尾閭之洩也。三年，計諸路鑄錢，總二十七監鑄銅鐵錢五百九十四萬九千二百三十四貫。八年，復申錢幣闌出之禁』。（時哲宗已即位）哲宗時，雖然禁銅錢出界，然每年鑄錢之數，至終不能復盛。哲宗元符二年，下詔陝西，悉禁銅錢，在民間者盡送官，並就京西置監。徽宗時，蔡京當國，用陝西轉運副使許天儀議，鑄折十銅錢，每貫重十有四斤七兩，募民間私鑄工人，出爲官匠，使幷其家，設營以居之，號鑄錢院，所鑄錢於陝西行鐵錢地，成之，於諸路行銅錢地用之，使絕私鑄之患；又以契丹用中國鐵錢爲兵器，器犀利，乃改鑄夾錫錢，凡貿易不用夾錫錢者，聽人告訐，國內騷然，人民嗟怨，後復廢之；宣和時，（徽宗紀元）轉運使宋喬年，鑄烏背漉銅錢進，詔以漉銅式頒諸路，並頒大觀新修錢法於天下，又置眞州鑄錢監，以本路不依式錢，及當二錢，用舊式改鑄當十錢。南宋經兵革之後，州縣困弊，鼓鑄皆廢，高宗建炎元年，工部郎李士觀論及：『江、池、饒、建州四監，歲鑄錢百三十三萬餘緡，多未輸者，請令發運司委官催督』，時東南小平錢甚重，張壽言：『改當十爲當三，無私鑄之利，請行於東南』，於是當三大錢始通於淮、浙、荊、湖諸路。其後又鑄建炎通寶，小平錢，及紹興元寶，折二錢，折三錢數種。孝宗時，有淳熙元寶，乾道元寶，隆興元寶三種。寧宗時，有慶元、嘉泰、嘉定、開禧四種，又有小平錢，折二錢，當三錢當五錢之別。理宗寶慶元年，行大宋元寶錢及紹定通寶，端平通寶，嘉熙通寶，嘉熙重寶，淳祐通寶，淳佑元寶開慶通寶景定元寶等。理宗寶祐元年，詔新錢以皇宋元寶爲文，時賈似道當國，請提楮幣改造金銀見錢關子，以一準十，（關子之制上一黑印如西字中三紅印相連，如日字兩旁各一小長黑印像一賈字）銀關旣行，物價頓貴。（參閱中華通史一〇八七頁續通典卷十二食貨），

宋代幣制，還有一件事和民生有關係的，便是鈔法。中國幣制，在古代本是金銅並用的，而金爲秤量制，銅爲鑄造制，到漢朝還沒有改。魏晉以後，黃金便日少，有人說都是由於寫經造像的銷耗。黃金是很少的，黃金並不在多數人手裏流轉，而多在富貴家庭裏，用爲裝飾之物。中國歷代的幣制，是紊亂時多，整理時少。五代時有一兩國，竟用起鐵錢來，宋朝不能釐革，於一定的區域中，仍舊聽鐵錢行使，除江南、四川外，不准行用鐵錢，四川以交通不便的地方，使用這笨重的貨幣，於是數百年來擾亂中國經濟界的鈔法，就以此爲發源地。宋朝使用紙幣，起於眞宗的時候，先是蜀人患鐵錢太重，自行發行一種紙幣，謂之「交子」，每一交子計錢一緡，三年一換，謂之一界，（每三年將舊的盡行收回另發新的一次），以富民十六戶主之，後來富民窮了，漸漸不能付錢出來，致有爭訟，轉運使薛田，乃請於益州設立交子務，而禁其私造，因此民間自行發行的紙幣，就變爲官發；神宗熙寧時，曾將此法推行於河東、陝西，旋卽停罷，蔡京當國，推廣行用的區域，又改其名爲「錢引」，當時除閩、浙、湖、廣外，全國通行，然濫造濫發，沒有兌現的預備，以致一緡只值錢十餘文。南渡以後，初時行用的，仍名「交子」，後來又有「會子」「關子」，（會子初僅行

於兩浙，後來亦祇行於兩淮、湖北京西；關子係宋末年所造），亦係分界行使但不能兌現，每界又不能按時收回，往往兩界或兩界以上同時行使，其價格亦不能維持。（參閱呂思勉本國史三編一八七頁）孝宗力振幣政，慮「交子」之病民，詔出內庫及南庫銀一百萬兩買之，而在外商賈因低價收購會子終莫得而悉收。其他行於四川者名「川引」，行於淮者名「淮交」，行於湖南者名「湖會」，終宋之世，發鈔愈多，折閱亦愈甚。

遼之舊俗重游牧分部落以馬匹計富裕，逐水草而居民無定所本無貨幣交易自耶律氏興盛以來，製造日增，文化進步，始鑄錢以濟國用；遼太祖以土產多銅，廣造錢幣，遂致富強，以開帝業。太宗置五冶太師以總四方錢鐵。景宗乾亨中以舊錢不足於用，始鑄乾亨新錢，錢用流布。聖宗統和十四年，鑿大安山，取劉守光所藏錢，散於五計司，又出內藏錢，賜南京諸軍司；太平中，兼鑄太平錢，新舊互用。興宗重熙二十二年，長春州置錢帛司。道宗淸寧二年，詔行東京所鑄錢；九年，令諸路不得貨銅鐵以防私鑄。道宗大康九年，禁外官部內貨錢取息；十年，禁毀銅錢爲器；大安四年，禁錢出境；是時錢有四等，名咸雍、大康、大安、壽隆，後經費浩繁，鼓鑄仍舊，國用不給；至天祚之世，更鑄 乾 統 天 慶（天祚帝年號）二等新錢，其時上下窮困，府庫亦無餘積。

金初起時，行使貨幣，均襲用遼宋舊錢。金主亮正隆三年，始置寶源、新豐，利用三監鑄錢，名正隆通寶，輕重如宋小平錢，與舊錢通用。世宗大定元年，命陝西參用舊鐵錢；十年，以官錢多積，恐民間不得流通，令各處貿易金銀絲帛，以圖流轉；十三年，命非屯兵之州府，以錢市易金帛，運致京師，使錢幣流通，以濟民用；十六年，又鑄大定通寶，繼詔與舊錢並用。章宗明昌三年，令民間流轉交鈔，當限其數，毋令多於現錢；泰和三年，鑄大錢，以一直十，名泰和重寶，與鈔參行。宣宗貞祐三年七月改交鈔之名，爲貞祐寶券，不久，千錢之券僅値數錢；興定元年，又改造一種貞祐通寶，以一貫當寶券千貫，四貫等於銀一兩；五年又造興定寶泉，一貫等於寶券四百貫，兩貫等於銀一兩；元光二年又立法，銀一兩，不得超過寶泉三百貫，凡物可値銀三兩以下者，不許用銀，以上者三分爲率，一分用銀，二分用寶泉及珍貨重寶，京師及州郡置平準務，以寶銀相易。哀宗正大間，民間遂以全銀市易；天興二年，印天興寶泉於蔡州，自一錢至四錢爲四等，同現銀流轉。

第九節　宋代之官制

魏晉南北朝隋唐的官制，與秦漢的官制不同；宋朝的官制，又與唐朝不同，其顯而易見的，便是中央政府，在唐朝時候，是合三省爲相職中書取旨，門下封駁，尚書承而行之，此時重要政務，都在六部手裏。宋初則以同中書門下平章事爲首相，參知政事爲次相，共掌政事；兵權則以樞密使掌握，此三者皆有宰相之實權，而三司之太師太傅太保，及三公之太尉司徒司空，則作爲宰相的加官；其他省、臺、寺、監等官，仍依唐制，然自沿襲既久，居其官者，多不知其職。宋代合戶部鹽鐵度支爲三司，專設一使，做了中央的財政機關。兵事本來是兵部專管，到後來事實上又發生出一個樞密使來，一切政務，都要參預，這種官最初是用宦官做的，兵權在宦官手中，漸漸侵佔兵部的職權，於是「中書治民，三司理財，密院主兵」，成爲中央政府三個對立機關。樞密使本唐代宗時始初設置，據二十二史劄記卷二十二載：『唐中葉以後，始有樞密使，乃宦官在內庭出納詔旨之地；昭宗末年，朱溫大誅唐宦官，始以心腹蔣元暉爲唐樞密使，此樞密移於朝士之始。溫篡位，改爲崇政院，敬翔、李振爲使；凡承上之旨，皆宣之宰相，宰相有非見時，而事當上決者，則因崇政使以聞，得旨則復宣而出之，然是時止參謀議於中，尙未專行事於外。至後唐復樞密使之名，郭崇韜、安重誨等爲使，樞密之任重於宰相，宰相自此失職。今按唐莊宗時，崇韜爲使；明宗時，安重誨爲使；晉高祖時，桑維漢爲使；漢隱帝時，郭威爲使；……郭威爲使時，率兵平三叛，歸西京，留守同中書門下平章事王守恩，官已使相，肩輿出迎，威怒之，卽以頭子命白文珂代之；守恩方在客次待見，而吏已馳報「新留守視事於府矣」，守恩遂罷，可見當時樞密之權，等於人主，不待詔敕而可以易置大臣，……於是權勢益重，遂至稱兵犯闕，莫不響應也。』由此可知道樞密使在五代時權力最重。宋代以平章事爲眞宰相，大抵二人，而又別設參知政事，稱執政官，以爲宰相之副，此爲神宗元豐以前之制。自元豐新改官制，其後宰相之職凡五變：元豐新官制於三省置侍中、中書令、尙書令，以尙書令之貳左右僕射爲宰相，左僕射兼門下侍郎，以行侍中之職，右僕射兼中書侍郎，以行中書令之職；廢參知政事，置門下中書二侍郎，尙書左右丞，以代其任。這是一變。徽宗時，蔡京以太師總領三省，號公相，乃廢尙書令，改侍中中書令爲左輔右弼，改左右僕射爲太宰少宰，仍兼兩省侍郎。這是二變。欽宗時，改左右僕射爲左右丞相。這是三變。高宗南渡，用右僕射呂頤浩之言，以尙書左右僕射，並爲同中書門下平章事，門下中書侍郎，並爲參知政事，並罷左右丞。這是四變。孝宗時，改左右僕射爲左右丞相，並詔侍中中書尙書令設而不除，可並删去，以左右丞相充其位。這是五變。統括來說，自宋承唐制以平章事爲眞宰相以後，由平章事變而爲左右僕射，變而爲太宰少宰，又復變而爲左右僕射，左右丞相；執政官由參政，改左右丞；由左右丞，復改參政。高宗時不但對於中樞宰相官職改制，且簡省冗職，如罷宗正寺以屬太常寺；以衛尉太僕二寺，屬之兵部；太府司農二寺，屬之戶部；光祿鴻臚二寺，屬之禮部，而惟留太常太理二寺；又少府將作（按將作監掌宮室城郭橋梁舟車營繕之事）二監則合於兵部；國子監則屬之禮部；其後宗正、大府、司農三寺，及少府國子二監，仍然復舊，大概高宗南渡以後，因財政緊急，所以實行裁汰冗職。宋代有各部，分任國家重要政務，如吏部：有尚書一人，掌文武官吏選試擬注資任遷敍蔭補考課之政，封爵策勳賞罰殿最之法；凡文階官之等二十，武選官之等五十有六，幕職州縣官之等七，散官之等九，皆以左右高下，分屬於四選：（甲）尚書左選，文臣京朝官以上，及職任非中書省除授者，悉掌之。（乙）尚書右選，武臣升朝官以上，及職任非樞密院除授者，悉掌之。（丙）侍郎左選，掌自初任至幕職州縣官。（丁）侍郎右選，掌自副尉以上至從義郎。若文武官雖不隸左右選，而職任係中書省樞密院除授者，皆吏部奉行；吏部長貳及所隸郎官，其屬有司封、司勳、考功，凡官十有三；尚書一人，侍郎一人，郎中、員外郎、尚書選二人，侍郎選各一人，司封、司勳、考功各一人。如戶部：有尚書一人，掌軍國用度，以周知其出入盈虛之數；凡州縣廢置，戶口登耗，則稽其版籍，若貢賦征稅斂散移用，則會其數而頒其政，以土貢辨郡縣之物宜；以征榷抑兼併而佐調度；以孝義婚姻斷嗣之道，和人心；以田務劵責之理，直民訟；凡此歸於左曹。以平常之法，平豐凶，時斂散；以免役之法，通貧富，均財力；以伍保之法，聯比閭，察盜賊；以義倉之法，救饑饉，恤艱阨；以農田水利之政，治荒廢，務稼穡；以坊場河渡之課，酬勤勞，省科率；凡此歸於右曹。尚書置都拘轄司，總領內外財賦之數。凡錢穀帳籍長貳選吏鉤考，其屬有三：爲度支、金部、倉部，凡官十有三，尚書一人，侍郎二人，郎中、員外郎、左右曹各二人，度支、金部、庫部各二人。如禮部：有尚書一人，掌禮樂祭祀朝會宴享學校貢舉之政；侍郎一人，爲尚書之貳，奏中嚴外辦同省牲，及視饌腥熟之節，祭天地鬼神之獻禮；郎中一人，員外郎一人，參預禮樂祭祀朝會宴享學校貢舉之事；膳部郎中一人，員外郎一人，掌牲牢酒醴膳饈之事；主客郎中一人，員外郎一人，掌以賓禮待四夷之朝貢；祠部郎中一人，員外郎一人，掌天下祀典道釋祠廟醫藥之政。如兵部有尚書一人，掌兵衛武選車輦甲械廐牧之政令，以天下郡國之圖而周知其地域；凡陳鹵簿，設仗衛，飭官吏，整肅番夷，其屬有三：爲職方、駕部、庫部，設官十，尚書侍郎各一，四司郎中、員外郎各一。如刑部掌刑法獄訟奏讞赦宥敍復之事，凡斷獄本於律，律所不該，以「敕」「令」「格」「式」定之，審其輕重，平其枉直，其屬有三：爲都官、比官、司門，設官十有一，尚書一人，侍郎二人，郎中員外郎，刑部各二人。如工部掌天下城郭宮室舟車器械符印錢幣山澤苑囿河渠之政，其屬有三：爲屯田、虞部、水部，設官十，尚書侍郎各一人，工部屯田虞部水部郎中員外郎各一人。從唐朝的官制，變成宋朝的官制，創設許多臨時特設的機關，而六部亦失其職。譬如戶兵二部的職權，都在三司（合戶部鹽鐵度支爲三司專設一使）和樞密院；禮部的職權，則在太常禮儀院；工部的職權，則分屬軍器監、文思院等。六部之外，有六部監門官一員，掌司門鑰；六部架閣掌儲藏帳籍文案；御史臺掌以儀法糾百官之失；祕書省，置監、少監、丞各一人，監掌古今經籍圖書國史實錄天文曆數之事，少監爲之貳而丞參領之；殿中省，置監、少監、丞各一人，監掌供天子玉食醫藥輿輦之政令，少監爲之貳而丞參領之；太常寺，置卿、少卿、丞各一人，博士四人，主簿、協律郎、奉禮郎、大祝各一人，卿掌禮樂郊廟社稷陵寢之事，少卿爲之貳，丞參領之；宗正寺，置卿、少卿、丞、主簿各一人，卿掌敍宗派屬籍以別昭穆而定其親疏，少卿爲之貳，丞參領之；大理寺，元豐官制行，置卿一人，少卿二人，正二人，推丞四人，斷丞六人，司事六人，評事十有二人，主簿二人，卿掌折獄詳刑鞫讞之事，少卿分領其事。鴻臚寺置卿一，少卿一，丞主簿各一，卿掌四夷朝貢宴勞給賜送迎之事，少卿爲之貳，丞參領之；司農寺，掌籍田種植畜產平糴利農之事；太府寺掌供祀祭香幣帨巾神度及校造升斗衡尺之事；國子監，掌以經術教授諸生之事；將作監，掌祠祀太廟繕修內外營造繪飾之事；軍器監，掌造兵器旗幟戎帳之事；都水監，掌川澤河渠津梁堤堰疏鑿浚治之事；司天監，掌察天文祥異鐘鼓漏刻寫造曆書之事；殿前司，掌殿前諸班直及步騎諸指揮之名籍，與統制訓練蕃衞戍守遷補賞罰之事；侍衞親軍，掌侍衞扈從及大禮宿衞之事；環衞官，掌拱衞皇室之事。（參閱續通典卷二十七至卷三十一，又九通政典類要合編卷一百八十二）。從以上引證可知宋代中央官制的大概。宋代的官制有一特點，就是所謂官者。是用之以「寄祿秩」，至於實際任事，則全看差遣而定，做這個官，便治這件事，也要另外用敕差遣的。到神宗時，纔參照唐六典，改正官制，命省、臺、寺、監各還所職，是爲元豐的新官制。

關於地方官制，宋代取中央集權主義，地方之官有京師外州的分別，京師所治，恆立尹以理之。宋代地方加多，改唐分道之法爲路，太宗匡義時，分中國爲十五路（京東、京西、河北、河東、陝西、淮南、江西、湖南、湖北、兩浙、福建、西川、陝西、廣東、廣西），神宗時又爲二十三路（京東東、京東西、京西南、京西北、河北東、河北西、河東、永興、秦鳳、淮南東、淮南西、兩浙、江南東、江南西、荊湖北、荊湖南、福建、成都、潼川、利州、夔州、廣南東、廣南西），徽宗時，又增二路，（雲中燕山）共二十五路；南宋以後，宋地狹小，東南所保路僅十六，（浙西、浙東、江南東、江南西、淮南東、淮南西、荊湖南、荊湖北、京西、成都、潼川、利州、夔州、福建、廣南東、廣南西）每路所統，有府有州有軍有監，府州軍均有領縣；府有知府事，州有知州事，軍有知軍事，而總管於路，凡路多置有監司，（見中華通史一〇八〇頁引），以監督地方行政，又設經略安撫使，掌一路民兵之事，統率其屬而聽獄訟，頒禁令定賞罰，稽錢穀甲械出納之名籍；設發運使副判官掌經度山澤財貨之源，漕淮浙江湖六路儲廩，以輸中都，而兼制茶鹽泉寶之政及專舉刺官吏之事，設都轉使轉運使副使判官掌經度一路財賦，而察其登耗有以足上供及郡縣之費，歲行所部檢察儲積，稽考帳籍，凡吏蠹民瘼，悉條列上達，及專舉刺官吏之事；設提點刑獄，掌察所部獄訟而平其曲直所至審問囚徒詳覆按牘凡禁繫淹延不決盜竊逋竄不獲，皆劾以聞，並舉刺官吏之事；（見九通政典彙要合編卷一百八十四），據此，可以知道宋代是採取中央集權主義的。此外宋初召諸藩鎮入京師，各賜以第，分命朝臣出守列郡，號爲權知軍州事，軍是指兵，州是指民而說，其本官高的，則謂之判，以後遂爲定制。諸府州軍監，不設正官，只派文官朝臣出去治理，謂之知某某府事，知某某州軍監事；即各縣也不設縣令，只用中朝官外補，謂之知某某縣事，諸州又有通判以爲佐貳，長吏和通判，都得直接奏事，縣令也由吏部考課分別等差。宋朝的外官，分爲釐務親民兩種：親民官是由差遣的形式派出去代向來的地方官的；釐務官，是專治一事而直屬於中央，這種辦法，都是把向來地方官所兼管的事情析出一部分來歸於中央，所以說宋朝是行集權制的。

遼國設官分爲南北：北面治宮帳部族屬國之政；南面治漢人州縣租賦軍馬之事；所謂帳，是遼主所居者謂之御帳，此外又有皇族四帳，遙輦氏九帳，國舅二帳，渤海帳，奚王帳，（遙輦氏，是前代君主之後，渤海奚王，是契丹的貴族）所謂宮，是天子的禁衛軍，部族是遼國裏游牧之民，屬國是北方游牧之族，不直接歸遼國治理的，只就其酋長，授以官名，來通朝貢，有兵事時，亦可向其徵兵，但諸國可隨意出兵或助餉。遼北宰相府，有左右宰相，掌佐理軍國之大政；南宰相府，亦有左右宰相，掌佐理軍國之大政；太祖天顯元年，大東丹國，置中臺省，有左大相，右大相，左次相，右次相；其屬部設有某部右宰相，某部左宰相，此皆北面宰相之制；其南面官則於中書省，設大丞相，左丞相，右丞相，同中書門下平章事，參知政事；尙書省有左僕射右僕射；其三京宰相府（中京東京南京）有左相右相，左平章事，右平章事。北面官北宰相府，宰相下有總知軍國事，知國事等官；南宰相府，亦有總知軍國事，知國事等官；南面官中書省，有堂後官主事守當官；尙書省有左右司郎中左右司員外郎。北面的政府，是北樞密院，掌兵部；南樞密院，掌吏部；北南二大王院，掌戶部；夷離畢，掌刑部；宣徽南北院，掌工部；敵烈麻都，掌禮部；而北南二宰相府總之。（北面官中又分南北），南面的官有三公、三師、樞密院、省、臺、寺、監、衞。外官則有節度、觀察、防禦、團練諸使、和刺使、縣令。又有一種頭下州軍，是宗室外戚大臣之家，自行築城而朝廷賜以州軍之名的。

金的官制，大概模彷宋元遺山張萬公碑銘載：『金制，自尙書令而下，有左右丞相為宰相，尙書左右丞為執政官，凡內族外戚及國人有戰功者為之，其次則橫霫人，又次則雜用漢進士，不過以示公道而已，無相權也』。又續通典卷三十五載：『金左右丞相各一員，平章政事二員，……左右丞各一員……參知政事二員，為執政官，為宰相之貳，俱列於尙書省，位在尙書令下，熙宗時，率以宗室王公除拜丞相平章政事，或參知政事，往往帶元帥銜，出則統軍，入則佐政，禮遇亦極優焉』。關於其設置之時代，據二十二史劄記卷二十八載：『韓企先傳：金太祖定燕京，始用漢官宰相，賜左企弓等，置中書樞密院於廣甯府，而朝廷宰相，自用女直官號；太宗初年，無所更改，及張敦固伏誅，移中書省樞密院於平州，蔡靖以燕山降，又移置於燕，凡漢地選授官職，調發租稅，皆承制行之，自時立愛、劉彥宗、韓企先官爲宰相，其職皆如此，故規爲設施，不見於朝廷之上，惟治官政，庇民事，內供京師，外給轉餉而已。後斜也宗幹當國，勸太宗改女直舊制，從漢官制度；天會四年，（熙宗紀元），始置尚書省以下諸司府寺。十二年以企先爲尚書右丞，漢人爲眞相自此始」。其爲用兵而設的官有都元帥和左右副元帥，其餘的官大抵用宋遼舊制。

第十節　宋代之軍制

宋之軍制，大概有四：（一）禁軍，爲天子之衞兵，守衞京師以備征伐。（二）廂軍，由各州募集而供役使。（三）鄉兵，選於戶籍或應募，使之團結訓練，以爲所在防守。（四）蕃兵，內附的蕃人，具籍塞下，團結以爲藩籬之兵。以上皆隸屬於殿前都指揮使，侍衞親軍都指揮使，馬步軍都指揮使的三司。據宋史卷一百八十七載：『太祖起戎行，有天下，收四方勁兵，列營京畿，以備宿衞，分番屯戍，以捍邊圉；於是將帥之臣入奉朝請，獷暴之民收隸尺籍，雖有桀驁恣肆而無所施於其間，凡其制爲什長之法，階級之辨，使之內外相維，上下相制，截然而不可犯者，是雖以矯累朝藩鎭之弊，而其所懲者深矣。咸平以後，承平既久，武備漸弛；仁宗之世，西兵招刺太多，將驕士惰，徒耗國用，憂時之士屢以爲言，竟莫之改。神宗奮然更制，於是聯比其民以爲保甲，部分諸路以隸將兵，雖不能盡拯其弊，而亦足以作一時之氣；時其所任者王安石也。元祐紹聖（哲宗紀元），遵守成憲，迨崇寧大觀間（徽宗紀元），增額日廣，而乏精銳，故無益於靖康之變；時其所任者童貫也。建炎南渡，收潰卒，招羣盜，以開元帥府，其初兵不滿萬，用張、韓、劉、岳（張浚、韓世忠、岳飛、劉錡）爲將，而軍聲以振，及秦檜主和議，士氣遂沮。孝宗有志興復而未能，光寧以後，募兵雖衆，士宇日壘，況上無馭將之術，而將有中制之嫌，然沿邊諸壘，尙能努力效忠，相與維持，至百五十年而後亡，雖其祖宗深仁厚澤有以固結人心，而制兵之有道，綜理之周密，於此亦可見矣』。宋史所載制兵有道，綜理周密，未必盡然，因宋朝之兵，較之遼金，亦覺薄弱。考禁兵之制，是宋太祖監前代之失，萃集精銳於京師，於建隆元年下詔殿前侍衞二司，各閱所掌兵，揀其驍勇，升爲上軍，老弱怯懦，置贍員以處之；諸州長吏，選所部兵送都下，以補禁旅之闕，又選強壯卒，定爲兵樣，分送諸道，軍制集權於中央；太祖時至講武殿閱諸道之兵，得萬餘人，以騎兵爲驍雄，步軍爲雄武，並隸於侍衞司，且命王繼勳主持之。眞宗咸平四年，詔陝西沿邊州軍兵士，選其精壯者，升爲禁軍，又命使臣分往各州，選取有力者，共二萬人，各於本州置營，升爲禁軍；統計太祖開寶年間之兵籍有三十七萬八千，而禁軍馬步有三十五萬八千；眞宗天禧年間之兵籍，有九十一萬二千，而禁軍馬步有四十三萬二千；仁宗慶歷年間之兵籍有一百二十五萬九千，而禁軍馬步有八十二萬六千。至於水軍，高宗建炎初，李綱請於沿江淮河帥府，置水兵二軍，要郡別置水兵一軍，次要郡別置中軍，如明州水軍、鎭江駐紮御前水軍、沿海水軍、潮州水軍、江陰水軍、廣東水軍、江州水軍、池州都統司水軍、漳州水軍、泉州水軍、殿前澉浦水軍、鄂州都統司水軍、建康都統司治安水軍、通州水軍、兩淮水軍等，約共三萬五千人。廂兵之制，是諸州之鎭兵，內總於侍衞司，一軍之額，有分隸數州者，或一州之管，兼屯數州者；在京諸司之額五，隸宣徽院，以分給畜牧繕修之役，而諸州則各以其事相屬。太祖建隆初，選諸州募兵之壯勇者，部送京師，以備禁衞，餘留本城，然少加訓練，類多給役而已。眞宗天禧元年，詔選天下廂兵遷隸禁軍者，凡五千餘人；二年，詔河北禁軍疲老不任力役者，委本路提點刑獄；慶歷中，招收廣南巡海水軍，皆予旗鼓訓練，備戰守之役；皇祐中，河北水災，農民流入京東三十餘萬，安撫使富弼，募以爲兵，拔其尤壯者得九指揮，教以武技，分置於青、萊、淄、徐、沂、密、淮陽七州軍。仁宗嘉祐四年，復詔西路於渾、濮、齊、兗、濟、單各州置步兵指揮六，如東路法，於是東南州軍多置教閱廂軍，皆以威勇忠果壯武爲號，訓練如禁軍。神宗元豐之末，總天下廂兵馬步指揮凡八百四十，其爲兵凡二十二萬七千六百二十七人，而府界及諸司或因事募兵之額，尚不在內。哲宗元祐二年，太師文彥博言：廂軍舊隸樞密院，新制改隸兵部，且本兵之府，豈可無籍，樞密院亦以爲言，乃詔本部自今進册，以其副上樞密院；三年，詔京西路廂軍以三萬五百人爲額，又詔天下州郡，以地理置壯城兵。高宗建炎而後，兵制不定，至孝宗乾道中，祇四川廂軍二萬九百七十二人，其後廢置損益，隨時不同。歐陽修嘗論及廂兵之弊說：『國家自景德（眞宗紀元）罷兵三十三歲矣，兵嘗經用者，老死幾盡，而後來者未嘗聞金鼓識戰陣也，生於無事而飽於衣食也，其勢不得不驕惰……夫就使兵耐辛苦而能鬬戰，雖耗農民爲之可也，奈何有爲兵之虛名，而其實驕惰無用之人也。古之凡民長大壯健者，皆在南畝，農隙則教之以戰，今乃大異，一遇凶歲，則州郡吏以尺度量民之長大而試其壯健者，招之去爲禁兵，其次不及尺度而稍怯弱者，籍之以爲廂兵（一作軍），吏招人多者有賞，而民方窮時爭投之，故一經凶荒，則所留在南畝者，惟老弱也，而吏方曰：不收爲兵則恐爲盜，噫！苟知一時之不爲盜，而不知終身驕惰而竊食也。古之長大壯健者任耕，而老弱者游惰，今之長大壯健者游惰，而老弱者留耕也，何相反之甚耶？然民盡力乎南畝者，或不免乎狗彘之食，而一去爲增兵，則終身安佚而享豐腴，則南畝之民，不得不日減也，故曰：有誘民之弊者，謂此也』。（見文獻通考卷一百五十二）鄉兵之制，是選自戶籍，或士民應募，在所團結訓練，以爲防守之兵。太祖建隆四年，分命使臣往關西道，令調發鄉兵赴慶州；眞宗咸平四年令陝西納稅人戶家出一丁，號保毅，官給糧食，使之分番戍守；五年，陝西緣邊丁壯充保毅者，至六萬八千七百七十五人。仁宗康定初，詔河北河東添籍強壯，河北凡二十九萬三千，河東十四萬四千，皆以時訓練，後以正兵不足，乃籍陝西之民三丁選一，以爲鄉弓手；慶歷二年，籍河北強壯，得二十九萬五千，揀十之七爲義勇，且籍民丁以補其不足，河東揀籍，如河北法；各路鄉兵，以義勇軍爲最盛。蕃兵之制，自熙寧以後，尤重蕃兵保甲之法。眞宗咸平初，秦州極邊置千人分番守戍。邊地蕃人內附者，揀選之以爲蕃兵，神宗熙寧七年三月，王韶言：河州近城川地，招漢弓箭手外，其山坡地招蕃弓箭手，給地一頃，蕃官兩頃，大蕃官三頃，元豐二年，計議措置邊防，以涇原路正兵，漢蕃弓箭手爲十一將，分駐各州；五年二月，詔提舉熙河等路弓箭手、營田蕃部，共爲一司，隸涇原路制置司；四月，詔蕃弓箭手陣亡，依漢弓箭手給賻，弓箭手出戰，因傷及病，不能自還者，並依軍例賜其家；元豐三年，詔涇原路募勇敢，如鄜延路以百人爲額，自是以後，蕃部益衆，而弓箭手多蕃兵。哲宗元符二年四月，環慶路經安撫司言，新築定邊城，有西夏人來投蕃部甚衆，乃將歸順之人，就新城收管給田，並選置正副二員，總領蕃兵。宋代因西北邊事日急，乃行大募兵制，禁兵廂兵之數，達百餘萬，神宗時，會汰冗兵爲民。熙寧初，王安石變募兵而行保甲，保甲法以十家爲一保，選主戶之有幹力者爲保長，五十家爲一大保，選一人爲大保長，十大保爲一都保，選爲衆所服者爲都保正，又以一人爲之副，使各貯弓箭，講習武藝；保甲法行，募兵乃衰，此法廢置不定，故民兵之制，至終亦陷於衰替。（參閱宋史卷一百九十二）。關於馬政：太祖始置養馬二務，承前代之制，初置左右飛龍二院，以左右飛龍二使領之。太宗太平興國四年，詔市吏民馬十七萬匹以備征討。眞宗咸平元年，別置佑馬司，掌戎人驅馬至京師，辨其良駑，平直以市，分給諸監牧養。神宗即位，留意馬政，於是樞密副使邵亢請以牧馬餘田修稼政以資牧養；熙甯五年，舉行戶馬，元豐七年，舉行保馬，統是以官馬責之於民，令其畜養，凡戶馬蠲其科賦，保馬蠲其征役。哲宗即位，議者爭言保馬不便，乃下詔以兩路保馬分配諸軍，餘數發太僕寺，不堪支配者斥還民戶而責給回原價。從上簡單的引述，知道宋代亦是注意騎兵之制。（參閱通考卷一百六十）。

遼國兵制共有六種：（一）御帳親軍。（二）宮衛軍。（三）大首領部族軍。（四）部族軍。（五）五京鄉丁。（六）屬國軍。鄉丁以其爲耕稼之民，不能成爲戰鬪的主力；屬國不是直接屬遼治理，有時可以助多少兵，故兩者都不能成爲正式軍隊。惟御帳親軍，宮衛軍，大首領部族軍，（親王大臣的私兵）雖其所屬各異，而統是部族軍隊，故以這些部族軍作爲正式軍隊。遼初起時，通國皆兵，凡民年十五以上，五十以下，悉隸兵籍，有事調遣，器皆自備，每正軍一名，有馬三匹，人馬不給糧草，故四出抄掠。

金初起時，部落極爲寡弱，其時諸部之民，壯者皆兵，部長謂之孛堇，有警則下令於本部，及諸部的孛堇徵兵。諸部的孛堇，若戰時兵少，稱爲謀克，兵多稱爲猛安；（太祖二年，始定以三百人爲一謀克，十謀克爲一猛安）太祖起兵之後，凡諸部之來歸者，悉授以猛安謀克，卽遼人漢人之來歸者，亦以此職授之。其意蓋欲得他部的助力。其後熙宗（名亶本名赫拉）時，乃罷漢人渤海人之承襲猛安謀克，而專以兵權歸他的部族。及海陵王（金主亮追廢爲海陵王）時，統率多數的猛安謀克，遷都於汴京，從前尙武風氣，日就消亡。

第十一節　宋代之法制

宋太祖趙匡胤削平羣雄，統一中原後，遂提出修訂政制的大綱，以削除軍人內潰之禍：（一）凡節度使病故出缺，或升官辭職的，漸用文官繼任。（二）各州設立通判，統治州中一切軍民大事，與中央政府直接，以分節度使的權勢。（三）節度使只許統治其駐在地的一部，其餘兼轄的各部，統改由中央政府直隸，以縮減節度使的統治區域。（四）在各路設置轉運使，組織地方財政收支機關，不許把持地方財政。他對於政制已然如此，而對於法制，則沿襲唐律及五代之舊，形式雖有更易，而精神實沒有大異。太祖初年，急以統一司法權爲務，據文獻通考卷一百六十六載：『宋太祖皇帝建隆三年，定大辟詳覆法，上懲五代藩鎮專殺之弊，初令諸州奏大辟案，委刑部詳覆，又令諸州參與司法掾同斷獄』。宋代承繼五代紊亂之後，用刑不免嚴酷，曾採用慘無人理的淩遲刑，及前代的黥刑，但在太祖初年，是頗注意於寬刑的，淵鑑類函卷一百四十七載：『開寶二年（太祖紀元）五月，上以暑氣方盛，深念縲繫之苦，乃下手詔兩京諸州，令長吏督掌獄掾，五日一檢視，灑掃獄戶，洗滌杻械，貧不能自存者給飲食，病者給醫藥，輕繫小罪，卽時決遣，無得淹滯。八年三月，有司言，自三年至今，詔所貸死罪，凡四千一百八人。上注意刑辟，哀矜無辜，嘗讀虞書，嘆曰：堯舜之時，四凶之罪，止從投竄，何近代憲網之密耶？蓋有意於措刑也，故自開寶以來，犯大辟罪，非情理深害者，多貸其死』。通考卷一百六十六：『宋太祖二月詔曰：王者禁人爲非，乃設法令，臨下以簡，必務哀矜；世屬亂離，則糾之以猛；人知恥格，則濟之以寬。竊盜之生，本非巨蠹，近朝立制，重以律文，甚非愛人之旨。自今竊盜贓滿五貫足陌（緡錢出入以八十爲陌）者死』。至太宗眞宗時，亦仰承太祖之意，對於獄刑比較愼重，通考卷一百六十六又載：『太宗太平興國三年，改司寇參軍爲司理參軍，以司寇院爲司理院，令於選部中選歷任淸白能折獄辨訟者，爲之秩滿，免選赴集，又置判官一員，委諸州，于牙校中擇幹局曉法律高資者，爲之給以月俸，秩滿上其殿最有蹤濫者，坐長吏以下，其後又詔諸州察司理參軍有不明推鞫致刑獄淹滯，具名以聞，蔽匿不舉者，罪之』。淵鑑類函卷一百四十七載：『太宗太平興國六年，詔自今長吏每五日一慮囚，情得者卽決之，詔自今繫囚如證佐明白而捍拒不伏者，集官屬同審問之，勿令胥吏拷決；上頗慮天下有滯獄，復建三限之制，大事四十日，中事二十日，小事十日，有不須追捕而易決者，不過三日，九年三月，令諸州十日一具囚帳，及所犯罪禁繫日數以聞上』。又載：『景德元年，（眞宗紀元），詔諸道州軍斷獄內處斷重斷極斷決配朝典之類，未得論決，具獄以聞。河北提點刑獄陳綱上言：杖罪械繫者其枷未有定制，望令特置以十五斤爲準，從之。大中祥符二年，詔御史台開封府及在京凡有刑按之處，令特置司糾察，令刑部員外郞知制誥周起等充，凡徒以上罪，卽時具收禁移報，內未盡理及淹延者，追取款辭，詳閱駁奏』。又據通考載：『七年，殿中侍御史曹定上言：諸州長吏有罪，恐爲訴訟，卽投牒自首，雖情狀至重，亦以例免，詔自今如實未有顯露，卽以狀報轉運使，如格當原免，亦書以歷。十月，御史台鞫殺人賊，獄具，知雜王隨請臠割之，上曰：五刑自有常制，何必爲此，本情已見，一死足矣。又內供奉官楊守珍使陝西，督捕賊，因請捕獲強盜至死者，望以付臣凌遲，用戒後來，詔所捕賊送所屬，依法論決，毋爲慘毒』。從上引證，可以知道太宗眞宗兩朝，對於淹滯刑獄及加刑凌遲者，是不以爲然的。（參閱拙著中國法律史大綱一〇〇頁引）。

宋代法典之多，是超越各代，前此的法典，不過是每易一君主，卽編修一次而已，但宋代每改一年號，必有一次乃至數次的編修，所以從宋初到末年的時候，所歷年月無不從事於編纂法典的事業，這些法典，大多數都早已散失，現在的一部宋刑統，牠的內容，全然照抄唐律，祇不過把「期親」改爲「周親」，「竟」字因避帝王諱改爲「盡」，而在當時又不都是現行法，惟有「准」的字樣，和「臣等參詳」的字樣所規定的條款，纔是眞實的宋代法律。（參閱中國法律發達史五五四頁），據通考載：『仁宗天聖四年，有司言勅增至六千餘條，請命官刪定，從之。建隆初，編勅四卷，纔百有六條，太平興國中，增至十五卷，淳化中倍之，咸平中，增至萬八千五十有五條，芟其繁亂，定其可爲敕者，二百八十有六條，總十一卷，又別爲儀制令一卷，當時便其簡易；大中祥符七年，又增三十卷，千三百七十四條，又有景德農田敕五卷，與敕兼行，至是復增至六千餘條，命官刪定』。據王應麟玉海卷六十六說：『國初用唐「律」「令」「格」「式」，外有後唐同光刑律統類，清泰編敕，天福編敕，周廣順類敕，顯德刑統，皆參用焉』。往後更有「敕」「令」「格」「式」「刑統」「編敕」「條法」「條例」「法度」「斷例」「條貫」「儀式」「條約」「條式」「德音」種種色色的名目；宋史刑法志卷一百九十九說：『宋法制，因唐「律」「令」「格」「式」而隨時增益，則有編敕一司一路一州一縣，又別有敕，建隆初詔判大理寺竇儀等上編敕四卷，凡一百有六條，詔與新定刑統三十卷並頒行天下，參酌輕重爲詳，世稱平允。……神宗以律不足以周事情，凡律所不載者，一斷以敕，乃更其目曰「敕」「令」「格」「式」，而律恆存乎敕之外』。淵鑑類函卷一百四十七載：『元豐（神宗紀元）二年，編敕所上新修式，始分「敕」「令」「格」「式」爲四』。神宗以前，所有法制，一依唐之舊，分「律」「令」「格」「式」四種，所謂律，仍用周世宗大周刑律統類，不過隨時以敕變更，所以每帝必修訂敕一次，頒行天下，用補律之不逮；初則律爲主而敕爲補，其後因更改頻繁，幾乎只知有敕，而不知有律；神宗時因將舊律廢除，分

「敕」「令」「格」「式」四種。敕是禁於未然，令是禁於已然，格是設於此，以待彼之至，式是設於此使彼效之；凡入笞杖徒流死自名例以下，至斷獄十有二門，麗刑名輕重者，皆屬敕；自品官以下至斷獄三十五門，約束禁止者，皆爲令；命官之等十有七，吏庶人之賞等七十有七，又有倍全分釐之級凡五等，有等級高下者，皆爲格；表奏帳籍關牒符檄之類凡五卷，有體制模楷者，皆爲式；宋代法制，實於神宗時完成，但是神宗所頒之「敕」「令」「格」「式」，仍多用舊文損益，其損益意義，具載於看詳卷，所謂看詳卷，卽是詳明舊律去取的意義，藏之有司以備參照的。（見拙著中國法律史大綱一〇五頁），哲宗踐位，對於新法無甚變更，只將大理寺治獄罷去，仍復舊制，於開封府多置判官一員，並設推勘法官，治理在京錢穀事務，不久又恢復大理寺治獄制，並從中丞劉摯右諫議大夫孫覺之言，令刊修元豐「敕」「令」「格」「式」，據刑法志載：『哲宗親政，不專用元祐近例，稍復熙甯元豐之制，自是用法，以後衝前，改更紛然』。徽宗踐位，對於法制，略有所變更，其中可注意者如下：（一）崇甯元年，詔取前後所用例，以類編修，凡與法妨礙者悉除去，法所不載，然後用例，不能引例而破法，此舉實合於罪刑法定主義。（二）下詔各州縣，仿周官司圜之法，築圜土以居強盜貸死者，此是近世年獄之制；昔日徒刑與現在徒刑，名同而實異，所謂徒卽發本省驛遞應役，在古代謂爲輸作；其與流異者，流則發配遠方，徒則近在本地，但亦有徒而不作工的，至徽宗時，始定圜土之制，晝則役作，夜則拘之，視罪輕重，以爲久近之限，限滿準許，拘役圜土者充軍，無過者釋之。（三）大觀二年，更定笞法，凡笞悉用小杖行決，笞十爲五，二十爲七，三十爲八，四十爲十五，五十爲二十，不以大杖比折；其後重和元年四月，又更定其制，徒二年半杖九十者折十七，徒二年杖八十者十五，徒一年半杖七十者十三，徒一年杖六十者十二;笞五十者十,笞四十者八,笞三十者七,笞二十者六,笞十者五。(四)政和四年,詔審訊期限,凡死囚五日,流罪三日杖笞一日所以免稽延時日也。(五)州縣虐吏借杖爲溜筒用鐵鉗項以竹實沙而貫之,非理慘酷,詔悉禁止。(六)詔州縣官不親聽囚而使吏鞫訊者,徒二年此爲後世州縣官親自鞫囚之所始,宋以前州縣皆設有治獄之官,以佐州縣官,爲州縣官者,對於刑獄,多不親審,一委屬下,故徽宗有是詔令。(七)宣和二年,慮及州郡審理獄犯,官吏因緣爲奸,刑及貧民,而富者以賄設法規免,有失公平,遂下詔奏案並列戶之高下,察其吏奸者而懲之,使貧苦之民,不致受凌。凡玆七端,可見徽宗時更定法制的大概。宋代南渡,高宗踐位,對於法制改革者數事:(一)令當職法官,凡遇枷鎖,應依式檢敎,不得爲非法之具,這是關心獄囚的痛苦。(二)尙書六曹下逮百司,凡所用法令,初無劃一,奸吏得以舞文,乃下詔劃一法令,這是解除審判官吏的予奪自由。(三)建炎四年八月,下詔官吏犯贓,雖未加誅戮,若杖脊流配,決不可貸,又下詔贓罪至死者籍其家,這是嚴懲犯贓的官吏。(四)吏部尙書周麟之奏稱選具紹興二十五年以前批狀指揮令敕令看詳,可削則削,毋令與敕令混淆,用以禁止用例破法,這是免權奸的枉法施刑。孝宗卽位後,時戒以酷刑鞭撲囚犯,戒以輕心定死罪,戒以事例破成法,此外又須檢驗格目於諸路提刑司,以清檢驗之弊,並改善刺配法,凡編配者,不專放海外及嶺南遠惡之地。宋代刑名本沿唐制,只有笞杖徒流死五等,其後凡貸死者,以爲徒流未免太輕,於五刑外,特設刺配,使之遠離鄉井,但同一刺配,又分配隸、羈管、編管;配隸卽配爲軍役或皂隸,配管卽配入軍營作役,編管卽由地方官編入册籍使之作役;以編管爲最輕,以配隸爲最重。

宋代法院編制,可分爲中央與地方二項:中央的,有大理寺,御史台,刑部,審刑院,門下省。地方的,有縣令,知州事通判府尹路監司，掌獄訟聽斷之事。宋代對刑之適用，完全與唐律一樣，至於刑之加重的規定，如宋刑統卷第六名例律雜條所有的條文均倣唐律。在刑法分則上分：（一）侵犯帝室罪，（二）內亂罪，（三）漏洩罪，（四）瀆職罪，（五）藏匿犯人罪，（六）僞證罪，（七）誣告罪，（八）失火放火罪，（九）決水罪與過失水害罪，（十）私有私造禁兵器罪，（十一）危險行爲罪，（十二）妨害交通罪，（十三）妨害秩序罪，（十四）僞造貨幣罪，（十五）僞造文書印文罪，（十六）私作斛斗秤度罪，（十七）褻瀆祀典罪，（十八）殘屍掘墓罪，（十九）販賣私鹽私礬私茶罪，（二十）賭博罪，（二十一）姦非罪，（二十二）法官冶遊罪，（二十三）重婚罪，（二十四）妨害衛生罪，（二十五）殺人罪，（二十六）毆傷罪，（二十七）遺棄罪，（二十八）略誘及和誘罪，（二十九）竊盜及強盜罪，（三十）詐欺取財罪，（三十一）侵占罪，（三十二）贓物罪，（三十三）毀棄損壞罪等。

關於民法：如人之法，丁口男夫二十爲丁，六十爲老；身分，在宋刑統一書仍保留着唐律中部曲奴婢官戶等字樣。婚姻方面禁止西北沿邊諸州民與內屬戎人婚娶，士族家毋得與傭僱之人爲姻。承繼，以諸應分田宅及財物兄弟均分，妻家所得之財不在分限，兄弟亡者子承父分，兄弟俱亡則諸子均分，寡妻妾無男者承夫分，兄弟皆亡，同一子之分。

關於物權：如所有權，則規定田爲水所侵射，不依舊流新出之地，先給被侵之家，若別縣界新出，依收授法；其兩岸異管，以正流爲斷。如質權，則規定應典及倚當莊宅物業與期限外，雖經年深，元契見在，契頭雖已亡歿，其有親的子孫及有分骨肉證驗顯然者，不限年歲，並許收贖；如是典當限外經三十年後並無文契，及雖執文契難辨眞虛者，不在論理收贖之限，由現田主一任典賣。凡田土屋舍有連接交加者，當時不曾論理，伺候家長及見證亡歿子孫幼弱之際，便將難明契書擾亂別縣，空煩刑獄證驗終難者，經二十年以上不論，即不在論理之限。有故留滯在外之年，違者以不應得爲從重科罪。凡典賣倚當物業，先問房親，房親不要，次問四鄰，四鄰不要，他人並得交易；房親著價不盡，亦可就價高處交易。如業主牙人欺罔鄰親，契帖內虛擡價錢，並據所欺錢數與情狀輕重，酌量科斷。如業主塡納罄盡不足者，勒同署契牙保鄰人同共賠塡。凡典賣物業或指名質舉，須家主尊長對錢主或錢主親信人，當面署押契帖，如有專擅欺蒙者，從律處分。如借貸，凡公私以財物舉借者，任依私契，官不爲理，每月取利，不得過六分，積日雖多，不得過一倍，家資盡者，役身折酬，役通取戶內男口，又不得迴利爲本。

附錄　宋代折杖法表

刑名	一等	二等	三等	四等	五等
笞刑五等	笞十（臀杖七）	笞二十（臀杖七）	笞三十（臀杖八）	笞四十（臀杖八）	笞五十（臀杖十）
杖刑五等	杖六十（臀杖十三）	杖七十（臀杖十五）	杖八十（臀杖十七）	杖九十（臀杖十八）	杖一百（臀杖二十）
徒刑五等	徒一年（脊杖十三）	徒一年半（脊杖十五）	徒二年（脊杖十七）	徒二年半（脊杖十八）	徒三年（脊杖二十）
流刑三等	流二千里（脊杖十八配役一年）	流二千五百里（脊杖二十配役二年）	流三千里（脊杖二十配役三年）		
死刑二等	絞	斬			

遼本契丹民族，一切典章制度，仍未脫野蠻時代習俗，其後至太祖時，始模仿中國的法制，在太祖以前，雖有法

制，大概殘酷，不脫報復主義；凡出師祭告先祖，必以人爲犧牲，例取當死罪囚一，置所向之方，以亂箭射之，祓除不祥，班師時亦如是。又有車轘、支解、砲擲、投崖等酷刑，如有咒詈者，更用熱鐵椎舂其口，死之；其從坐之人，則量罪之輕重而處之杖刑。據遼史刑法志載：『遼以用武立國，禁暴戢姦，莫先於刑，……太祖太宗經理疆土，擐甲之士，歲無甯居，威克厥愛，理勢然也；子孫相繼，其法互有輕重；中間能審權宜，終之以禮者，惟景聖二宗爲優耳；然其制刑凡有四：曰死曰流曰徒曰杖；死刑，有斬絞淩遲之屬，又有籍沒之法；流刑量罪輕重，寘之邊城部族之地，遠則投諸境外，又遠則罰使絕域；徒刑，一曰終身，二曰五年，三曰一年半，終身者決五百，其次遞減百；又有黥刺之法；杖刑自五十至三百，凡杖五十以上者，以沙袋決之；又有木劍大棒之數三，自十五至三十，鐵骨朵之數，或五或七，有重罪者，將決之以沙袋，先於脽骨之上及四周擊之；拷訊之具，有粗細杖及鞭烙法；粗杖之數二十，細杖之數三，自三十至於六十；鞭烙之數，凡烙三十者鞭三百，烙五十者鞭五百，被告諸事應杖而不服者，以此訊之』。遼國立法尙簡，當興宗時，纂修耶律億以來法令，參以古制，凡五百四十七條，頒行諸道；至遼道宗時，將舊制更定法制，爲五百四十五條，取律一百七十三條，又創增七十一條，凡七百八十九條，增編者至千餘條；其後又續增至百餘條，條例旣繁，愚民莫知所避，犯法者日多，於是又復詔行舊法，務從簡約。據遼史刑法志載：『道宗五年詔曰：法者所以示民信而致國治，簡易如天地，不忒如四時，使民可避而不可犯；比命有司，纂修刑法，然而不能明體朕意，多作條目，以罔民於罪，朕甚不取，自今復用舊法，餘悉除之』。道宗雖然如此下詔，但至天祚帝時，又復用嚴刑。遼國法院的編制，有大理寺、御史台與刑部相當之「夷離畢」。至地方司法管轄區域，有軍、縣、城、堡。在刑法分則上，有訕謗朝廷罪，漏洩罪，失火罪，決水罪，私有兵器罪，妨害秩序罪，販賣禁物罪，姦非罪，殺傷罪，遺棄罪，和誘罪，竊盜及強盜罪，詐欺取財罪，侵佔罪，毀棄損壞罪。關於民法：如婚姻則分別階級大族不得與小族爲婚，嫁娶必奏而後行如買賣則禁止在市場交換布帛不合尺度者，及禁止布帛短狹不合尺度者。

金代起自東北，不脫遊牧民族面目，用刑多是野蠻，至太祖時，始漸採用中國制度，及太宗嗣位，滅遼而有其地，更及中國燕雲十六州，因漸創立法制，據金史卷四十五刑志載：『太宗雖承太祖無變舊風之訓，亦稍用遼宋法。天會七年，詔凡竊盜，但得物徒三年，十貫以上徒五年，刺字充下軍，五十貫以上死，徵賞如舊制。熙宗天眷元年十月，禁親王以下佩刀入宮，衞禁之法，實自此始。三年，復取河南地，乃詔其民，約所用刑法，皆從律文，罷獄卒酷毒刑具，以從寬恕；至皇統間詔諸臣，以本朝舊制，兼採隋唐之制，參遼宋之法，類以成書，名曰皇統制，頒行中外』。海陵王時，屢次續降制書，與皇統制並行；世宗時，下詔重定之，名大定重修制條；章宗時，又照唐律的樣子，重修「律」「令」「格」「式」，名泰和律義；至是始有較完備的法制。金代中央的法院編制，分爲大理寺，御史臺，刑部。地方的法院編制，以縣令一員，掌平理獄訟等事，路所頒各州，計爲三等，一爲防禦州，一爲節鎮州，一爲刺史州，掌各路之兵刑等事。在刑法分則上，分侵犯皇室罪，內亂罪，漏洩罪，誣告罪，逮捕監禁脫逃罪，失火罪，私鹽罪，掘墓罪，飲酒罪，賭博罪，姦非罪，殺傷罪，遺棄罪，略誘罪，竊盜及強盜罪，侵佔罪，毀棄損壞罪。在民法上之行爲能力，男女二歲以下爲黃，十五以下爲小，十六爲中，十七爲丁，六十爲老。身分分人民爲種人漢人南人三種階級。婚姻則定金錢買賣之制，禁同姓爲婚。債權買賣，規定買土地文契及賣地立契，爲今日田宅契的濫觴。

第十二節　宋代之宗教

五代末年，後周世宗，破毀寺院，禁度僧尼，佛教因而大衰；至宋太祖時，崇信佛教，興修廢寺，許造佛像，遣僧人行勤等百餘人，往印度尋求經論，又印行大藏經，僧徒之自印度歸者亦復不少，故佛教之勢，至宋代而大盛；至太宗時，前後度僧尼十七萬人，立譯經傳法院於東都，使西僧譯經論，繙譯之業，因之大盛，已譯之經，有四百餘卷，僧尼之數，達四十六萬餘人。當時佛教之最有勢力者，以禪宗爲首，（佛教之一派，此宗直指人心，見性成佛，不立文字，號爲頓門，又名心宗，）仁宗時，設禪寺於汴京，以僧懷璉爲之主，自是禪宗流傳益廣，名僧有祖印、契嵩，及神宗哲宗之世，名僧前後輩出，淨源爲華嚴宗（此宗以華嚴經爲據，中國譯有兩種：一名古華嚴，一名大方廣佛華嚴經）中興之祖，慧能爲禪宗黃龍派之祖，當時縉紳學士，喜與僧徒往來，悅習禪書，影響遂及於儒教。南宋時，以國用不足，令僧尼皆納丁錢，或賣度牒以充軍費，故佛教不及北宋的興盛。

道教自唐以來盛行，五季惟蘇澄隱得養生之術，名振當時。宋初太祖曾賜華山道士陳摶以希夷先生之號，但沒有尊尙道教。眞宗時，加老子以尊號，於京師作玉淸昭應宮，華麗無比，賜張道陵後張正隨，號爲眞靜先生，由是賜號之事遂常行。仁宗時，賜號張乾曜爲澄素先生。至徽宗時，則最信道教，崇甯四年五月，賜信州龍虎山道士張繼元，號虛靖先生，大觀二年三月，頒金籙靈寶道場儀範天下。政和三年四月，作玉淸和陽宮於福甯殿東，奉安道像，又賜方士王老志號洞微先生，王仔昔號通妙先生，林靈素號通眞達靈先生，並從林靈素之言，立道學，又命林靈素講道經；時道士皆有俸，每一觀給田不下數百千頃，凡設大齋，輒費緡錢數萬，（見九朝紀事本末宋史卷五十一），後以靈素驕橫，斥還故里，而徽宗亦爲金所虜，道教遂衰落至南宋國家多難，亦不能振興。

回教自阿剌伯人謨罕默德唱興，回教流行於亞細亞之西部，勢力日盛，至唐時阿剌伯人來廣東，由是中國始知有此教。宋初，喀什葛爾酋長布格拉始信回教，其部下亦多崇信之，後布格拉征土耳其斯坦，虜回回人種而還，其人種皆奉回教，然祇行於西域各地，至中國本部尚未流行；後元太祖攻金時，其部下之兵多奉回教；太宗攻宋時亦然；由是回教遂開東漸之基。

中國是一複雜的多神的宗教國家，又可說是汎神教的國家；汎神教謂神與世界相親，不置神於世界之外，故世界之萬有，皆神之表現，歷代帝王之郊祭，可說是此種意識的表現。宋初沿舊制，祭東嶽於兗州，西嶽於華州，北嶽於定州，中嶽於河南府；太祖乾德元年，湖南平，遣使祭南嶽；開寶四年，廣南平，遣使祀南海；五年，詔嶽瀆並東海南海廟，各以本縣令兼廟令，尉兼廟丞，專掌祭祀。太宗太平興國八年，河決滑州，遣樞密直學士張齊賢往白馬津以太牢沉祀，自是凡河決溢修塞皆致祭。眞宗景德三年，令澶州置河瀆廟，春秋致祭；大中祥符元年，封禪禮畢，加號泰山爲仁聖天齊王；十一月，車駕至澶州河瀆廟，進號顯聖靈源公；四年，祀汾陰，命官祭西海及汾河，車駕至潼關，遣官祭西嶽及河瀆，復親謁華陰西嶽廟，羣臣陪位，遣官分奠廟內諸神。仁宗康定元年，封東海爲淵聖廣德王，南海爲洪聖廣利王，西海爲通聖廣潤王，北海爲沖聖廣澤王，江瀆爲廣源王，河瀆爲靈源王，淮瀆爲長源王，濟瀆爲淸源王。神宗元豐三年，令每方嶽鎭共爲一壇，海瀆則共爲一坎，以五時迎氣日祭之；八年，益封西鎭吳山爲成德王。徽宗政和三年，規定嶽鎭海瀆的壇位。高宗紹興七年，修嶽鎭海瀆之祀歲，孝宗乾道五年，太常少卿林栗言：『國家駐蹕東南，東海南海，實在封域之內，南海廣利王廟時降御書祝文，令廣州行禮』。宋制每歲以春秋二仲月及臘日，祭太社太稷，爲大祀，州縣則春秋二祭，刺史縣令初獻，上佐縣丞亞獻，州博士縣簿尉終獻，牲用少牢。方丘在宮城北十四里，以夏至祭皇地祇，以孟冬祭神地祇，其南郊親祀昊天上帝，則併設皇地祇之位。又於立春後丑日祀風師，立夏後申日祀雨師，立秋後辰日祀靈星，以四時祭朝日夕月。以宮殿之一爲明堂，以正月朔行大享禮，大享昊天上帝。祭天爲王帝重大的祭祀，宋太祖乾德元年十一月，始有事於南郊，合祭天地於圜丘，據樞密院陳襄等詳定郊廟禮文上奏說：『臣等謹案周禮大司樂冬日至圜丘，（冬至祭天之處，土之高爲丘，圜者象天圜也，因高以祀天，故於地上）六變以祀天神；夏日至方丘，八變以祭地祇；夫祀必以冬日至者，以其陽氣來復於上天之始也；祭必以夏日至者，以其陰氣潛萌於下地之始也』。（見續通典卷四十五）就上引證來看，凡世界不論山川河海均有神明寄託，而爲人所當崇拜的，王帝爲天之子，所以要舉行祭天山川河海之神，比較天神爲低，所以王帝祭祀山川河海之神時，能加以一種封典；羣臣是比山川河海之神次一等，所以羣臣可以陪位；研究中國的宗教文化，這要注意之一點。

多神的宗教，以爲天地山川河海，有牠的原有之神，而人死了，也可以變神的。自唐元宗時，立周武王漢高祖廟於京城；代宗時，立軒轅黃帝陵廟，四時祭祀；昭宗時，建漢昭烈帝廟於涿州。宋太祖乾德元年，詔歷代帝王國有常享，因令祀先代帝王，每三年一享，以仲春之月，牲用太牢，本州長官主祭，有司以上佐行事，官造祭器，送諸陵廟。以孔子爲先聖，死而爲神，立廟以祀之。宋眞宗大中祥符元年十一月，眞宗至曲阜，備禮謁文宣王廟，內外設黃麾仗，並以孔氏宗屬陪位命官分奠七十二弟子及先儒，復至孔林以樹擁道，降輿乘馬至墓所，設奠再拜，追諡元聖文宣王，祭以太牢，修飾祠宇，給便近十戶，奉祀塋廟。

遼太祖神册元年正月命有司設壇燔柴祭告天，即皇帝位；遼制，凡國有大故及行軍，必以黑白羊祭天地，或以青牛馬祭天地。遼太祖天贊三年九月，拜日於蹛林；穆宗應曆二年日南至，始用舊制，行拜日禮；聖宗統和元年十二月，千齡節拜日月，遼史述及拜日禮，是極其隆重的。聖宗統和二年四月，祭風伯；道宗清寧元年，皇帝射柳後，往風師壇行禮；遼尊木葉山爲鎭，時臨幸致祭，兼及遼河之神。國俗每歲冬至，屠白羊白馬白鴈，各取血和酒，天子望黑山而祭。遼諸帝各有廟，聖宗開泰八年，建景宗廟於中京，九年十二月，詔中京建太祖廟，制度祭器從古制。（參閱續通典卷四十六至五十二）。

金初因遼舊俗有拜天之禮，大宗即位，告祀天地，設位而祭；主亮天德以後，始有南北郊之制；朝日用本國禮；太宗天會四年正月，始朝日於朝元殿；熙宗天眷二年，定朔望朝日儀，皆就殿南向再拜。金熙宗皇統三年五月，初立社稷；海陵貞元元年，有司奏建社稷壇於上京，世宗大定七年，建壇於中都，州縣祭享，如唐宋舊儀。金初無宗廟，太祖天輔七年，建寧神殿於上京，以時薦享，自是諸京皆立廟，惟在京師者則稱大廟；太宗天會三年十月，詔建太祖廟於西京。金制，前代帝王三年一祭，以仲春之月，祭伏羲於陳州，神農於亳州，軒轅於坊州，少昊於兗州，顓頊於開州，高辛於歸德府，陶唐於平陽府，虞舜、夏禹、成湯於河中府，周文王、武王於京兆府。就以上引證來看，可以知道宗教是人類文化的表證，不論野蠻人半開化人文明人，都有他們的宗教，而他們宗教意識的高下淺深，亦可以證明他們的文化程度。遼金兩國就他的文化程度說，當然不及宋朝，而在宋朝的宗教儀式，如祭天地山川河海社稷宗廟，他們仿傚成爲己族宗教的儀式。中國本身的宗教，由外來宗教的（如佛教基督教等）影響及傳播，亦可以看出中西宗教的文化程度。

第十三節　宋代之美術

本節所論列之美術，特舉音樂、繪畫、書法、建築、彫刻，其文學詩學另爲一節以論之。美術是人類感情的表現，亦可說是人類文化眞實的表現。人類的文化，不僅發揮在思惟方面理智方面，而且發揮在感情方面；由第一方面發展，便成了科學；由第二方面發展，便成了美術。人類在日常的生活和社會的生活中，恆有所感觸而發生情緒，這個情緒，由喜、怒、哀、樂、愛、惡、欲等內心作用，接連不斷的發生滋長，有了這種種情緒，必然表現於行爲動作之中，而美術就是這些情緒表現的方式。美術的本身，是社會的產物，因爲離開社會的生活，而個人的生活無從附着；離開社會的相互關係，而個人的情緒無從附着。當一個人以言語表現詩歌的時，沒有他人的合奏與欣賞時，是不能充分表現情緒的；以動作攝取他物而表現彫刻或建築時，沒有他人的鑑賞與同情，是不能充分表現藝術的價值的。各國有各國的美術，各民族有各民族的美術，看他們的美術是如何的，就知道他們的文化是如何的，茲略述宋代的美術如下：（甲）音樂。五代所好的音樂，不過胡部鄭聲，後周王朴更定雅樂，宋太祖匡胤以其聲高，不合中和之節，乃命和峴更定律呂，續通典卷八十五載：『宋太祖建隆三年二月，有司請改一代樂名，並太廟四室酌獻迎俎送神樂章，詔翰林學士竇儼撰進，四月，儼上新定二舞十二案曲名並樂章，改周文舞崇德之舞，爲文德之舞，象成之舞，爲武功之舞，改樂章十二順爲十二安，蓋取治世之音安以樂之義。祭天爲高安，祭地爲靜安，宗廟爲理安，天地宗廟登歌爲嘉安，皇帝臨軒爲隆安，王公出入爲正安，皇帝食飲爲和安，皇帝受朝皇后入宮爲順安，皇太子軒懸出入爲良安，正冬朝會爲永安，郊廟俎豆入爲豐安，祭享酌獻飲福受胙爲禧安。……四年和峴言：按唐貞觀十四年景雲見河水清，張文收彩古朱雁天馬之義，作景雲河清歌，名燕樂，元會第二奏者是也。伏見今年荆南進甘露，京兆東州進嘉禾，黃州進紫芝，和州進綠毛龜，黃州進白兔，欲依月律，撰神龜甘露紫芝嘉禾玉兔五瑞各一曲，每朝會登歌首奏之。六年，峴又言：漢朝獲天馬赤雁神鼎白麟之瑞，並爲郊歌，國朝合州進瑞木成文，馴象自南方至，秦州獲白烏，黃州獲白雀，並合播管弦，薦於郊廟，詔峴作瑞文馴象玉烏皎雀四瑞樂章，以備登歌』。由此可知和峴當時之改定律呂創作樂章，是爲在朝廷中歌舞，以粉飾太平的。太平興國三年羣臣上壽，復用宮縣二舞登歌五瑞曲，自此遂爲定制。眞宗景德二年，翰林學士李宗諤編有樂纂，自後不但朝覲時奏樂，且於大祀時亦用樂。仁宗時，親置樂曲，以夾鍾之宮，黃鍾之角，太蔟之徵，姑洗之羽，作景安之曲以祀昊天；初有李照者，以知音名，改定雅樂，諫官御史皆論其非，繼復舊制，後命阮逸、胡瑗集合禮官參定聲律，更作鐘磬。神宗時，楊傑又條上舊樂之失，使范鎮、劉几共改雅樂，後又以范鎮之聲不正，更改作樂；楊傑著元祐樂議，力破范鎮之說，禮部太常亦言范鎮樂法，自係一家之學，難以參用，而樂如舊制。徽宗時，有方士魏漢津者，更作雅樂，是爲大晟樂。崇寧三年七月，景鐘成，景鐘者黃鐘之所自出，垂則爲鐘，仰則爲鼎，音韻清越，其高九尺，拱以九龍，可知當時樂器的進步，南宋國事不寧，無餘力以從事音樂的創作，其他如遼則用晉

樂，金則用遼樂，厥後又用宋樂，轉相沿襲，殆失其眞。（乙）繪畫。中國之畫，唐代爲盛，至於五代，如南唐之徐熙，前蜀
之釋貫休，凡所製作，爲當時所宗。宋興，繪畫名手，其最著者，前有李成、范寬、董源、釋巨然；李成山水最精，逼近自然，范
寬初師李成，後學荆浩，筆力勁健，亦長於山水；董源擅秋風遠景，多寫江南眞山水；釋巨然山水學董源，造詣極精，其
後則有李公麟及米芾；公麟號龍眠山人，尤精於山水佛像，山水似李思訓，佛像近吳道子；米芾工畫，寫山水人物，自
成一家，其子米友仁亦能書畫，世稱其父子曰大小米，此外蘇軾及其子蘇過，亦能畫。徽宗以帝皇而嫺習各種之畫
藝，南宋以後，雖間有以畫稱，究其創作，不及東京之盛；又其末年，鄭思肖以畫蘭名，三百年來畫家之突兀絕羣者，惟
此一人。遼金以武治國，對於美術，初無提倡，故繪畫不足稱，必欲求其一二人，則遼之蕭融，金之趙秉文、武伯英，堪稱
其選。（丙）書法。宋太宗喜書法，一時公卿以下，皆效鍾繇，王羲之的筆法，及李宗諤司科舉，士子皆學其書，宋綬作
參知政事，舉朝皆效其體，李宋之書雖盛行，尙不免有宋寒李俗之評；及蔡襄既貴，士庶皆學其書，襄書姿格極高，爲
宋代第一；其後王安石爲相，時人又多學其書，自是講古法者甚少，惟劉璦的隸書，滕中及趙仲忽的草書，鮑愼由的
行書，趙震的篆書，皆名重一時，若蘇軾、黃庭堅輩，皆成一家之風；又米芾亦能書，而尤以蘇軾之書，筆力雄健，至今爲
人所羨。（丁）建築。宋代建築，亦有進步，觀萬壽山之經營，可知匠事已超於前代，周密癸辛雜誌載：『京師有八卦
殿，八門各有樹木山石，無一相類，皆嵌石座，亦穿空與石竅相通，此其構造之精，可謂軼人意表』。宋時建築，足以超
越前人者，惟帝都宮室，宋以開封爲東京，河南爲西京，兩京宮殿寺觀，規模宏備；至橋梁建築，亦大進步，如太宗時之
延安橋，仁宗時之安濟橋，及福建之洛陽橋，規制皆甚宏壯；其尤足稱者，神宗敕撰營造法式一書，爲我國有建築專

書之始，至金代臺閣殿寢之制，更所究心，廢帝亮時，尤多創建。(戊)雕板。我國書籍，由竹木而帛楮，由傳寫而石刻，代有進步，降及隋唐，著作益富，卷軸益多，于是雕板印書之法，卽萌芽於是時。據明朝陸深河汾燕閒錄說：『隋文帝開皇十三年十二月八日，敕廢像遺經，悉令雕板，此印書之始也』。國史志說：『唐末益州始有墨板，多術數小學字書』。然隋唐雕板之法，僅屬萌芽，尚未大行，雕板之興，是在五代。後唐明宗長興三年二月，宰相馮道等奏命判國子監田敏，依石經文字以校正九經而付之印板，王溥五代會要說：『長興三年二月，中書門下，請依石經文字刻九經印板，敕令國子監集博士生徒，收西京石經本，各以所業本經，廣爲鈔寫，然後雇召能雕字匠人，各隨帙刻印，廣頒天下，如諸色人要寫經書，並須依所印敕本』。王明清揮麈錄說：『蜀相毋公，蒲津人，先爲布衣，嘗從人借文選、初學記，多有難色，公歎曰：恨余貧不能力致，他日稍達，願刻板印之，庶及天下學者，後公果顯於蜀，乃曰：今可以酬宿願矣，因命工日夜雕板，印成二書，復雕九經諸史，西蜀文字，由此大興，至宋時，其書徧海內，初在蜀雕印之日，衆嗤笑，後家累千金，子孫祿食，嗤笑者往往從而假貸焉』。可知雕板之術，是始於五代之末的毋昭裔，其後所謂家刻本者，乃相次出現。北宋之初，雕印書籍，先佛藏而後儒書，常磐大定大藏經雕印考，引南宋僧志磐佛祖統記說：『宋太祖開寶四年，敕高品、張從信往益州雕大藏經板，至太宗太平興國六年，板成進上，凡四百八十一函，五千四十八卷』。其後賡續刻書，經史注疏皆備，王應麟玉海卷四十三說：『太宗端拱元年，敕司業孔維等校勘孔穎達五經正義百八十卷，詔國子監鏤板行之。眞宗景德二年，幸國子監，歷覽書圖，觀羣書漆板，問祭酒邢昺曰：板數幾何？昺曰：國初印板，止及四千，今至十萬，經史義疏悉備，帝褒之，因益書庫十步，以廣所藏』。宋時鏤板之地，則在吳、粤、閩三處，以杭州越板爲上，福建麻沙板最下。刻板雖視鈔寫爲便，然仍須按書雕之，于是在宋仁宗慶歷中布衣畢昇始作活版，江沙虞皇朝事實類苑說：『慶歷中有布衣畢昇爲活板，其法用膠泥刻字，薄如錢唇，每字爲一印，火燒令堅，先設一鐵板，其上，以松脂蠟和紙灰之類冒之，欲印則以一鐵範置鐵板上，乃密布字印，滿鐵範爲一板，持就火煬之，藥稍鎔，則以一平板按其面，則字平如砥，若止印三二本，未爲簡易，若印數十百千本，則極爲神速；常作二鐵板，一板印刷，一板已用布字，此印者纔畢，則第二板已具，更互用之，瞬息可就，每一字皆有數印，如之也等字，每字有一十餘印，以備一板內有重複者，不用則以紙貼之，每韻爲一貼，木格貯之，有奇字素無備者，旋刻之，以草火燒，瞬息可成』。據此，則活板可說是始於仁宗時。但畢昇死，法爲其徒所得而不能廣傳，遂至中絕。活板發明，傳達文化比較迅速，西洋活板之發明，在西歷紀元約一千四百年間，而中國發明活板則在慶歷時，約當西歷紀元一千〇四十餘年間。歐西關於活板之發明，始於德國曼慈(Mainz)人約翰古田堡(Johann Gutenberg)，一四三六年發明金屬的活字，至一千四百五十年活字印刷始興，其後斯脫拉司堡(Strasburg)人彼得舒化(Peter Schöffer)乃改良之，發明活字的鑄造；一四六二年以後，遂播傳於歐洲各國，後於中國木板印刻之發明者約八百年，活字印刷之發明者約四百年。（參閱日人高桑駒吉著中國文化史漢譯本三一七頁）宋代雕板有這樣的進步，而書籍之出版日多，藏書日富，自太祖建隆至大中祥符，著錄總三萬六千二百八十卷；仁宗慶歷初，成書凡三萬六百六十九卷；孝宗淳熙五年，存書四萬四千四百八十六卷，較崇文院所藏，實多一萬三千八百一十七卷；寧宗嘉定十三年，以四庫之外，又續書目，得一萬四千九百四十三卷；而太常博士所藏之書，諸郡諸路刻板而未及獻者，尚不在內，而私家之藏書者，如濮安懿王之子榮王宗綽聚書至七萬卷，（見高似孫史略），宋敏求家藏書至三萬卷，（見柯維騏宋史新編），李淑家藏圖書有二萬三千一百八十六卷，（見晁公武郡齋讀書志）陳直齋藏舊書至五萬一千一百八十餘卷，（見周密齊東野議），周密家三世積累凡有書四萬二千餘卷，（見杭州府志），觀此雕板事業之發展，影響於文化的進步可以知了。

第十四節　宋代之教育

宋太祖鑒於唐季藩鎮偏重之弊，重用文吏，削除武人之權，對於教育頗能注重：（甲）大學教育。太祖沿襲周制，創立幾個國立學校，屬於大學的，有國子監和太學；國子監簡稱國學，是一個貴族學校，入學資格限定在朝七品官以上的直系卑屬，據神宗熙寧四年侍御史鄧綰言：『國家治平百餘年，雖有國子監，僅容釋奠齋庖，而生員無所容，至於太學未嘗營建，止假錫慶院廊廡數十間，生員纔三百人。』可知這等貴族學校的學生人數，是不多的；因為校內學生，已經限定品官子孫，自非一般平民所能插足，而且宋初取材方法，有依據家族身分封序的，稱為補蔭，品官子孫，是在奏蔭之列，經一次銓試手續，便可得官，不一定要依靠學校，所以這種教育機關，到底不大發達。眞宗景德年間，下詔文武升朝官的嫡親，可以附學取解，遠鄉久寓京師文藝可稱的，經過命官保證，監官考試，亦可附學取貢；解是解送省試，貢是貢上朝廷，就是把國學當作宣洩人才的尾閭，不限定於貴游子弟，至那時名額，是沒有一定的。原來宋初待遇國子學生，不過准其拔解赴省，而拔解赴省的，又另有科目一途，因此，不把國學看得十分重要，歷來着實在學的平均不過一二十人；仁宗覺得這個弊端，便立下一強制的辦法，學生至少要學滿五百日，舊嘗充貢的滿百日，經過本監教授官檢實日數，京朝官保任無差，纔准參與解試，每十人定額發解一人。又定在監學生，每月且日須親向學曆題到一次，倘遇有故，必須請假的時候，還要立定期限，不得超過一個月的範圍，違限的，卽行酌量除籍，但諫官余靖反說這辦法不對，不久就把期限廢除。到神宗時，把入學的資格放寬，學生的名額，規定二百人，以四十人爲發解的最高限，考校的方法，完全照太學的積分計算，可是學務仍然不大振興，那時因爲學生譏謗新法的結果，禁止師生接見，弄得書中疑義，無所詢問。哲宗元祐六年，對於師生接見的禁令廢除，許其隨時謁見請益，一方面又恢復講訓考課各式；元符元年又把入學資格擴充，詔准命官自身亦得補學，但不得過四十人而已，國學到此，已變一研究院的性質，不一定是仕進的階梯了。徽宗崇寧三年，把國子監停止招生，直到高宗中興，纔在南京行在恢復國學，設講官博士二人，學生三十六人，並把他隨幸的士子，全數充選，中經孝宗寧宗理宗各朝，冒濫之弊，仍不能免，其後遂把國子監停辦，當國子監停辦之日，有把學生移付太學的叫做「寄理」，有編入內舍及上舍的而異其待遇。（參閱徐式圭中國教育史略五一頁）太學是低級的貴族學校，帶些平民性質的入學資格：（一）八品以下官的子弟，（二）特別優異的平民。太學和國學，同歸於國子監管轄，他的入學資格，比國學寬，名額比國學多，據陳邦瞻宋史紀事本末載：『熙寧四年十月，立太學生三舍法，釐生員爲三等，始入太學爲外舍，定額爲七百人；外舍升內舍，員三百，內舍升上舍，員一百，各執一經，從所講官受學，月考試其業，優等以次升舍，上舍免發解，（按宋時科目分爲三級（一）解試在諸州舉行，（二）省試在禮部舉行，（三）殿試由天子臨御覆試，）及禮部試，召試賜策。其正錄學諭以上舍生爲之；經各二員，學行卓異者，主判直講，復薦之於中書，除官；其後增置八十齋，齋三十人，外舍生至二千人。歲一試，補內舍生，間歲一試，補上舍生，彌封謄錄，如貢舉法。」這叫做「熙寧三舍」，是歷史上有名的一個學制。安石行新法，主張改革教育，以爲士當少壯時，宜講天下正理，若閉門學作詩賦，及其入官，世事皆所未習，乃罷詩賦及帖墨，專以經義論策試士。元豐中頒學令，上舍試分三等，上等不須殿試，而命以官，中等免禮部試，下等免解試。太學外舍生，初不限名額，後來因爲學生擁擠，限額七百人，由外舍升內舍的二百人，由內舍升上舍的一百人，總合一千人。熙寧四年的時候，又因爲學舍太狹，把錫慶院和朝集院改造，建立四座講堂，一間辦事人的「直廬」，一間寄宿舍。教職員方面，除主任教務的主判外，增置直講十人，二人同講一經，合成五經。他的選任，或由中書選派，或由主判奏舉，原無一定。其下更有學正學錄學諭等，每經二人，和現在的助教生一樣，由上舍學生中推任，又限定學生都要認定一經，專修向直講受學。元豐二年，又頒佈學令，並增建太學爲八十齋，每齋容三十人，外舍生二千人，內舍生三百人，上舍生百人，總二千四百人（見文獻通考）。凡諸生始入學，驗所隸州公據，以試補中者充外舍，齋長諭月書其行藝於籍（行謂率教不戾規矩，藝謂治經呈文），每季終考於學諭，學錄，學正，博士，然後考於長貳，歲終校定，具注於籍，以俟覆試，視其校定之數，參驗而序進之。試驗方法，有私試公試兩種。凡私試，孟月經義，仲月論，季月策；公試，初場以經義，次場以論策，試上舍如省試法；凡內舍行藝與上試之等俱優者爲上舍上等，取旨命官；一優一平爲中，以俟殿試；一優一否或俱平爲下，以俟省試；唯國子生不預考選（見宋史職官志）。私試秀異特別請旨除授，公試通榜部注教官。此外，學規分爲五等：（一）關暇，就是關禁幾個月，不許出入。（二）遷齋，就是移易教授，若其人果不肯，則所遷之齋可以不受，必本齋同舍生公同陳請，方許放還。（三）自訟齋，就是自宿自處，同舍亦不敢過問。（四）夏楚，就是施以體刑。（五）屏斥，使他不齒於士林。又外舍生，若入學五年，不預校定，及不曾請列國學解，或不曾公試入等者，終歲檢校除籍。（見邦偉編中國教育史一九七頁。）大學教材必修科爲五經，由各生專修一種；隨意科有律義等，由學生隨意研究，所採書籍，係王安石所著三經新義。（詩書周禮。）哲宗卽位，因爲元祐諸臣攻擊新政的結果，連三舍學法，一倂推翻，並停止太學推恩特授之例。後由監察御史郭知章上表請求恢復元豐學制，重行推恩，於是詔廢元祐新法，沿用舊制，但稍限推恩注官的名額，上等舍每歲二人，免試禮部，每歲五人，秋解每歲二十人而已。宋史紀事本末卷三十八載：『徽宗崇甯元年八月甲戌，蔡京請興學貢士，縣學生選考，升諸州學，州學生三年貢太學，考分三等：上等補上舍，中等補中舍，下等補內舍，餘居外舍。諸州軍解額，各以三分之一充貢士。京又請建外學，乃詔卽京城南門外營建，賜名辟雍，外圓內方，爲屋千八百七十二楹，太學專處上舍內舍生，而外學則處外舍生，士初貢至，皆入外學，經試補入上舍內舍，始得進處太學，太學外舍，亦令出居外學，於是上舍至二百人，內舍六百人，外舍三千人。』又載：『三年九月，能科擧法，時雖設辟雍太學，以待士之升貢者，然州縣猶以科擧貢士，蔡京以爲言，遂詔天下取士，悉由學校升貢，其州羣發解，凡試禮部法皆罷。四年五月，行三舍法於天下。』徽宗時，科擧已廢，以八行擧士，卽是孝、友、睦、婣、任、恤、中和，與此相反的，就是八刑；凡民備有八行者，鄉上之縣，縣延入學，審考無僞，卽以上州，州等其第，上者卽奏貢大學，免試，卽補上舍，補後再經司成審考不誣，卽行申送中書省，禪褐命官，補州學上等上舍，犯八刑的永遠不列學籍。高宗紹興十三年，在南京行在興建大學，設祭司業各一人，管理學務博士三人擔任教授，正錄各一人，分任助教，新招上舍生三十人，內舍生百人，外舍生五百七十人，學生入學踰月，齋長書其行藝於籍，季終比較程度，稍爲中選的，送給學諭考試，再十日考於學錄，再二十日考於學正，再三十日考於博士，四十日考於長貳，這種考試，比較前時爲嚴密。孝宗承位，創行免除解試之例，是和教育精神相違反的。淳熙中詔令諸生兼習國技，依成績的高下，比照他科分數平均計算，可見注重尙武精神。理宗淳祐六年，賜諸學扁題，及諸生束帛，並詔學官諸生，公擧經明行修氣節之士。度宗時，賈似道爲相，患太學生恣橫，欲以術籠絡之，乃借慶典推恩，疊免三學解試省試。南宋時，太學生省試，較之鄉擧之所得爲優，所以人人爭赴太學，以取捷徑，師生漠然，未嘗有德行道義之教，月試季考，冒昧行之，朱子學校貢擧私議載：『熙寧以來，所謂太學者，但爲聲利之場，而掌其教事者，不過取其善爲科擧之文，師生相視，漠然如行路之人，月試季考，祇以促其嗜利苟得冒昧無恥之心，殊非立學教人之本意。』從此以觀，可以知道當時太學教育的腐化。然從當時的學生運動以觀，如陳東（字少陽，鎭江丹陽人）等，統率太學生伏闕上書，論國事，請誅蔡京、梁師成、李彥、朱勔、王黼、童貫六賊；又以金人迫京師，李邦彥與金和，李綱主戰，邦彥因少失利，罷綱而割三鎭，陳東又率諸生，伏宣德門下上書，請用綱，斥邦彥，軍民從者數萬，國家養士如此，亦足以表見愛國熱誠。（乙）專門學校。宋代專門學校中分幾種：（甲）律學。神宗熙寧六年，在國子監裏，附設一個律學，學生名額多寡不定，教授四員，凡命官及得有命官二人保任的擧人，皆准入學，先入學聽讀，而後試補列籍。教授方面，分斷案律命兩系，其教材係採用古今律義，凡新頒律例，刑部卽須頒發一份以備修習，每月一公試，三私試。習斷案的：公試設案判斷一道，內含刑名五事至七事；私試刑名三事至五事。習律令的：公試律義三道，私試二道：入學補試定例係用公試。命官在學公試，斷案律令俱優的，准用吏部銓法授官；舉人在學的，准用太學條例。設學正一人，多半由明法科中選官兼任；管幹學規一人，卽由教授四員中，指定一人住學兼任；並照太學先例官給晚食。（乙）算學。神宗元豐七年，置算學一科，詔選命官精通算學的向吏部考試，把考試中選的上等除博士，中次授學諭。學校課程及編制：縱的分本科選科兩種，橫的分上舍內舍外舍三級。以九章、周髀、曆算三式、天文書等爲本科；以易、書、春秋、公羊、穀梁二傳，認修一經，爲選修科；公私試三舍法，略如太學。（丙）書學。書學始於徽宗崇寧三年，課程分實用和學術兩種：實用方面，係學習篆書、體書、草書三種字體；學術方面，係學習說文、字說、爾雅、博雅、方言爲本科，論語孟子義爲隨意科，課外加習大經者聽。（丁）畫學。創立於崇寧三年，內分科學爲實用與學術兩種：實用繪畫爲人物山水鳥獸花竹屋木。學術研究，以說文、爾雅、方言、釋名教授。（戊）醫學。醫學初隸太常寺，神宗時置提舉制局，始不隸太常；初置教授一員，後增置醫學教授四人，在局設立一個學校，學生常以春試取三百人爲額，仿三學之制，立三舍法，爲三科以教諸生，有方脈科，鍼科，瘍科。方脈以素問難經脈經爲大經，病源千金翼方爲小經，考察升補等，略如諸學之法。其選用最高者，爲尙藥醫師，餘各以等補官。（己）武學。武學在宋仁宗時創立，不久停廢。神宗熙寧五年，設一個武學於武成王廟，以兵部侍郎韓縝，內藏庫副使郭固，主持其事，以阮逸爲教授，學生定額百人，內分貴族平民和保免三種。在訓育方面，是採擇歷史上忠義氣節用兵戰績編纂成書；在實習方面，是弓馬武藝陣法三種；學生在學三年卒業，卒業生本係使臣的，授給三路巡檢或砦主各職；白身的，試授經略司教隊，見習三年，再行升補大使職務。其簡放外任將軍者，要三人連保，畢業考試不及格的，留學逾年再試。（庚）宗學。凡諸王屬尊者，立小學於宮，王室子孫年齡在八歲以上十四歲以下的，都可入學。徽宗崇寧三年，在南京西京分立兩個敦宗院，院置大小學教授二人，專門教授皇族子孫，叫做宗學，把從前私立的宗學改名宮學。高宗紹興十四年，又在臨安宮裏設立宗學，置大小學教授二人，專教南宮北宅子孫，生員額百人，小學生四十人，職事各五人。寧宗嘉定九年，把私立宮學一律取消，併入宗學中，改由宗正寺主管學務，升教授官爲博士，增置博士一人，學諭一人，從前附聽講的近屬子弟，准其隨同入學參與公試，公試及格，正式補授宗學生，宗學解試，仿照太學規制待遇，不得另立階級。（辛）小學。宋之國立小學，學生資格以八品以下至庶人子弟爲適合，每歲補試一次，學生畢業考試不及格的，可以在學補習，補習三考仍不及格的，除名出籍。徽宗政和四年，小學甚爲發達，學生人數將近千人，入學年齡自八歲至十二歲止，定例以誦經書字多寡，差次補外舍，其能文者，試本經義一道，稍通補內舍，優者補上舍。（壬）鄉學。鄉學分爲兩種：（1）官立鄉學。仁宗景祐四年，詔藩鎮始立學；慶歷四年，詔諸路州軍監各令立學，學生二百人以上，許更置縣學，自是州郡皆有學，聘用教授，原則上，係由各道使者選派部屬官充任，或本處學人有德藝者充當。神宗元豐元年，州府學官共五十三員，諸路惟大郡有之。哲宗元符二年，命諸路選派監司一員，提舉學校事務，推行三舍方法，每州每歲考送上舍一人，內舍生二人，貢入京師，州內舍生免試入太學外舍，州上舍生暫附太學外舍，待考試後正補內舍，三考不及格，退回本州。徽宗崇寧時，重申州縣立學之命，州郡每學設教授二人，但要學生人數在五百人以上乃論，在八十以下的，以在州有科名之官兼任，一州人數太少的，可合二三州共立一學。縣學教授，事實上多由縣署有出身之官兼任，縣學生在學三月，不曾犯二等罰的，次年試補州學，有權與試，叫做歲升，州學生在學三年考送太學一次叫做升貢學校試驗分考試考察兩種考試手續，縱的有公試私試的不同，橫的有升貢歲升舍試的互異；考察是查核學生平常行藝，記入薄內稱爲籍。（2）私立鄉學。宋代私立鄉學，有由州官建立和人民自辦兩種。由州官建立的仍名州學，其由私人創立的稱爲書院，他的學田書田由官津貼的頗多，也有一切款項全屬地方擔負的。宋代的四大書院，是値得注意的，玆分述如下：（王應麟玉海述四書院之歷史甚詳）（甲）白鹿書院。五代南唐，江西廬山白鹿洞，起一個學館，置田以給諸生，學者大集，由本州使臣兼任洞主（李善道爲洞主）掌教授，當時謂之白鹿洞國庠。太平興國三年，知江州周述言：『廬山白鹿洞學徒數千百人，請賜九經書肄習』，詔從之。仁宗皇祐五年，孫琛建學館十間，稱白鹿洞書堂。孝宗淳熙六年，朱熹重建，在那裏講學多年。（乙）嶽麓書院。宋太祖開寶九年，湖南路潭州守朱洞，於嶽麓山抱黃洞下，作講堂五間，齋序五十二間，以待四方之學者。眞宗咸平四年，潭州守臣李允則，更增大其規模，中開講堂，並立圖書館。理宗淳祐六年又在潭州湘西起個別館，名爲湘西嶽麓書院，把原有嶽麓書院改名精舍。（丙）嵩陽書院。嵩陽書院，在河南登豐縣太室山下，五代時所建立；太宗至道二年七月，賜院額及印本九經書疏。眞宗大中祥符三年，賜太室書院九經。仁宗景祐四年，賜予書田一頃，並置學官。（丁）應天書院。院在河南歸德府，大中祥符二年，詔應天府新建書院，以府民曹誠爲助教，曹誠就戚同文聚徒講經之舊居，建學舍百五十間，收書千五百餘卷，招致生徒自行講學。仁宗景祐二年，以書院爲府學，給田十頃。私家講學之風，盛於北宋；書院講學之風，盛於南宋；故南宋時書院比較爲多。寧宗開禧中，則衡山有南嶽書院，嘉定中涪州有北巖書院；至理宗時，應天有明道書院，蘇州有鶴山書院，丹陽有丹陽書院，太平有天門書院，徽州有紫陽書院，建陽有考亭書院，廬峯書院，崇安有武夷書院，金華有麗澤書院，寧波有甬東書院，衢州有柯山書院，紹興有稽山書院，黃州有河東書院，丹徒有淮海書院，道州有濂溪書院，興化有涵江書院，桂州有宣成書院，全州有清湘書院；度宗時淳安有石峽書院，衢州有清獻書院；其他士大夫之講學自行建置者，尙不在此數。書院如此之多，所以宋代學風，盛於前代。

宋代的科舉制度，亦有關於教育制度者，玆略爲論列之：唐代取士，專由科舉，宋沿唐制，更爲注意。據續通典卷二十一載：『宋太祖以唐末進士不第，多至失職，乃廣開科舉，然每歲放榜，所取極少，如安德裕作魁日九人而已，蓋天下未混一也；至太宗朝所得，率江南之秀；眞宗景德二年，帝謂寇準曰：方今文武多士，豈無才識優異未升進者耶？至於將帥之任，尤難得人，前代試以制策，觀其能否，用求才實，亦爲國之遠圖也；因出唐制科之目，採其六用之。四年，中書門下言應制科之陳絳、夏竦、史良等三人文論稍優，可預召試，上謂輔臣曰：比設此科，欲求才識，若但考文藝，則積學者方能中選，苟有濟世之才，安得而知，朕以爲六經之旨，聖人用心，固與子史異矣，今策問宜有經義，參之時務。王旦曰：文風丕變，由陛下道化，因命兩制各上策問而擇用之。』宋代科舉之法，有制舉常貢之別，制舉不常行，或行或罷。太祖乾德元年，詔九經一舉不第者，一依諸科，舉人許令再應，後併詩書易學究爲一科，又置制舉三科：（一）賢良方正能直言極諫，（二）經學優深可爲師法，（三）詳閑吏理達於教化。太宗太平興國二年，御試合格舉人，內出詩賦題；八年，進士諸科，始試律義十道，進士免帖經。眞宗增設六科，未幾廢之。至於仁宗，復制舉六科，（一）賢良方正直言極諫，（二）博達墳典明於教化，（三）才識兼茂明於體用，（四）詳明吏理可使從政，（五）識洞韜略運籌決勝，（六）軍謀閎遠才任邊寄，）以待京朝官，別增三科，（高蹈邱園沉淪草澤茂才異等，）以待布衣、晝書判拔萃科，以待選人之應書者，皆先試於祕閣，中格，然後帝親策之。其常貢，則諸州每秋發解，冬集禮部，春考試，凡進士試詩賦論及帖經墨義，諸科專試帖經墨義。仁宗慶歷間，命范仲淹等更張貢舉，先策論而後詩賦，罷帖經而問大義。神宗元豐間，頒學令，上下試分三等。哲宗元祐間，立十科舉士法，又復詩賦與經義兼行，立爲兩科。理宗表彰程朱，貢舉學校皆以程朱之學爲正派，用之取士。宋代科舉，初時悉沿唐制，神宗以後，改革最多，有罷者，有罷而後立者，有沿其名而變其實者，有名實俱變者。宋代是甚注重科舉，然科舉取士，結果亦變成虛文，發生弊端。

遼起朔漠之地，文化閉塞，本來沒有甚麼教育可說。五代時，晉高祖把燕雲十六州，割讓給他，於是把臨潢舊地升做上京，南京的遼陽舊地，改爲東京，又定幽州析津府爲中京，雲州大同府爲西京；五京定後，漸染中國文化，牠的政制，分爲南院北院，教育行政，直接隸屬南司。遼太祖定都上京，作孔子廟，頒行契丹字，置上京國子監，設祭酒、司業、監丞、主簿等官；太宗時，在南京設立太學；聖宗爲南京太學生員，置水磑莊一區，使經費能夠支配。道宗在中京設立國子監一所，頒發經傳所書籍，增置各校助教博士各一人，又在各州縣立學，如黃龍府學，興中府學，高州學，良鄉縣學等。關於科舉，景宗時，始修南京禮部貢院；聖宗統和六年，詔開貢舉；九年，放進士及第祇一人，又有鄉府省三試之設，鄉中曰鄉荐，府中曰府解，省中曰及第。凡舉進士，皆漢人，若契丹人有就科目者，以違制論。（賫甚涅將軍庶箴子富魯舉進士，主文以國制無遼人試進士之條，聞於上，上以庶箴擅令子就科目，鞭二百）遼制書禁甚嚴，國人著述，只准刊行於境內，有傳於鄰境者，罪至死，牠的用意，以爲國之虛實，不可傳播鄰邦故也。

金初教育制度，多半仿自宋遼，國立大學也有國子監和太學兩種。海陵王天德三年，設立國子監，專門教授貴族子弟，定額百人，分習詞賦經義兩科；入學資格年齡滿十五歲以上；身分宗室外戚，大功以親屬及功臣或三品以上官的兄弟子孫。太學主教次等貴族和一般優秀的平民；世宗大定六年，設立太學，名額擴充爲四百。科學分易、書、詩、禮、紀、周禮、春秋、論語、孟子、孝經、老子、荀子、揚子、史記、前後漢書、三國志、晉書、宋書、齊書、梁書、陳書、後魏書、北齊書、周書、隋書、新舊唐書、新舊五代史。金時國立小學附設在太學中，凡具有國子監入學資格，年齡未滿一十五歲的，一概收入附小教授。鄉學有府學、節鎮學、防禦州學，共八十四處；學生共千八百人。諸路女眞府學凡二十處，員額無定；又京外醫學分十科。關於科舉，先後設詞賦、經義、策試、律科、經童諸科，又有女眞進士科，專試女眞文字，初但試策，後增試論，謂之策論進士。律科經童中選者，謂之舉人。（見續通典卷十八。）太宗即位，有南併宋地之志，急欲得漢士以撫輯新附之漢人，故先開科舉，無定期，亦無定額。太宗天會二年，一歲中再舉士。世宗大定二十八年，定三月鄉試，八月府試，第二年正月會試，三月廷試。章宗明昌元年，詔免鄉試；二年，定女眞進士限丁之制，凡戶止一丁者，不許應試；兩丁者許一人，四丁二人，六丁以上止許三人。武舉試有射貼、遠射、射鹿、刺板諸法。

第十五節　宋代之學術

此節所論之學術，包括醫術、天文、算數、地理、史學、經學而說，其文學、理學另爲專節論之。（甲）醫術。宋代對於方技之士，必加選擇，而劉翰嘗被詔與馬志、翟熙、張素、吳復珪、王光祐、陳昭遇同詳定唐本草，凡神農本經三百六十種，名醫別錄一百八十二種，唐本失附一百一十四種，有名未用一百九十四種，劉翰等又參定新附一百三十二種，既成，詔中書舍人李昉等詳覆定爲印板，所印行之新舊藥物合九百八十三種，並目錄二十一卷，醫學著作之盛，可以想見。其後如王懷隱、趙自化各以醫稱，編錄之繁，過於前代。遼起塞外，亦有精於醫者，如耶律達魯精於醫，察於形色，卽知病源。金劉完素尤精於醫，所著有素問玄機原病式一卷、傷寒標本心法彙萃二卷等書。（參閱中華通史一一〇五頁）（乙）天文。宋之初興，近臣如楚昭輔，文臣如竇儀，號知天文。太宗之世，召天下伎術有能明天文者，試隸司天臺，匿不以聞者罪論死；既而張思訓、韓顯符輩，以推步進。其後學士大夫，如沈括之議，蘇頌之作，亦皆臻於幻妙。靖康之變，測驗之器，盡歸金人。高宗南渡，至紹興十三年，始因秘書丞嚴抑之請，命太中局重創渾儀，窺測占候，因以不廢。寧宗慶元四年九月，太史言月食於晝，民間上書言月食於夜，及驗視如民間言，乃更造統天曆，可見當時民間天文之學，有精於太史者。（見二十四史九通政典類要合編卷二百七。）金取汴京，對於中國文物，加以毀壞，惟渾儀則移於燕。金宣宗南渡，以渾儀鎔鑄成物，不忍拆毀，又因艱於運載，遂委之而去，以後遂不復鑄，而中國歷史上重要之測天儀器，遂不復傳。曆譜之學，首尙推步，太祖建隆二年，以推驗稍疏，詔王處納等別造新曆，四年曆成，賜名應天，未幾氣候漸差。太平興國四年，行乾元曆，未幾氣候又差，繼作者有儀天、崇天、明天、奉元、觀天、紀元，歷百六十餘年而八改曆。南渡之後，繼之而作者，有統天、乾道、淳熙、會元、統天、開禧、會天、成天，至其末世，歷百五十餘年而八改曆。遼歷屢差，金用大明曆，間一修改，當其事者爲趙知微。（丙）算數。宋代以算數著名者，爲秦九韶，（字道古，秦鳳間人也，寓居湖州，少爲縣尉。）理宗淳祐四年，九韶以通直郎通判建康府，著數學九章九卷，發爲立天元一法。四庫全書總目載：『數學九章十八卷，宋秦九韶撰；是書分爲九類：一曰大衍，以奇零求總數，爲九數之綱；二曰天時，以步氣朔晷影及五星伏見；三曰田域，以推方圓冪積；四曰測望，以推高深廣遠；五曰賦役，以均租稅力役；六曰錢穀，以權輕重出入；七曰營建，以度土功；八曰軍旅，以定行陣；九曰市易，以治交易。雖以九章爲名，而與古九章門目迥別，蓋古法設其術，九韶則別其用耳。此書大衍術中所載立天元一法，能舉立法之意而言之，其用雖僅一端，而以零數推總數，足以盡奇偶和較之變，至爲精妙，苟得其意而用之，凡諸法所不能得者，皆隨所用而無不通。後元郭守敬用之於弧矢，李冶用之於勾股方面，歐羅巴新法易其名曰借根方，用之於九章八線，其源實開自九韶，亦可謂有功於算術者矣。」神宗元豐間，將古今算書刊入秘書省，如黃帝古章、周髀算經、五經算法、海島算經、孫子算法、張邱建算法、五曹算法、算術記遺、緝古算法、夏侯算法等；高宗紹興孝宗淳熙以後刊刻者，如議古根原、益古算法、證古算法、明古算法、辨古算法、明源算法、金科算法、指南算法、應用算法、曹康算法、賈憲九章、通微集、通機集、盤珠集、走盤集、三元比零歌、鈐經、鈐釋等書。可知宋代算術的進步。（丁）地理。宋代地理學亦有進步，如太平寰宇記、元豐九域志、輿地廣記等書，固爲地理學上的要籍。太平寰宇記，一百九十三卷，宋樂史撰；元豐九域志，十卷，宋王存等撰；輿地廣記三十八卷，宋歐陽忞撰；又乾道臨安志，三卷，宋周淙撰；咸淳臨安志，九十三卷，宋潛說友撰。其他尚有地圖，如南北對鏡圖、混一圖、指掌圖、西南蠻夷朝貢圖、契丹疆宇圖、契丹地理圖、福建地理圖、益州地理圖等。（戊）史學。宋代史學可謂發達，宋太祖開寶六年，薛居正奉詔監修五代史，參與撰修者，有李九齡、李穆、劉兼善、李昉、張澹、扈蒙、盧多遜等，凡一百五十卷，有本紀六十一篇，志十二篇，傳七十七篇，把五代的實錄，以及范質的五代通錄作稿本，編纂成書。歐陽修奉仁宗詔與宋祁等撰唐書，凡二百二十五卷，又私撰五代史，糾正薛居正的舊史，他的義例較爲謹嚴，但是略於事實，疏於考證，全書祖法於春秋，而敍述取則於史記；至吳縝的五代史纂誤，楊陸榮的五代史志疑，是爲批評他的書而作的。司馬光於英宗時，費十九年的歲月，撰成通鑑，凡三百九十四卷，上起戰國，下終五季，所記事實有一千三百六十二年，參考雜史至三百二十二種之多；這部書內容豐富，爲中國唯一編年史的巨著。又撰資治通鑑考異三十卷，以辨正謬誤；資治通鑑目錄三十卷，以鉤元提要；資治通鑑釋例一卷，以明著書凡例；稽古錄二十卷，以詳論歷代治亂之理。劉恕於英宗時，採取史記左傳所未載的周威烈王以前史，撰通鑑外紀十卷。李燾於孝宗時，仿司馬光資治通鑑，撰續修資治通鑑長編，凡九百七十八卷，述自宋開國以來至欽宗事實，最爲詳盡。袁樞於孝宗時，撰通鑑紀事本末四十二卷，自三家分晉，終周世宗征淮南，總括數千年事蹟，令人一覽了然，於編年紀傳二體之外，獨創一體。鄭樵於宋高宗時，撰通志二百卷，章學誠於文史通義釋通說：『鄭氏通志，卓識名理，獨見別裁，古今人不能任其先聲，後代不能出其規範；雖事實無殊舊錄，而諸子之意寓於史裁。』可見推重之至。呂祖謙於孝宗時，撰大事紀十二卷，所記事實始周敬王三十九年，至漢武帝征和三年，書法仿司馬遷。朱熹於孝宗時，仿春秋體，作通鑑綱目，五十九卷，上列綱，下列目，綱如春秋經，目如左氏傳；此書之綱，是朱熹門人依凡例而修，目則趙師淵所作，朱熹僅作凡例一卷而已。

（己）經學宋代治經，拘守唐人注疏，不許稍有抵觸孔穎達、賈公彥之主張，其後大起反動，首揭旗幟者，當推孫復，復治春秋，以爲三傳皆不可靠；其他歐陽修則改竄詩經甚多，並疑易之繫詞，非出自孔氏；同時有劉敞著七經小記，與從前的注疏，亦多不同。玆將宋代治經派別略述於下：宋儒治易者，始於劉牧，牧學於陳摶，作易數鉤隱論；邵雍亦傳陳摶易學，其子伯溫有易學辯惑，弟子陳瓘，作了翁易說，咸以數推理。蘇軾易傳，多言人事；程頤易傳，黜數言理；

張浚、朱震、程大昌、程迥諸人，皆以推數爲宗；呂祖謙主張復古本，朱子本之作周易本義及易學啓蒙，亦理數兼崇。更有以心學釋易者如楊簡，以圖象說易者如朱元昇。宋儒治尙書者，始於蘇軾書傳；林之奇作尙書全解，鄭伯熊作書說，是以史事說書；史浩之尙書講義，黃度之尙書說，皆隨文演繹，近於講章；黃倫尙書精義，魏了翁尙書要義，胡士行尙書詳說，對於訓詁，尙能保存。歐陽修作毛詩本義，與鄭立異，不主一家；蘇轍廣其義作詩經說，立說專務新奇。南宋時治詩經者，有王質及鄭樵，專攻小序；程大昌專攻大序；王應麟作詩地理考，博採古籍，是有價值之作。治春秋學者，始於孫復；復作尊王發微，廢棄傳注，專論書法；劉敞作春秋權衡，評三傳得失，以己意爲進退；胡安國作春秋傳，借今文以諷時事，與經旨不符；而張洽之春秋集說，黃仲炎之春秋通說，皆舍事言理，棄傳言經。研究儀禮者，始於張淳；淳作儀禮識誤，攷訂注疏；魏了翁作儀禮要義，皆以纂輯舊說爲主。研究禮記者，有衞湜集說，徵引該博。治周禮者，始於王安石之新義，鄭伯謙之太平經國書，王與之周禮訂義，則長於議論，不攷典章；惟朱申之周禮句解，則較爲徵實。自魏晉南北朝以來，經說之變遷，未有如宋代之甚，此則略論其概梗而已。

第十六節　宋代之理學

宋儒之研經，是對於古代的經學，趨尙訓詁之途，而爲之攷證；至宋儒之理學，是宋代文化之特色，而表見其思想與往代不同，故另爲專節概論之：宋代的國勢雖然很衰弱，但在思想方面，是占着一個重要的時代。宋代在中國哲學史上，思想史上，所以能產生一新的學派，創立理學，就是因爲由漢以後，失去權威的儒家學說，融會了佛家和道家的哲學思想成分，重新鞏固牠的陣營，宋朝初興的時候，社會受着五代紛亂的影響，有志救國的人，都想用儒家學說，爲挽救人心之道，但儒家學說素乏哲學上的根據，與當時在學術上占重要地位之佛家道家的思想，難與並駕，所以就參雜佛、道的思想，開闢一閎大幽渺的境界，與其他的學派相競爭，而心性的理學，乃大放異彩。由漢至宋，千餘年來，道家思想時與儒術混淆，圖讖緯候之書，充斥兩漢，自魏王弼、何晏以老莊注易、論語，兩家思想漸次融和，其後每屆亂離之世，學者往往惑於長生之說，輕視儒家章句之學，進而以方術自遣。五代之亂，士君子遁迹山林者尤多，如陳摶之棲華山，种放之隱終南，圖書之學，賴之以傳，學者據之以說性道，朱子發（名震，謝上蔡門人，程門再傳）作漢上易解說『陳摶以先天圖傳种放，种放傳穆修，穆修傳李之才，之才傳邵雍。（此兼言理數一派），放以河圖洛書傳李漑，李漑傳許堅，許堅傳范諤昌，諤昌傳劉牧。（此言數一派），修以太極圖傳周敦頤，敦頤傳程顥程頤。（此言理一派），時張載講學於程邵之間，故雍著皇極經世書，牧陳天地五十有五之數，敦頤作通書，程頤述易傳，載造太和、參兩等編。』（引見宋史本傳及宋元學案三十七）。中國哲學最古的典籍，是一部周易，諸子學說中思想淵深的，是老子和莊子，這周易和老莊的學說，在東漢以後，因神仙家的竊取，爲道教的根本教義，宋時周易已經過了陳摶，种放一班道士之手，沾染着許多道教的氣息，所以理學的兩個先鋒，邵雍和周敦頤，就是受了道家的薪傳的，他們二人受陳摶种放所傳的學說，演繹先天圖和太極圖的理論，後來遂成爲理學家講究心性的根據。（參閱中國史話第四十四章）。從上引證，就知道宋代理學與道家思想的關係。宋代理學與佛家思想更有關係，據謝無量朱子學派論宋代儒學與釋氏之關係說：『達摩東來，禪宗遂盛，傳至五祖弘忍門下，有神秀、慧能二大師，立南頓北漸之別。南宗經唐五代，分爲臨濟、潙仰、雲門、法眼、曹洞、五宗。宋時臨濟宗方會出，開楊岐宗；又慧南出，立黃龍宗；前後共成五家七宗。……宋初諸宗，雲門宗最盛。有契嵩者，著鐔津文集，頗論儒釋合一之旨。集中有輔教篇，以佛之五戒十善，比於洪範之五福六極；又作皇極論中庸解，明儒釋相通；又有非韓論三十篇，力詆韓退之闢佛之謬；當時文人黃晞、李覯之徒，皆驚其才。雲門宗又有雪竇重顯、圓通居訥、佛印了元三人。圓通居訥與歐陽修善，佛印了元又周濂溪所契者也。……當時臨濟派，分黃龍、楊岐二宗。黃龍門下有大東林之常總。常總高弟有無盡居士張商英，著護法論，藏經收之。歸元直指記黃龍慧南禪師與諸人之關係曰：濂溪初扣黃龍慧南禪師教外別傳之旨；……濂一日與張子厚同詣東林論性。總曰：吾教中多言性，所謂眞如性，法性；性即理也。有理法界、事法界、理事交徹，理外無事，事必有理。諸子沉吟未決。濂毅然出曰：性體冲漠，唯理而已，何疑耶？橫渠曰：東林性理之論，唯我茂叔能之。濂問太極。總曰：易在先天，無形有理，蓋太極卽易也。無形之理，卽無極也。天地間只是一氣，進退而爲四時。以一氣言之，皆元之爲也。按濂溪太極圖說，古有謂出自鶴林寺僧壽涯者，或謂國一禪師以道學傳於壽涯禪師，師傳麻衣，麻衣傳陳摶，摶傳种放，放傳穆修，修傳李挺之，李傳康節，康節卽邵子也。穆修又以所傳太極圖授之濂溪周子，已而周子扣問東林總禪師太極圖之深旨，東林爲之委曲剖論，周子廣東林之語，而爲太極圖焉。已上雖出禪流記載，其間或不無附益之詞，惟濂溪嘗與當時高僧往還議論，則宜可信也。濂溪開宋代道學一派，二程受業濂溪，朱子又私淑二程，此其淵源所繫，至不可略。』宋代諸子出入於老釋，反求諸六經而後有得；朱子早年博涉內典，後致力儒道，思與佛老相抗，然其明善復初爲性，虛靈不昧爲心之說，仍不脫佛學之旨。陸九淵學主涵養，詮心樂道，頗近宗門頓悟，後人本朱熹之言，以禪學攻之，而九淵亦嘗詆朱熹爲禪學。陳北溪答趙季仁書謂：『象山嘗問禪理於宋杲門下之德光禪師。』宋時佛學大行，當時名流，無論直接間接，均與佛學有關的。玆將宋代理學家各派學說，擇其大要述之，並略爲比較如下：（甲）周敦頤。周敦頤，字茂叔，道州營道人，元名敦實，避英宗諱，改名敦頤；生於宋眞宗天禧元年，神宗熙寧六年卒（西一〇一七至一〇七三）年五十七。熙寧初，知彬州；因趙抃及呂公著薦，爲廣東轉運判官，提點刑獄，歷官南康軍，因家廬山蓮花峯下，前有溪，合於湓江，取營道故居濂溪以名之，學者稱濂溪先生。居南安時，程珦通判軍事，視其氣貌非常人，與語，知其爲學知道，因與爲友，使二子顥、頤往受學。頤著有太極圖，明天理之根源，究萬物之終始，又著通書四十篇，發明太極之蘊。他的太極圖說，是宇宙論之根據，說明宇宙發生演變的原理。

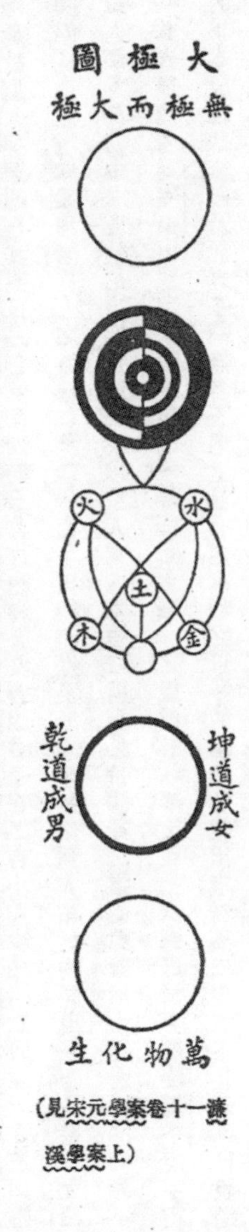

（見宋元學案卷十一濂溪學案上）

太極圖說：『無極而太極，太極動而生陽，動極而靜，靜而生陰，靜極復動；一動一靜，互爲其根，分陰分陽，兩儀立焉。陽變陰合，而生水、火、木、金、土，五氣順布，四時行焉；五行，一陰陽也，陰陽，一太極也；太極本無極也。五行之生也，各一其性；無極之眞，二五之精，妙合而凝，乾道成男，坤道成女；二氣交感，化生萬物，萬物化生而變化無窮焉。』宇宙的本體，由於無極而太極所謂無極者是什麼？卽是宇宙無形無狀無聲無臭的變化之理，由這變化之理，而演生世界的物質和動植物及人類黃宗炎作太極圖辨指爲方士修鍊之術，辨不出這種道理。太極圖說又說：『惟人也得其秀而最靈，形旣生矣，神發知矣，五性感動而善惡分，萬事出矣；聖人定之以仁義中正而主靜，（自註：無欲故靜）立人極焉。故聖人與天地合其德，日月合其明，四時合其序，鬼神合其吉凶，君子修之吉，小人悖之凶，故曰立天之道，曰陰與陽；立地之道，曰柔與剛；立人之道，曰仁與義。』由宇宙觀而推及於人生觀；以爲人類萬物，同出一源，是持一元論；以人類爲萬物中之最靈，是持性善先天說；以聖人爲人羣中之軌範，是持儒家之道德說。關於太極圖說的批評，不一其人，最顯者爲陸象山，他與朱晦庵辯論「無極而太極」之說，信札往來，直至七次，到底沒有解決。周子說宇宙的根本原理是無極，乃從老子「無名天地之始，有名萬物之母」的思想胎化出來。無極二字，老子莊子都已說過，如「歸復於無極」，「入無極之門」，「以遊無極之野」。老子是主張有生於無的，正是周子所胎原的意思。究竟「無」是什麼？無，不是沒有，乃是不可知；太極之上加無極，不是說從沒有中發出一個太極來，是說太極的來源是不可知的，很像佛教所說宇宙的究竟爲不可思議一樣。太極是什麼？是宇宙動的根原，因爲有了動，就發生重大的變化。動極有時轉靜，靜不過是人所未感覺的動，所以能够靜極復動，倘使靜不是人所未感覺的動，則靜將永遠不復動了。朱熹解釋太極說：『極是道理之極至，總天地萬物之理，便是太極。太極只是一個實理，以貫之。聖人謂之太極者，所以指夫天地萬物之根也；周子因之而又謂之無極者，所以著夫無聲無臭之妙也。』吳澄解釋太極說：『太極者何也？曰：道也。道而稱之曰太極，何也？曰假藉之辭也。道不名也，故假借可名之器以名之也；以其天地萬物之所共由也，則名之曰道，道者大路也。以其條派之徵密，則名之曰理，理者玉膚也。』朱熹與吳澄之解釋，都是以道理爲太極，而沒有說出宇宙發生演變的理。周敦頤通書言誠卽圖說之太極，故誠上章說：『誠者聖人之本也。太哉乾元！萬物資始，誠之原也。乾道變化，各正性命，誠斯立焉，純粹至善者也。』誠下章說：『聖，誠而已矣；誠者五常之本，百行之原也。靜無而動有，至正而明達也。』聖第四說：『寂然不動者誠也，感而遂通者神也。』敦頤本其宇宙論之主張，以太極包括宇宙之一切，而人生亦爲宇宙之所包；以誠爲人性之本，五常之本，以聖人爲能存天理，故誠、神、幾（幾微）的境界，惟聖人可以達到。他對於人生之見解，以立誠爲本，以知幾愼動爲要，以中正爲教，以去欲爲功，以思通爲歸，依此修養而人欲乃可盡去，所以能與天地合其德，日月合其明，四時合其序，鬼神合其吉凶。（乙）程顥。程顥，字伯淳，世居中山博野，（今直隸津海道西部之地），後徙爲河南洛陽人，生於仁宗明道元年，卒於神宗元豐八年，（西一〇三二至一〇八五）年五十四。踰冠中進士第，調鄠縣主簿，上元縣主簿，移晉城令。神宗素知其名，每召見，從容咨訪。安石執政，顥被旨赴中堂議事，與安石意見不合，乞去言職，繼改簽書鎭寧軍判官。哲宗立，召爲宗正丞，未行而卒。文彥博采衆論題其墓曰明道先生。有文集，語錄，合在二程全書，及考正大學一篇。程顥的宇宙觀，是以生生爲其根本的原理，語錄說：『生生之謂易，是天之所以爲道也；天只是以生爲道，繼此生理者，只是善也。善便有一個元的意思；元者善之長，萬物皆有春意，便是繼之者善也，成之者性也。』又說：『天地之大德曰生，天地絪縕，萬物化醇；生之謂性。萬物之生意最可觀，此元者善之長也，斯所謂仁也。人與天地一物也，而人特自小之，何哉？』從此引說以觀他的宇宙論，以生爲根本原理，比之周敦頤以無極爲根本原理，較爲明顯確實。他雖以生爲宇宙根本原理，但對於宇宙萬物的現象，則採相對論，而不採絕對論。語錄說：『天地萬物之理，無獨必有對，皆自然而然，非有安排也。』又說：『萬物莫不有對，一陰一陽，一善一惡，陽長則陰消，善增則惡減，斯理也，推之其遠乎！人只要知此耳。』又說：『天下之善惡皆天理。謂之惡者非本惡，但或過或不及，便如此，如楊墨之類。事有善有惡，皆天理也。天理中物，須有美惡；蓋物之不齊，物之情也。但當察之，不可自入於惡，流於一物。』又說：『質必有文，自然之理；必有對待，生生之本也。有上則有下，有此則有彼，有質則有文，一不獨立，二則爲文，非知道者，孰能識之？天文，天之理也。人文，人之理也。』宇宙現象，皆有所對待，故說：『萬物莫不有對；』對待，是宇宙自然的現象，牠的本身無所謂善惡，故說：『天下善惡皆天理』現在所視爲善者，他時或以爲不善；現在所視爲惡者，他時或以爲不惡。此地之所視爲善惡者，他地所視或以爲無善無惡。但他的立論，不是澈底的，所以換一論調，『天理中物，須有美惡，蓋物之不齊，物之情也，但當察之，不可自入於惡，流於一物。』所以他不能衝出理學的範圍。天理涵有善惡，這善惡的性，由人類自幼的氣稟而分別之，語錄說：『生之謂性，性卽氣，氣卽性，生之謂也。人生氣稟，理有善惡，然不是性中元有此兩物相對而生也。有自幼而善，有自幼而惡，是氣稟自然也。善固性也，然惡亦不可不謂之性也。蓋生之謂性，人生而靜，以上不容說，才說性，便已不是性也。凡人說性，只是說繼之者善也，孟子言人性善是也。夫所謂繼之者善也，猶水流而就下也。皆水也，有流而至海，終無所汚，此何煩人力之爲也。有流而未遠，固已漸濁；有出而甚遠，方有所濁。有濁之多者，有濁之少者，清濁雖不同，然不可以濁者不爲水也，如此，則人不可以不加澄治之功，故用力敏勇則疾清，用力緩怠則遲清，其清也，則卻只是元初水也。亦不是將清來換卻濁，亦不是取出濁來置在一隅也。水之清，則性善之謂也。故不是善與惡在性中爲兩物，相對各自出來此理,天命也,順而詢之則道也。循此而修之,各得其分,則教也。』善惡由於氣稟之說,蔡元培於中國倫理學史論及:『其意謂善惡之所由名,僅指行爲時之過或不及而言。』依我的解釋,程顥的意思在性中實無善惡兩物相對各自出來,惟如水經過相當的地方,相當的時候,漸染汚濁而變遷爲惡,但他說到:『生之謂性,性卽氣,氣卽性,生之謂也。』『有自幼而善,有自幼而惡,是氣稟自然。』又很像性包涵善惡,稟性之善者則爲善,稟性之惡者則爲惡,則何以『性中實無善惡兩物相對各自出來』呢?可知他論善惡之界說,亦是含混不清的。程顥的人生論與他的宇宙論,是相一致的,他對於人生之見解,是要使人體認宇宙生生之理,識仁篇說:『學者須先識仁。仁者渾然與物同體,義、禮、智、信,皆仁也。』遺書二說『仁者以天地萬物爲一體,莫非己也,認得爲己,何所不至。』遺書七說:『若夫至仁,則天地爲一身,而天地之間,品物萬形爲四肢百體,夫人豈視四肢百體而不愛者哉?聖人仁之至也,獨能體是心而已。』宇宙一切乃生之大流,人類之有仁心者,乃表見生之現象,與天地萬物爲一體,如孟子說:『萬物皆備於我』之謂,識得此理,則一切行事,皆本此心作之,不須防檢,不須窮索,程顥根據仁的主張,以發揮他人生之道德實踐論,如通書第十章所說:『志伊尹之所志,學顏子之所學,』不走入玄之又玄的道路;且根據是以表見他政治的主張:(1)立法要本於人情,通於物理,聖王之法,有時可改。(2)人當須師友以成其德,以養成尊德樂善之風。(3)建官所以修百度而理萬化,故官職不可混淆,職業不可廢弛。(4)當制常產以厚民生,經界必正,井地必均,以防富者之兼併,貧者之流離。(5)政教當始於鄉里,以聯屬統治其民。(6)當注重庠序學校之教,以明人倫,化成天下。(7)多養驕兵徒耗國力,禁衛之外,當漸歸之於農,否則將貽大患。(8)耕多食少,以盡地力，以勸人功，以防凶歲，以止盜賊。（9）當均多卹寡，以救濟數逾百萬游手游食之民。（10）當竭力生產，以與山澤之利，同時並修禮制，以戒奢靡。（見所上神宗治法十事書擇要錄於此），凡茲十端，亦可說是政治的實踐論，不落於空幻的。（丙）程頤。程頤，字正叔，河南人，明道先生之弟。生仁宗明道二年，徽宗大觀元年卒（西一〇三三至一一〇七），年七十五。幼有大志，年十四五，與兄顥受學於濂溪；十八，上書闕下，勸仁宗黜世俗之論，以王道爲心。後游太學，撰顏子所好何學論，見重於胡瑗，處以學職。英宗神宗間，大臣屢薦，皆不起。哲宗初，擢崇正殿說書，士人歸其門者甚盛。頤以天下自任，議論褒貶，無所規避，與翰林學士蜀人蘇軾不合，兩家門下，互相標榜，遂分黨爲洛蜀，因黨論削籍，竄涪州。徽宗卽位，移峽州，復其官。崇寧二年，言者詆頤以邪說惑亂衆聽，乃避居龍門之南。五年，復宣議郎，致仕。大觀元年九月，卒於家。程頤爲學，本於至誠，其見於言動事爲之間，疏通簡易，不爲矯異。朱子說：『明道說話有說過處，伊川較子細，說較無過。』（見語類），論者謂明道曾參雜釋老，立說有二氏之痕迹，至程頤則承濂溪明道彌縫之後，更不參漏於儒，倍加親切云。所著書有易傳四卷，春秋傳，文集，其平日講說，門人合明道而錄之，以爲語錄，涪人立祠祀頤於北巖，世稱爲伊川先生。程頤的宇宙論，比之周敦頤以無極爲宇宙原理，較爲切實。他以理代無極太極之說，遺書卷十五說：『天下之物皆能窮，只是一理，』『萬物皆是一理，至如一物一事，雖小，皆是有理。』卷十八說：『天下物皆可以理照，有物必有則，一物須有一理。』天下事物，皆具一理，而理卽是天地間自然的法則。明道揭出天理二字，伊川揭出性卽理之言，並以窮理之說，以連合天人相關之道。伊川復提出氣字，以表見宇宙之動作，遺書卷十五說：『人氣之生，生於眞元。天之氣，亦自然生生不窮。至如海水，因陽盛而涸，及陰盛而生，亦不是將已涸之氣卻生水自然能生，往來屈伸，只是理也。』宇宙一切之變化，似有大氣爲之鼓盪，卽宇宙自然運動的偉大力量，變化可以成爲氣象萬千，而宇宙之理爲不變之定則，是固定的。程頤對於人生論則提出：（甲）養氣。養氣是去人欲以合天理：（1）主敬，主敬則不敢慢，不敢欺，所以他說：『入道莫如敬，』『君子之遇事，無巨細，一於敬而已，』『聖人修己以敬，以安百姓，』後儒多謂伊川改周子主靜之說爲主敬。（2）集義。他說：『敬只是涵養一事，必有事焉須當集義，只知用敬，不知集義，卻是都無事也。』（見學案十五），敬以持內，則中心有主；義以統外，則行動得宜。（乙）窮理。（1）致知。程頤分知爲二類，爲見聞之知，與德性之知。見聞之知，是博物多能之知；德性之知，是內部不假見聞之知，所以他主張進學以致知，是發見德性之知。（2）格物，他說致知在格物，是發揚見聞之知，遺書二十五說：『物有本末，事有終始，則近道矣；人之學，莫大於知本末始終，致知在格物，則所謂本也，始也；治天下國家，則所謂末也，終也。治天下國家，必本諸身，其身不正，而能治天下國家者無之；格猶窮也，物猶理也，猶日窮其理而已矣。窮其理然後足以致之，不窮則不能致也。』遺書十八說：『凡一物上有一理，須是窮致其理。』遺書十五說：『物卽事也，凡事上窮其理，則無不通。』從上引說而觀，則程頤致知之論，一在明心見性之知，一在格物窮理之知，中國幾千年來的文化，祇在道德倫理上注重德性之知；不曉在物理上，注重見聞之知，所以科學落後，不能與歐美科學發達的國家並駕齊驅，就是這個緣故啊！（丁）邵雍。邵雍字堯夫，生於宋眞宗大中祥符四年，卒於神宗熙寧十年，（西一〇一一至一〇七七）年六十七。其先范陽人，晚遷河南。幼具雄才，刻苦自勵，時北海李之才（挺之）攝共城令，授以圖書先天之學，多所自得，著書十餘萬言，行於世，如皇極經世書，觀物篇，伊川擊壤集，漁樵問對等，世稱康節先生。邵雍的宇宙觀，在他的卦位圖可以表見，其圖凡六：（1）八卦次序圖，（2）八卦方卦圖，（3）六十四卦次序圖，（4）六十四卦圓圖方位圖，（5）方圓四分四層圖，（6）卦氣圖。與周敦頤太極圖同一淵源，而以數理的關係，說明天人相關之理。但濂溪說太極，康節說先天；先天是與後天相對的，觀物外篇說：『先天之學，心也。後天之學，迹也。出入有無死生者，道也。』觀物內篇說：『道爲天地之本，天地爲萬物之本；以天地觀萬物，則萬物爲物；以道觀天地，則天地亦爲萬物。道之道，盡於天矣；天之道，盡於地矣；天地之道，盡於物矣；天地萬物之道，盡於人矣。』日本高瀨武次郎中國哲學史說：『邵子不但單說萬有，且約而歸之心界，言宇宙萬有，自心而生，森羅萬象，皆起於心，則全屬主觀唯心論，與佛教所謂萬物唯一心，心外無別法之說相同；然邵子始終不作唯心說，未見以自然界爲精神界，以非我爲我也。』邵子雖未見以自然界爲精神界，以非我爲非我，但邵子十分看重這個心，漁樵問答說：『物莫大於天地，天地生於太極。太極卽是吾心，太極所生之萬化萬事，卽吾心之萬化萬事也。故曰天地之道，備於人。』可知邵子不但作唯心說，而且作絕對的唯心說，他於觀物外篇說：『心爲太極，道爲太極。』與佛天上地下唯我獨尊之說相同。據此，邵子之宇宙觀，可說是心觀，有如他之先天卦位圖說：『萬化萬事生於心也。』邵子依據心觀以建立他的人生論，觀物內篇說：『人之所以能靈於萬物者，爲其目能收萬物之色，耳能收萬物之聲，鼻能收萬物之氣，口能收萬物之味。聲色氣味者，萬物之體也；耳目口鼻者，萬人之用也。體無定用，唯變是用；用無定體，惟化是體；體用交而人物之道，於是乎備矣……能以一心觀萬心，一身觀萬身，一物觀萬物，一世觀萬世者焉。』日本渡邊秀方於所著中國哲學史概論說：『邵子好作宇宙大觀的議論，以說古今的經世倫理道德方面的問題，本非所長；但他的人生觀，在其從他的宇宙觀演繹出來的意味上，多少也有特色。』所謂物心一如萬物一體的人生觀，就是這個意義了。邵子又依據心觀以建立他的政治論，他說：『夫天下將治，則人必尚行也；天下將亂，則人必尚言也。尚行，則篤實之風行焉；尚言，則詭譎之風行焉。天下將治，則人必尚義也；天下將亂，則人必尚利也。尚義，則謙讓之風行焉；尚利，則攘奪之風行焉。五霸，尚言者也。尚行必入於義也，尚言必入於利也，義利之相去，一何遠之如是耶！是知言之於口，不若行之於身；行之於身，不若盡之於心。』能盡此心，則能盡天地之心，所以他說：『人之神，則天地之神。』『心一而不分，則能應萬變。』這是何等看重自我的精神。（戊）張載。張載字子厚，世居大梁，（今河南開封縣），生於宋真宗天禧四年，神宗熙寧十年卒，（西一〇二〇——一〇七七），年五十八。少志氣不羣，喜談兵，年二十一，上書謁范文正公，一見知其遠器，乃警之曰：『儒者自有名教可樂，何事於兵，』因勸讀中庸，後雖翻然有志於道，已求諸釋老，乃反求之六經。嘗坐虎皮講易，京師聽者甚衆，一夕二程至，與論易，兼語道學之要，渙然自足，說：『何事旁求，』於是盡棄異學。熙寧初遷著作郎，（唐以前此職爲掌國史之官，至宋別有國史院，故著作郎爲寄祿官），以呂公著之荐，召對神宗，問治道，則主張爲治法於三代。時王安石方行新法，橫渠不善之，久之，託疾歸君南山下，終日危坐一室，左右簡編，俯讀仰思，志道甚篤。後爲太常禮院，與有司議論不合，復以疾歸，不久遂逝，世稱橫渠先生。著有東銘，西銘，正蒙，理窟，易說等書。朱熹嘗謂：『橫渠嚴密，孟子宏闊；孟子平正，橫渠高處太高，密處太密。』其中正蒙一書，尤可窺其思想爲北宋哲學著述中之巨構。橫渠之宇宙論，與周子之言太極，邵子之言先天，程子之言理氣不同，橫渠以宇宙間一切現象，是出於一氣之變化，正蒙太和篇說：『太虛無形，氣之本體；其聚其散，變化之客形爾。至靜無感，性之淵源；有識有知物交之客感爾，客感客形與無感無形，惟盡性者能一之。』又說：『太和所謂道，中涵浮沉升降動靜相感之性，是生絪縕相盪勝負屈伸之始；其來也幾微易簡；其究也廣大堅固。』他以太和爲世界原理，性是人間原理，正和佛教的法界一心相當。太和中有虛氣二者的對立，又和佛教的動靜、不變、隨緣相當。（參閱宋儒和佛教，哲學雜誌三百五十四、五號），但是橫渠之所謂氣，是指宇宙間之變化現象，而太虛爲氣之本體，太和與太虛，名詞不同而意義則一；橫渠以宇宙互相對待而表現其作用，所以說：『兩不立則一不可見，一不可見，則兩之用息；兩體者：虛實也，動靜也，聚散也，清濁也，其究一而已。』所謂一者，卽宇宙之本體，太和太虛是也。他對於人生觀之見解，可謂思想純正，態度明顯，表見博愛的主張。西銘說：『乾稱父，坤稱母，予茲藐焉，乃混然中處，故天地之塞吾其體，天地之帥吾其性，民吾同胞，物吾與也；……尊高年所以長其長，慈幼弱所以幼其幼，聖其合德，賢其秀也。凡天下疲癃殘疾，惸獨鰥寡，皆吾兄弟之顛連而無告者也。於時保之，子之翼也；樂且不憂，純乎孝者也。違德曰悖，害仁曰賊，濟惡者不才，其踐形唯肖者也。』萬物與人類同爲一體，這等思想，是具有徹底的世界主義之旨趣，而非漢唐儒者所能說。

（己）朱熹。朱熹字元晦，亦稱仲晦、晦庵，生於南宋高宗建炎四年，卒於寧宗慶元六年（西一一三〇——一二〇〇），享年七十一。十八歲時，登進士，授同安主簿，後自同安徒步見李延平，其學大進，乃棄從前空遠不切之言，而以二程之學爲歸。其爲學窮理以致其知，反躬以踐其實，而以居敬爲主。所著書有易本義，啓蒙，蓍卦考誤，詩集傳，大學中庸章句或問，論語孟子集註，太極圖，通書，西銘解，楚辭集註辯證，韓文考異，所編次有論孟集議，孟子指要，中庸輯略，孝經刊誤，小學書，資治通鑑綱目，宋名臣言行錄，家禮，近思錄，程氏遺書，伊洛淵源錄等書。日本渡邊秀方說：

「他的學系，差不多來自程門，但思想那樣博大的他，囿守程學自不能滿足，所以周、張、邵諸子外，上自六經，下及孔門一系，旁及老莊——凡百思想，殆無不熔於他自己的那大爐內，層層精鍊，而以其醇味爲血爲肉爲用。在這些意味上，所以我們不如說他是一個批判總合的大學者——與其說是一個獨創的大哲學家。」又說：「天分這樣豐富的他，所以我們爲他求對手於泰西時，除 Aristotle 及 Kant 外，當難發見第三人。他綜其不世出的頭腦，更訂古典的註釋，給以一貫的理義，外又於仁義理氣太極等闡明其內容，使各得其所。他這精神，當和 Kant 立認識論的範疇的精神同其價值。」（見中國哲學史概論第二編六二頁）。可知朱熹的思想，在宋代理學的位置了。朱子的宇宙論根本於濂溪與伊川，以太極爲宇宙本體，而分爲理氣二物，故朱子之純正哲學，可說是二元論，所說的理，等於濂溪所說的太極；所說的氣，等於濂溪所說的陰陽兩儀。他說：「理氣本無先後之可言，然必欲推其所後來，則須說先有是理；然理又非別爲一物，卽存乎是氣之中，無是氣則是理亦無掛搭處。」又說：「天地之間，有理有氣；理也者，形而上之道也，生物之本也；氣也者，形而下之器也，生物之具也。是以人物之生，必稟此理，然後有性；必稟此氣，然後有形。」（均見語類卷一）。他以爲天地初生，只是氣，氣有陰陽，陰陽有水火，天地始初混沌未分時，只有水火，水之滓脚便成地，初間極軟，後來方凝結，這種思想與近代地質學家論地球之生成有些同，他以水火爲物質的原素，比之周敦頤由陰陽而生五行之說，較爲切實。朱子的人生論，是以仁而定倫道的根元。他說：「學者須先識仁，仁渾然與物同體，義禮智信皆仁，識得此理，以誠敬存之，不須防檢，不須窮索，若心懈則有防，心苟不懈，何防之有；理有未得，故須窮索，存久自明，安待索學。此道與物無對，大不足以名之，天地用皆我用。孟子言萬物皆備我，須反身誠，乃爲大樂；若反身未誠，則猶是二物有對，以己合彼，終未有之，又安得樂。』（見全書二）。他以仁爲百行的基礎，一切道德都包涵在內，至於狹義的仁，始終用『仁者心之德也，愛之理也』等意義，以使仁爲具體化。仁爲人生道德最高的標準，倘能體認仁而躬行實踐之，則行爲自無不善。全書四十七說：『仁是愛底道理，公是仁底道理，故公則仁，仁則愛。』又說：『仁字說得廣處是全體；惻隱慈愛底，是說他本相。』『仁是根，惻隱是萌芽，親親仁民愛物，便是推廣到枝葉處。』可見他說的仁不是空洞的仁，而是實踐的仁。（庚）陸九淵。陸九淵字子靜，自號存齋，金谿人，（今屬江西豫章道），生高宗紹興九年，光宗紹熙二年卒（西一一三九——一一九一），年五十四。幼有大志，孝宗乾道八年舉進士。孝宗淳熙二年，呂伯恭約象山及其季兄復齋，與朱晦庵會於鵝湖，論辯多所不合，自是有朱陸異同之論。中國哲學小史說及：『一般人之論朱陸異同者，多謂朱子偏重道問學，象山偏重尊德性，此等說法，在當時卽已有之。然朱子之學之最終目的，亦在於明吾心之全體大用，此爲一般道學家共同之目的。故謂象山不十分注重道問學可；謂朱子不注重尊德性不可。』（見七四頁）。朱子與象山立論有衝突之點，大抵朱指陸偏於內心工夫，乃禪宗餘派，非儒家正宗；以爲學者當求古昔聖賢的遺言於書中，而修身之法，自洒掃應對始。陸則指朱爲舍本逐末；以爲學問之道，不在外而在內，不在古人的文字而在其精神。（參閱中國史話四十四章四二頁）。馮友蘭論及：『朱子之學，尙非普通所謂之唯心論，而實近於現在所謂之實在主義。吾人若注意此點，卽可見朱陸之不同，實非只其爲學或修養方法之不同；二人之哲學，根本上實有差異之處。朱子言性卽理，象山言心卽理，此一言雖只一字之不同，而實代表二人哲學之重要的差異。』（見中國哲學小史八八頁）。馮氏論朱子之學，近於現在所謂之實在主義，又非普通之所謂唯心論，恐未必然，現代實在論，爲唯心論之一種反動，以人所認識者，爲外界之實在，爲實在之眞相，獨立自存，非心所造。若朱子之論，是澈底之唯心論，朱子論性是未動，情是已動，心包得已動未動，性是心之理，情是心之動。陸象山言心卽理，此心此理，實不容有二；他們之區別：是名詞的歧異，而主張唯心之論則同；是爲學或修養方法的歧異，而主張明心見性則同。他們雖共同主張唯心，但朱學平實，主保守，注重現在的秩序，過於未來的希望；陸九淵以周敦頤、程顥爲師承，偏重於培養德性。一方面，朱學重學問思辯，陸學重簡易直截；朱學在卽物窮理，陸學言心卽理；朱學重經驗，陸學主直覺；朱學重歸納，陸學重演繹，此二派不同之點。陸子九淵對於宇宙論是如何的主張呢？朱子主張無極太極，陸子則以爲只有太極而無無極，全集論宇宙惟理說：『塞天地一理耳，學者之所以學，欲明此理耳。此理之大，豈有限量？』卷三十二則以學文篇說：『宇宙之間，典常之昭然，倫類之燦然，果何適而無其理也？』朱子以太極爲宇宙本體而分爲理氣二物，而陸子以理爲宇宙構成之惟一原則，不言氣，故陸子是主張一元論的，全集卷一與曾宅之書說：『心一理也，理一理也，至當歸一，精義無二，此心此理，實不容有二。』他以理爲宇宙之根本原則，且以理爲心之根本原則。由此宇宙論以建立他的人生論，所以說：『宇宙便是吾心，吾心卽是宇宙。』故以自我爲人生研究的中心，語錄說：『宇宙內事，乃己分內事；己分內事，乃宇宙內事。』又說：『心之體甚大，若能盡我之心，便與天同。』這是何等尊重自我意識的莊嚴口氣。以上略論宋代理學代表之中心人物，如周敦頤、程顥、程頤、邵雍、張載、朱熹、陸九淵，把其主要的思想列出，可以知道他們的淵源。

中國學術界，可說是儒釋道互相消長的時代，兩晉南北朝，是道學發達的時期，全唐是佛學發達時期，兩宋是儒學發達時期。但兩宋雖然是儒學發達時期，他們的思想，許多是參雜於佛道的成分的，就中國整個文化史來論，可說中國的學術，至宋代竟成爲總合大放異彩的時期。文化之花，萎殘於五代，五代的兵戈戎馬，將所有都蹂踏了，宋代開國之君，努力培育，至八十年後，纔見萌蘖，時有胡安定（瑗）、孫泰山、石徂徠等出來，又有范文正、歐陽文忠、韓忠獻等左提右挈，於是學校徧於各處，師儒之道以立；其他蘇洵、蘇軾、蘇轍、王安石、曾鞏一輩文士，亦專以提掖人材崇奬學術爲己任，他們都是在文化上有貢獻的。但是爲宋代文化上學術上的大打擊的，就是新舊黨派之爭，及外敵侵侮之急，使非有私家書院講學之風，則宋代的文化，未必有我們今日所想像的興盛啊。（可參閱繆天綬宋元學案選註序十八頁及東方文庫三十二種中國社會文化四八頁引）。宋代理學的特色，即是理氣心性二者的研究，前者是本體論的問題，後者是心理倫理道德的問題；前者多取於老莊及易繫辭傳，用以構成儒教的世界觀的；後者則和佛教中的禪宗多有參入，把古來子思孟子所主張的性說，更學理化以成宋代理學的特色；日儒渡邊秀方說：『把儒道佛三教內面地渾融總合起來，創出一新機軸的，不待說就是現在所說的宋學。這宋學把人間性情那樣綿密地研究過的現象，眞是世界學界上一大異彩。牠在現今思想界上，雖差不多全被閑卻，但在絕叫人間平等自由的今日，考究人間的性情的問題，自不能不說是根本問題。』（見中國哲學史概論近世哲學四頁），中國文化史上學術史上講形而上學最發達的時代，要算宋朝，因爲那時候的理學家，大半討論到本體問題，當時的學派，既然稱牠爲理學爲道學，可知牠實與純粹的儒學有些不同。純粹的儒學，以倫理爲立足點，討論的範圍，祇限於人生道德的實踐方面，理學卻進一步研究到宇宙本體問題，所以不能算牠是純粹的儒學，這種儒表佛裏的理學，對於宇宙原理，有精微的發揮，從學術的本身說來，是一種的進步現象啊。儒家思想古來實支配中國人心，成爲中國人行爲的規範，但儒家本身到宋代是一個大轉變期，就是從說經義談修齊治平的儒家，轉變爲談理氣心性的儒家，卽是由經學而變爲理學，或可說是道學。宋史道學傳：『道學之名，古無是也。三代盛時，天子以是道爲政教，大臣百官有司以是道爲職業，黨庠術序師弟子以是道爲講習，四方百姓日用是道而不知，是故盈覆載之間，無一民一物不被是道之澤，以遂其性，於斯時也，道學之名，何自而立哉。……宋中葉，周敦頤出於春陵，乃得聖賢不傳之學，作太極圖說通書，推明陰陽五行之理，命於天而性於人者，瞭若指掌。張載西銘，又極言理一分殊之情，然後道之大原出於天者，灼然而無疑焉。仁宗明道初年，程顥及弟頤實生，及長，受業周氏，已乃擴大其所聞，表彰大學中庸二篇，與語孟並行；於是上自帝王傳心之奧，下至初學入德之門，融會貫通，無復餘蘊。迄宋南渡，新安朱熹得程氏正傳，其學加親切焉。大抵以格物致知爲先，明善誠身爲要，凡詩書六藝之文，與夫孔孟之遺言，顚錯於秦火，支離於漢儒，幽沉於魏晉六朝者，至是皆煥然大明，秩然而各得其所，此宋儒之學，所以度越諸子，而上接孟氏者歟。』觀此，宋代的理學（道學），在中國學術史上的位置，就可以知道。而朱熹也曾申述過：『秦漢以來，聖學不傳，儒者唯知訓詁章句之爲事，而不復求聖人之意，以明夫性命道德之歸。』可說宋代理學，爲儒家孔孟思想的復興運動了。

第十七節　宋代之文學

有宋一代，在人文史上實值得注意的時代。在理學的發展，已爲一代的光輝，而文學的鑽研，已改唐詩取士的傾向，而爲散文的傾向，於文體之變遷上，實劃一新時期。宋代文學，其間上下三百餘年，遺文故獻傳於今日者，汗牛充棟，年代未遠，文獻容易徵考，論者謂宋代文學之進步，歸功於國家之獎勵，宋史文苑傳序說：『藝祖革命，首用文吏而奪武臣之權，宋之尚文，端本乎此；太宗眞宗其在藩邸，已有好學之名，及其卽位，彌文日增，自是厥後，子孫相承，上之爲人君者無不典學；下之爲人臣者，自宰相以至令錄，無不擢科，海內文士，彬彬輩出焉。國初楊億、劉筠，猶襲唐人聲律之體，柳開、穆修志欲變古而力弗逮，廬陵歐陽修出，以古文倡，臨川王安石、眉山蘇軾、南豐曾鞏起而和之，宋文日趨於古矣。南渡文氣，不及東都，豈不足以觀世變矣。』於此，可見宋人文章流別的大概。茲略爲分論之：（甲）文。宋代三百年間的散體文，上承唐舊，而發揮光大，漸入道學派文以載道之圍。散體文，卽舊說所謂古文，宋代之學古人文體者，以歐、曾、王、蘇爲正宗；自魏晉六朝以後，文尚駢儷，至中唐元結、杜甫等，始爲散體，韓愈、柳宗元，益發揮而光大之，以其越八代而復西漢之古，故號古文；至晚唐五代，文體又漸夾卑微，甚或流於浮艷，宋初亦未能改變，西崑派楊億等，於詩尙辭采，於文亦駢儷爲高。歐陽修起，有柳開、穆修、尹洙、石介等導之於前；有曾鞏、王安石、三蘇父子，承之於後，而韓柳復古之風大昌，重見西漢散體文之舊，究其文體，則由柳駢儷之習而復於散行之體。舊說所謂古文，卽是散體文。宋代古文家，後世奉爲正宗者，有歐陽、曾、王、三蘇，其餘如周敦頤、張載、程顥、程頤，以及朱熹、呂祖謙等，在哲學史上占有地位，其文亦洗浮靡之習，是爲道學派之文。南渡以後，薛季宣、陳傅良、葉適、陳亮等，致力典章經濟，其爲文亦異於流俗，是爲功利派之文。道學派之文，是主張文以載道，所以說：『不知務道德而第以文辭爲能者，藝焉而已。』柳開文集，張景爲作序說：『先生生於晉末，長於宋初，拯五代之橫流，扶百世之大教，續韓孟而助周孔，非先生孰能哉！先生之道，非常儒可道也；先生之文，非常儒可文也；雖其言於往跡，會其旨於前經，破昏蕩疑，拒邪歸正，學者忠信以仰以賴。』蘇軾序六一居士集，其稱頌歐陽修說：『晉以老莊亡，梁以佛亡，莫或正之，五百餘年而後得韓愈，學者以愈配孟子，蓋庶幾焉。愈之後三百有餘年，而後得歐陽子，其學推韓愈孟子以達於孔氏，著禮樂仁義之實，以合於大道，其言簡而明，信而通，引物連類，折之於正理，以服人心，故天下翕然師尊之。』柳開、歐陽修之文，何以爲當時人士所稱道？就是因爲他們以孔孟仁義道德之理，以文章發揮之。道學派以經術道德自任，本不屑於詞章之末，及周、邵、張、程、朱、陸諸人之爲文，以平實坦易爲主，故說理多精粹，非普通文士所能及。至功利派薛季宣、陳傅良、葉適，皆永嘉人，陳亮永康人，故又號永嘉學派。薛季宣嘗師事伊川之門人袁溉，而兼重事功；陳季良師事薛季宣，爲學以通知成敗諳練掌故爲長，爲文多切於實用；葉適祖述季宣，而文章雄贍，才氣奔逸；陳亮與朱熹友善，其爲學俱以讀書經濟爲事，鄙薄空疏之論。南渡以後，道學功利兩派諸人文體，大抵沿襲歐陽修及曾、王、三蘇，各得其一節之似。晚宋文體，卑靡益甚，獨文天祥、謝枋得，有可得而稱者，天祥大節照耀千古，爲文亦極雄贍，如長江大河；枋得之名，彪炳史册，其文亦博大昌明，具有法度。其他制舉之文，苟有志功名，莫不由此進身，即莫不於此致力，就其形式言，不失爲散體文的附庸。（參閱宋文學史一五——五三頁）。（乙）詩。宋詩在中國文學史上，可說是蔚然大觀的，明方孝孺對於宋詩，推崇備至；清代吳之振、呂留良同輯宋詩鈔，之振作序，尤極言宋詩不腐，他說：『宋人之詩，變化於唐，而出其所自得，皮毛落盡，精神獨存，不知者或以爲腐，後人無識，倦於講求，喜其說之省事，而地位高也，則羣奉腐之一字，以廢全宋之詩，故今之黜宋者，皆未見宋詩者也。……宋之去唐也近，而宋人之用力於唐也尤精以專，……

曹學佺序宋詩，謂取材廣而命意新，不勦襲前人一字，然則詩之不腐，未有如宋者矣。』吳之振對於宋代之詩，不以爲腐，但宋代之詩比唐代之詩，已有所不及，有人說：『唐詩裏面許多偉大的獨具的特色，在宋詩裏面，卻消失掉了；第一、宋詩消失唐代那種悲壯底邊塞派的作風。第二、宋詩消失唐代那種感傷底社會派的作風。第三、宋詩消失唐代那種哀艷底閨怨宮怨詩的作風。第四、宋詩消失唐代那種纏綿活潑底情詩的作風。』（見宋詩研究九頁）。我們要知道宋詩何以不及唐詩？唐詩何以能表現牠裏面令人鼓舞悽愴低徊痛哭的情調世界？宋詩何以不會承受唐詩那優秀作風去發展？這不是詩的時代已經過去而是唐宋兩代民族精神的表現不同。在唐代國運興盛，民族精神激越發皇，所以能表現牠悲壯的氣概，如王昌齡的從軍行所詠的『但使龍城飛將在，不教胡馬度陰山』，盧綸的塞下曲所詠的『欲將輕騎逐，大雪滿弓刀』。那種作風表現民族勢力向外發展的精神，在宋代是沒有的。在宋代數百年受北方民族的侵擾，陷於威服的境地，詩之雄壯意境的開展，隨此消失而無餘，所以走到冷靜的景象，而沒有奔迸迴盪的氣概。宋詩雖然不及唐詩，但憑宋詩人的努力，也造成在文學上占特殊地位的宋詩壇。宋詩的描寫有特殊的進步第一、宋詩格外整鍊有規矩；第二、描寫能細緻；第三、描寫特別沖淡。御定四朝詩錄說及宋詩人凡八百八十二家，宋詩紀事搜羅宋詩人至三千八百餘家，宋詩紀事補遺又補錄三千餘家，比較全唐詩著錄的二千多詩人，數量上已經超過，至於個人的作品則更豐富，如陸游、楊萬里的詩，都在萬篇以上，王安石、蘇軾等的詩篇，都在數十卷以上；宋之詩人及作品已那樣發達，所以派別門戶自然很多，漫堂說詩論宋詩派別說：『唐以後詩派，略可指數，宋初晏殊、錢惟演、楊億，號西崑體。仁宗時，歐陽修、梅堯臣、蘇舜欽，謂之歐梅，亦稱蘇梅，諸君多學杜韓。王安石稍後亦學杜韓。神宗時，蘇軾、黃庭堅，謂之蘇黃。又黃與晁補之、張耒、陳師道、秦觀、李廌，稱蘇門六君子。庭堅別開江西詩派，爲江西初祖。南渡後，陸游學杜、蘇，號爲大宗。又有范成大、尤袤、陳與義、劉克莊諸人，大概杜、蘇之支分派別也。』胡雲翼宋詩研究根據許多詩話列爲九種：（1）西崑體——楊億等代表，宗李義山；（2）晚唐體——寇準等代表，宗晚唐；（3）白體——王禹偁等代表，宗白居易；（4）唐體——歐陽修、梅堯臣等代表，宗杜、韓；（5）元祐體——蘇軾、黃庭堅等代表；（6）江西派——陳師道等代表，宗黃庭堅；（7）理學派——程頤、張載等代表，宗邵雍；（8）永嘉派——徐照等代表，宗晚唐；（9）江湖派——劉克莊等代表，宗五代。滄浪詩話，以個人爲體，分七派：（1）東坡體；（2）山谷體；（3）后山體；（4）王荊公體；（5）邵康節體；（6）陳簡齋體；（7）楊誠齋體。這種種的區分，不是嚴格的詩派的區分，不過論及宋詩的變遷及風格，可以如此區別而已。宋初的詩，是古典派的西崑體，此派領袖是楊億（字大年，建州浦城人），錢惟演、劉筠等十七人附和之。他們崇奉李商隱，專以用典琢字爲能事。當時反對西崑體，有林逋的閒逸，王禹偁的平易，惟勢力太小，不久便有蘇舜欽的豪邁，梅堯臣的幽淡，極力廓清西崑體彫鏤的習氣，其中歐陽修爲領袖，他的詩是李、韓、杜三大家變化而成，得韓愈的成分較多，偏向於散文化的方面。與西崑體同時的詩體，尚有白居易體與晚唐體兩派，隸屬於這兩派的詩人，除林逋、王禹偁、蘇舜欽、梅堯臣之外，尚有徐鉉、寇準、魏野、潘閬、韓琦、范仲淹等。他們在名義上雖是學白居易體，學晚唐體，實際上不是完全擬古而能夠自立風格。歐陽修鼓吹蘇舜欽、梅堯臣的詩，爲他們向西崑體進攻的後援，另還作了一部六一詩話，來表示自己詩的主張，同時又擡出韓愈來作爲學詩的指歸；歐陽修所以極力反對西崑體，是因西崑體專以聲病對偶爲工，且有飄剝故事雕刻破碎之故。歐陽修在宋的詩壇，樹立革新運動的旗幟，但他的革新運動，是復古的，衛道的，而不是徹底的革新運動。在宋代詩壇上具有權威的，除卻歐陽修之外，尙有其他三人，（1）王安石，安石的詩，許多人說是學杜甫的，他少年時代的詩，是很放縱很恣肆，他的議論，他的主張，往往在詩歌裏表現出來，晚年詩律尤精，造語用字，間不容髮，意與言會，言隨意遣，渾然天成，殆不見有牽強之處。（2）蘇軾。蘇軾是造成宋詩的新生命的，如楊億、劉筠、錢惟演等的專摹西崑，固然不是宋詩；李昉、徐鉉、王禹偁等的學白體，也不是宋詩；寇準、魏野、潘閬等的晚唐體，也不是宋詩，又如梅聖兪專學唐人的平淡處，歐陽修專學韓愈的古詩，也不是宋詩。（可參閱宋詩研究六五頁）。蘇軾的詩，能自出己意，不落唐人的窠臼，（見滄浪詩話），他的詩豪放天成，是散文化的正宗，最能代表宋詩的特色。甌北詩話說：『以文爲詩，始自昌黎，至東坡益大放厥辭，別開生面。』昭昧詹言續錄說：『東坡只有長體，格不必高，而自以眞面目與天下相見，隨意吐屬，自然高妙。』蘇軾的門下，有黃庭堅、張耒、晁補之、秦觀，都是詩人，號蘇門四學士，加上陳師道、李廌，便是六君子，這可以看出他在當時文學上的勢力。（見中國詩詞概論九四頁）。（3）黃庭堅。散文化的詩，不事雕琢，專講意境字句的淸新，固然是一種長處，可是矯枉過正，不免有生硬之處；走到極端的，便是江西詩派，而以黃庭堅爲領袖。庭堅（自號山谷道人）本是蘇門的詩人，詩與蘇軾、陳師道齊名，在當時號稱元祐體，又號蘇黃，又號黃陳，但後來山谷的詩譽日隆，被尊爲江西宗派的領袖，以後便獨霸詩壇；庭堅雖自出己意以爲詩，但他的詩的創造性，不及蘇軾詩的強烈，他的詩是專憑學力養成的，所以受古文藝的影響，如陶淵明、杜甫、韓愈的詩，都是給他影響很深的，有人說江西詩派好的特點，實在是沒有而壞的特點，就是學着黃山谷的生澀瘦硬，奇僻拗拙；而變本加厲；到其末流，詩都不能卒讀。呂本中所作江西宗派圖，自庭堅以降，計列陳師道、潘大臨、謝逸、洪朋、洪芻、饒節、僧祖可、徐俯、林敏修、洪炎、汪革、李錞、韓駒、李彭、晁之沖、江端木等二十五人，（其中有等非江西人），所列諸人，庭堅以下，陳師道最著，師道亦蘇門六君子之一，其詩規模杜甫之沈鬱而失之僻澀，談江西詩派，咸以師道與庭堅並舉。南宋詩人以陸放翁、楊誠齋、范石湖、尤梁溪、蕭千巖等爲著名，楊誠齋嘗序千巖摘藁說：『余嘗論近世之詩人，若范石湖之清新，尤梁溪之平淡，陸放翁之敷腴，蕭千巖之工緻，皆予之所畏者。』尤梁溪又說：『近世士人，喜宗江西，溫潤有如范至能者乎？痛快有如楊廷秀者乎？高古如蕭東夫，俊逸如陸務觀，是皆出自機杼，亶有可觀者。』他們所長的，可說是敍專清新，然而俚俗平淺，一轉而爲卑近纖巧，爲人所譏。（可參閱顧實編中國文學史大綱二三九頁），南宋有一個詩人陸游，（字務觀，號放翁，越州山陰人，生於西紀元一一二五年），在詩壇上表見特異的彩色；在被金人壓迫偏安江表風雨飄搖的南宋，陸游開拓心胸，引起他內心愛國的情感，而噴發不平的呼聲，這是和其他北宋詩人冷靜的頭腦是不同的。我們看他所撰之觀大散關圖有感，樓上醉書，聞均州報已復西京，長歌行等篇，是何等悲壯之感。又宋遺民的詩：有文天祥的文山集，汪无量的水雲集，謝枋得的疊山集，謝翱的晞髮集，鄭思肖的所南集，他們遇着國破家亡，每以詩歌發洩他們的情感。（丙）詞。自詩與樂脫離後，唐人以絕句度曲，五代兩宋衍成長短句，遂創詞調，詞以播入管弦之故，除句的長知比近體詩爲自由以外，至於音律的束縛，較近體詩爲尤甚。康熙欽定詞譜，有二百二十六調，二千三百六體，詞的產生，是從樂府方面演進，詞的起源，有說，是起於李白的清平調、菩薩蠻、憶秦娥數闋；有說是起於張志和的漁歌；有說是起於晉女子子夜的子夜歌；有說是起於梁武帝的江南弄，有說是起於隋煬帝侯夫人的看梅曲，有說是起於屈子的離騷或詩經三百篇。（參閱陳冠同編中國文學史大綱一二六頁）。詞至於宋，爲全盛時代，小令中調之外更增長調，而詞調大都成於此際。有宋一代，實爲詞體大備的時期，因爲宋之詞，與唐詩有同一價值，占了一個上承詩下開曲的重要位置。毛晉宋六十一名家詞序有說：『夫詞至宋人而詞始霸，曼衍繁昌，……各體始大備，其人詔令秀世，其詞復鮮艷殢人，有新脫而無因陳，有圓倩而無沾滯，有纖麗而無冗長，有峭拔而無鈎棘，一時以之賡和名家，而鼓吹中原，肩摩於世云。』詞之獨盛於宋，很像詩之大昌於唐，實是中國文學演變之自然過程。自唐以迄宋初，詞家作品皆爲小令，（舊說五十八字以內爲小令，五十九字至九十字爲中調，九十字以上爲長調）唐人長短句皆名小令，每一小令可演爲長調或中調，不必因字數而爲區分。宋代詞家不特能繼五代諸家而起，且能一掃以前浮靡之習，由鍛鍊而歸於醇雅，至東坡而又橫放極出，直欲上追李白。當時作者，帝王如太宗、徽宗、高宗，大臣如寇準、韓琦、司馬光、范仲淹、歐陽修，無不善爲小詞，極清新俊逸之致；其他如道學、武夫、婦人、女子、方外、宦者，亦多通曉音律，製腔塡詞。當時詞學可分二派：一爲北派，一爲南派。南派婉約，北派豪放；南派蘊藉，北派恢宏。屬於南派有李後主、晏元獻、柳耆卿、張子野、周美成、秦少游、李易安等及其他南宋名家。屬於北派者，有蘇東坡、辛稼軒、劉改之等。世多謂南派爲正宗，北派爲正體。（丁）戲曲。戲曲是古時的俳優同樂舞合起來的；俳優祇有說白，舞隊大抵合歌，兩者混合，就成了戲曲。大概六朝時代，已稍有戲曲的形式，如隋唐間所傳的代面、搖踏娘等，都是扮演故事，兼用歌曲，五代之際更加進步。宋崇文總目錄周優人曲辭二卷（趙上交李昉等編）。北宋就有雜劇的作家，武林舊事載宋官本雜劇名目，多至二百八十本，都是南宋通用的戲曲。南渡初，又盛行溫州雜劇，爲南曲之祖。（參閱謝無量著平民文學之兩大文豪九頁）。戲曲爲混合的藝術，雜劇之稱，始見於宋志，由雜劇表演的動作而說，實導源於樂舞；由雜劇歌唱的樂曲而說，則實導源於樂府；由雜劇文藝的體製而說，則其淵源實不出於一端，材料方面，或本於史傳，或原於辭賦，或出於小說，或詠於詩歌，或採於平話，大都取材於以前的文藝爲多。宋之歌曲，其最通行而爲人人所知者，是爲詞，宋人謳集無不歌以侑觴，然大概徒歌而不舞，其歌亦以一闋爲率。據王國維宋元戲曲史所考定，宋代樂曲自簡單之詞，漸趨繁複者，凡有數種：其歌舞相兼而僅以一曲反復歌之者曰傳踏；其遍數較多，而仍限於一曲者曰大曲；其少變大曲之例者曰曲破；合數曲而成一樂者曰諸宮調；取一宮調之曲若干以成一體者曰賺詞。中國戲曲的組織，由於三個部分：一爲科，即表示演者在舞臺的動作的；一爲白，即演者的說話；一爲曲，即演者所唱的辭句；三者之中，以曲爲最重要。宋時伶人所唱者，都爲當時盛行的新體的詞，後來金人占據了中國北部，舊詞之格，往往於嘈雜緩急之間，乃別創一調，這就是北曲的起源。其後南曲漸漸發達，南曲爲南方人改變詞調所創造的，在宋時已有之。當北曲盛時，南曲也被收入牠的勢力範圍之內，然北曲究竟不大諳適於南方人的耳官，所以不久南曲便發達起來，漸有佔奪北曲地位的傾向。宋代尚有滑稽戲、雜戲、歌舞戲，滑稽戲始於開元，而盛於晚唐，入宋以後，流變漸繁，劉攽中山詩話所記：『祥符天禧中，楊大年、錢文僖、晏元獻、劉子儀，以文章立朝，爲詩皆宗李義山，後進多竊義山語句，嘗內宴，優人有爲義山者，衣服敗裂，告人曰：吾爲諸館職撏撦至此，聞者歡笑。』從這則故事看來，可以知道宋時滑稽戲之一斑。雜戲第一是傀儡，有懸絲傀儡，走線傀儡，杖頭傀儡，肉傀儡，水傀儡等，這是敷衍故事，與滑稽戲不同。第二是影戲，這是宋以前沒有的事物紀原說：『宋朝仁宗時，市人有能談三國事者，或採其說加緣飾作影人，始爲魏吳蜀三分戰爭之象。』東京夢華錄所載京中伎藝，有影戲有喬影戲，南宋尤盛。影戲爲物，專以排演故事爲事，與傀儡相同。歌舞戲，至宋時始成熟，如歐陽修之采桑子十一首，述西湖之勝，趙德麟之商調蝶戀花十首，述會眞之事，重疊一調，連續而歌，只是徒歌不舞，還算不得是戲曲。與戲曲較有關係的是隊舞，宋史樂志說：『每春秋聖節三大宴，小兒隊女弟子隊，各進雜劇隊舞，實始於宋。』武林舊事所記舞隊，其裝作種種人物，或間有故事，所異於戲劇者，則演劇有定所，而舞隊則巡迴演之，後來戲名曲名中多用其名，可知其與戲劇非毫無關係。（可參閱盧冀野編中國戲劇概論四〇頁，柯敦伯著宋文學史一八三頁）。（戊）小說　小說家是始於兩漢，班固漢書藝文志說：『小說家者流，蓋出於稗官，街談巷語，道聽塗說者之所造也，孔子曰：雖小道必有可觀者焉，致遠恐泥，是以君子弗爲也，然亦弗滅也，閭里小知者之所及，亦使綴而不忘，如一言可採，此亦芻蕘狂夫之義也。』（王者欲知閭巷風俗，故立稗官）。小說至於宋代，風氣漸變，因爲宋以前，大率爲穠艷綺縟之文字，至於宋代，則開白話小說的先路；永樂大典中有平話一門，專收優人以前代軼事敷衍而口說之書，今所傳宣和遺事，即此類之書。明郎英七修類藁卷二十二說：『小說起於宋仁宗時，蓋時太平盛久，日欲進一奇怪之事以娛之。』宋代平話所以興盛，就是此故，兹分述宋代小說種類於下：（一）演義類。宋代雖無演義類之小說，然渾詞小說，實即後世演義小說之始祖。（1）宣和遺事，爲南宋無名氏所作，記徽宗欽宗之事，徽欽自國亡以後，父子蒙塵，被囚於五國城，備嘗艱辛，客死異域，用筆極委曲悽愴，而以秦檜力主和議，致未能恢復中原，深致憤慨。（2）五代平話，此爲近年新出現之景宋殘本，實爲講史類之書，文體亦似宣和遺事，所記載者，爲梁、唐、晉、漢、周之軍談，惟缺梁史與漢史之下卷，是演義小說之始祖。（3）京本通俗小說，此書亦近年出現之景宋殘本，書中略字俗字甚多，且均為殘缺不全之零本，每卷中可全讀者甚少，惟自第十卷至十六卷之二冊，間有成篇之短篇小說，如碾玉觀音、菩薩蠻、西山一窟鬼、志誠張主管、拗相公、錯斬崔寧、馮玉梅團圓；書中記事，與宣和遺事相彷，惟較為瑣碎，是南宋人手筆。（二）雜記類。（1）太平廣記五百卷，宋太平興國初，詔李昉等取古今小說，編纂成書，同太平御覽上之賜名廣記。（2）歸田錄二卷，宋歐陽修撰。他如司馬光之涑水紀聞、邵伯溫之見聞錄、王彥甫之塵史、王銍之默記、周密之武林舊事、齊東野語、葉夢得之石林燕語，皆雜記類的小說。（三）神怪類。（1）夷堅志，宋洪邁景盧撰，凡四百二十卷，所記均為鬼神怪異的事實。（2）青箱雜記十卷，宋吳處厚撰。（3）洞微志十卷，宋錢希白述。他如何薳之春渚紀聞、王鞏之聞見近錄、張君房之乘異記、張師正之括異記、聶田之俱異志等書，均是志怪異的小說。（四）誌艷類。（1）麗情集二十卷，宋張君房、唐英合編。（2）侍兒小名錄一卷，宋張邦基撰。（3）楊太眞外傳，宋樂史撰。以上四類，均為宋代的小說。宋代小說所以度越前代，是因作者不以專門著作為事，而對於一般社會以傳播灌輸為事，所以利用白話。（如京本通俗小說）在文學史上是值得注意的事。（參閱宋文學史二一二頁，徐敬修編說部七〇頁）。

遼立國共二百零九年，太祖時已以漢字為基礎，創為契丹大小二體文字，且習漢文，又嘗買中國書籍至萬卷，藏於望海堂。遼聖宗時，（西紀元九二九——一〇三〇）製曲五百餘首，又嘗以契丹大字譯白居易諷諫集，題詩其上。興宗亦擅長漢文，嘗賦詩賜寵臣。天祚帝的蕭文妃善歌詞，見金人勢盛而帝畋遊不絕，忠臣疏斥，作諷諫歌二首以爲激勸。遼之宗室亦多文士，聖宗時有寧王長沒、耶律資忠，興宗時有耶律庶成，及其弟庶箴，其子蒲魯；又有耶律韓留、耶律陳家奴、耶律良均。道宗時有耶律孟簡。然其文學亦無足觀。

金之濡染漢族文化，較遼爲後。太祖滅遼，得遼人韓昉而用之，文物始見進步。金之諸帝如金主亮、世宗、顯宗、章宗，無不嗜好學問，長於詩文。金之文學可分爲三個時期：自太祖立國至金主亮南侵被弑，爲金之初葉，爲文學第一期，共四十五年，最初十餘年文學，無可紀述。滅遼與北宋之後，竭力羅致遼宋文人，奉使之士有文名者，每強留不遣，或執而不殺，強迫官之；致自遼的有韓昉、胡礪、王樞、魏道明、左企弓、虞仲文等。致自宋的有宇文虛中、高士談、施宜生、蔡松年、吳激、馬定國、王競等。大概而論：金之文，不如詩之盛，他們本爲無文字的，及輸入漢族文化，美之情操煥發，遂傾向於詩。金詩亦具有特色，前此宋之詩失之散文化，後此元詩，不免詞曲化，而金詩乃是純然之詩，故有宋詩之新而無其鄙俚，有元詩之麗而無其纖巧，受風土的影響，頗呈悲壯之觀。元遺山（名好問）之中州集，全集金詩，其作家無慮二百四十餘人，可謂盛矣。清人趙甌北以爲：『律詩之可泣可歌者，杜甫以外幾絕響，而遺山有之，沈摯悲涼，自爲聲調。』因遺山生長漠北，多豪傑之氣，又值金社淪覆，發而爲慷慨悲歌，是出於至情，故不求工而自工。自金世宗卽位，至宣宗南渡，共五十四年，爲金之中葉，文學爲第二期。世宗對宋講和後，與民休息，及章宗繼承世宗治平局面，進而正禮樂，修刑法，制典章，文物燦然大備，所以在世宗章宗時，人才輩出，爲金代文學最盛時期。第三期自宣宗南渡，至元好問之死，爲金代之末葉，共四十三年。金自南渡後，國勢已由盛而衰，而文學反有蒸蒸日上之勢，趙秉文、楊翼雲，南渡後名望日隆，儼然成爲文壇盟主。北渡之後，王若虛、元好問，爲金最後的文學家。

第二章　元代之文化

第一節　元代之政治社會

蒙古人本非高尙文化的民族，其本身無文化研究之可說，然其遠征所及，於東西文化上，發生幾多之間接影響，梁啓超說：『成吉斯汗以漠北一部落崛起數十年間，幾混一東半球，曾不百年，子孫淪滅退伏沙漠，正如世界歷史上一飃風。』觀其言可知蒙古武力影響之大。李思純於元史學有說：『吾人以近代民族接觸文化轉輸之眼光觀之，則蒙古崛起雖僅爲沙漠間一野蠻部落之事實紀載，若其南併中國西侵歐洲兩役，則於東西兩方文化史上，有較重要之影響與價值。』蒙古之鐵蹄帶着許多殘毀的血腥，而在這血腥之壍土上，培殖近世燦爛文明之花啊。蒙古，是女眞同族，蒙古出於室韋，魏書作失韋，是契丹之種類，在南者爲契丹，在北者號爲室韋；肅愼、挹婁、靺鞨諸族，皆在松花江以南，室韋則在嫩江沿岸，蒙古部族實韃靼、室韋之混種，而韃靼又爲靺鞨及沙陀突厥之混種（據呂思勉中國民族史之考證），在黑龍江支流額爾古納河（Argun）右岸有兩種部落遊牧，一種是屬東胡種的塔塔兒（Tatar 一作韃靼），一種是有時屬突厥種，有時屬蒙古種或蒙古雜種的弘吉剌（Kongirat），在禿兀剌河（Tula）斡難河（Onon）怯綠連河（Kerulén）等河的上源肯特山（Kentei）一帶，是蒙古族孛兒只斤

(Börǒigān) 族所居的地方，此族是產生成吉思汗 (Gengis-Ikhan) 的蒙古族。（參閱馮承鈞譯蒙古史略二頁）。蒙古在遼金時爲其隸屬，及至部長恰不勒 (Kabuluk) 乃始稱汗，逮其孫也速該(Yasugay)乃併合附近諸部，勢日強大，其後爲塔塔兒所殺，長子鐵木眞(Temutchin)嗣立，有大略，征服各部落，西紀元一二〇三年，諸部族遂推鐵木眞爲蒙古部長，號成吉思汗，並併吞內外蒙古之地，乃於西紀元一二〇六年會斡難河源諸酋長而卽大汗位，這就是元的太祖。（參閱高桑駒吉著中國文化史漢譯本三二三頁）。太祖統一漠南北，遣哲別滅乃蠻(Naiman)，自將滅花剌子模（在今阿母河之西），遣哲別、速不台，襲欽察部，破阿羅思聯軍於阿速海附近，繼旋軍滅西夏；別遣將西征至裏海，更沿西峯踰高加索山而西，侵入俄羅斯，在位二十二年，征服者四十餘國，舉內外蒙古、滿洲、中國之北半部，天山南北兩路，中亞細亞，暨歐洲東境，悉隸版圖。考其所以成此空前之偉業：（一）蒙古國典非經庫里爾泰大會（合諸宗王大將羣藩列酋組成）所共推者，不得爲蒙古大汗，所以選出之人，必是才智出衆，素有民望者。（二）蒙人嫻習騎射，故對於騎兵尤精，馳騁不倦。（三）將官對於部下兵士，鼓勵有方，行法森嚴。（四）朔方畜牧，婦孺皆能，壯男雖多年用兵，而供給不致缺乏。有此數因，能够所向無敵。西紀元一二二七年，元太祖已死，蒙古諸王將相會開庫里爾泰會，擁戴窩闊台大汗卽位，是爲太宗。太宗初奠都於喀喇和林(Karakorum)，繼太祖遺志（成吉思汗於亡西夏後，擬乘勝伐金，行至六盤山得病而死），於西紀元一二三四年滅金，並威服高麗，繼於一二三六年，更起大軍五十萬，以朮赤之子拔都(Batu)爲總督，以其兄斡魯朵(Orda)己子貴由(Kuyuk)孫海都(Kaidu)拖雷之子蒙哥 (Mangu) 爲將，以速不台爲先鋒，遣令西征，速不台進渡亦的勒，（Ityr 河今之窩瓦 Volga河），征不里加爾(Bulgar)；蒙哥攻欽察；拔都則北向屠列也贊(Riazan)，陷莫斯科(Moscow)及諾弗哥羅(Novgorod)，更轉鋒南向，燒基輔(Kiev)蹂躪斡羅思各地。拔都先率一軍，蹂躪瓦拉西亞(Wallacia)，擊破馬札兒(Magyar 匈牙利)軍於沙約(Sayo)河上，陷迫司特，逐走其國王，渡禿納(Danube)河，屠格蘭(Gran)；其別的軍隊則更入奧大利(Austria)，直迫意大利之威尼斯(Venice)。海都則率別軍向孛列兒(Poland)，取克拉考(Krakau)，入西勒斜(Silesia)，破歐北諸侯王的連合軍於窪爾斯他特(Wahlstadt)，轉東南侵摩拉維亞(Molavia)，攻阿爾妙慈(Olmütz)，退至馬札兒，與拔都相會。歐羅巴全土皆爲震撼。這是第二次入歐洲的蒙古軍，威勢比第一次更大。及太宗死，所向無敵的蒙古軍，乃被召回。（可參閱高桑駒吉著中國文化史三二六頁，韋休編中國史話第三冊七二頁），太宗死後，貴由推爲大汗，是爲定宗，因體弱多病，在位三年便死，蒙哥推爲大汗，是爲憲宗。憲宗登位後，使其弟忽必烈討伐大理（唐時的南詔國），吐蕃，使兀良哈台征服安南，使其弟旭烈兀經略波斯和亞細亞地方，疆域開拓得很大。憲宗既降服西南三國，乃命其弟阿里不哥(Arikbukha)留守喀拉和林，西紀元一二五七年親率大軍南下攻宋，死於軍中，其弟忽必烈從賈似道之請，與宋和北歸；一二五九年至開平，乃號大汗，伐阿里不哥；一二六四年，阿里不哥降，遂奠都於燕京，立國號曰元，這就是有名的元世祖。至是遣伯顏伐宋，陷其都城臨安，繼取福州，遂滅宋而統一中國。（西紀元一二七九），中國統一，歐亞並包，乃置四汗國以諸王鎮之，列表如下：

始封者	國名	封地	都城	存滅
太宗子孫	窩闊台汗國	乃蠻部故土	葉密立(今塔城)	元滅之
察哈台	察哈台汗國	西遼故土	阿力麻里(今伊犂)	帖木兒滅之
拔都	欽察汗國	裏海鹹海以北	薩來	莫斯科公滅之
旭烈兀	伊兒汗國	伊蘭高原	馬拉固阿	帖木兒滅之

四汗國始封之君，皆拓地有大功者，而世祖居中國為大汗，四汗皆受其統治。蒙古西侵，所兼併臣服之國至多，中亞一帶，部落錯綜，至遠西諸國，或在裏海南北，或在波斯灣附近，其更遠者則在黑海一帶，盡為蒙古勢力所及之地，茲列一簡明表於下：（表見元史學一七頁本西域傳及 Howorth 氏蒙古史所製）

中名	西名	地址	戰勝及征服年月
角兒只	Georgia	裏海黑海之間高加索山南	太宗十二年 一二四〇
小阿昧尼亞	Little armenia	今阿昧尼亞國西南	太宗十二年 一二四〇
阿持女佩占	Azerbrjān	花剌子模西北	太祖二十年 一二二六
克兒漫	Kerman	裏海西北	太宗元年 一二二九
海拉脫	Herat	印度以北波斯東南	定宗元年 一二四六
土耳其	Turks	黑海以南波斯以西地中海以北	憲宗八年 一二五八
羅姆	Rum	黑海以南	太宗十一年 一二三九

印度	Hindu	波斯東南臨海	太祖二十年 一二二五年
報達	Bagdad	波斯大城西臨體格裏斯河	憲宗八年 一二五八年
木剌夷	Mulahids	裏海以南	憲宗六年 一二五六年
西里亞	Syria	阿拉伯北方	憲宗八年 一二五八年
斡羅斯	Russ	今俄羅斯	太宗九年 一二三七年
欽察	Kipchak	或作奇卜察克高加索山附近	太宗九年 一二三七年
康里	Kanlis	自鹹海西至裏河	太祖十九年 一二二四年
馬札兒	Magyars	今奥斯馬加	太宗十二年 一二四〇年
波蘭	Poland	今波蘭	太宗十二年 一二四〇年

（附註）表中土耳其及印度，係戰勝而未征服之國。

蒙古人雖是建立廣大的帝國，然而他們的行動，不脫游牧民族的氣習，他們的武力雖然令人驚嘆，他們的政治思想還是屬於部落時代，征服一處地方，只知道燒殺擄掠，對於被征服者和被征服的地方，應該用什麼方法去治理，沒有懂得。當蒙古太宗滅了金國的時候，近臣別迭曾經獻議道：『把漢人留着於國家沒有什麼好處，不如把他們完全除去了，用這些地方做我們的牧場，』可以看出他們兇悍的性質。他們打破一處地方，即行大屠殺，幸而有一個契丹人耶律楚材，很得成吉思汗和他的後人的信任，他屢次設法阻止蒙古軍人殘酷的舉動，保全各地文化事業不少。蒙古人得了中國，慮及漢人之反抗，於是有種種政策，如移江南宗室大臣之家於內地，諸官長皆用蒙古人，色目人亦得爲次官，又其次乃用漢人（滅金所得）南人（滅宋所得之江南人）；又分人民爲十等，即是官、吏、僧、道、醫、工、匠、娼、儒、丐，儒與娼丐爲列，可見其對於中國固有文化的抹煞。成宗以後，虐遇中國人尤甚，屢申漢人挾軍器之禁。仁宗時以科擧限制漢人南人，更須於考試各門之外，別通蒙古字學和回回教，纔得賜給出身。他們對於中國一般人民，誠恐發生叛變，防範甚嚴，各地派兵駐防，完全用一種兵力高壓政策；民政長官往往使駐防軍隊的軍官兼充，軍官大都常駐一地，所以多與當地土豪惡霸朋比爲奸，強奪人民的田產房屋，搜括人民的錢財，那末他們統治中國，有甚麽好的政治呢？蒙古國風，父子不必次及，故至元室沒有制出繼承之法，篡奪之禍時生，擁立的權臣，多有混亂國政。世祖死後，諸王之中有覬覦汗位的，因爲伯顏是宿將重臣，輔立成宗，所以不曾有事變。成宗末年多疾，事多決於皇后不魯罕（Bulugan），欲立成宗從弟阿難答（Ananda），右丞相哈喇哈孫陽爲贊成，而暗中遣人迎接武宗。武宗死後，仁宗即位，要立明宗爲太子，旋又聽了宰相鐵木迭兒（Timudar）的話，立了英宗。仁宗崩，英宗立。英宗因鐵木迭兒的貪虐，窮治其黨，御史大夫鐵失懼，就結黨密謀弒帝，而迎立泰定帝。泰定帝既立，誅鐵失及其黨，已而帝赴上都（開平）旋死，天順帝就在上都即位，年方九歲，武宗舊臣燕帖木兒（Yak Timur）時簽書樞密院事，乃暗結死黨，迫脅百官，迎立武宗的兒子，一面遣人迎接明宗於漠北，一面又遣人迎接文宗於江陵，文宗先至，攝位以待明宗，燕帖木兒舉兵陷上都，泰定帝不知所終。明宗即位和林，到漠南，文宗入見，明宗忽暴死，於是文宗再即帝位。文宗弒兄自立，事後不免天良發現，遺囑皇后翁吉喇氏，必須立明宗的兒子；文宗死後，燕帖木兒要立文宗的兒子燕帖古思，皇后不許，遣使迎立寧宗，數日而卒，燕帖木兒又要立燕帖古思，皇后仍不答應，乃把順帝迎接進京，燕帖木兒怕他卽位後，追舉明宗暴死之事，遷延不肯立他，恰好燕帖木兒死了，順帝纔卽位。順帝信喇嘛，耽淫樂，益復濫發交鈔，結果國帑空虛，賦課愈重，民力愈削，馴至人心離叛，元室遂危。那時漢族受蒙古族之壓迫，已有八十餘年之久，各方羣雄乃順人心之傾向而起革命之師。朱元璋領衆據金陵，併湖南、湖北、江西，繼又破張士誠，收其江淮之地，更降方國珍，定浙江，平福建兩廣之地，而其將徐達、常遇春，且北進併河北，到處破元軍，順帝奔上都。自元世祖統一中國，至是凡九十八年而亡。茲將明太祖傳檄中原之文錄於後，以見漢民族的文化，至終不致為游牧民族所蹂躪的緣故啊。據綱鑑彙纂卷三十九載：『我太祖命大將徐達、副將常遇春北定中原，馳檄諭齊魯河洛燕薊秦晉之人曰：自古帝王臨御天下，中國居內，以制夷狄，夷狄居外，以奉中國，未聞以夷狄居中國治天下者也。自宋祚傾移，元以北狄入主中國，四海內外，罔不臣服，此豈人力，實乃天授。然達人志士，尚有冠履倒置之嘆。自是以後，元之臣子，不遵祖訓，廢壞綱常，有如大德（成宗年號）廢長立幼，泰定以臣弑君，天歷（文宗年號）以弟酖兄，至於弟收兄妻，子烝父妾，上下相習，恬不為怪，其于父子君臣夫婦長幼之序，瀆亂甚矣。夫人君者，斯民之宗主；朝廷者，天下之根本；禮義者，御世之大防；其所為如彼，豈可為訓於天下後世哉。及其後嗣沈荒，失君臣之道，又加以宰相專權，憲台報怨，有司毒虐，於是人心離叛，天下兵起，使我中國之民，死者肝腦塗地，生者骨肉不相保，雖因人事所致，實天厭其德而棄之之時也。古云胡虜無百年之運，驗之今日，信乎不謬。當此之時，天運循環，中原氣盛，億兆之中，當降聖人，驅逐胡虜，恢復中華，立紀陳綱，救濟斯民。今一紀於斯，未聞有濟世安民者，徒使爾等戰戰兢兢，處於朝秦暮楚之地，誠為可憫。方今河洛關陝，雖有數雄，忘中國祖宗之訓，反就胡虜禽獸之名，以為美稱，假元號以濟私，恃有衆以要君，阻兵据險，互相吞噬，反爲生民之巨害，皆非華夏之主也。予本淮右布衣，因天下亂，爲衆所推，率師渡江，居金陵形勢之地，今十有三年，西抵巴蜀，東連滄海，南控閩粵，湖湘漢沔，兩淮徐邳，皆入版圖，奄及南方，盡爲我有，民稍安，食稍足，兵稍精，控弦執矢，目視我中原之民，久無所主，深用疚心。予恭天承命，罔敢自安，方欲遣兵北逐羣虜，拯生民於塗炭，復漢官之威儀，慮人民未知，反爲我仇，挈家北走，陷溺尤深，故先諭告，兵至，民人勿避。予號令嚴肅，無秋毫之犯，歸我者永安於中華，背我者自竄於塞外。蓋我中國之民，天必命我中國之人以安之，夷狄何可強得而治哉。爾民其體之，如蒙古色目，雖非華夏族類，然同生天地之間，有能知禮義，願爲臣民者，與中華之人撫養無異。』我們看這篇檄文，就知道蒙古游牧民族竊踞中國，他的政治腐敗，禮教廢弛，文化低落的一般情形；也可以知道朱元璋之領導羣衆以起義師，是以保障中國的文化，挽救中國的人民，扶持中國的禮教爲宗旨。他以爲低下文化的民族，不應統治中國的，所以說：『中國居內，以制夷狄，夷狄居外，以奉中國，未聞以夷狄居中國，治天下者。』就這點民族意識的表現而說，元朝統治中國，不百年而亡，是無怪其然的。日人高桑駒吉於所著中國文化史說：『假使這個曠古的大帝國，而像唐宋一般的國祚長久，那麼，一定會吸收新文明，鼓吹新思想，而爲數千年的學術界，開一新生面，在中國文化史上，劃出一新紀元來；惜乎世祖以後，更不見有英主，帝業忽衰，國命遂絕，這是我們現在所爲爲此大帝國的生命，尚不及百年而悲，而同時又爲此新興國的文化，於將開未開之際，即已爲風霜所侵而凋落，實抱無涯之遺憾也。』（見三三九頁），高氏脫離民族意識的立場，而以亞細亞大一統的帝國透視，所以爲元帝國的生命不及百年而悲；但不知道這新興國游牧的低下民族，統治中國，國祚長久，而中國漢族文化之受壓迫，受摧殘，更至不可以限量而東方文化在歷史上負有盛名之國家，受這巨風所掃蕩，實抱無窮之遺憾也。元代在文化史佔有地位者，是牠的武力遠征，不是牠的文物制度；是中西文化之交通聯絡，不是世界文化之特立創造啊。

第三節　元代之農業

西紀元一二七六年蒙古人伯顏之入臨安，虜宋恭帝北去，史家所謂蒙古入主中國者是也。蒙古之入主中國，比以前之五胡亂華不同；五胡亂華，沒有將中國的全境佔去，而蒙古之入主，則把中國的全境，爲異族所統一，將整個的漢族，作成蒙古游牧民族的征服者，在歷史的意義，較以前之任何時代爲嚴重。當蒙古人侵入中國統制中國的北部和全部後，對於他的本族人種，看爲神冑貴裔，對於漢人南人，看爲被剝削的階級；當時元人在各地的屯田軍，有蒙古軍和漢軍之分，蒙古軍自然完全是蒙古人的軍隊，而漢軍的兵士，雖爲漢人南人，但他的主要軍官，完全是蒙古人，那時漢軍雖然同有屯田，主要的生產部分，還是爲蒙人所有；遍佈各地的屯田，固然是將宋公田之一部分，分散於各軍士，但是主要的來源，還是從戰爭中掠取於一般農民的。據元史世祖紀：『至元（世祖年號）二年，又以河南北荒閑地分給蒙古軍耕種。』世祖以至元十四年滅宋，其後十餘年至至元二十五年，猶欲奪民田以爲屯田，（見元史一百四十八董文用傳），凡此均可徵元初對於漢人之土地，都是隨便侵佔的。元時從農民的耕地掠取中所設置的屯田，當武宗至大元年時，已有一百二十餘所，總共耕地一七二・〇二〇頃二一畝，這時屯田的數目，比宋時已增加了十一萬多頃；當時的屯田，除大部份的軍屯外，還有一部份是民屯，對於這民屯，常移民去耕種，但當時的移民，不是將人多土狹，沒有耕地的農民，移到耕地寬大的地方，是將一些已有耕地的農民，強迫他們拋棄熟地去耕生地，結果反是減少生產力而成爲壓迫農民的工具。而且諸軍戶不能種屯往往移民代耕而收其租，如河南等處的屯田，人戶皆內地中產，因遠徙而失業，這可以看出元時屯田制度的弊害。（參閱張霄鳴著中國歷代耕地問題一八八頁）。蒙古人不但佔據民田爲屯田，並且將農民好好的耕地，佔據爲牧場，以養羊馬，或作獵場娛樂之用。元世祖正統三年，禁諸道戍兵及勢家畜牧犯桑棗禾稼者，又禁蒙古軍不得以民田爲牧地，在元史上不斷的記載着招民開牧地爲田，也可見元時牧地之多。此外貴族官僚也憑着政治上的權威，向農民掠奪強取，如元時東平布衣趙天麟所上的書說：『今王公大人之家，或佔民田近於千頃，不耕不種，謂之草場，專放孳畜；又江南豪家廣佔農田，驅役佃戶。』元成宗本紀，成宗謂台臣說：『朕聞江南富戶侵占民田，以致貧者流離轉徙。』通考載：『大德元年十一月，禁諸王附馬並權豪勿奪民田，其獻者有刑。至大二年正月，又禁諸王公主駙馬受諸人承獻公私田地，及擅招戶者。』元史世祖至元十三年和十五年，皆下命令禁止管軍將校及官吏以勢力奪民田廬的，都要歸還本主，由這禁止命令來看，就知道當時的王族官僚，以勢力奪農民田地者之多。其由皇帝賜與貴族及官僚的田也很多，這等官田是由民間取來的，或平宋後將宋之官田沒收得來的。二十二史劄記元代以江南田賜臣下條載：『元代之賜田，卽南宋之入官田，內府莊田。』據續通考卷六所載：『元時多以官田分賜臣下，紀傳所載，有世祖中統二年八月，賜竇默等田爲永業田，四年八月，賜劉整田二十頃，至元十六年正月，賜昝順田，十八年，賜鄭溫常州田三十頃，二十一年，賜相威近郊田二千畝，二十二年，賜李昶、徐世隆田各十頃。時安南國王陳益稷來歸，賜漢陽田五百頃。又賜王積翁田八十頃。……其賜公主者，則武宗至大二年賜魯國大長公主平江稻田一千五百頃。文宗至順元年，賜魯國大長公主平江田五百頃。順帝至正九年，賜公主不答昔儞平江田一千五百頃。」一頃計一百畝，一千五百頃計十五萬畝，賜田一人至十五萬畝地，可知其奪取之濫。當時佔據大批耕地的不但是王族貴人官僚地主商人，而寺觀亦佔着大批耕地，續通考卷六載：『世祖中統二年六月，賜僧聰懷孟邢州田各五十頃。八月，賜慶壽海雲二寺陸地五百頃。成宗大德五年二月，賜昭慶宮興教寺地各五百頃，上都乾元寺九十頃，萬安寺六百頃，南寺百二十頃。仁宗初，賜大普慶寺田八萬畝，延祐三年正月，賜上都開元寺江浙田二百頃，華嚴寺百頃，七月，賜普慶寺益都田百二十頃。泰定帝泰定三年十月，賜太天源延聖寺吉安臨江田千頃。文宗天歷二年十一月，賜集慶萬壽兩寺平江田百五十頃，至順元年四月，以所籍張珪諸子田四百頃賜護聖寺。順帝至正七年十一月，撥山東地土十六萬二千餘頃屬護聖寺。』可見元代歷代帝王都有田賜給寺觀，因爲蒙古人非常迷信佛教，故他統治中國以後，給予許多便利予寺觀僧人。王族貴人官僚已攘奪許多農民的田地，農民之失掉耕地而變爲佃農甘受剝削者，必定非常之多；又加以富豪之佔取民田，農民所受的痛苦，更不堪言，所以當時有主張設法限制的。東平布衣趙天麟於所上的太平金鏡策略中說：『貧家樂歲終身苦，凶年不免於死亡，荆楚之域，至有僱妻鬻子者，衣食不足，由於富豪兼併故也。方今之務，莫如復井田，尚恐驟然騷動天下，宜限田以漸復之。凡宗室王公之家，限幾百頃；巨族官民之家，限田幾十頃；……凡限田之外，蔽欺田畝者，坐以重罪；凡限外之田有佃戶者，就令佃戶爲主，凡未嘗墾闢者，令無田之民，占而闢之；……凡占田不可過限，凡無田之民不欲占田者聽，凡以後有賣田者，買田亦不可過限。』又成宗時鄭介夫亦主張限田，他說：『今之豪強，卒難禁止，惟有限田之法，可以制之，酌古準今，宜爲定制，每一家無論門閥貴族人口多寡，並以田十頃爲則。有十頃以上至於千頃者，合聽分析，或與兄弟子姪姻黨，或立契典賣外人，但存十頃而止，十頃以下，至於一畝者，許令增買，亦至十頃而止，寬以五年爲限；如過限不依制而田富於故者，除十頃外並收入官，然官不歸於公，仍將官沒田召賣於貧民，所得田價，一半輸官，一半給主，彼富者亦甘心而無詞，不出十年，而豪強不治而自無矣。此法不驚民，不動衆，不用井田之制，而獲井田之利，使周公復生，何以易此哉。』我們看趙天麟主張限田之額，宗主王公之家限幾百頃，巨族官民之家限幾十頃，亦有幾萬畝幾千畝之多，還是可佔着廣大的耕地，有這廣大的耕地，亦可以稱富農。依鄭介夫的限田法，可至十頃而止，十頃有一千畝，亦不算是徹底的限田，十頃以下至於一畝者，許令增買，那貧苦的農民，有什麼力量可以增買？當時大地主的勢力，不可一世，官府的力量，不能詰治，元史成宗紀大德六年正月，關於此種的紀錄有說：『帝語台臣曰：朕聞江南富戶，侵占民田，以致貧者流離轉徙，卿等嘗聞之否？台臣言曰：富民多乞護持璽書，依倚以欺貧民，官府不能詰治。』同書一七三燕公楠傳，一九五蓋苗傳，及元典章戶部五荒田，也有同樣的記載，可見當時豪強之大地主侵佔民田，必盛行全國，區區限田的命令，是不能禁止的，即能禁止，亦可以藉分析與兄弟子姪姻黨之名，而實行着原來廣大面積耕地的佔據。元代嘗注意到整理耕地，因爲土地制度混亂，賦稅是不能公平的，仁宗延祐元年（一三一四）平章章閭有說：『經理大事，世祖已嘗行之，但其間欺隱尚多，未能盡實，以熟田爲荒地者有之，懼差而析戶者有之，富民買貧民田而仍其舊名輸稅者亦有之；由是歲入不增，小民告病。』（見元史食貨志），元初土地制度混亂，欲免隱稅與均役，只有令有田之家，從實自首，即所謂經理法；其法先期揭榜示民，限四十日，以其家所有田自實於官；或以熟爲荒，或以田爲蕩，或隱占逃亡之產，或盜官田爲民田，指民田爲官田，及僧道以田作弊者，並許諸人首告，十畝以下，其田主及管幹田戶，皆杖七十七；二十畝以下加一等，一百畝以下一百七，以上流竄北邊，所隱田沒官，郡縣正官不爲查勘，致有脫漏者，量事論罪，重者除名。經理法與北宋神宗時呂惠卿之手實法差不多，均爲土地制度混亂時之救濟法，但行之而苛擾殊甚。據新元史卷六十八食貨志載經理法實行以後，御史臺臣言：『蔡五九之變，皆由你咱馬丁經理田糧，與郡縣橫加酷暴，逼抑至此，新豐一縣，撤民廬千九百區，夷墓揚骨，虛張頃畝，流毒居民。』仁宗延祐間行經理法，至泰定天歷之初，遂棄置不用，然所以除隱田之括田，則行之頗久，經理是普遍施行，括田是局部實行。元世祖本紀，稱世祖至元四年，括西夏民田，徵其租，成宗元貞元年，詔江浙行省括隱漏官田，經理括田，本欲使田盡出賦，然不能括田於眞正匿田之富豪。元代對於農業，頗知注意：（甲）農政。世祖時首以御史中丞孛羅爲大司農卿，又命各路擇通曉農事者，充勸農官，勸農桑，懲游惰，又中央置勸農司，各地置勸農使，立司農司，以中丞左丞張文謙爲司農卿，專掌農桑水利；至元二十三年頒佈農桑十五條於各路，茲附載於下：（1）諸縣所屬村疃五十家爲一社，擇高年曉農事者爲社長。（2）每社增至百家，別設社長一員，不及五十家者與近社合爲一社，地遠人稀，不能相合，各自爲社者聽。（3）社長專以教勸農桑爲務，本處官司不得將社長差占，別管餘事。（4）社長宜獎勤罰惰，催其趁時耕作，仍以田塍樹牌杙，書某社某人地段，社長以時點視。（5）每丁歲植桑棗二十株，或附宅植地桑二十株，其地不宜桑棗者，聽植榆柳等，其數亦如之，種雜果者，每丁限十株，仍多種苜蓿，備凶年。（6）河渠之利，委本處正官一員，偕知水利人員，以時濬治，如別無違礙，許民量力自行開引。地高水不能上者，命造水車；貧不能造者，官給車材；俟秋成之後，驗使水之家，俾均輸其值。（7）近水村疃，應鑿池養魚幷鵝鴨之屬，及種蒔蓮藕芡菱蒲葉，以助衣食。（8）社內有疾病凶喪之家，不能耕種者，衆爲合力助之。社內之疾病多者，兩社助之，其養蠶者亦如之。（9）耕牛死，命均錢補買，或兩和租賃。（10）荒田除軍營報定及公田外，其餘投下探馬赤軍之自行占冒，從官司勘當得實，先給貧民耕種，次及餘戶。（11）每社立義倉，社長主之；豐年驗各家口數，每口留粟一斗；無粟者抵斗存留雜色物料，以備凶荒。（12）本社有孝弟力田者，從社長、保甲、本處官司，量加撫卹；若所得不實，亦行責罰。（13）有游手好閒及不遵父兄教令者，社長籍記姓名，候提官到日，審問情實，書其罪於粉牆，猶不改，罰充本社大役。（14）每社立學校一，擇通曉經學者爲學師；農家子弟入學，如學文有成者，申覆官司考驗。（15）每年十月，委州縣正官一員，巡視本管境內，有蝗處遺子之處，設法除之，務期盡絕。這條例內容包涵着救荒教育互助和種植水利督勸農民耕作等，能够實行，對於農民，當然有相當的利益；（該條例見通考與新元史所載）；但結果官吏藉農社以遂其敲詐，豪紳假借社長之威權以資其剝削。（乙）和糴。元世祖中統二年，照市價略增十分之一以糴糧。至元二十二年，始命江南秋收，官爲定例收糴，次年減價出糶，大抵用以充軍儲。至於和買之法，諸和買物須驗出產停頓去處，分俵均買，又須於收物處，榜示見買物色及價鈔，物既到官，鈔即給示，仍須監之置簿，以備檢勘。（丙）荒政。元代對於荒歉救濟有二種：（一）蠲免人民差役賦稅。（二）振貸以米粟，或平價出糶，另有倉儲制度，以備凶荒。（甲）常平倉。常平倉始於至元六年，其法豐年米賤，官增價糴之，至米貴之時，官減價糶之；八年以和糴糧及諸路倉所撥糧貯常平倉。武宗至大二年九月令路府州縣設立常平倉，以權物價，於豐年收糴粟麥米穀，俟青黃不接時，減價出糶。元代所設之常平倉，大都在於河北、河南、山西、陝西、山東、安徽北部之間，大江南北則少。（乙）義倉。義倉始於元世祖至元六年，其辦法，每社立一倉，名曰義倉，由社長主之。豐年驗各家口數，每親丁納粟五斗，官吏不得拘檢借貸，歉歲就給社戶食之，米及十年，倉庾充實，但民見其害，不見其利，（一）因掌倉者投充是役，侵削小民。（二）因點檢科斂社民，糶賣義穀。（三）出貸時豐年有米，則勒令民戶承貸，凶荒之歲，則推稱已貸盡絕，惟務肥己，不卹濟人。（四）回收時三五成羣，遍繞鄉村，催索逋貸，加收斗穀，虛申按驗。東平趙天麟鑒於其弊，奏請改制，凡社長社司掌管義倉，不得私用，凡官司不得拘檢借貸，及許納雜色。（參閱續通典卷十六食貨，馮柳堂著中國民食史一二四至一二八頁）。元代雖知注重農政荒政，但是因王族貴人富豪軍人之廣占良田，而貧農之受魚肉者甚多，許多失掉耕地的農民，結果陷於佃奴的地位。元典章三聖政二載減私租，至元二十三年二月，世祖詔書說：『江南有地土之家，召募佃客，所取租課，重於公稅數倍，以致貧民缺食者甚衆；今擬將田主所取佃客租課，以十分爲率，減免二分。』同書一九戶部種田更載大德八年，江浙行省上奏說：『江南佃民，多無己產，皆以富家佃種田土，分收子粒，以充歲計。若值青黃未接之時，或遇水旱災傷之際，多於佃主之家，借債貸糧，接缺食用，候至收成，驗數歸還，有田主之家，當念佃戶借貸口糧，揭取錢債，不須勒令，多取利息，方纔應付，或於立約之時，便利添答數目，以利爲本，纔至秋成，所收子粒，除田主分受外，佃戶合得糧米，盡數償之，還本利更有不敷，抵當人口，准折物件，以致佃戶遷移，土田荒廢。』又同書五七刑部一九禁典紀載至元十九年御史臺所說：『切見江南富戶，止靠田土，因買田土，方有地客，所謂地客，卽係良民，主客科派，其害甚至於官司差發若地客生男便供奴役，若有子女便爲婢使，成爲妻妾……又有佃客男女婚姻，主戶常行攔當，需求鈔貫布帛禮數方許成親。其貧寒之人，力有不及，以致男女怨曠，失時淫奔傷俗，……前項事理，卽亡宋弊政，至今未能改革，南北王民，豈有主將佃戶看同奴隸役使典賣，一切差役皆出佃戶之家。』由是以觀，田主役使佃民，買賣佃民，或干涉其婚姻之種種不法行爲，都是使佃民感受痛苦的。在官田之佃戶，比較能受到減租恩典，惟實際上官田之監督者，上下其手，佃民之受實惠者亦少。

第三節　元代之社會風習

蒙古人爲游牧部落，其風俗習慣不與漢族同，入據中國後，有沾染漢人之風習者，而漢人亦有沾染他的風習者。據趙翼陔餘叢考：『元時蒙古色目人，有同漢人姓名者，如察汗帖木兒系出北庭，以祖父家于潁州，遂姓李，字庭瑞。丁瑞年、本西域人，以其父職馬祿丁爲武昌達魯花赤，遂以丁爲姓而名鶴年。又有內地人作蒙古名者，如賀勝、鄠縣人，字伯顏。楊朵耳只及來阿八赤，皆寧夏人。劉哈喇不花，本江西人。褚不華本隰州人。昂吉兒本張掖人。朵兒赤本寧州人。楊傑只哥本寶坻人。李忽蘭吉本隴西人。抄兒本汴梁陽武人。謝仲溫本豐州人，而其孫名孛完。綦公直、益都人，而其子名忙古台。事俱見元史，亦一時風尚也。』據趙雲崧二十二史札記：『元時漢人以蒙古名爲榮。』今人之多以歐西名相尚，亦猶是。蒙古色目人，皆散處各地，常有與內地人聯姻者。陔餘叢考：『元時蒙古色目人，聽就便散居內地，如貫雲石，乃功臣阿里海牙之孫，而居江南。葛邏祿迺顏，隨其兄宦遊，而居浙之鄞縣。薩都剌、木沓失乃蠻氏，而爲雁門人。泰不華、本伯牙吾氏，其父塔不台，始家台州。余闕、本唐兀氏，其父始居廬州。肖乃台本禿伯怯烈氏，而家東平。忽都鐵木祿、本赤合魯氏，而家南陽。徹里、本燕只吉台氏，以曾祖太赤封徐邳二州，遂家徐州。怯烈、本西域人，而家太原。察汗、本西域人。鐵連、本乃蠻人，而皆居絳州。孟昉、本西域人，而居北平。紇石烈希元、本契丹人，而居成都。……

按元世祖至元二十三年，以從官南方者多不歸，遣使盡徒北還，可見自元初色目人已多散處他邑；不寧惟是，更有與內地人聯姻者，如伯顏不花之母鮮于氏，乃鮮于樞之女，（見元史）松江人俞俊，娶也先普化之姪女。元史大德七年，以行省官久任，多與所部人聯姻，乃詔互遷其久任者。』蒙古人色目人，散處漢人地方，又多與漢人聯姻，其風習自然有沾染漢人者。元代蒙古人有養奴之風習，據輟耕錄一七奴婢所載：『今蒙古色目人之臧獲，男曰奴，女曰婢，總曰驅口。蓋驅口驅丁，即驅使丁口之意。』又載『國初平定諸國，日以俘到男女，正配爲夫婦，而所生子孫，永爲奴婢。』元代社會秩序混亂，人身買賣，比其他時代特別增多，元史一六耶律楚材傳：『先是州郡長吏多借賈人銀，以償官息，累數倍曰羊羔兒利，在奴其妻，猶不足償。』元史一七三崔彧傳：『江南理財積久逋賦，期限嚴急，胥卒追逮，半于道路，民至嫁妻賣女，殃及親鄰，維揚錢塘受害最慘。』元典章五六刑部載：『大德（成宗年號）十年三月，御史臺……切見江南地面，自歸以來，被賣良民爲多。』又載：『延祐（仁宗年號）三年三月十八日，行臺……中原江南州郡，近年以來，良家子女，假以乞養過房爲名，恃有通例，公然展轉販賣，致使往往陷爲驅奴。』販賣人口之俗，不但漢民族爲然，即蒙古人中也有爲貧苦所迫以致賣妻子者，元史一三四和尚傳載：『蒙古軍在山東河南者，往戍甘肅，跋涉萬里，裝橐鞍馬，……貧富自辦，每行必鬻田產，否則賣妻子；戍者未歸，代者當發，前後相仍，困苦日甚。』

同書仁宗紀『比聞蒙古諸部困乏，往往鬻子女於民家爲婢僕，其命有司贖之還各部。』元代賣人風氣，不獨普遍於漢土，且廣行於滿蒙各地，蒙古人中也有委身爲其所輕侮的漢人南人之奴隸者；惟鬻賣人口爲不良之風習，元代也如歷代朝廷一樣屢發禁令，加以阻止，其命令僅據元史本紀隨便可見者，則有世祖紀元至元十五年正月，十八年五月，仁宗紀元延祐二年正月二年二月，英宗紀元至治二年九月等不少實例；更詳細規定種種法規，（見元史一〇三——一〇五）可見當時人口典賣極爲盛行。人口買賣，在元朝不僅在民間流行，即諸海港與大都市等，更有賣付與外人的。元史刑法志載：『諸市舶金銀銅錢鐵貨男女人口絲綿緞疋銷金綾羅米糧軍器等，不得私販下海，違者舶商船首綱首事頭火長各杖一百七，船物沒官。』當時並且有反對外國奴婢，不斷的輸入於中國者，如元史一三九朵爾直班傳中有說：『禁取姬妾於海外，』達官貴人有蓄高麗女爲奴婢，否則不爲名家，且有由南海諸國收入黑奴，高其價以爲買賣。此外在元代蒙古風習中，於衣食住行喪葬等事，亦可表見者。據鄭所南（思肖）心史大義略序載：『舊韃靼所居，並無屋宇，氈帳爲家，得水草即住，獸皮爲衣，無號令，以合同出入，不識四時節候，以見草青爲一年，人問歲數，但以幾度草青爲答；自忒沒真驅金酋入南，嘉定癸酉歲，據古幽州爲巢穴，即亡金僭稱燕京大興府也，漸學居屋，亦荒陋，逮咸淳間，韃靼僭取大宋開封府大內式，增大新剏，始略華潔，虜民咸可造穹廬，與韃主通說；韃靼人凡相見來不揖，去不辭，卑求尊，跪而語，韃禮止於一跪而已，雙足跪爲重，單足跪次之；忽必烈篡江南後，一應漸習僭行大宋制度，猶禽獸而加衣裳，終非其本心，故辮髮囚首地坐無別，逆心惡行，滅裂禮法，卒不能改也。韃人甚耐寒暑雨雪饑渴，深雪中可張幕露宿，今皆不爛熱，且慣于乘舟，高山窮谷，馬皆可到，裹糧以肉爲麨，乾貯爲備，飢則水和而食甚濕，飽可一二日攪馬乳爲酒味腥酸，飲亦醉，羣虜會飲，殺牛馬曰大茶飯，但飲酒曰把盞，雜坐喧溷，上下同食畢杯互飲不恥殘穢，飲酒必囚首，氈藉地坐，以小刀刺肉授人，人則開口接食爲相愛，卑者跪坐受賜，行坐尙右爲尊，久不相見，彼此兩手相抱肩背交頸搖首齧肉跪膝摩膝爲極慇懃。』觀此可以知道蒙古人的風習。又蒙古大汗之營葬極爲祕密，其可考者有三說：馮一鵬塞外雜識說：『元人於陵墓所在，不令人知，葬後必驅萬騎蹴之使平，至草長無迹乃已。』草木子說：『蒙古諸汗葬時，以陵無標識，難以尋覓，乃於葬後屠一稚駝於陵前，使母駝視之，將來謁墓時，引母駝與俱，母駝必尋至其稚駝被殺之地，昂首哀鳴，卽可因以知陵之所在。』馬可波羅說：『大汗葬時極祕密，沿途見人皆殺之以殉。』由上三說，蒙古葬俗之嚴守祕密，灼然無疑。（見李思純元史學一七七頁引），蒙古有以珠穿耳之俗，據洪鈞元史譯文證補之太祖本紀下有說：『主兒只遣使納賄行成，一大珠盛於盤，圍小珠無數，帝問何人之耳穿珠，可來領珠，盡散於衆，有續至求珠者，擲珠滿地，俟其自取。』又元史耶律希亮傳有說：『王遣以大珠二，使穿耳帶之，希亮辭曰：不敢傷父母之遺體。』至太祖本紀所說：『帝問何人之耳穿珠，可來領珠。』則可知當時蒙古人之穿耳者，不限於女人，而男人亦有穿珠者。其他民俗之較著如下：（1）以草青爲一年，月圓爲一月，（見元祕史序），以草青紀歲，不言幾歲而言幾草。（見元史譯文證補太祖生卒年月考），（2）元旦諸王捶鐵爲禮。（見元史證文證補太祖本紀上），（3）帳殿金碧毳幕，可蔽千人，每汗死，則別易新者，所費過於宮室。（見魏源元史新編），（4）以鼠牛馬龍虎狗等紀元。（見元朝祕史），（5）渴飲馬乳，以革囊盛之。（見元史譯文證補太祖本紀），（6）合贊汗改奉回教，始帕首廢冠制。（見元史譯文證補合贊傳），從上引說，元代之社會風習，是不具有高尙的文化的。

第四節　元代之稅制

元取之於民，大率以唐爲法，其取於內郡者，爲丁稅地稅，仿唐之租庸調；取於江南者，爲秋稅夏稅，仿唐的兩稅法。丁稅地稅之法，自太宗始行之；初太宗每戶科粟二石，後又以兵食不足，增爲四石，繼定科徵之法，令諸路驗民戶成丁之數，每丁歲科粟一石，驅丁五升，新戶丁驅各半，老幼不與，其間有耕種者，或驗其牛具之數，或驗其土地之等而徵收。丁稅少而地稅多者納地稅，地稅少而丁稅多者納丁稅；工匠僧道驗地，官吏商賈驗丁；虛配不實者杖七十，徒二年，仍命歲書其數於册，由課稅所申省以聞，違者各杖一百。世祖申明舊制，於是輸納之期，收受之式，關防之禁，會計之法均備。（參閱二十四史九通政典類要合編卷二百四十二食貨）。其時天下歲入糧數，總計一千二百十一萬四千七百七石。內腹裏二百二十七萬一千四百四十九石，行省九百八十四萬三千二百五十八石。計遼陽省七萬二千六十六石，河南省二百五十九萬一千二百六十九石，陝西省二十二萬九千二十三石，四川省一十一萬六千五百七十四石，甘肅省六萬五百八十六石，雲南省二十七萬七千七百一十九石，江浙省四百四十九萬四千七百八十三石，江西省一百一十五萬七千七百四十八石，湖廣省八十四萬三千七百八十七石。以江浙省歲入糧數爲最多，河南省江西省次之；甘肅省爲最少，遼陽省四川省次之；由此可以徵驗當時各省的富力。世祖中統四年正月，改諸路監榷課稅所，爲轉運司；是年令凡在京權勢之家爲商賈，及以官銀買賣之人，並赴務輸稅，入城不弔引者，同匿稅法。至元四年九月，申嚴西夏中興等路，僧尼道士商稅酒醋之禁。七年五月，定三十分取一之制，以銀四萬五十錠爲額，有盈額者別作增餘。十年四月，免隆興路榷稅三年。十四年七月榷大都商稅。二十六年，大增天下商稅。（參閱續文獻通考卷十八）。二十八年，命江淮寺觀田，宋舊有者免租，續置者輸稅。成宗大德三年，凡在官之田，許民佃種輸租；十二月，理荆湖公田租，時公田爲民害，而荆湖尤甚，部內實無田，隨民所輸租取之，戶無大小皆出，雖水旱不免，宣慰使立智理威上其事於朝，集賢學士閻復亦言公田租重宜減，以貸貧民，於是遣使理之；凡官無公田者，始隨俸給之，民力少蘇。四年又以地廣人稀，更優一年，令第四年納稅，凡官田夏稅，皆不科。泰定之初，有所謂助役糧者，其法命江南民戶有田一頃以上者，於所輸稅外，每頃量出助役之田，具書於册，里正以次掌之，歲收其入，以助充役之費。元制差科之名有二：（一）絲料，（二）包銀，各驗其戶之上下而科收；絲料包銀之外，又有俸鈔之科，其法亦以戶之高下爲等。（此法太宗始行，每二戶出絲一斤，並隨取絲線顏色輸於官；五戶出絲一斤，並隨取絲線顏色輸於本位；包銀之法，憲宗時始定），世祖中統元年，立十路宣撫司，定戶籍科差條例，其戶大抵不一，戶既不等，數亦不同。二年復定科差之期，絲料限八月，包銀初限八月，中限十月，末限十二月，三年又命絲料無過七月，包銀無過九月。三年七月，詔農民包銀徵其半，俾戶止令輸絲，民當輸賦之月，毋徵私債。四年三月，詔諸路包銀以鈔輸納，其絲料入本色，非產絲之地，亦聽以鈔輸入；凡當差戶包銀鈔四兩，每十戶輸絲四十斤，漏籍老幼鈔三兩，絲一斤。元於常賦之外，所加取於民者，非獨江南，惟中原亦然；太宗時（窩闊台即大汗位，是爲太宗）止有絲料丁稅二宗而已，至憲宗（拖雷之子蒙哥即位，是爲憲宗）而增包銀，至世祖而增俸鈔。查元代絲料包銀俸鈔，並徵於一戶之中，而戶之成丁者，復徵其丁稅，就全科戶計之，當出絲一斤六兩四錢，包銀四兩，俸鈔一兩，丁稅粟三石，元之地稅，上田畝祇三升，而戶丁科差之重有如此。世祖至元二十八年，以至元新格定科差法，諸差稅皆司縣正官監視人吏置局均科，諸夫役皆先富強後貧弱，富等者，先多丁，後少丁。元朝海關之制，與宋朝差不多，元史卷九十四食貨志說：『元自世祖定江南，凡鄰海諸郡與番國往還互易舶貨者，其貨以十分取一，麤者十五分取一，以市舶官主之，其發舶迴帆，必著其所至之地，驗其所易之物，給以公文，爲之期日，大抵皆因宋舊制而爲之法焉。』元代商稅大致可以分爲三類：（一）正課，就是商賈買賣所納稅額，以及田宅奴婢孳畜的交易所納契本工墨之費。（二）額外課，正課之外，另行征收的課額。（三）船料稅，就是對於商船所徵之稅，船料稅率定爲一千料以上者，年納鈔六錠，一千料以下者，依數通減。商稅正課稅率，初定爲三十分取一，後又改爲二十分取一。據元史卷九十四食貨志載：『商賈之有稅，本以抑末，而國用亦資焉。元初未有定制，太宗甲午年始立徵收課稅所，凡倉庫院務官并合於人等，命各處官司選有產有行之人充之。其所辦課程，每月赴所輸納，有貿易借貸者，並徒二年，杖七十，所官擾民取財者，其罪亦如之。』元朝商稅徵收，採用包稅之法，當時謂之「撲買」，即由商人認定每年繳納歲課若干，承領包辦，然後自行向商民收稅，這種包稅制度，是貪利之徒罔上虐下之根，爲害甚大。元代商稅歲額，在世祖時止四萬五千錠，到文宗天曆時，天下總入商稅額數爲九十三萬九千五百六十八錠，可知當時商稅的加重了。

第五節　元代之商業

元朝蒙古人入主中國，併合無數小國，建立空前之大帝國，版圖擴張的結果，和外國交通頻繁，通商因而興盛。在元代以前，許多地方被視以爲國外貿易者，但在元代可視爲國內貿易；其間如花剌子模（今阿富汗與波斯），木剌夷（今裏海南岸地），欽察（今裏海與黑海北岸地），康里（今鹹海北裏海東岸地），西遼（今俄屬中亞細亞），報達（今米索波達米亞），以及歐洲的斡羅斯（即前俄羅斯），都是元朝的屬地；所以元代的國內貿易和國外貿易比以前的朝代爲發達。牠的生產事業也較發達，如政府自營貿易，及立官設工場以製造以供給官用物品。關於官營之業，如設梵像提舉司掌雕刻繪畫；出臘提舉司掌出臘鑄造之事；設局所以製造繡繪紋錦紗羅瑪瑙金銀木石油漆鎔冶等物；又於各地置染織提舉司凡十六所，以掌染絲綿織布帛等事；由此可以知道當時產業之盛，是間接影響於商業的。元代政府的企業，有平準庫，回易庫，和買及市易司等名目；鹽鐵酒茶官賣之制，大致和前代彷彿。平準庫，始立於世祖至元間，主平物價，使相依準，不致或低或昂；回易庫在諸路中設立，凡十有一，掌市易幣帛諸物；和買之制，是彷宋代遺法，此制流弊所及，往往估價不實，及吏胥尅扣作弊，而人民受其擾害；市易司先立於各都會，使諸牙儈計商人貨物四十取一，以十爲率，六分入官，而以四分給牙儈；諸路各立市易司，以官錢買幣帛，易羊馬，選蒙古人牧之，收其皮毛筋骨酥酪等物；以十分爲率，八分入官，而以二分給牧者。（參閱鄭行巽中國商業史一四三頁）。元代之陸路貿易，當世祖尚未統一中國時，與宋互市，祇限於政府企業，至於越境私商，則在所嚴禁，而對於私販馬匹者，禁止尤嚴；其後到至元十三年平定江南以後，始許商賈自由貿易。中統二年，曾於鴨綠江西立互市，與高麗通商往來。至元十四年，置榷場於碉門、黎州，與吐蕃貿易。外人來華貿易者，除海道外，有遵西北的陸道而行者。元於新開官道增設宿驛，邊隘要所，悉屯警備，所以通商不感困難，元史地理志：『元有天下，薄海內外，人迹所及，皆置驛傳驛使往來，如行國中；在西北一帶由大和領至巴實伯里，置新站三十。』歐人之由陸路而至中國通商者，有意大利威尼士（Venice）商人尼哥羅孛羅（Nicolo Polo,1260）與弟馬飛孛羅（Mafoo Polo）他們初經營商業於君士但丁堡，其後至布哈拉居其地三年，適值那時旭烈兀遣使至中國謁忽必烈大汗，使者見尼哥羅兄弟大喜，邀其同行赴大汗廷，以前大汗住居和林，到元世祖時因為政治上的目光由西域轉到中國，於是大汗駐節的地方由和林移至大都，即現在的北平，那時候稱北平為汗巴里（Khanbalik），意即汗京。尼哥羅兄弟奉世祖命歸意大利，偕同博通科學美術之士百人東來，但不能如願，東行時並攜尼哥羅之子馬哥孛羅（Marco Polo）以俱，在路共歷三年有半，經莫斯爾、報達、波斯南部，至忽魯謨斯（Hormuz），由此舍舟登陸，過呼蘭珊、巴爾赫、越帕米爾，以至疏勒、莎車、和闐。復向北過庫車、烏魯木齊、哈密至甘肅，由此以至山西，再由山西至開平府（上都），繼由開平府至大都。（參閱向達編中西交通史五八頁），可見當時陸路通商其所經路程的遙遠了。據馬哥孛羅遊記序：『當達達爾諸王之治亞細亞內地也，各君其土，而受節制於蒙古大帝，故威令行而道路不梗，商旅稱便，歐洲客商，聯袂而往，或謀什百之利，或圖仕祿於諸王之朝。』元代陸路貿易之發達已如上述，而海上貿易亦隨之繁榮，當時除跨有歐亞兩岸之地外，東南沿海諸島國，都入版圖，輸誠內向，元代的海外貿易，除去和南亞的印度（印度尚有一部分獨立不屬於元）以及歐非兩洲通商之外，更有和日本互市之事，後因世祖東征日本不利，以及日本海盜時侵擾邊疆，遂以中止。元世祖時，泉州、上海、澉浦、溫州、廣州、杭州等地，俱設有市舶司，以驗查輸出輸入的貨物，而取關稅十分之一，粗者十五分之一；及盧世榮掌財政時，具船給本，選人使赴海外貿易，所獲利益，分爲十分，官取其七，其餘三分給與貿易者，人民中有私航海外作買賣者，則禁止之。元史卷九十四食貨志市舶條『至元十四年，立市舶司一於泉州……立市舶司三於慶元、上海、澉浦，……每歲招集舶商於番邦，博易珠翠香貨等物，及次年迴旋，依例抽解，然後聽其貨賣。』此爲元代關於市舶司最初之紀事。至元十四年，市舶司僅從事於專門取締海外通商之中國市舶，至其翌年（至元十五年，西歷一二七八年），乃積極着手恢復南海諸國交通互市之計劃。元史卷十世祖本紀：『至元十五年八月，詔行中書省唆都、蒲壽庚等曰：諸蕃國列居東南島砦者，皆有慕義之心，可因蕃船人宣布朕意，誠能來朝，朕將寵禮之；其往來互市，各從所欲。』當時阿剌伯人之由印度、南洋而來泉州、杭州等處通商者頗盛，泉州且有世界貿易港之稱。馬哥孛羅遊記中載：『泉州港與印度貿易極頻繁，輸入物品多爲寶石珍珠等珍貴物品，實世界二大貿易港之一。』阿剌伯人及其他外人之寄寓於此者，數以萬計，可知其繁盛。元代的經濟政策，是重商主義的，所以牠對國外貿易，是加以奬勵的。據洪文卿元史譯文證補，論及元太祖嘗遣西域商三人賚白駱駝、毛裘、麝香、銀器、玉器，贈貨勒自彌王（卽花剌子模）並要求往來通商；又嘗派親王諾延等，出資遣人隨西域商賈西行，收買西域土物。對於海上貿易，立有市舶抽分則例二十二條（見元典章），定例抽分，粗貨十五分中一分，細貨十分中一分，凡官吏之抽分匿數不報，攜帶金銀違禁物品，船隻之停泊久暫，海商不請驗發憑擅自動程等事，皆有規定。元代商人除尋常所謂蒙古人漢人（契丹女眞及中國黃河流域人）南人（江淮以南之南宋人）以外，還有色目人，色目人在商業上所佔勢力最大，他們所包括之人種最繁，凡西域人、歐洲人及藩屬人，都在此範園內。元時宗教徒也有經營商業者；宗教中人，除中國之佛教徒道教徒有爲商人者外，還有基督教徒，回教徒，猶太教徒；就中以回教徒人數最多，雜居中國內地，如今北平、杭州、開封、揚州、徐州和寧夏，都爲當時答失蠻（回教徒）移居之地，中國回族在內地住居經商，是在此時開始。歐洲人來中國者，除傳教以外，大概是爲經商，其中著名的人物，如馬哥孛羅（Marco Polo），阿多利克（Friar Odoric），白果拉蒂（F.B. Pegolotti）是意大利人，較活動者，以馬哥孛羅爲最著名，他在華期共計二十五年之久，（西曆一二七一至一二九五），他以歐洲的富商而兼爲元代的樞密副使，（世祖時），在商業上，歐人受此影響，而佔有很重要的地位。他們回國以後，多著有遊記，記述當時中國社會風俗商業情形頗詳，對於中西文化之鈎通，是有關係的。元代版圖之大，商業之廣，而蒙古語採爲商業用語，在其時是很推行的。

第六節　元代之交通

元代東西交通所以頻繁，有兩大原因：（一）因大帝國版圖之統一，以前許多分立之小國，都歸滅亡，交通往來，得有自由。（二）以軍事上及政治上之目的，故新開官道，設宿驛，備守衛，而旅程的危險困難，得以減少，有此二因，東西交通，可說自元代而開展。自驛站既興，東西交通，遂多便利。據舊元史朮赤傳說：『朮赤，太祖長子也，國初以親王分封西北，其地極遠，去京師數萬里，驛騎急行，二百餘日方達。』在太祖時，自東至西需一歲久的行程，然後可達者，惟至太宗時，幅員益廣，由俄境薩萊（Sarai）城至北京，僅需二百餘日，此是設立驛站有助於東西交通的緣故。太宗阿闊台時慮奉使者牽經民地，既稽時，復擾民，欲令各千戶，分出夫馬，定立驛站，每站各設夫二十，內鋪馬與使者廩氣，羊馬及車牛，均有預備。當時的驛站，大體可分爲陸站和水站，陸站之數，比較水站爲多，所用船隻的數目，也遠不如獸類的數目之多；陸站所用的獸類，以馬爲普通，其次就是牛和驢，遼陽行省除用馬牛之外更用狗，甘肅行省除用馬牛驢之外更用羊；其他如河南、江北、湖廣諸省有用車，江浙江西等省有用轎。據馬哥孛羅遊記，論及元代驛站制度，以大都爲中心，由大都闢有大道若干，通至各行省，在每一條大道，每隔二十五或三十英里，設立一驛站，每站備有良馬四百匹，專供大汗使臣或差役馳騁往來掉換之用，在大汗國範圍以內，驛站之數，幾及一萬，而諸站所備馬數，約二十萬匹。當時通西方之道有二：其一，由天山南路經中亞，越波斯、阿剌伯，以達歐洲，是爲南道。其一經天山北路及西伯利亞南部，以達歐洲，是爲北道。其遵海路而來者，則發程於波斯、印度的海岸，經印度洋、中國海，而抵泉州、杭州諸港。東西交通，不但商業因之興盛，而學者軍人技術家畫家之來仕於元朝者尤衆；這等人對於西方文化，自然有許多的貢獻。中國之海上交通，則由於元世祖專務遠略之啓導。元史馬八兒等國傳載：『世祖至元間，行中書省左丞索多等，奉璽書十通，招諭諸番。十六年，遣廣東招討司達嚕噶齊、楊庭璧招俱藍。二十三年，海外諸番國，以楊庭璧奉詔招諭，皆來降，諸國凡十，曰馬八兒，曰須門那，曰僧急里，曰南無力，曰馬蘭丹，曰那旺，曰丁呵兒，曰來來，曰急蘭亦䚟，曰蘇木都剌。』（據丁謙元史外夷傳考證，馬八兒在今南印度馬都剌部地，俱藍在其北，賓索爾國境，須門那，卽蘇門答剌，僧急里，卽丁機宜，南無力，卽明史之南勃利，馬蘭丹，乃婆羅洲西北海中小島，丁呵兒，卽丁噶奴，來來地未詳，急蘭亦䚟，卽吉蘭丹，蘇木都剌，亦卽蘇門答剌）元史卷十四世祖本紀至元二十三年（西紀元一二八六）條載『九月乙丑朔，馬八兒、須門那、僧急里、南無力、南闌丹、那旺、丁呵兒、來來、急蘭亦帶、蘇木都剌十國，各遣子弟上表來獻，仍貢方物。』九通政典類要合編卷二百五十六載『世祖中統元年十二月，以孟甲爲禮部郎中充南諭使，李文俊爲禮部員外郎充副使，持詔往諭之；二年，孟甲等還，光昺遣其族人通侍大夫陳奉公、員外郎諸衞寄班阮琛、員外郎阮演，詣闕獻書，乞三年一貢，帝從其請，遂封光昺爲安南國王。』又載：『二十三年十月，以招討使張萬爲征緬副都元帥，額森特穆爾征緬招討司達嚕噶齊、千戶張成征緬招討使，並給虎符，敕造戰船，將兵六千人征緬，俾都元帥圖們岱總之，……既而雲南王與諸王進征至蒲甘，喪師七千餘，緬始平，乃定歲貢方物。』『占城近瓊州，順風舟行，一日可抵其國，世祖至元間，廣南西道宣慰使馬成旺，嘗請兵三千人，馬三百匹，征之。十五年，左丞索多，以宋平遣人至占城，還言其王失里咱牙信合八剌哈迭瓦，有內附意，詔降虎符，授榮祿大夫，封占城郡王。』『暹羅國，當成宗元貞元年，進金字表，欲朝廷遣使至其國，比其表至，已先遣使，蓋彼未之知也，賜來使素金符佩之，使急追詔使同往。』『世祖至元二十九年二月，詔出師征爪哇，先是遣臣使右丞孟琪往，黥其面乃大舉兵西征；十二月，福建、江西、湖廣三省軍會泉州，自後渚啓行；明年正月，水陸並進，破其國而還。』『海外諸番國，惟馬八兒與俱藍，足以綱領諸國，而俱藍又爲馬八兒後障，自泉州至其國，約十萬里，其國至阿不合大王城，水路得便風，約十五日可到，比餘國最大，世祖至元間，行中書省左丞索多等，奉璽書十通，招諭諸番，未幾馬八兒國，俱奉表稱藩。』從上所節錄來看，中國之海上交通，是由於元代初年之勤遠略，植其基也。至歐洲人之以海道交通東方，則由於馬哥孛羅遊記，以引起其冒險之志，馬哥孛羅遊記出版以後，歐西人士，對於東方始加注意，遂成爲喚起第十五六世紀的海陸發見的動機，此書影響於東西文化之鈎通至大。又意大利人披哥羅縮（Franceco Balducci-Pegolotti）所著的通商指南一書，亦引起歐西人士從海道以至中國印度的興趣。元代東西交通對於文化之影響，有可以據述者如下：蒙古曾傳中國之羅盤指南針於歐洲，木版鐫刻之印刷術，亦由蒙古自中國傳入歐洲；紙幣為中國早行之物，由蒙古之在波斯者，傳入歐洲，算盤乃計算之器，亦由蒙古西侵時傳入俄國與波瀾，今俄波兩國不識字之婦女於計算時尚通用之；火藥由蒙古西侵而歐人乃識應用，絲茶及瓷器，復隨蒙古人馬首而再入歐洲。（當中國漢代西方羅馬之時，中國絲茶諸物由安息（Parthos）之轉運居奇，流入歐洲），其由西方傳入東方之物為火礮（按元史載阿里海牙攻樊城時，世祖得回回亦思馬因所獻新礮法，命送軍前，乃進攻樊城，樊城破，移以向襄陽，一礮中譙樓，聲如雷震，世所謂襄陽礮是也），天文曆法知識，由阿拉伯回教徒傳入中國。（參閱李思純元史學第一章引）又內河的交通，元代也是很注意的，元代以大都為政治中心地點，漕運問題，重在南北河道的貫通，元史紀事本末卷十二載：『世祖至元十七年二月，浚通州運河。』『二十六年開會通河，從壽張縣尹韓仲暉等言，開河以通運道，起項城縣安山渠西南，由壽張西北至東昌，又西北至臨清，引汶水以達御河，長二百五十餘里，中建閘三十有一，以時蓄洩。』『二十九年，開通惠河，以郭守敬領都水監事，初守敬言水利十有一事，其一欲導昌平縣白浮村神仙泉，過雙塔榆河，引一畝泉玉泉諸水入城，匯於積水潭，復東折而南入舊河，每十里置一牐，以時蓄洩。』通惠河從大都西通通縣，長一六四里，自此由大都到杭州，就得有一條貫通南北的大運河。但元代因為會通河和通會河的岸狹水淺，及水閘易壞，所以南北運河的輸運事業，不如海運的發達。元代的海運，是就沿海的交通注重，且就內河與沿海的交通聯絡，元史紀事本末卷十二載：『順帝至正二年春正月，開京師金口河，時中書參議孛羅帖木兒，都水傅佐建言，起自通州南高麗莊一百十餘里，創開新河一道，深五丈，廣十五丈，放西山金口水東流，合御河，接引海運至大都城內輸納。』又載：『初海運之道，自平江劉家港入海，經揚州路通州、海門縣、黃連沙頭、萬里長灘，開洋，沿山嶼而行，抵淮安路鹽城縣，歷西海州、海寧府、東海縣、密州、膠州界，月餘始抵成山，計其水程，自上海至楊村馬頭，凡一萬三千三百五十里，後朱淸、張瑄（曾爲海盜，就元招撫）等言其路險惡，復開生道，自劉家港開洋，至撑脚沙，轉沙觜，至三沙、洋子江，過大洪，又過萬里長灘，放大洋，至靑水洋，又經黑水洋，過成山，過劉島，至之罘，放萊州大洋，抵界河口，其道差爲徑直。最後殷明略又開新道，從劉家港入海，至崇明州三沙，放洋向東行，入黑水大洋，取成山，轉西至劉家島，又至登州、沙門島，於萊州大洋入界河，當舟行風信有時，自浙西至京師，不過旬日而已。』元代的海運事業，初由上海總管造平底海船六十艘，運糧四萬六千餘石，從海道至京師；由沿海至遠海的交通，亦非有多數之船隻不可。據元史食貨志，世祖注意海外，以國庫巨金造船，據依本巴都(Ibn Batuta)中國遊記所載，當時中國船隻極多，大小不一，其大者足容乘客千人之多，船上有多數之射手盾手，及發火箭的弩手，以防備海盜，船身有甲板四層，所用桅杆，有多至十二者；所用之櫓，有多至二十之數，櫓形極大，嘗用十五人至三十人操之；其船之構造設備載量，足以冠絕千古云。（按依本巴都，據日人高桑駒吉中國文化史之考證，是摩洛哥的亞拉伯人；據鄭行巽中國商業史之考證，爲非洲之摩爾人。）

治河是交通事業之一，元代常因河決，頗注意於治河計劃，世祖至元二十三年十月，河決開封、祥符、陳留、杞、太康、通許、鄢陵、扶溝、洧川、尉氏、陽武、延津、中牟、原武、睢州十五處，調民夫二十餘萬分築隄防。二十五年，河決汴梁，太康、通許、杞三縣，陳潁二州皆被其害。成宗元貞元年七月，河決杞縣蒲口；先是河決汴梁，發丁夫三萬塞之，至是蒲口復決，乃命廉訪使尚文相度形勢為久利之策，文言：『長河萬里西來，其勢湍猛，至盟津而下，地平土疏，移徙不常，失禹故道，為中國患，不知幾千百年矣。自古治河處得其當，則用力少而患遲；事失其宜，則用力多而患速；此不易之定論也。……揆今之計，河西郡縣，宜順水性，遠築長垣以禦泛濫，歸德、徐、邳，民避衝潰，聽從安便，被患之家，量於河南退灘地內給付頃畝以為永業，異時河決他所者，亦如之，亦一時救患之良策也。』河水泛濫，阻礙交通，傷害居民，所以治河是很重要的事業，成宗大德十年正月，發河南民十萬築河防。泰定帝泰定二年二月，以河水屢決，立都水監於汴梁，倣古法備捍，仍命瀕河州縣正官皆兼知海防事。七月，河決陽武，漂民居萬二千五百餘家，卽發丁夫六萬四千人築之。順帝至正四年正月，河決曹州，發丁夫萬五千八百修築之；十月，議修黃河淮河堤堰。元代始終注意於治河，可見對於交通事業是不加以輕視的。（參閱元史紀事本末卷十二）。

元代改中都為大都，大都是當時繁盛的都市，大都為全國交通的中心，由大都至各行省，或由各行省至大都，均有大道通行，這交通所至的都會，如西安、太原、大同、涿州、臨清州（黃河流域）及南京、鎮江、揚州、蘇州、杭州、澉浦、襄陽等地，都是當時繁盛的都市。

第七節　元代之幣制

元代承金之舊，仍以銀鈔並用，在幣制上有一個大特色，就是紙幣運用的普遍，此類紙幣的性質，是不兌換的。紙幣之外有銀錠、元寶流通市面，但沒有甚麼勢力；我們看元史食貨志，可以知道當時紙幣的行使有如何的重要；元代用兵四方，兵力所及之地，就是紙幣通行所及之地，這種大量紙幣的推行，在軍事的進展上，是具有很大的助力，但因爲鈔法混亂，濫造濫發，民生貽害無窮。至於紙幣製造機關，則上都及大都有交鈔提舉司，和林有轉運司兼提舉交鈔，輝和爾置有交鈔提舉司，推行鈔法於西北邊地。濟寧路置宣慰司，印造交鈔供給江南軍需，江南四省置交鈔提舉司，頒行鈔法於江淮等處。順帝時，大都更置寶泉提舉司，鑄錢之外，並印造交鈔。（參閱鄭行巽中國商業史一四二頁）。元代的鈔法，有一特別之點，就是不和銅錢相權，而和絲銀相權，這是因當時所存的錢實在太少。太宗八年正月，詔印造交鈔行之。憲宗三年夏，立交鈔提舉司，印鈔以佐經用。時各道以楮帛相貿易，不得出境，二三歲輒易，鈔本日耗，商旅不通，眞定兵馬都總管史楫，請立銀鈔相權法，人以爲便。（參閱續文獻通考卷九）。世祖中統元年，交鈔以絲爲本，每銀五十兩，各物之價值並從絲例；但是實際上絲不過是個空名，仍然是鈔銀並用。世祖中統元年十月，行中統寶鈔，分一十，二十，三十，五十，一百，二百，五百，一千，二千，九種；其價值是：

中統寶鈔 1 貫 = 交鈔 1 兩 = 銀 $\frac{1}{2}$ 兩

以紋綾織爲中統銀貨，有一兩，二兩，三兩，五兩，十兩五等，每一兩的價，等於白銀一兩，沒有發行。世祖至元十二年，又造釐鈔三種，是一文，二文，三文，因民不便用，十五年取消。中統鈔行之旣久，物重鈔輕。十四年十一月，詔僞造寶鈔，同情者並處死，分用者減死杖之。十七年六月，頒行鈔法於江淮等處，廢宋銅錢。二十一年十一月，敕中書省整治鈔法。二十四年三月，改造至元寶鈔，以僧格爲尚書省平章政事，更定鈔法頒行，至元寶鈔中統鈔，通行如故，查其價值：

至元鈔 1 貫 = 中統鈔 5 貫 = 銀 $\frac{1}{2}$ 兩 = 金 $\frac{1}{20}$ 兩

當時歲賜周乏餉軍，皆以中統鈔爲準。中統鈔行之二十年，價格跌爲五分之一。至元鈔凡十等，一十文爲半錢，二十文爲一錢，三十文爲一錢半，五十文爲二錢半，一百文爲五錢，二百文爲一貫，三百文爲一貫五錢，五百文爲二貫五錢。一貫爲五兩，二貫爲十兩，五個一貫爲半錠，五個二貫爲一錠。（見續文獻通考卷九葉子奇草木子說），武宗至大二年，循舊典造至大銀鈔，自二兩至二釐，定爲一十三等，每一兩準至元鈔五貫，白銀一兩，赤金一錢，其價值是：

至大銀鈔 1 兩 = 至元鈔 5 貫 = 銀 1 兩 = 金 $\frac{1}{20}$ 兩

至大四年四月（時仁宗已卽位）罷至大錢鈔。順帝至正十年，丞相脫脫議改鈔法。據歷代通鑑輯覽卷九十八載：『遂定更鈔之議，以中統交鈔一貫省權銅錢一千文，唯至元鈔二貫，仍鑄至元通寶錢，與歷代銅錢並用，以實鈔法，至元鈔通行如故，置寶泉提舉司，鑄至正錢，印造交鈔，令民間通用。行之未久，物價騰湧，至逾十倍，所在郡縣，皆以物貨相貿易，公私所積之鈔，皆不行，國用由是大乏。』至正通寶錢與歷代銅錢並用，是爲鈔法的一變。當時的價值是：

中統鈔 1 貫 = 至元鈔 2 貫 = 錢千文

順帝至正十六年，禁銷毀販賣銅錢。十七年京師立便民六庫，倒易緍鈔。十八年，以陝西軍旅事劇，供費艱難，遂分戶部寶鈔等官就陝西置局印送寶鈔。據元史食貨志『每日印造，不可數計，舟車裝運，舳艫連接……所在郡縣，皆物貨相貿易公私所積鈔，人視之若弊楮。』可知元末鈔法的混亂。（上列金銀價比較表引呂思敏本國史一八八頁）。

第八節　元代之官制

元起初的時候，官制簡單，據元史紀事本末卷十四載：『世祖中統元年四月，初定官制，初太祖鐵木眞，起自朔土，統有其衆，部落野處，諸事草創，設官甚簡以斷事，官爲至重之任，位三公上，丞相謂之大必闍赤，掌兵柄則左右萬戶而已。後以西域漸定，始置達魯花赤於各城監治之，達魯花赤，華言掌印官也。（按高桑駒吉中國文化史達魯花赤卽斷事官），及取中原，太宗窩闊台，始立十路宣課司，選儒臣用之。金人來歸者，因其故官，若行省若元帥，則以行省元帥授之。世祖卽位，始大新制作，乃命劉秉忠、許衡，酌古今之宜，定內外官制，其總政務者，曰中書省，秉兵柄者曰樞密院，司黜陟者，曰御史臺，體統旣立，其次在內者，則有寺有監有衛有府，在外者則有行省有行臺，有宣慰司，有廉訪司。其牧民者，則曰路曰府曰州曰縣。官有常職，位有常員，食有常祿，其長則蒙古人爲之，而漢人南人貳焉；於是一代之制始備。』世祖釐定官制，大都模仿漢制，其較爲特別的是：（1）諸官或漢蒙並置，如翰林兼國史院之外，又別有蒙古院等。（2）關於宗教上的官，比別一朝注重；當時設立一個宣政院，雖是掌釋敎僧徒，兼治吐蕃起見，其實是由於迷信喇嘛的緣故。（3）關於工藝而設之官甚多，大都（燕京）與各路，有諸色人匠總管府，此外隨處設局如織造、繡染、皮貨、瓷器、梵像、瑪瑙、玉石、油漆等皆各設專官但諸官之長，必爲蒙古人而漢人南人次之，二十二史劄記卷三十載『一代之制，未有漢人南人爲正官者中書省爲正本之地，太祖太宗時，以契丹人耶律楚材爲中書令，宏州人楊維中繼之楚材之子鑄，亦爲左丞相，（元制尚右），此在未定制以前。至世祖時，惟史天澤以元勳宿望爲中書右丞相；仁宗時欲以回回人哈散爲相，哈散以故事丞相必用蒙古勳舊，故力辭，帝乃以伯答沙爲右丞相，哈散爲左丞相。太平本姓賀名惟一，順帝欲以爲御史大夫，故事臺端非國姓不授，惟一固辭，帝乃改其姓名曰太平，後仕至中書省左丞相；終元之世，非蒙古而爲丞相者，止此三人，哈散尙係回回人，其漢人止史天澤、賀惟一耳。』（4）關於理財的官，元代也較別一朝爲詳密，因元朝總想損下以益上的緣故。九通政典類要合編引元史百官志說：『大德以後，（成宗紀元），承平日久，彌文之習勝，而質簡之意微，僥倖之門多，而方正之路塞，官冗於上，吏肆於下，言事者屢疏論列，而朝廷訖莫正之。』觀此可知元朝設官之冗贅，有說其數達一萬六千四百二十五員。（見續通典職官典）茲略舉元代官制特徵如下：（甲）中書省中書之名，起於漢武帝時，與尙書同侍天子，參與政務樞機，遂漸握宰相之實權。中書省之名，始見於魏晉之際，至梁陳之間，遂與秦以來之尙書侍中各具官屬，而儼然爲省；於是尙書中書門下三省鼎立，隋唐因之。尙書省依據從來歷史，專統理行政事務，且以施行王命爲任務。中書省對於尙書省所上之文書草擬指令，在國務上依天子之意志草擬命令。門下省，對於中書省起草之命令，或由天子直下之命令，負審查之任。審查後認爲可行者，中書省奉之，下於尙書省；尙書省奉執行之任。如是者，政務分屬三省，合三省長官，而當古宰相之任。元制略依金制，不名尙書省，而名中書省，九通政典類要合編卷二百三十九載：『元之相職，較前代獨多，曰中書令曰左右丞相，曰平章政事，曰左右丞，曰參政，雖分長貳，皆佐天子出令。』其中書省與金制不同之要點如下：（一）中書省之長官中書令，必以皇太子任之。輟耕錄卷二十二皇太子署牒條說：『惟皇太子立，必兼中書令樞密使。』據元史紀傳，世祖之皇子眞金，武宗之皇弟愛育黎拔力八達（卽仁宗），仁宗之皇子碩德八剌（卽英宗），順帝之皇子愛猷識理達臘，皆於皇太子時，兼爲中書令樞密使。文獻通考卷四九職官考載：『初唐因隋制，以三省之長中書令，侍中，尙書令共議國政，此宰相職也。其後以太宗嘗爲尙書令，臣下不敢居其職，由是僕射爲尙書省長官，與侍中中書令，號爲宰相。』可爲例證。（二）中書令之下，置丞相二人；右丞相在上，左丞相在下，與歷朝之制不同。九通政典類要合編卷二百三十九載：『右丞相左丞相各一員，正一品，銀印，統六官，率百司，居令之次，令缺則總省事，佐天子，理萬機。』（三）右丞相之下，有平章政事，右左丞，參知政事，皆同金制；右丞居上，左丞居下。（四）金以尙書令，左右丞相，平章政事爲宰相；左右丞，參知政事，爲執政官。元代則自中書令至參知政事，悉稱宰相。但元史百官志謂平章政事爲『掌機務，貳丞相，凡軍國重事，無不由之。』左右丞爲『副宰相，裁成庶務，號左右轄。』參政爲『副宰相以參大政，而其職亞於左右丞。』金史百官志謂左右丞參知政事爲『執政官，爲宰相之貳，佐治省事。』是兩朝之制，亦不甚相異。（參閱日人箭內亙著元朝制度考漢譯本四頁）。（乙）尙書省。元制以中書省爲最高行政機關，而又置尙書省與中書並立者，前後凡三次。元代中書尙書二省之職掌，與前代之名雖同，而其實全異。元史紀事本末卷十四載：『至元七年春正月，立尙書省，初議三省並建侍御史，高鳴上言曰：臣聞三省，設自近古，其法由中書出政，移門下，議不合則有駁正，或封還詔書；議合則遷移中書，中書移尚書，尚書乃下六部郡國。』元史卷七世祖紀載：『至元七年春正月，立尚書省，罷制國用使司。』可知尚書省乃制國用使司廢後，代行其職之官府，專在財政方面之職掌，凡關於錢糧，應與尚書省協議。通元之世，三設尚書省，皆因救財政之急，應必要而設置，及知其弊又廢之。故元之尚書省，為特附財政上全權之臨時官府。（丙）門下省。元欲復三省鼎立之舊制，故設置門下省。門下省設於至元七年，據元史卷一四八董文忠傳所說，及禮部尚書謝昌元，請立門下省以復封駁制敕之古制，世祖嘉納之，關於門下省，元史所傳者僅此。（丁）各部屬。（1）吏部，吏部尚書三員，正三品，侍郎二員，正四品，郎中二員，從五品，員外郎二員，從六品，掌天下官吏選授之政令，凡職官銓綜之典，吏員調補之格，封勳爵邑之制，考課殿最之法，悉以任之。（2）戶部，戶部尚書三員，正三品，侍郎二員，正四品，郎中二員，從五品，員外郎三員，從六品，掌天下戶口錢糧田土之政令，凡貢賦出納之經，金幣轉通之法，府藏委積之實，物貨貴賤之直，斂散准駁之宜，悉以任之。（3）禮部，禮部尚書三員，正三品，侍郎二員，正四品，郎中二員，從五品，員外郎二員，從六品，掌天下禮樂祭祀之朝會，燕享貢舉之政令；凡儀制損益之文，符印簡冊之信，神人封謚之法，忠孝貞義之褒，送迎聘好之節，文學僧道之事，婚姻繼續之辨，音藝膳供之物，悉以任之。（4）刑部，刑部尚書三員，正三品，侍郎二員，正四品，郎中二員，從五品，員外郎二員，從六品，掌天下刑名法律之政令，凡大辟之按覆，繫囚之詳讞，奴收產沒之籍，捕獲功賞之式，冤訟疑罪之辨，獄具之制度，律令之擬議，悉以任之。（5）兵部，兵部尚書三員，正三品，侍郎二員，正四品，郎中二員，從五品，員外郎二員，從六品，掌天下郡邑郵驛屯牧之政令，凡城池廢置之故，山川險易之圖，兵站屯田之籍，遠方歸化之人，官私芻牧之地，駞馬牛羊鷹隼羽毛皮革之徵，驛乘郵運祇應公廨皂隸之制，悉以任之。（6）工部，工部尚書三員，正三品，侍郎二員，正四品，郎中二員，從五品，員外郎二員，從六品，掌天下營造百工之政令，凡城池之修濬，土木之繕葺，材物之給受，工匠之程式，銓注局院司匠之官，悉以任之。各部所定員司，均非固定，常隨君主一人意思更易。（參閱九通政典類要合編卷二百三十九）。（戊）樞密院。唐代宗永泰中始置內樞密使，以宦官董廷秀任之，是爲樞密院之濫觴，（特冠以內字者是以宦官任之），其職掌立於天子與政府之間，授受文書，傳達詔旨，宋與以樞密院與中書省相對，前者掌武事，後者掌文事。元之樞密院，自中統四年五月創設，以皇太子眞金（燕王）爲其長官。樞密院秩從一品，掌天下兵甲機密之務；凡宮禁宿衛、邊庭軍翼、征討、戍守、簡閱、差遣、舉功、轉官、節制、調度，無不由之，可知樞密院務的重要。世祖中統四年，置樞密副使二員，僉書樞密事一員；至元七年，置同知樞密院事一員，院判一員，又以中書平章商量院事。其後成宗大德十年，武宗至大三年，仁宗延祐四年，各有增易。（己）行樞密院。元代初時有征伐之事，則置行樞密院，大征伐，則止曰行院，爲一方一事而設，則稱某處行樞密院，或與行省代設，事已則能。行樞密院，設立於四川、成都、江南、甘肅、河南、嶺北等地，乃以征伐經略爲目的，爲臨時所設之官，其後廢合頻繁，至元二十八年，皆罷，以其事歸中書省。（庚）御史臺。御史之名，起於周，至漢時始置御史府，內掌糾察百官善惡政治得失，外司監察地方行政，後漢改爲御史臺，歷朝因之，元代亦然。元之御史臺，根據高智耀、張雄飛等之建議，於至元五年七月設置。御史臺，由以御史大夫爲其長官，與其屬下之殿中司及察院組成，仿唐之臺院、殿院、察院之制。（辛）行御史臺。行御史臺，亦如行樞密院之於樞密院，行中書省之於中書省。又提刑按察司，分屬於御史臺行御史臺，掌管監督糾察地方，至元二十八年二月，改稱肅政廉訪司。（壬）行中書省，行中書省，原稱行中書省事，即中書省分出於各地方者之意，其後遂爲常置之地方行政官之名，同時又表示其管轄區域，成爲行政區劃之名，又略稱行省，更略稱爲省，此名始於元，至今仍沿用之。元史卷九一百官志載：『行中書省凡十，秩從一品，掌國庶務，統郡縣，鎭邊鄙，與都省爲表裏。』又載：『國初有征伐之役，分任軍民之事，皆稱行省，未有定制。』查知行省之名，自世祖中統元年以後已用之，惟其備設行省，專任丞相以下官屬，實自至元十一年始。（癸）大都督府，大都督府，正二品，管領左右欽察兩衞，龍翊侍御，東路蒙古軍元帥府，東路蒙古軍萬戶府，哈剌魯萬戶府。其他旁的機關，有大宗正府，凡諸王駙馬投下蒙古色目人等，應犯一切公事，及漢人姦盜詐僞蠱毒厭魅誘掠逃驅輕重罪囚，及邊遠出征官吏等事，悉掌之。大司農司，凡農桑水利學校飢荒之事，悉掌之。大兵農司，凡有水田去處，置大兵農司，招誘夫丁，有事則乘機招討，無事則栽植播種。大都督兵農司，置分司十道，專掌屯田之事。國史院，掌編修國史之事。翰林院，掌譯寫一切，及頒降璽書。內八府宰相，掌諸王朝覲儐介之事。集賢院，掌提調學校，徵求隱逸，召集賢良之事。宣政院，掌釋教僧徒，及吐蕃之境而隸治之。宣慰使司，掌軍民之務，分道以總郡縣。宣徽院，掌供玉食，及燕享宗戚賓客之事。大禧宗禋院，掌神御殿朔望歲時諱忌日辰禋享禮典。太常禮儀院，掌大禮樂祭享宗廟社稷封贈謚號等事。典瑞院，掌寶璽金銀符牌。（太祖之時有金虎符金符銀符三種）太史院，掌天文曆數之事。太醫院，掌醫事，製奉御藥物，領各屬醫職。藝文監，掌校讐儒書，及以國語敷譯儒書。侍正府，掌內廷近侍之事。起居注，掌奏聞紀錄之事。將作院，掌成造金玉寶貝器皿之事。中政院，掌中宮財賦營造供給之事。儲政院，備輔翼皇太子之任。都威衞使司，掌侍衞親軍之事。衞侯直都指揮使掌東宮儀從金銀器物之事。總管府，掌戶口錢帛差發之事。都護府，掌領舊州城及畏吾兒之居漢地者，詞訟聽審之事。崇福司，掌祭享之事。大都留守司，掌守衞宮闕都城調度本路供膳之事。上都留守司，職掌如大都留守司而兼治民事。此外尚有武備寺太僕寺尚乘寺太府監度支監經正監都水監祕書監司天監儒學提舉司，官醫提舉司，鹽課提舉司，市舶提舉司，茶鹽轉運司，運糧萬戶府，諸路總管府州牧刺使等官職。據趙翼二十二史劄記載：『元世祖定制，總政務者曰中書省，秉兵柄者曰樞密院，司黜陟者曰御史臺。其在內者，有寺，有監，有衞，有府。在外者有行省，行臺，宣慰司，廉訪使。其牧民者，曰路，曰府，曰州，曰縣。官有常職，位有常員，其長皆以蒙古人爲之，而漢人南人貳焉。』……成宗本紀，各道廉訪司，必擇蒙古人爲使，或缺，則以色目世臣子孫爲之，其次始參以色目人及漢人。文宗本紀，詔御史臺凡各道廉訪司官，用蒙古二人，畏兀、河西、回回、漢人、南人各一人。是漢人南人之廁於廉訪司者，僅五之一也。其各路達魯噶齊，亦以蒙古人爲之。至元二年，詔以蒙古人充各路達魯噶齊，漢人充總管，回回人爲同知，永爲定制。其諸王駙馬分地，並令自用達魯噶齊，仁宗始命以流官爲之，而諸王駙馬所用者爲副，未幾仍復舊制。文宗詔諸王封邑所用達魯噶齊，擇本部識治體者爲之，或有冒濫，罪及王相，然亦未聞有以漢人爲之者。此有元一代中外百官偏重國姓之制也。』『非我族類，其心必異，』元人之提防漢人，是事有必至者。

第九節　元代之軍制

元代武力震動世界，全在於軍制之部勒有法。九通政典類要合編卷二百五十三引元史卷九八兵志說：『元初以武功定天下，四方鎮戍之兵亦重矣；然其自始而觀之，則太祖太宗相繼以有西域中原，而攻取之際，屯兵蓋無定向，其制殆不可考也。世祖之時，海宇混一，然後命宗王將兵，鎮邊徼襟喉之地，而河洛山東，據天下腹心，則以蒙古探馬赤軍列大府以屯之，淮江以南，地盡南海，則名藩列郡，又各以漢軍及新附等軍戍焉，皆世祖宏規遠略，與二三大臣之所共議，達兵機之要，審地理之宜，而足以貽謀於後世者也。故其後江南三行省嘗以遷調戍兵爲言，當時莫敢有變其法者，誠以祖宗成憲不易以變更也。然卒之承平旣久，將驕卒惰，軍政不修，而天下之勢，遂至於不可爲，夫豈其制之不善哉蓋法久必弊，古今之勢然也。』元朝的兵制，最初只有蒙古軍和探馬赤軍；蒙古軍是本部族人，探馬赤軍是其他部族人。入中原以後，徵發人民爲兵，是爲漢軍；平宋之後，所得的兵，謂之新附軍。其遼東的糺軍，契丹軍，女眞軍，雲南的寸白軍，福建的畬軍，只是鄉兵，守衛本地，不調至別的地方，又別有礮軍，弩軍，水手軍等。世祖時，內則立左、右、中、前、後的五衞，而總以宿衞，於諸軍衞設親軍都指揮使；外則於萬戶（萬人長）之下置總管，千戶（千人長）之下置總把，百戶（百人長）之下置彈壓，而使樞密院總領之。若地方有警時，則設行樞密院，事畢則廢之。其成兵之法，蒙古軍和探馬赤軍之組織，是家有男子，十五以上，七十以下，無衆寡，盡簽爲兵；十人爲一牌，設牌頭。上馬則備戰鬪，下馬則屯聚牧養。孩幼稍長，又置籍，稱漸丁軍，這有似於舉國皆兵之制。人民服兵役的年限，較徵兵制更長。其平中原後所用的漢軍，則以貧富爲甲乙，戶出一人的爲獨軍戶，合二三戶而出一人，則以一戶爲正軍戶，餘爲貼軍戶；或以男丁論，常以二十丁出一卒；或以戶論，二十戶出一卒。其富商大賈則又取一人，謂之餘丁軍；取匠人爲兵，謂之匠軍；取諸侯將校的子弟充軍，謂之質子軍（蒙語謂禿魯華軍），此外尙有騎軍。蒙韃備錄有說：『韃人生長鞍馬間，人自習戰，自春徂冬，旦旦逐獵，乃其生涯，故無步卒，悉是騎軍。』此處所說無步卒，悉是騎軍，是不可信的，蒙古人武力如此之廣大，所用的兵士甚多，那有許多之馬供全部的兵士應用，不過他們養馬之法，騎兵之術，較爲優越，則可相信的。奇里有說『當戰術尚未進步時代，在開豁地中騎兵常見優越，而蒙人則有當時世界第一優良之騎兵。』(見 Kelley, The History of Russia, I 60—62)蒙古戰勝當時的各國，這是重要的原因。元代是極重馬政，九通政典類要合編載：『元起朔方，俗善騎射，因以弓馬之利取天下，古或未之有。蓋其沙漠萬里，牧養蕃息，太僕之馬，殆不可以數計，亦一代之盛哉。世祖中統四年，設羣牧所，隸太府監，尋陞尚牧監，又陞大僕院，改衞尉院，院廢，立太僕寺，屬之宣徽院，後隸中書省，典掌御位下大斡耳朵馬。其牧地東越耽羅，北踰火里禿麻，西至甘肅，南暨雲南等地，凡一十四處，自上都大都以至玉你百牙，折連怯呆兒，周迴萬里，無非牧地，馬之羣或千百或三五十，左股烙以官印。』元太宗時，凡諸王百僚來會，須用善馬五十匹，盜馬一二匹者，即論死；世祖時，命諸路市馬萬匹，送開平府；成宗時，以鈔五萬錠，授西征元帥，令市馬匹，分賜二十四城貧乏軍校；文宗時，遣使分行河間、保定、眞定，及河南、河東等路，括人民所有之馬匹；又於至順元年九月，出馬八萬匹，令於河間、保定等路分牧之。可見元時對於馬政之注重。順帝至元三年四月，漢人南人高麗人凡有馬者拘入官；十二年正月，拘取河南、陝西、遼陽三省，及上都大都腹裏等處漢人馬，由此可以知道元代對於漢族及其他部族之提防政策。元代亦知注重軍器，郡邑設弓手以防盜，諸路府所轄州縣，設尉司巡檢司捕盜所，皆置巡軍弓手。世祖中統二年六月，敕諸路造人馬甲及鐵裝具一萬二千，輸開平。至元九年十月，回回伊斯瑪音、創作巨石礮來獻，命送襄陽軍前用之。伊斯瑪音，從攻襄陽，相地勢，置礮於城東南隅，重一百五十斤，機發聲振天地，所擊無不摧陷。至元二十五年七月，命六衛造兵器，歲以鎧仗上供，其精者有西域礮，搨壘弩，又有神風弩，射八百餘步。二十六年四月，禁江南民挾弓矢，犯者籍而爲兵。武宗至大三年三月，禁漢人私藏軍器。關於水師，元世祖至元三年，河南等路統軍副使董文炳，造戰艦五百艘，習水戰。五年正月，敕陝西五路四川行省造戰艦五百艘，付宣撫使劉整。七年，教水軍七萬餘人，造戰艦五千艘。至元十年三月，教練水軍於興元、金洋洲、汴梁等處，造船三千艘。元代嘗利用水師以攻高麗、日本。

元代統治中國，得地日多，鎮守控制，非常注重。考太祖十三年，從木華黎至河北者凡十軍，其中契丹、女眞、漢三軍，稱探馬赤軍。太宗八年，屬於闊闊不花、按札兒、孛羅、笑乃解、不里合拔都兒五將，分鎮中原之益都、濟南、平陽、太原、眞定、東平、大名等地。其後征服西域、高麗等地，置有掌民政之達魯花赤，與統軍政之探馬赤。探馬赤，一作探馬臣，鎮戍官之意。有說是鎮戍軍之一種。又探馬赤軍亦不專守中原之地，亦有鎮戍四川、碉門、和林、金齒等邊境，而特與所謂漢軍區別，特稱探馬赤軍，是因漢人、契丹人、女眞人，當太祖之世，從木華黎經略中原，曾有大功；太宗時，分屬五部之將，使當守備中原之任。這等所謂漢人，服屬蒙古最早，伐金之役，立有大功，固不與金亡之後始歸服之漢人同一待遇，所以呼他們及他們之子孫爲探馬赤軍，認爲特別的團隊，許其存在，且另得贍養家庭之費，以示優待。據新元史卷一百一兵志載：『元初用兵四方，士卒以私財自贍，貧者助以貼戶，故上無養兵之費而兵易足。至世祖定軍戶之籍，凡蒙古、探馬赤、漢軍，皆月給米五斗，別以米四斗贍其家。及收宋降兵，籍爲新附軍，以無貼戶，月給米六斗，鹽一斤，所謂軍人鹽糧例也。』探馬赤軍之外，當鎮戍之任者，有蒙古軍、漢軍、新附軍。元朝帶兵的官，初時是視兵數多寡，為爵秩崇卑長萬夫的為萬戶，千夫的為千戶，百夫的為百戶；宿衛之士曰「怯薛歹，」以四怯薛領之，（都是功臣的子孫世襲），世祖定官制，於中央設前後左右中五衛，各置親軍都指揮使，以總宿衛；外則萬戶之下置總管，千戶之下置總把，百戶之下，置彈壓，皆總之於樞密院。

第十節　元代之法制

元代統治中國，隨意虐待漢族，漢族在這高壓政策之下，得不到法律的保障。據新元史卷一百二刑法志載：『蒙古初入中原，百司裁決，悉依金律，至世祖始取見行格例頒之，有司為至元新格，然帝臨時裁決，往往以意出入增減，不盡用格例也。其後挾私用譎之吏，夤緣倣效，亂法自顯，是謂任意而不任法，非縱弛之過也。』元史紀事本末卷十一載：『世祖至元廿八年夏五月，頒行至元新格。元初未有法守，百司斷理獄訟，循用金律，頗傷嚴刻，右丞何榮祖，家世業吏，習於律令，乃以公規治民禦盜理財等十事，輯為一書，名曰至元新格。』元為游牧部落，在游牧生活中，東飄西蕩，初無訂立法律之必要，所施用者，只一二刑事案件及軍令而已；其創設法制，實自世祖入統中國之際。當中原略定時，縣長吏生殺任情，甚至沒人妻女，耶律楚材奏請囚當大辟，必待報，違者論死，從之。太宗即位，耶律楚材，又條陳便宜十八事，如州縣非奉上令敢擅行科差者罪之。蒙古、回鶻、河西人，不納稅者死。監主自盜官物者死。應犯死罪者，具由申奏待報，然後行刑，皆著為令。太宗六年，帝在達蘭達巴之地，大會諸王百官，並頒條令，凡當會不赴而私宴者斬。凡出入軍禁從者男女以十人為限，軍中十人置一甲長，聽其指揮，專擅者論罪；其甲長以事來宮中，即置權攝一人，甲外一人，二人不得擅自往來，違者論罪。諸公事非當言而言者，拳其耳，再犯笞，三犯杖，四犯論死。諸千戶越萬戶前行者，以木鏃射之，百戶甲長諸軍有犯者其罪同，不遵此法者斥罷之。諸人或居室或在軍中，毋敢喧呼，盜馬一二匹者，即論死。（參閱新元史卷一百二刑法志）。此爲元初一種法制，當時以武力東征西剿，故注重者在於軍律。世祖中統四年二月，詔諸路私造軍器者處死，凡民間不輸官者與私造同。至元二年正月，嚴申越界販馬之禁，違者處死。五月令軍中犯法，不得擅自誅戮，罪輕斷重者聞奏；六月敕行院及諸軍將校卒伍，須正身應役，違者罪之。五年十二月，詔諭四川行省沿邊屯戍軍士逃役者處死。八年凡訟而自匿，及誣告人罪者，以其罪罪之。十一年詔凡盜皆殺無赦，尋敕革之。成宗大德元年五月，詔強盜姦傷事主者，首從悉誅，不傷事主止誅爲首者，從者刺配，再犯亦誅。八年二月，敕軍人姦盜詐僞悉歸有司。九年詔凡內郡江南人爲盜者黥其面，三次者謫戍遼陽，諸色人及高麗人免黥，三次者謫戍湖廣。又詔強略良人者，以強盜例科斷，和誘者次之。武宗至大二年，福建廉訪司說：『一罪先發，已經論決，餘罪後發，其輕若等則勿論，重者通計前罪以充後數；若一罪先發，已經斷罷，餘罪後發，係在被斷日月之前，其輕若等則與擬免；比前罪重者，驗贓計其所剩杖數決斷，准復追贓免斷。』三年，敕大辟罪臨刑，敢有刲割者，以重罪論。凡鞫囚若非強盜，不要加以酷刑。仁宗皇慶元年三月，詔以格例條畫有關於風紀者，類集成書，名風憲紀綱。延祐五年，詔軍官犯罪，行省咨樞密院擬議，毋擅決遣。英宗即位，禁宗戚權貴作姦犯科。至治（英宗紀元）二年十一月，御史李端說：『世祖以來所定制度，宜著爲令，使吏不得爲奸，治獄者有所遵守。』從之。三年二月，命完顏納丹、曹伯啓等纂集累朝格例而損益之，凡爲條二千五百三十有九，名大元通制，頒行天下。大元通制爲元代第二次頒行之法典，第一次爲至元新格，其效力只及於漢人，而大元通制，則漢人蒙人及色目人，一體及之，是書大綱有三：（一）詔制，（二）條格，（三）斷例。詔制爲條九十有四，條格爲條一千一百五十有二，斷例爲條七百十有七。此書的內容，全錄於刑法志，計名例四條，衞禁八條，職制三十七條，祭令五條，學規十三條，軍律十二條，戶律六十九條，食貨三十六條，大惡五十一條，姦匪五十九條，盜賊一百十四條，詐僞五十條，訴訟二十二條，鬬毆四十二條，殺傷一百六十條，禁令一百十一條，雜犯十四條，捕亡九條，恤刑十五條，平反四條，合共二十篇。泰定帝即位，禁蒙古流民，毋擅離所部，違者斬。泰定四年，命職官貪汚者，流放廣南。致和元年，詔百官凡不赴任，或擅離職守者，奪其官，避差遣者笞之。文宗天歷元年，敕軍中逃歸及京城游民，敢攘民財者，處斬。順帝即位，詔蒙古人及色目人犯罪者，隸宗正府，漢人南人犯罪者，隸有司；又詔蒙古人色目人犯盜者，免刺其文。至元二年，詔職官坐贓，經斷再犯，加本罪三等。六年，頒行至正條格，參酌大元通制而損益之，此爲元代第三次頒行的法典。據四庫全書總目卷八十四載：『至正條格二十三卷，元順宗時官撰，凡分目二十七：曰祭禮，曰戶令，曰學令，曰選舉，曰宮衞，曰軍防，曰議制，曰衣服，曰公式，曰祿令，曰倉庫，曰廐牧，曰田令，曰賦役，曰關市，曰捕亡，曰賞令，曰醫藥，曰假寧，曰獄官，曰雜令，曰僧道，曰營繕，曰河防，曰站赤（驛站），曰榷貨。元代法典，共頒行三次，一爲世祖時至元新格，二爲英宗時大元通制，三爲順帝時至正新格，只有格條，始終未有律文頒佈。

元代中央法院，編制分大宗正府，御史臺，刑部。地方司法管轄區域，省之下有路，路之下有州，州之下有縣，縣爲最下級。在刑法總則，分不爲罪，如姦非諸主姦，不坐；諸主姦奴妻者，不坐；諸夫獲妻姦，妻拒捕者，殺之無罪。如盜賊諸事主殺死盜者，不坐；諸夤夜潛入人家被毆傷而死者，勿論；諸子爲盜，父殺之不坐；諸父以子同盜，子年幼，不曾分贓，免罪；諸幼小爲盜，事發長大，以幼小論；未老疾爲盜，事發老疾，以老疾論，其所當罪聽贖，仍免刺配；諸女在室，盜其父，不能自存，有祖父母而不卹，因盜祖父母錢者，不坐；諸兄盜牛，脅其弟同宰殺者，弟不坐；諸爲盜悔過，以所盜贓還主者，免罪。如詐僞：諸父造僞鈔，子聽給使，不與父同坐；子造僞鈔，父不同造，不與子同坐。如殺傷：諸毆死應捕殺惡逆之人者，免罪，不徵燒埋銀；諸父有故毆其子女邂逅致死者，免罪；諸父臥疾，妻不侍湯藥，又詬詈其舅姑，以傷其夫之心，夫毆之邂逅至死者，不坐；諸奴毆詈其主，主毆傷奴致死者，免罪；諸兩家之子，昏暮奔還，中路相迎，撞仆於地，因傷致死者，不坐，仍徵鈔五十兩給苦主；諸瘋狂毆傷人致死者，免罪，徵燒埋銀。累犯罪，如姦非：諸姦私再犯者，罪加二等，婦人聽其夫嫁賣。如盜賊：諸先犯強盜，刺斷，再犯竊盜，止依再犯竊盜刺配；諸先盜親屬財，免刺，再盜他人財，止作初犯論。俱發罪，如盜賊：諸先犯誘姦婦人在逃，後犯竊盜，二事俱發，以誘姦爲重，杖從姦，刺從盜；諸爲盜初經刺斷，再犯姦私，止以姦爲坐，不以爲盜再犯論。共犯罪，以諸盜賊共盜者，並贓論，仍以造意人爲首，隨從者各減一等；諸竊盜年幼者爲首，年長者爲從，爲首仍聽贖，免刺配，爲從依常律；諸強盜行刼，爲主所逐，分散奔走，爲首者殺傷鄰人，爲從者不知，爲首者處死，爲從者杖一百七，刺配；諸脅從上盜而不受贓者，止以不首之罪罪之，杖六十七，不刺。刑名：分徒刑，身體刑，流刑，死刑。刑法分則：分侵犯皇室罪，內亂罪，泄漏罪，瀆職罪，聚衆罪，逮捕監禁脫逃罪，藏匿犯人罪，湮滅證據罪，誣告罪，失火放火罪，過失水害罪，私藏兵器罪，妨害交通罪，妨害秩序罪，僞造貨幣罪，僞造文書印文罪，僞造度量衡罪，褻瀆祀典罪，毁掘墳墓罪，販賣私鹽罪，賭博罪，重婚罪，妨害衛生罪，殺人罪，毆傷罪，墮胎罪，遺棄罪，逮捕監禁人罪，路誘及和誘罪，妨害人安全名譽罪，竊盜及強盜罪，詐欺取財罪，侵占罪，毀棄損壞罪。軍法：以諸臨陣先退者處死；諸統軍捕逐寇盜，分守要害，相約爲聲援，稽留失期，致殺死將士，仍不即退襲者處死；雖會赦，罷職不敍；諸防戍軍人於屯所逃者，杖一百七，再犯處死；若科定出征逃匿者斬以殉；諸軍戶貧乏已經存恤而復逃者，杖八十七，發遣當軍；隱藏者減二等，兩鄰知而不首者，減隱罪二等。（參閱拙著中國法律史大綱一二〇頁）

第十一節　元代之宗教

元代對於一切宗教，皆許流行，惟特別優待佛教，蒙哥汗時，會集僧道兩教徒於上都辯論教旨，結果僧人辯勝道士，忽必烈在此次辯論之後，曾極力援助佛教。喇嘛教本佛教派別，行於西藏，故又號西僧，世祖忽必烈得吐蕃後，以其他險遠，思有以柔服之，乃以喇嘛治其地，於京師設宣政院，掌天下釋教僧徒，而兼治吐蕃之境，以國師八思巴(Phags'-pa)領之，並令其管理土番三部。（當時蒙古人祇知有畏兀兒字母，至是忽必烈特命八思巴製一種蒙古新字，就是採土番字母所製的方體字，此種方體字行之未久即廢，後來蒙古人仍然用畏兀兒字母，蒙古字同畏兀兒字不同之點，僅在寫法，蒙古字不過僅有棱角而已）八思巴爲世祖國師，其命令與詔敕並行，終元之世，師位傳授不絕，其徒常散布於中國。喇嘛教的僧侶，都佩有金字圓符，往來中國和西番，所過之處，都要地方官辦差，驛舍不足，則強佔民屋居住，驅逐男子，姦淫婦女，無所不爲。在中原的就強奪民田，侵佔財物，包庇不納租稅者，寺觀田畝，皆免租稅。帝后妃主，皆受喇嘛戒，營建供養，所費不貲，西僧歲作佛事，至釋囚徒以爲福利，姦徒夤緣倖免，賞罰道廢。

由此可知當時佛教僧徒之橫行。

道教自南宋後，已不復振，元太祖曾自山東招道士邱處機，（長春眞人），以期得長生不老之術，世祖以後喇嘛得勢，道教乃愈形不振。元世所行道教，凡四派，即正一教，眞大道教，太乙教，全眞教，正一教爲張氏所傳，專行於江南；眞大道教，創始於金末道士劉德仁，五傳而至酈希誠，憲宗乃賜以眞大道教之名；太乙教，因傳太乙三元法籙之術，故有此名，始於金道士蕭抱眞，五傳至李居壽，獲賜太乙掌教宗師之印；全眞教，爲宋末道士王重陽所創，至其弟子邱處機，得太祖的尊崇，故在江北的根據益固。（以上可參閱蒙古史略漢譯本六七頁，國史通略二〇五頁，中國文化史漢譯本三五九頁）。

元代忽必烈，雖偏信佛教，但不妨礙他歡迎景教，一二八九年時（西紀元），設置一個管理基督教的機關，名崇福司，蒙人稱基督教徒曰迭屑（Tarsā），曰也里可溫（Ärkägün）稱長老同修道士曰列班也里可溫（Rabban Ärkägün），稱主教曰馬兒哈昔（Mār-harsiā）。十二世紀末年時，突厥蒙古諸部落中，至少有三部落信奉景教：（一）是阿力麻里的突厥部落，（阿力麻里是一個大主教的駐所）。（二）是戈壁中的克烈部。（三）是河套的汪古部。當時的景教，不僅流行於中亞，並且流行於中國。景教在西紀元被驅逐出中國北部以後，至是又隨蒙古侵略家之後而入中國，一二七五年時，報達城的總主教曾在大都設置一個大主教區，且景教並隨蒙古人侵入揚子江一帶；一二七八年時，有箇鎭江總管名喚馬薛里吉斯（Mār-Särgis）的，曾在鎭江建築一座景教教堂，此外在揚州杭州等處，也有景教教堂。自一三一六年至一三二八年之間，歐洲的宣教師經欽察、波斯、敍利亞、印度，自海路來中國，沿途訪廣州、泉州、遂由杭州入燕京，時爲元的文宗之世。

天主教在當時亦乘機傳佈，一二八九年時，教皇尼哥拉士第四（Nicolas IV）聽見蒙古國中有不少基督教區之存在，乃派佛蘭西士（Francisco）派教士孟帖戈威諾(Jonn du Monte-Corvino)持國書前赴遠東。一二九三年，遵海路達中國，至燕京，得元世祖的許可，從事布教；孟氏在大都（即燕京）建設了兩座教堂，不到幾年，受洗者已達五千人，並開始將讚頌歌譯爲韃靼語。一三〇七年時，教皇奇里文第五（Clement V）任命他爲大都的大主教；一三〇八年又派佛蘭西士派教士三人到大都，爲他手下的主教；一三三二年，即順帝元統元年，孟帖戈威諾卒於北京，北京的教徒，以及旅居北京的教士致書西國，對於孟氏都不勝欽服，以爲聖人。孟氏在元朝前後三十餘年，感人之深，與明代之利馬竇可說後先輝映。當時羅馬天主教不僅在中國北京一隅，南部如福建的漳州、泉州也設立教堂，置有主教，同孟氏來華傳教的日辣爾(Gerard)即被派爲漳泉一帶的主教，日氏去世，由伯肋格林(Peregrine of Cestello)繼爲主教，伯主教死後，即由安德肋(Andrew of Perugia)繼任，以主持漳泉一帶的教務。此外不遠萬里由歐洲東來傳教，其堅苦卓絕不亞於前諸人者，有一位眞福阿多理(Ordoric of Pordonone)，阿氏爲意大利人，自幼入法蘭西士會，年三十發願到中國傳教，一三一四年起程，孑然一身，至君士但丁堡，由此經小亞細亞至波斯、印度諸國，又由印度的錫蘭到南洋的爪哇、蘇門答剌，北上進緬甸，入中國，經雲南、兩廣，而入福建的泉州，得見安得肋諸人，在泉州寄居不久，即行北上，由南京、揚州，直達北京，到了北京，前後受洗者約二萬人，其後取道山西、陝西、四川、西藏諸地回歐洲；元代自馬哥孛羅以後，以外國人而遊歷中國，如此之廣者，惟阿多里一人。其時又有小弟會教士（Minorites）馬黎諾爾(John of Marignoni)受教皇本篤第十二(Benedict XII,1334-1342）之派遣而來東方，馬氏帶教友二人自法國經君士但丁堡，傍窩瓦河，過東士耳其斯坦至哈密，留駐甚久，一三四二年方至北京，留至一三四六年始至泉州取水道西還，路過印度，一三五三年方回到歐洲。元代天主教士，到過中國而留有紀錄的要算馬黎諾爾爲最後一人，元末羣雄割據四方，國內雲擾，布教遂陷於困難。（參閱蒙古史略八八頁，中西交通史五三至五七頁）據陳援菴所著元也里可溫考總論章論及元代基督教及天主教傳教情形有說：「有元得國，不過百年耳，也里可溫之行，何以若此？蓋元起朔漠，先據有中央亞細亞諸地，皆當日景教流行之地也。既而西侵歐洲，北抵俄羅斯，羅馬教徒希臘教徒之被擄及隨使節至和林者，不可以數計。而羅馬教宗之使節，如柏郎嘉賓、隆如滿、羅柏魯諸教士，又先後至和林。斯時長城以北，及嘉峪關以西，萬里縱橫，已爲基督教所遍布矣。燕京既下，北京長騎直進，蒙古色目，隨便居住，於是塞外之基督教徒及傳教士，遂隨軍旗彌蔓內地，以故中統初年詔旨，即以也里可溫與僧道及諸色人等並提，及至孟哥未諾（即孟帖戈威諾）主教至北京，而羅馬派之傳播又盛。大德間江南諸路，道教所訟，謂江南自前至今止有僧道二教，別無也里可溫教門，近年以來，乃有也里可溫招收民戶，將法籙先生誘化，則當時狀況，可想而知。」觀此元代基督教與天主教傳道之盛，可以知道了。

伊斯蘭教唐世曾一入中國而未至於盛行，逮唐末並其跡而絕，惟天山南北兩路之地，此教流傳，卻極見興盛，遂代佛教而起而尊信之最篤者，厥爲回紇（Uigur）人，以此中國乃稱之爲回教伊斯蘭教，直至宋末，不見其再在中國流傳。元太祖攻金時，其軍中有奉伊斯蘭教如畏兀兒人者，而太祖西征，伊斯蘭教徒之來仕者亦衆；次及太宗、憲宗，攻金與宋之時，從軍者，亦有伊斯蘭教徒；迨世祖一統中國後，盛用西域人，致蒙古的王族將相中，亦有信奉其教者；由是流傳中國，而尤以中國本部的西邊爲盛。據洪鈞元史譯文證補『元之畏吾兒（卽畏兀兒）爲回紇衰後分國，……回紇人自元以後，大率盡入天方教，而天方文字本於西里亞，故信教之回人謂蒙古文字出於回紇，回紇文字出於天方，以歸功於謨罕默德』。按伊斯蘭教，卽元史譯文證補所說之天方教。元史譯文證補伯勒克傳載：

『伯勒克信天方教，常集教士於鄂爾多，講論教律教理，太祖後裔入天方教者，自伯勒克始。』

元史學載『元人宗教信仰之留遺迹於中國者，則喇嘛教是也。元人崛起朔漠，無所謂宗教信仰，厥後四方以次勘定，東西諸罕亦頗苦其民野鄙傲，不易施治，乃不惜旁求外邦宗教，冀以教淑俗；當時諸汗國，分封萬里，幅員遼闊，風尚之傳習不同，交通之情況互異，故其所假借應用之宗教，亦復彼此不同，諸汗國中各種宗教爭競抉擇之結果，略如左表：

大元汗國	中國	喇嘛教
奇卜察克汗國	俄境西比利亞	回教
伊兒汗國	波斯	先奉耶教後改回教

元人興盛之時，西歐諸帝王方沉迷於復興基督教之夢中，竭其力以屢興十字軍，冀絕滅回教於西亞東歐之地，當時以伊兒汗國之撲滅回教，故羅馬教皇乃遣教士東行，冀與蒙古人聲氣相通，以從事合作撲滅回教。於時元人方務兼倂回教諸國，故亦採遠交近攻之策，務與基督教士交歡。吾人熟知意大利人馬可波羅（卽馬哥孛羅）之父

與叔，即奉蒙古大汗忽必烈之命，與羅馬教皇通使，以求其派遣教士東來者也。乃不幸道遠稽遲，復值教皇更迭，故忽必烈請求教皇派遣百人，而教皇乃僅派二人，且未達中國，中道而返。其時復值蒙古勘定青海川藏，土番僧侶，聲勢大張，若輩挾佛教中小乘外道之旁支，別受聶思脫理教派（Nestorians）之影響，而今日風靡蒙藏之喇嘛教，於以創行，蒙古大汗忽必烈，乃轉移其眷顧基督教之眼光，而別注目於喇嘛教，於是北方游牧馳突之民族，遂一變而爲黃衣佛號，氣息奄奄之今日蒙古部落，實以是時種其因。」觀此可以知道元代各教宗傳佈與衰之概況。

多神教亦爲元朝所崇尚，元與朔漠，代有拜天之禮，衣冠尚質，祭器尚純，帝后親之，宗戚助祭。憲宗即位之二年秋八月八日，始以冕服拜天於日月山，又用孔氏嗣孫元措說，合祭昊天后土。世祖中統二年，親征北方，夏四月，躬祀天於舊桓州之西北。至元十二年十二月，於陽麗正門東南七里，建祭臺，自後國有大典禮，皆即南郊告謝。成宗即位，夏四月，始爲壇於都城南七里，並遣司徒兀都台率百官爲告天請謚之禮。武宗即位，秋七月，命御史大夫鐵古迭禮，至南郊告謝天地。仁宗延祐元年夏，太常寺臣請立北郊，議中止。英宗至治二年九月，命羣臣會議南郊，順帝至正親郊之禮，凡再舉行，以右丞相爲亞獻官，太尉樞密知院爲終獻官，至親祀南郊儀注，與唐、宋、金略同。

元代祖宗祭享之禮，割牲奠馬，以蒙古巫祝致辭，世祖中統元年秋七月，設神位於中書省，用登歌樂，遣必闍赤致祭。（必闍赤譯言典書記）四年三月，建太廟於燕京，至元元年冬十月，奉安神主於太廟。元對於宗廟之禮，昭穆不分，後經劉致建議，加以注重，（他說：禮莫大於宗廟，宗廟者，天下國家之本，禮樂刑政之所自出也）這宗廟之禮，不問而知是仿傚中國的。元另有社廟羣神的祀禮：（一）太社太稷，至元七年十二月，下詔歲祀太社太稷；三十年正月，始用御史中丞崔彧之說，於和義門內少南得地建壇，儀節同唐宋。（二）先農之祀，至元九年二月，命祭先農如祭社之儀。武宗至大三年夏四月，從大司農請建農蠶二壇，其式與社稷同，儀節亦同唐宋。（三）宣聖廟，成宗時命建宣聖廟於京師。仁宗延祐三年秋七月，詔春秋釋奠於先聖，以顏子、曾子、子思、孟子配享。（四）岳鎮海瀆代祀，自中統二年始，凡二十九處，分五道。（五）郡縣社稷，世祖至元十年八月，頒令諸路立社稷壇壝儀式，繼於十六年春三月，定祭器制度，祭祀儀式。（六）郡縣三皇廟，成宗元貞元年，初命郡縣通祀三皇，並制三皇廟祀樂章。（七）風雨雷師之祀，仁宗延祐五年，於東北郊西南郊立壇壝之制。（八）凡名山大川忠臣義士在祀典者，所在有司主持之。由此可以知道元代對於多神教的崇祀，與歷代大同小異。（可參閱元史新編卷七十八），

第十二節　元代之美術

元代統治中國，不過九十餘年，然其美術之盛，則不減於唐宋。元之本身，雖無高尚的文化，而在於承受中國歷史的文化而說，各項文物亦有表見：（一）工藝，工藝亦是美術之表徵，元代工典列有二十二目，如玉工，金工，木工，摶埴之工，石工，絲枲之工等，皆甚注重。（二）繪畫，繪畫之特出者有翰林學士承旨榮祿大夫趙孟頫（字子昂號松雪道人），集賢待制同知湖州總管府事趙雍（子昂之子字仲穆），刑部尚書高克恭（字彥敬號房山），集賢殿大學士李衎（字仲賓號息齋道人），編修官儒學提舉朱德潤（字澤民），奎章閣鑒書博士柯九思（字敬仲號丹丘），都水庸田副使任仁發（字子明號月山），吳江令江棣（字子華），泰安知州廳事王蒙（字叔明號黃

鵠山樵）等。孟頫於山水木石花竹人馬，皆有特色；高房山好畫雲山；李息齋、柯丹丘，均善枯木竹石；朱澤民，以善繪蒼潤之山水著稱；任月山善畫天馬；王叔明爲元季四大家之一，尤善山水。其他顏輝（字秋月）之人物，王淵（字若水）之花鳥，張遠（字梅巖）盛懋（字子昭）之山水，皆爲當時之有名者。元代以游牧民族，入主中夏，內府之收藏鑑別，遠不如唐宋之淹博，即目錄亦已無傳，惟成宗大德四年，藏於祕書監之畫，選其佳者，馳驛杭州，命褾工王芝呈取所用之綾，在大府監褾裝，押以玉刻之圖書，用江南之佳木，作木匣藏之，而納於祕書庫，此種畫軸手卷，有六百四十六件。（三）書法，元代書法以趙孟頫爲首，篆眞行草無不精妙，天竺僧有數萬里來求其書者；其他耶律楚材、鮮于樞、鄧文、原明，亦以書法稱。（四）畫塑，元代畫塑尤精，繪塑佛像，特設專官提舉畫塑之像，並可以絲織之；成宗大德十一年十一月二十七日，勅丞相脫脫、平章禿堅帖木兒等，將成宗皇帝貞慈靜懿皇后御影，依大天壽萬寧寺內御容織之，南木罕太子及妃，依帳殿內所畫小影織之。塑像之藝之精者，是阿爾尼格，他是尼博羅國人，凡兩京寺觀之像，多出其手；有劉元者，嘗從阿爾尼格學西天梵相，亦稱絕藝。（五）製紙，在江西產白藤紙，觀音紙，清江紙，紹興出彩色粉箋，蠟箋，黃箋，花箋，羅文箋，其他亦有黃麻箋，春膏箋，冰玉箋等。（六）瓷器，元代之瓷器，於宋時諸窰中繼續製造，故與宋器難以識別，河南一帶所出者，多仿均窰而帶紫，天藍色，其器概稱元瓷，油較厚，即其特徵。在景德鎮，則改宋之監鎮官爲提領，至泰定後，使本路之總管監之，能爲白瓷，青瓷，印花，畫花，雕花之諸器。其餘江西有臨川窰，所產質薄色白而微帶黃色；大食窰，以銅爲器骨，嵌以磁粉（即琺瑯）燒成五色之花文；大食爲回教國，在阿拉伯，元代時始傳其製法。（七）漆器，元代浙江嘉興西塘之楊匯，有張成、楊茂二家，其所製之剔紅，以刻之深峻，著名於世；張成所作之針刻銘，剔紅之花盆，尚遺留於日本京都西郊之龍翔寺。（八）氈罽，氈是蹂獸毛而造之，罽爲毛織之物。元時自中央亞細亞至歐洲，一時風行，傳其製法。又在和林，（按和林是蒙古四大汗所宅都之地，十三世紀時爲蒙古帝國之中心，當蒙古定宗即位時，衣冠萬國咸會於此）命工部設置局院使之織氈，歲產三千二百五十段，無花紋者爲剪絨氈及毛裁氈，有花紋者稱絨毛氈，又稱羊毛氈，更謂之毯。元時之氈，有白、黑、青、粉青、明綠、柳黃、柿黃、赤黃、肉紅、深紅、銀褐等色。（參閱大村西崖著中國美術史漢譯本一七一至一八一頁）。（九）音樂，太祖初年，徵用西夏舊樂。太宗十年十一月，宣聖五十一代孫衍聖公元措來朝，奏請各路訪求亡金太常故臣及禮册樂器，詔徙其人器赴東平，令元措領之，於本路稅課所給其食。十一年，元措得金掌樂許政，掌禮王節，及樂工翟剛等九十二人於燕京。十二年夏四月，始命製登歌樂，肄習于曲阜宣聖廟。十六年，太常用許政所擧大樂令苗蘭，詣東平指授工人，造琴十張，一絃三絃五絃七絃九絃者各二。憲宗二年三月，命東平萬戶嚴忠濟立局製鐘磬等樂器肄習。世祖中統元年春正月，命宣撫廉希憲等召太常禮樂人至燕京。秋七月，用新製雅樂享祖宗於中書省。二年秋九月，敕太常少卿王鏞，領東平樂工，常加督視肄習，以備朝廷之用。五年，定名大成之樂。成宗大德九年，新建郊壇旣成，命大樂署編曲譜舞節，翰林譔樂章。英宗至治二年冬十月，用登歌樂於太廟。考元代樂器有興隆笙琵琶賀布思（制如琵琶），胡琴，箜篌笙簫箏笛頭管（以竹爲管），方響（制以鐵十六枚），雲璈（制以銅爲小鑼十三），戲竹，水盞（制以銅凡十有二），拍板等，另有樂隊，人數不等。（參閱元史新編卷七十九）。（十）建築，元代建築，據馬哥孛羅遊記卷一第五十七章載：「自章哈滓爾(Changanor)向東北行三日，至一城，名曰上都(Xandu)，此城爲今日御極之大可汗忽必烈所造，（上都今日已毀圯故址在科爾沁旗）以雲母大理華貴之石爲宮殿，搆製宏壯，華麗無比，殿中悉施金藻，其宮一面內向，一面向城垣，宮牆周圍十六英里，』又卷二第六章載：『大可汗每歲於陽曆十二正二等三月，皆居汗巴路大城中，城之位置在契丹（Cathay）之極東北，城之南宮殿在焉，宮之制，劃地築垣，圍以巨濠，垣爲方形，每面長八英里，於兩端之中闢一門，以便行人出入，垣以內沿牆凡寬一英里之地，皆屬廣場，羽林之軍駐焉。過此又有一垣，垣內之地，縱橫皆六英里，南北兩垣，闢門凡三，其中央者稍大，常時關閉，非大可汗出入不啓也；其兩旁之門，則以通行人焉。……城內亦有八庫，內儲大可汗御用之物，沿城偏栽樹木，間以草地，蓄麋鹿麞麝無數，草場遼廣，有石砌之道，以通往來，道上不染纖塵，中凸，天雨則水自兩旁流下，藉以灌漑草地，大可汗之宮，正建其中，此宮之華麗宏大，實爲天下之冠；宮起城北，直達城南，除天井外，餘無隙地，其中惟貴官及司宿衞之兵往來而已。宮殿均一層，無有樓者，然殿頂崇高無比，殿基爲石臺，高數丈，四圍皆白石之欄，無論何人，非經君問，不得過石欄一步；殿牆繪龍鳳鳥獸，亦有繪兩軍鏖戰狀者，仰牆亦施藻繪金漆；殿之四面，均有石級，自平地直接殿基石臺，大殿既深且廣，當大可汗賜宴羣臣時，容人至夥；宮之全部，零落星散，故觸眼多勝景，殿頂覆以五彩之瓦，搆造極堅，能歷久不壞，窗門之上，嵌以明瓦，通透若琉璃；宮殿之最後，有寶庫，凡珍珠寶石金銀及他貴重之物皆儲焉。』又卷二第七章載：『汗巴路城建於契丹省內大河之旁，自古稱爲雄都，汗巴路（Cambalue）之義，即皇都也。大可汗於河之對岸，另建新都，名之曰大都，兩都之間，中隔以河，大都爲方形，周圍長二十四英里，城垣以土爲之，牆基寬十尺，漸漸向上，峻削至牆頂，僅寬三步而已；城垛皆作白色，城形既方，其街衢均尙直，故人登南城，遠望能見北城之樓；通衢兩旁，商肆林立，各家區地建屋，亦成正方，無參差先後之不齊；每家之長，各得地若干，建屋其中，世世居之，自高處下視全城，極類棋盤，有城門十二，每面三門，四角各有各門，門上建危樓一座，樓中皆儲軍械，每門撥兵一千守之；城之中央，有鐘樓一所，每晚鐘鳴，至第三次，則街上禁止行人，其因延醫或接產婆必須外出者，必須提燈，否則仍以犯夜論罪。城外商店居民更多，市場遠出三四英里以外，以戶口論，城外尙多於城內也。商店居民之外，尙有旅館多處，各路客商，咸有專門旅館，例如回民有回民之旅館，蠻子有蠻子之旅館也。」觀此則元代京都的建築，其規模實爲宏偉。惟據鄭所南心史大義略序所述：「舊韃靼所居，並無屋宇，氈帳爲家，」與馬哥孛羅所記載，差若天淵。實因蒙古未擴大版圖之前，具有草昧之風，及其席捲歐亞之際，擄奪各地之財產，收羅各地之工匠，建築之術，城郭之美，自有不可同日語者。

第十三節　元代之教育

元代教育是倣法前代的，蒙古初無文字，其本族無教育之可言，及太祖征乃蠻（Naiman）時，得乃蠻人所用的畏兀兒（Uigur）文字，卽回回文字，乃始有文字，其後又假借漢字以濟用。迨世祖時，乃命喇嘛八思巴（Phag-spa）製蒙古新字而頒行之，其字僅千餘，其母凡四十有一，以諧聲爲宗，文字鄙陋如是，則元代之選士興學，當然是取法漢人的。據元史卷八十載：「元太祖龍興塞外，西征北伐，日不暇給，何暇議及敷文取士之事；及太宗定中原，所得金源文士漸多，丞相耶律楚材，史天擇，始建科舉之議，王鄂等輔太子於東宮，許衡爲祭酒於國學，議章程，擬制度，而終未施行；直至仁宗，始令行省舉鄉試，京師策進士，其法一如宋制。」據新元史卷六十四載：「太宗六年，以馮宇為國子總教，命侍臣子弟十八人入學，是為建置學校之始。中統二年八月，詔曰：諸路學校久廢，無以作成人才，今擬選博學洽聞之士以教導之，凡諸生進修者，仍選高業儒生教授，嚴加訓誨，務使成才，以備他日選擢之用，仍仰各路官司，常切主領敎勸。至元六年四月，復詔曰：事有似緩而實急者，學校是也，蓋學校者，風化之本，出治之原也。諸路雖設有學官，所在官司，例皆視同泛常，不肯用心勉勵，以致學校之說（疑設字）有名無實，由是吏民往來，不循理法，輕犯憲章，深不副朝廷肅清風俗宣明教化之意；今偏行各路，如遇朔望，自長次以下各率僚屬，俱詣文廟焚香，禮畢，從學校主善詣講堂，同諸生及願從學者講論經史，更相授受，日就月將，教化可明，人才可出，外所在鄉村鎮店，選有德望學問可為師表者，於農隙之時，依法訓導，使長幼皆聞孝弟忠信之言，則禮讓既行，風化自厚矣。」元時學校，在國學方面有普通國學，蒙古國學，回回國學三種，其餘高等專門以及小學鄉學等，都與前代相差無幾，茲分述如下：（甲）國學（1）普通國學（a）規制。通常國學就是儒學，分為至元以前，至元以後，延祐以後三個時期。（一）至元以前。元代國學，亦名國子監，也就是太學，學舍設在宣聖廟西偏，學校始立，是在太宗六年，第一班學生，是由侍臣子弟選派入學的，世祖即位以後，於至元七年，又派選侍臣子弟十一人入學，其中年長者四人，由許衡教讀，年幼七人，由王恂擔任教讀，因學級程度不分，與私塾差不多。至元十年，從太保劉秉忠之請，增置學額，國學士博果密，學士程鉅夫，有增設律算各科和博選師資的建議，對於學制頗有改進。（二）至元以後。至元二十四年，世祖委任周砥等十人為國子祭酒，同時議定國學規制，分管理，課程，考課，教授四方面。管理方面，是遵守祭酒掌監，博士掌學正錄掌理校規的分功原則課程方面，是在分別先修次修，以定教學的順序；教授是注重在傳習和復說；考課是完全注重私試，放棄公試的。（三）延祐以後。延祐二年，仁宗召集集賢殿學士趙孟頫，禮部尙書元明善等，討論修改國子學制，決定數點如下：（子）陞齋等第。把國子分做六個齋所，東西相向，下兩齋，左叫做遊藝，右叫做依仁，是誦書講說小學和屬對的所在。中兩齋，右叫做據德，左叫做志道，是講說四書課肄詩律者的所在。上兩齋，左邊叫做時習，右邊叫做日新，是講說易書詩春秋和習明經義的所在。每齋員數不等，每季考其所習經書課業，及不違規矩者，以次遞升。（丑）私試規矩。元代把全部學生分成蒙古、色目、漢人三個階級；每季在校內私試，漢人孟月試經疑一道，仲月試經義一道，季月試策問表章詔誥科一道。蒙古、色目人孟月仲月，各試明經一道，季月試策問一道，辭理俱優者爲上等，準一分，理優辭平者爲中等，準半分，每歲終通計其年積分，至八分以上者，升充高等生員，以四十名爲額，內蒙古、色目各十名，漢人二十名。（寅）黜罰科條。凡應私試者，其有不事課業，及一切違背規矩者，初犯罰一分，再犯罰二分，三犯除名，這是一種；已經陞補高等生員的，倘或違背規矩，初犯罰他殿附榜末一年，再犯除名，這是二種；普通在學生員，除月假外，其餘不論有無請假，凡一年之間，缺席滿半年以上的，一律除名，這是三種；除蒙古、色目學生，可以特別優待外，凡在學三年，不能通一經及不肯勤學者，勒令出學，這是四種。出學和除名的區別，是在前者，不過除下分簿或試榜的名字，後者則屏諸門牆之外。（參閱新元史卷六十四，徐式圭著中國教育史略一二一至一二六頁）。（b）貢試。世祖定下生員貢試補用的方法，至成宗大德八年，定爲蒙古、色目、漢人生員，每屆三年選貢一人。十年，更定比例標準，每百人各貢一人。武宗至大四年，規定貢試品級，蒙古人選試及格的授官六品，色目人授官七品，漢人授官從七品。考試之法，蒙古人最寬，色目人稍加嚴，漢人則最嚴，要試全科，（見新元史卷六十四）。仁宗延祐四年，修改前制，規定漢人要在日新時習兩齋坐滿二年，不曾犯過學規的，纔准他充試禮部；坐滿三年，纔准他充貢朝廷。蒙古和色目人要在志道据德兩齋坐滿二年，沒有過犯便可充試禮部；三年便可充貢朝廷。泰定帝三年，復廢除延祐積分之法，改用貢舉，一切貢試方法，悉照世祖舊例，令監學擬定，不過防閑較爲嚴密。至文宗天歷時候，又折衷古制，令國學生積分及等的，赴集賢殿奎章閣官員經過一層貢試，貢試及格的補官，不及格的再肄業。順帝至正初年，特別在廷試榜內，晝出一十八名，做國學生員的貢試名額；蒙古六人，授官從六品；色目六人，授官七品；漢人六人，授官從七品。至正八年，又因名額太少，詔令國學每年預選積分生四十八人，到了三年大比，共應一百二十人，除前額外，更設副榜二十人，考試下第的，還可以援用終場舉人之例，補授山長學正等官，當時考試程式：蒙古色目人，第一場，經問五條，大學孟子論語中庸內，設問朱氏章句集註，其義理精明，文辭典雅者，爲中選；第二場，策一道，以時務出題，限五百字以上。漢人南人，第一場，明經經疑二問，以大學論語孟子中庸出題，並用朱氏章句集註，復以己意結之，限三百字以上；經義一道，各治一經，詩經尚書周易三經，兼用古註疏，春秋許用三傳，禮記用古註疏，限五百字以上，不拘格；第二場，古賦詔誥章表內科一道，古賦詔誥用古體，章表四六兼用古體；第三場，策一道，經史時務內出題，不務浮藻，惟宜直述，限一千字以上。分進士爲左右榜，蒙古色目人爲右，漢人南人爲左。（參閱元史新編卷八十）（2）蒙古國子學。蒙古國子學，是教習蒙古字。世祖至元八年春，始詔立之，隨朝蒙古官及怯薛台官員，選子弟俊秀者入學，主要教材，是用蒙古字譯成的通鑑節要，學成出題試問，所對精通者，量授官職。他的名額，有普通和特別兩種普通名額，仁宗延祐時候，暫定爲一百名，其中蒙古五十人，色目二十人，漢人三十人，但百官子弟之入學者，不下二三百人，所以又在普通額內增設五十名，額外新設陪堂生一百四十名，供平民聽講之用。元時國學職掌，原分監官學官兩部，監官是總理教育行政的機關，與現時大學院一樣；學官是專門掌理學校的。（3）回回國子學。回回國子學，是教習回回文字。世祖至元二十六年，夏五月，尚書省臣論及回回弈思替非文字，宜於施用，其時有個翰林院臣益福的哈魯丁，精通這種文字，遂聘爲掌教。仁宗延祐元年設置回回國子監一職，專管回學行政事務。泰定二年以後，學生員額日暫增多，其學官及生員五十餘人，已給飲膳者二十七人，外助教一人，生員二十四人，並給廩膳；學生畢業以後，派往各機關擔任譯史職務。（4）國立小學。世祖中統二年，始置諸路學校之官；二十三年，詔江南學校舊有學田，復給之以養士；二十八年，令各縣學內設立小學。元之初制，把小學合併在國學內面，造成一種複級制度，這個只看世祖命侍臣子弟年幼的，跟隨國學助教王恂學習經義，就可明白了。（乙）高等專門。（1）醫學。元代醫學，由經驗傳習的有大醫院子弟，跟着大醫教官傳授下來。由學理研究的，就有醫學。據元史卷八十載：『世祖中統二年，大醫院使王猷言醫學久廢，後進無所師授，竊恐朝廷一時取人，學非其傳，爲害甚大，乃遣副使王安仁授以金牌，諸路設立醫學，其生員擬免本身擔醫差占等役，俟其學成，每月試以疑難，量加勸懲，後又定醫學之制，設諸路提舉綱維之。』當時設立各路醫學，並委派提舉司，專任醫學事務，先後成立的，有大都、保定、彰德、東平四路，河間、大名、大同、晉甯、濟甯、廣平、冀甯、濟南、遼陽、興和十路，衛輝、懷慶、大甯三路。提舉司有正提舉、副提舉、同提舉的各種名目不同；提舉的職務，除考校課義綱維校務的正掌外，還兼任勘校醫書，辨驗藥物，試驗太醫教官，訓誨太醫子弟等事務。（2）陰陽學。陰陽學，原是中國古代的一種天文學，屬太史局兼辦。元史卷八十載：『世祖至元二十八年，始命腹裏江南有通曉陰陽者，依儒學醫學之例，發往諸路教授，其有術數精通者，每歲錄呈省府，赴都試驗，果有異能則於司天臺內許令近侍。』仁宗延祐的時候，於府路州設教授，凡陰陽生皆管轄之而屬於太史，他的品級如下：教授一員正八品，學正一員從九品。（丙）鄉學。（1）普通鄉學。元代鄉學有曾經設立學校的，有僅設置一個提舉司，主提學務的。世祖中統元年，翰林承旨王鶚請就各路委選老儒提舉學校，一時設立有十路以上之多；二十八年，詔令諸路及各縣學內設立小學，選老成之士以教之。順帝四年，詔內外興舉學校，由是州府各處多興學，特別雲南一省因開化較遲，爲提倡起見，於建立校舍外，還給一定的學田。有的地方學生爲着特別情形，不願就鄉學校，還准他們在家聘請教師或傳授父兄家學，而其待遇資格和校內學生相同。（2）蒙古鄉學。蒙古鄉學，創立在世祖至元六年，同年十二月頒布學令，一面免除學生本身雜役以示獎勵。成宗元貞元年，更將諸路官地，劃歸各該鄉學供備學生廩餼，學生畢業高等的，還可考試翰林，充學官譯使各職。鄉學有路府州幾級，教授二人，擔任蒙古學和儒學，有等職務隸屬在軍事機關以內，其中亦注重軍人教育。（3）書院。書院是一種社會教育，也是一種私立學校。元太宗時候，中書省楊惟中在南朝收集伊洛遺書，送到燕京，重立太極書院，請大儒趙復、王粹講學。其中這是元朝設立書院的第一次。世祖二十八年，又詔令：『先儒過化之地，名賢經行之所，好事之家，出粟贍學者，並立爲書院。』由是書院的設立漸多。（參閱中國教育史略一四四頁。）據續通考載：『其後昌平有諫議書院，河間有毛公書院，景州有董子書院，京兆有魯齋書院，開州有崇義書院，宣府有景賢書院，蘇州有甫里書院，文正書院，文學書院，松江有石洞書院，常州有龜山書院，池州有齊山書院，婺源有明經書院，太原有冠山書院，濟南有閔子書院，曲阜有洙泗書院，尼山書院，東河有野齋書院，鳳翔有岐陽書院，郿縣有橫渠書院，胡州有安定書院，東胡書院，慈谿有慈湖書院，寧波有鄮山書院，處州有美化書院，台州有上蔡書院，南昌有宗濂書院，豐城有貞文書院，餘干有南溪書院，安仁有錦江書院，永豐有陽豐書院，武昌有南湖書院，龍川書院，長沙有東岡書院，喬岡書院，益陽有慶州書院，常德有沅陽書院，福州有勉齋書院，同安有大同書院，瓊州有東坡書院。』觀此可知元時設立書院之多，因學校多近於科舉，不足以饜學者之望，書院能不受拘束，可以自由講學，一般淡於榮利，志在講求修身治人之法者，多樂趨於書院。

（丁）師資。元代學官方面除國學的博士助教外，其由國家特任的叫做教授，分發往路府上中各州；由禮部行省或宣慰司委任的，叫做學正、山長、學錄、教諭，路設教授、學正、學錄各一員，散府上州中州，只設教授一員，下州只設學正一員，縣設教諭一員，書院設山長一員。其在中原直轄州縣，係由禮部發給委狀；各省州縣，係由行省或宣慰司發給委狀；這是鄉學官員委授的通例。另外尚有直學，是路府州縣內管理錢穀的職員，原由郡守和府憲各官便宜試補。其學正、山長、學錄各職，係由集賢院及台憲各官薦委的，學錄限滿考陞正長，正長再經一考陞補散府上州中州教授。散府上中州再經一考陞補教授；這是鄉學官陞補的通例。

第十四節　元代之學術

元代學術之可據者：（１）史學。元仁宗時，托克托（日人高桑駒吉中國文化史作脫脫(Tukhta)）順帝時人）奉敕撰宋史四百九十六卷，遼史一百十六卷，金史一百三十五卷，（宋史有本紀四十七卷，志百六十二卷，表三十二卷，列傳二百五十五卷）三史之中以金史較詳盡，宋史次之，遼史較劣，宋史本以宋人國史爲稿本，因宋人好述東都故事，故於北宋事較詳，而南宋理宗度宗兩朝記載缺乏，故南渡以後事蹟最略。（遼代書禁甚嚴，著述傳境外者罪至死，故遼之史料缺乏）。元世祖時，金履祥採取邵雍的皇極經世書與胡宏皇王大紀例，以尚書爲主，下及詩書春秋，旁採舊史諸子年表舊事，加以訓釋，斷自唐堯以下，接於資治通鑑，撰通鑑前編十八卷，審定羣說，多與經訓相發明。郝經撰續後漢書九十卷，糾正陳壽三國志以魏爲正統之謬，參以裴松之所注之異同，與資治通鑑之去取，又另作八錄，以補三國志所闕之志，他的義例頗嚴，持論不苟，爲後世所稱。馬端臨撰文獻通考三百四十八卷，內容分二十四類：有田賦考，錢幣考，戶口考，職役考，征榷考，市糴考，土貢考，國用考，選舉考，學校考，職官考，郊社考，宗廟考，王禮考，樂考，兵考，刑考，經籍考，帝系考，封建考，象緯考，物異考，輿地考，四裔考。這部書是以杜佑通典爲藍本，田賦等十九類，都是把通典離析而成，惟經籍帝系象緯物異五類，是通典所無。他的自序說及『凡序事則本之經史，然參之以歷代會要，以及百家傳記之書，信而有證者從之，乖異傳疑者不錄。』此書在中國文化史上，是具有貢獻的。（2）經學。元代治易學者有許衡之讀易私言，吳澄之易纂言。治尚書學者有金履祥之尚書表注，陳櫟之尚書集傳纂疏，董鼎之尚書輯錄纂注，陳師凱之蔡傳旁通，朱祖義之尚書句注。治詩學者有許謙之詩集傳名物抄，劉瑾之詩傳通釋，梁益之詩傳旁通，朱公遷之詩經疏義，梁寅之詩演義。治春秋學者有程端學之春秋本義、春秋或問、三傳辨疑，俞臯之春秋釋義大成，王元杰之春秋讞義，李濂之諸傳會通。治儀禮者有吳澄之儀禮逸經傳，汪克寬之經禮補佚，敖繼公之集說。元代之治論語孟子孝經者，多以朱子爲宗。（3）醫學。金元之際，有李杲（字明之號東垣）著內外傷辨論脾胃論，振醫學之墜緒，開來葉之新機。元有朱震亨（字彥修號丹溪）著格致餘論局法發揮，金匱鈎玄等書，醫術研究乃漸盛。說者謂當時受亞拉伯及歐羅巴醫術傳來影響所致。（4）天算學。據歐洲之蒙古史學專家所考見，以爲元人西侵波斯，攻破報達（Bagdad）曾傳阿拉伯回教徒之天文知識於中國。按波斯阿拉伯向爲天文曆算諸學發達之地，報達一城爲回教徒聲教文物之中心者凡六七百年，一旦爲元人所佔據，其天文知識之因交通而傳入中國，乃有可能的；今試以此說考之中國史籍，亦有可徵。柯劭忞新元史卷三十一曆志載：『耶律楚材常言，西域曆，五星密於中國，又作麻答曆，今不傳。』又載：『世祖至元四年，西域人，札馬魯丁，用回回法，撰萬年曆，帝稍採用之。其法爲默特納國王馬哈麻所造，曆元起阿剌必年，即隋開皇己未。』『十三年平宋，世祖詔許衡、王恂、郭守敬，改治新曆，率南北日官陳鼎臣、鄧元麟、毛鵬翼、劉巨源、王素、岳鉉、高敬等，分掌測驗推步。十七年，新曆成，賜名授時曆。』又柯書卷四十一天文志載：『郭守敬創製諸儀表，臺官遵用百年，測驗之精遠逾前代。』就以上諸說觀之，元代律曆知識本有外來之影響（參閱元史學十三頁引）。元代曆法之精，爲史家所公認，但斯學何以在短期內，驟達精深，跨越前代，必有原因，則郭守敬之授時曆，曾受外來影響，亦理所必有。據元史郭守敬傳載：『守敬字若思，順德刑臺人，巧思絕人。至元十三年，帝以守敬與王恂率南北日官，分掌測驗。守敬首言曆之本在於測驗，而測驗之器，莫先儀表，今司天渾儀，宋皇祐中汴京所造，不與此處天度相符，比量南北二極，約差四度，表石年深，亦復欹側，守敬乃盡考其失而移置之。既又別圖高爽地，以木爲重棚，創作簡儀高表，用相比覆。又以爲天樞附極而動，昔人嘗展管窺之,未得其的,作候極儀,極辰既位,天體斯正,作渾天象;象雖形似,莫適所用,作玲瓏儀,以表之矩方,測天之正圜,莫若以圜求圜,作仰儀;古有經緯,結而不動,守敬易之,作立運儀;日中有道,月有九行,守敬一之,作證理儀,表高景虛,罔象非眞,作景符;月雖有明,察景則難,作闚几;曆法之驗,在於交會,作日月蝕儀;天有赤道,輪以當之,兩極低昂,標以指之,作星晷定時儀;又作正方案,九表懸正儀座,正儀爲四方行測者所用;又作仰規覆矩圖,異方渾蓋圖,日出入永短圖,與上諸儀,互相參考。』阮元疇人傳郭守敬傳論及:『推步之要,測與算二者而已;簡儀仰儀景符闚几之製,前此言測候者,未之及也。垜疊招差句股弧矢之法,前此言算造者,弗能用也。先之以精測,繼之以密算,上考下求,若應準繩,施行於世,垂四百年,可謂集古法之大成,爲將來之典要者矣。』觀此可以知道郭守敬對於天算學之深造。與郭守敬先後同時,而深於數理曆學之人尚多,試簡舉如下:李冶,(眞定欒城人),著測海圓鏡十二卷,益古演段三卷。朱世傑,(文都人),著四元玉鑑三卷。楊恭懿,(奉元高陵人),同修授時曆,著曆議。王恂(中山唐縣人),同修授時曆。齊履謙,(大名人),著至暑景考二卷,經串演操八卷。以上諸人,專精數理曆象之學,雖有原來學術傳授,然不能謂其全不受外來學術的影響。(5)地理學。輿志之書,出自官撰者,自唐元和郡縣志,宋元豐九域志外,惟元岳璘等所修大元一統志,最稱繁博,其目共爲一千卷,今已散佚不傳。元祕書志載:『至元三十一年八月,本監移準中書兵部關編寫至元大一統志,每路卷首,必用地理小圖。』牠的凡例分爲:(1)某路所轄幾州,親管幾縣,(2)建置沿革,禹貢州域,天象分野,歷代廢置,周秦漢後漢晉南北朝隋唐五代宋金大元。(3)各州縣建置沿革。(4)本路親管坊郭鄉鎭。(5)本路至上都大都並里至。(6)各縣至上都大都並里至。(7)名山大川。

（8）士山。（9）風俗形勢。（10）古蹟。（11）寺觀祠廟。（12）官蹟。（13）人物可知其搜羅的豐富。

第十五節　元代之理學

元統治中國武力之外嘗藉重於文教。當元太宗在南宋理宗二年時，卽已招聘過宋朝學士趙江漢等數十人，且蒐集周、張、二程遺書於燕京，又立太極書院建周子祠廟而配以張、程、朱、楊等，以表示其尊崇文教的盛意，到世祖時，更加注意。惟因版圖太大，顧此失彼，對於文化思想上，沒有什麼進展；其間稍有名的幾個學者，如許魯齋、劉靜修、吳草廬、鄭師山等，都是南方人，學說不脫朱陸窠臼，在思想史上，只可說爲南宋理學的餘燼。元代朱學盛而陸學衰，北方自江漢傳朱學後，繼有許魯齋、劉靜修，尤以魯齋能繼晦庵之學，其和會朱陸，使兩家既分而復合者，於元初則有吳草廬，於元末則有鄭師山。玆將元代著名理學家之思想略誌於下：（1）許魯齋。許魯齋，名衡，字仲平，號魯齋，河內人，（今河南沁陽縣），生於宋甯宗嘉定二年，（西紀元一二〇九），幼好學，屢窘塾師，長後値世亂離，仍嗜學不輟，漸爲人所知，遠近子弟，多來相從。曾訪姚樞於蘇門，得伊洛遺書，既而謂其徒曰：『昔者授受，殊孟浪也，今始聞進學之序。若必欲相從，當率棄前日所學，從事小學之灑掃應對，以爲進德之基。』諸生皆欣然相從。及世祖出王秦中，召爲京兆提學，世祖卽位，召至京師，授國子祭酒，後謝病歸。至元二年，安童爲右丞相，始出輔之，乃上書言立國規模。十三年，制定新曆時，以原官領大史院事；十八年卒，年七十三，學者因其所署，稱魯齋先生。在他的學說裏，是純粹的程朱學者，但不如伊川朱子之主知，他以實踐爲重，內主持敬，外主綱常，欲以此主張，化俗敦風。他在全書卷三答丞相問大學明明德裏說及：『古之聖人，以天地人爲三才，天地之大，其與人相懸，不知幾何也，而聖人以人配之，何耶？蓋上帝降衷人得之以爲心，心形雖小，中間蘊蓄天地萬物之理，所謂性也，所謂明德也，虛靈明覺，神妙不測，與天地一般，故聖人說天地人爲三才，明德的靈明，天下古今，無不一般，只爲受生初所稟之氣，有淸者，有濁者，有美者，有惡者；得其淸者則爲智，得其濁者則爲愚，得其美者則爲賢，得其惡者則爲不肖，若得全淸全美，則爲大智大賢，其明德全不昧也，身雖與常人一般，其心中明德與天地同體，其所爲便與天地相合，此大聖人也。』據此他是主張一元論的，天地萬物存於一理，理存於心，而心則爲上帝所降衷也。朱子雖然說理氣，表面看來很像主張二元，但他是主張一元的，他說：『所謂理與氣，決是二物，但在物上看則二物渾淪，不可分開，各在一處，然不害二物之各爲一物也，若在理上看，則雖未有物，而已有物之理，然亦但有其理而已，未嘗實有是物也。理氣本無先後之可言，然必欲推其所從來，則須先說有是理。然理又非別爲一物，卽存乎是氣之中，無是氣，則是理亦無掛搭處。未有天地之先，畢竟也只是理，有此理，便有此天地，若無此理，便亦無天地，無人無物，都無該載了。有理便有氣流行，發育萬物。』理與氣是合一的，而氣是根據理以流行作用，惟許魯齋不盡本於朱說，他以理原於心，而心則由上帝的降衷，宋儒關於宇宙論，多言天，不言上帝，而許魯齋則言及上帝，依我的見解，元代基督教盛行，其上帝之說，或本之於基督教。他於遺書中說及：『或問，窮理至於天下之物，必有所以然之故，與其所當然之則，所謂理也。曰：博學、審問、愼思、明辨，此解說箇窮字。其所以然與其所當然，此說箇理字。所以然者，是本原也。所當然者，是末流也。所以然者，是命也，所當然者，是義也。每一事，每一物，須有所以然，與所當然。』他主張仁以明德，所以說：『仁者性之至，而愛之理也，愛者情之發，而仁之用也。公者所以爲仁之道也，元者所以爲仁之至也。仁者人心之所固有，私或蔽之，則陷於不仁，故仁者必克己，克己則公，公則仁，仁則愛。』（全書卷一）他提倡仁愛，不是離於實際而陷於空虛，所以說：『爲學者治生，最爲急務，苟生理不足，則爲學之道，當有所妨，彼旁求妄進者及爲官嗜利者，其亦窘於生理之所致也。君子當以務農爲生，商賈雖逐末，亦可爲也，果處之不失義理；或以姑濟一時，亦無不可，若教學爲官，以規圖生計，則恐非古人意也。』治生是應該的，但不可逐物去，故說：『凡事一一省察，不要逐物去了，雖千萬人中，常知有己，此持敬之大略也。』能知持敬，故不憂感於貧賤，而驕矜於富貴了。（2）吳澄。吳澄字幼清，號草廬，撫州崇仁人，生於宋理宗淳祐九年（西紀元一二四九年），二十五歲時，宋祚移，元朝統一中國，程鉅夫求賢於江南，起他至京師，以母老辭歸；至大元年，再召爲國子監丞，陞司業。曾對爲學者說：『朱子於道問學之功居多，而陸子以尊德性爲主。問學不本於尊德性，則其蔽必偏於語言訓釋之末，故學必以尊德性爲本，庶幾得之。』議者遂以他尊崇陸象山之學，說是陸派，遂辭官。英宗卽位，遷爲翰林學士，進階太中大夫。泰定元年，爲經筵講官，至治末年，請老而歸。元統元年卒，年八十五。所居草屋數間，故學者稱爲草廬先生。著有五經纂言，草廬精語，吳文正公集五十三卷，道德眞經注等。他的思想，可於草廬精語中窺之。他對於宇宙的觀察，取之於周子的太極圖說，『自未有天地之前，至既有天地之後，只是陰陽二氣而已。本只是一氣，分而言之，則曰陰陽，又從陰陽細分之，則爲五行，五行卽二氣，二氣卽一氣。氣之所以能如此者何也？以理爲之主宰也。理者非別有一物在氣中，只是爲氣之主宰者則是。無理外之氣，亦無氣外之理。人得天地之氣而成形，有此氣卽有此理，所有之理謂之性。此理在天地之間，卽元亨利貞是也；其在人而爲性，則仁義禮智是也。性卽天理，豈有不善。』他根據這個觀察以論人生的行爲，他說：『人之生也，受氣有或清或濁之不同，成質有或美或惡之不同。氣之極清質之極美者爲上聖，蓋此理在清氣美質之中，本然之眞，無所汚壞，此堯舜之性，所以爲至善，而孟子之道性善，所以必稱堯舜以實之也。其氣之至濁，質之至惡者爲下愚，上聖以下，下愚以上，或清或濁，或美或惡，分數多寡，有萬不同，惟其氣濁而質惡，則理在其中者，被其拘礙淪染，而非復其本然矣，此性之所以不能皆善，而有萬不同也。孟子道性善，是就氣質中挑出其本然之理而言，然不曾分別性之所以有不善者，因氣質之有濁惡而汚壞其性也。故雖與告子言，而終不足以解告子之惑，至今人讀孟子，亦見其未有以折倒告子而使之心服也。蓋孟子但論得理之無不同，不曾論到氣之有不同處，是其言之不備也；不備者，謂但說得一邊，不完備也；故曰：「論性不論氣不備，」此指孟子之言性而言也。至若荀揚以性爲惡，以性爲善惡混，與夫世俗言人性寬，性褊，性緩，性急，皆是指氣質之不同者爲性，而不知氣質中之理謂之性，此其見之不明也；不明者，謂其不曉得性字；故曰：「論氣不論性不明，」此指荀揚世俗之說性者言也。程子「性卽理也」一語，正是鍼砭世俗錯認性字之非，所以爲有大功。張子言：「形而後有氣質之性，善反之，則天地之性存焉，故氣質之性，君子有弗性者焉，」此言最有分曉，而觀者不能解其言，反爲所惑，將謂性有兩種。蓋天地之性，氣質之性，兩性字只是一般，非有兩等性也，故曰：「二之則不是，」言人之性，本是得天地之理，因有人之形，則所得天地之性，局在本人氣質中，所謂形而後有氣質之性也。氣質雖有不同，而本性之善則一，但氣質不清不美者，其本性不免有所汚壞，故學者當用反之之功，反之，如湯武反之也，反之，謂反之於身而學焉，以至變化其不清不美之氣質，則天地之性，渾然全體，具存於氣質之中，故曰「善反之則天地之性存焉」，氣質之用小學問之功大能學者，氣質可變，而不能汚壞吾天地本然之性，而吾性非復如前汚壞於氣質者矣，故曰：「氣質之性，君子有弗性者焉。」欲下工夫，惟敬之一字爲要法。仁，人心也，敬則存，不敬則亡。夫人之一心，敬爲之主，主於敬則心常虛。虛則物不入也；主於敬則心常實，實則我不出也。敬則心存，心存而一動一靜，皆出於正，仁義禮智之得於天者，庶其得於心而不失矣乎？若然徒求之於五經，而不反之吾心，是買櫝而棄珠也，此則至論。不肖一生，切切然惟恐其墮此窠臼，學者來此講問，每先令其主一持敬，以尊德性，然後令其讀書窮理，以道問學，有數條自警省之語，又揀擇數件書，以開學者格致之端，是蓋欲先反之吾心而後求之五經也。」吳澄論人生行爲的修養，最重要者有幾點：（一）不要汚壞本然之性，（二）以理爲主宰，以變化其濁惡之氣質，（三）人心以敬爲主，則一動一靜，皆出於正，（四）先尊德性而後道問學，由此可知道他思想的縝密。他又說：「學者工夫，則當先於用處着力，凡所應接，皆當主於一，主於一則此心有主，而暗室屋漏之處，自無非僻，所行皆由乎天理。如是積久，無一事而不主一，則應接之處，心專無二，能如此，則事物未接之時，把捉得住，心能無適矣。若先於動處，不能養其性，則於靜時，豈能存其心焉？讀四書有法，必究竟其理而有實悟，非徒習文句而已；必敦謹其行而有實踐，非徒出入口耳而已。朱子嘗謂大學有二關，格物者，夢覺之關；誠意者，人獸之關。實悟爲格，實踐爲誠，物既格者，醒覺而爲覺，否則雖當覺時，猶夢也；意既誠者，轉獸而爲人，否則雖列人羣，亦獸也。號爲讀四書而未離乎夢，未免乎獸者，蓋不鮮，可不懼哉！物之格在研精，意之誠在愼獨，苟能是，始可爲眞儒，可以範俗，可以垂世百代之師也。」吳澄論及人類心性之進化爲四階級：（甲）獸，（乙）人，（丙）儒，（丁）師。他說到意既誠者，然後可以轉獸而爲人，然則芸芸總總之儔，雖含生負氣，倘不能誠其意，亦獸類而已，這是何等嚴厲的主張。他論到人生分兩方面觀察，而歸結於存心求道，茲爲圖以表之：

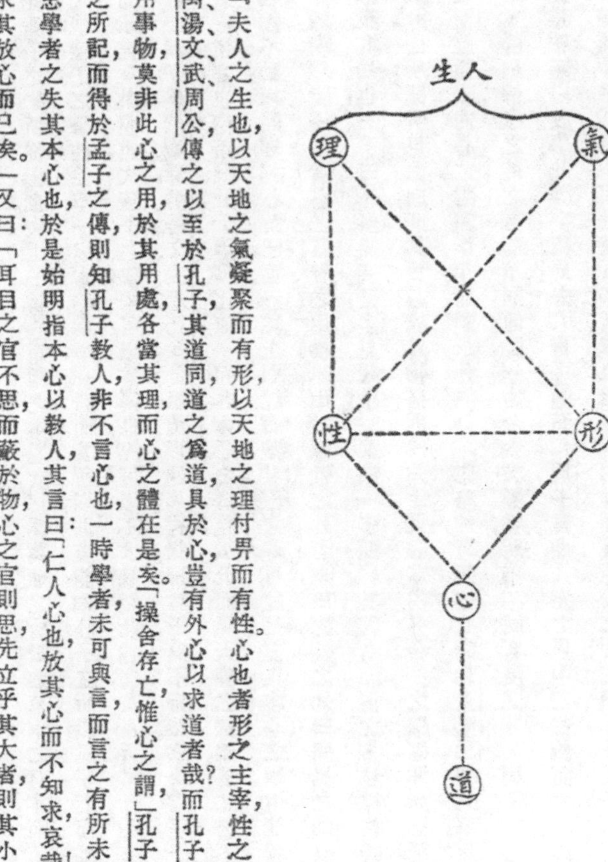

他說：『夫人之生也，以天地之氣凝聚而有形，以天地之理付畀而有性。心也者形之主宰，性之郛郭也。此一心也，自堯、舜、禹、湯、文、武、周公，傳之以至於孔子，其道同，道之爲道，具於心，豈有外心以求道者哉？而孔子教人，未嘗直言心體，蓋日用事物，莫非此心之用，於其用處，各當其理，而心之體在是矣。「操舍存亡，惟心之謂」，孔子之言也。其言不見於論語之所記，而得於孟子之傳，則知孔子教人，非不言心也，一時學者未可與言，而言之有所未及耳。孟子傳孔子之道，而患學者之失其本心也，於是始明指本心以教人，其言曰「仁人心也，放其心而不知求，哀哉！」又曰：「學問之道無他，求其放心而已矣。」又曰：「耳目之官不思，而蔽於物，心之官則思，先立乎其大者，則其小者，不能奪也，」

嗚呼！至矣，此陸子之學所從出也。夫孟子言心，而謂之本心者，以爲萬理之所根，猶草木之有本，而苗莖枝葉，皆由是以生也。今人談陸子之學，往往曰「以本心爲學」，而問其所以，則莫能知陸子之所以爲學者何如，是本心二字，徒習聞其名，而未究竟其實也。夫陸子之學，未可以言傳也，況可以不求哉？然此心也，人人所同有，反求諸身，卽此而是，以心而學，非特陸子爲然，堯、舜、禹、湯、文、武、周、孔、顏、曾、思、孟，以逮周、程、張、邵諸子，莫不皆然。故獨指陸子之學爲本心學者，非知聖人之道者也。應接酬酢，千變萬化，無一而非本心之發見，於此而見天理之當然，是之謂不失其本心，非專離去事物，寂然不動，以固守其心而已也。』從上引說而觀，吳澄之學可說是直指本心之學，但他對於外界經驗，不是極端排斥的，所以說：『知者心之靈，智之用也，未出於德性之外者也，曰德性之知，曰聞見之知，然則知有二乎？夫聞見者所以致其知也，夫子曰：「多聞闕疑，多見闕殆」，又曰「多聞擇其善者而從之，多見擇其善者而識之，」蓋聞見雖得於外，而所聞所見之理，則具於心，故外物格，則內知至，此儒者內外合一之學，固非如記誦之徒，外博而內無得也。』吳澄雖主張內心之認識作用，而對於外界是不忽略的，可說他是調和朱陸二子之學，而不陷於佛家空無之學，他之言靜與佛家之徒之言靜不同，他說：『古今人言靜字，所指不同，有淺深難易，程子言性靜者，可以爲學，與諸葛公言非靜無以成學，此靜字稍易，夫人皆可勉而爲，周子言聖人定之以中正仁義而主靜，與莊子言萬物無足以撓心，故靜，此靜字則難，非用功聖賢學者未之能也。大學靜而後能安之靜，正與周子莊子所指無異，朱子以心不妄動釋之，卽孟子所謂不動心也。孟子之學，先窮理知言，先集義養氣，所以能不動心。大學之教，窮理知言，則知止，集義養氣，則有定，所以能靜也。能靜者雖應接萬變，而此心常如止水，周子所謂動而無動是也。』可知他說之靜，不是有如止水之靜，而是應接萬變心如止水之動中的靜。元代許吳二子，是元代思想界上的雙星，一以實行爲主，專於祖述程朱；一以尊德性爲主，折衷朱陸。（3）鄭玉。鄭玉字子美，號師山，徽州歙縣人。幼敏悟嗜學，既長，覃思六經，尤精於春秋。絕意仕進，而勤於教學。學者門人受業者衆，所至不能容，學者相與即其地構師山書院以處。順帝至正十四年，被舉爲翰林待制奉議大夫，辭疾不起，家居日以著書爲事，所著有周易纂註，春秋經傳闕疑四十五卷，師山集八卷，遺文五卷，附錄一卷。他的學說，略見於文集中。他在汪敬居字序說：『程子曰：敬者聖學之所以成始成終，秦漢以來，非無學者，而曰孟軻死，千歲無眞儒，何也？不知用力於此，而溺於訓詁詞章之習，故雖專門名家，而不足以爲學，皓首窮經，而不足以知道，儒者之罪人耳。近世學者，忠恕之旨，不待呼而後唯，性與天道，豈必老而始聞，然出口入耳，其蔽益滋，則又秦漢以來諸儒之罪人。』在與汪眞卿書說：『近時學者，未知本領所在，先立異同，宗朱則毀陸，黨陸則非朱，此等皆是學術風俗之壞，殊非好氣象也。陸子靜高明不及明道，縝密不及晦庵，然其簡易光明之說，亦非始爲無見之言也。故其徒傳之久遠，施於政事，卓然可觀，而無頹墮不振之習。但其教盡是略下工夫，而無先後之序，而其所見又不免有知者過之之失，故以之自修雖有餘，而學之者有弊，學者自當學朱子之學，然亦不必謗象山也。』在送葛子熙序有說：『陸子之質高明，故好簡易，朱子之質篤實，故好邃密，各因其質之所近，故所入之途不同。及其至也，仁義道德，豈有不同者？同尊周孔，同排佛老，大本達道，豈有不同者？後之學者，不求其所以同，惟求其所以異。……朱子之說，教人爲學之常也，陸子之說，才高獨得之妙也。二家之說，又各不能無弊。陸氏之學，其流弊也，如釋子之談空說妙，工於鹵莽滅裂，而不能盡夫致知之功。朱子之學，其流弊也，如俗儒之尋行數墨，至於頹隋萎靡，而無以收其力行之效。然豈二先生垂教之罪哉？蓋學者之流弊耳。』從上引說而觀，鄭玉之學亦屬於調和朱陸之一派也。

第十六節　元代之文學

蒙古原無文字，假畏兀兒文字及漢字以濟其用，及世祖時喇嘛八思巴始製蒙古文字，故元對於中國前代文學，雖有傳承，而普通則採用蒙古語及蒙古文，中國的語言文學，非其所注重，然其間有可以稱爲一代文豪之人。（甲）文與詩。宋的宗族仕於元的趙孟頫，字子昂者，不獨能書畫，而詩文亦復清迴奇絕，開有元文學的氣運。次有虞集、楊載、范梈、揭傒斯四大家，而文運乃益宏。虞集字伯生，號道園，學問洽博，稱一代文宗，他的散文以健利著，詩亦栩栩有生氣。楊載，字仲弘，其詩取材於漢魏，取音節於唐，以風雅稱，然稍遜虞集等三人。范梈，字亨父，爲人清癯不勝衣，爲詩一如其人。揭傒斯，字曼碩，著述較多，曾爲遼、金、宋史總裁，散文敍事嚴密，詩清麗婉轉，神骨秀削，體裁尤備，此種文學作品，大都與西人所謂古典主義相近。四家之前，尙有馬祖常，以散文著；四家以後，有張翥，詩流麗靑婉，工於樂府。薩都剌詩與張翥相似，而富於言情，大都爲感時之作，當時有詩史之目。中葉以後，有吳萊與黃溍、柳貫，並以古文家名。楊維禎，字廉父，號鐵崖，爲元代詩人之殿。他的友人李孝先、張羽、倪瓚、顧瑛之詩文亦著名。（乙）詞。元代的詞人較多，婉約派有仇遠、張雨、趙雍、張翥諸人；豪放派有薩都剌諸人，閒適派有劉因、倪瓚、釋中峯諸人。元代的詞，受了曲的影響，質樸者居多，宋代閒適派詞，在元代有很大的發展。（丙）戲曲。元曲爲一代特色，有人說，可與周詩，楚騷，漢賦，六朝五言，三唐近體，宋詞，並論。元之劇本，有明鍾繼先的錄鬼簿及涵虛子的目錄，王國維曲錄所舉亦多。近董康輯樂府考略所輯近八百餘種，其中雜有明淸作品，然以元人所作爲多，至少亦有五六百種。（參閱遼金元文學二五頁）。元代戲曲中有北曲南曲之分，北曲結構全部，都是分成四折，所謂折就是現在所謂幕；南劇所謂齣的意思；有的時候在四折之外又加上楔子，這簡單的劇本後來漸漸使人不能滿意，因爲每種劇本只限四折，在劇情簡短的時候，原可以適用，及採取長的故事爲題材時，不足適用，於是後起的南曲，（或謂之傳奇），便把這些北曲的成例推翻。在南曲裏無論那一個角色都可以唱，且每折不限定一調一韻，四折制限既被打破，楔子當然可以不用；而北曲題目正名由司唱者唱，南曲則改爲上下場時，由演者唱。因此南曲比北曲在戲曲上有許多的進步。南曲的齣數大都有三十至五十之數；如琵琶記有四十二齣，幽閨記有四十齣，荊釵記有四十八齣。自南曲打破了北曲的成規之後，北曲的作家，不復堅守以前的規例，當戲曲的結構進步到完美的時候，戲曲的文辭，卻又由本色的新鮮的活潑的而漸被文人粉飾，成了非民衆的失眞趣的的文藝作品。（參閱陳冠同編中國文學史大綱一四一頁）。

元代戲曲的藝術，是那時偉大的作品，南宋文物凋零，人才殆盡，忽而從北方朔漠來了一種尙武的蒙古民族，占據中原，對於中國文化，始而反抗，繼而摧殘，當時有九儒十丐之目，文人最不見重視，在朝臺省元臣及郡邑正官重要之職，中州人多不得爲之，所以有用之才，一寓於歌聲之末，以抒其抑鬱感慨之懷，所謂不得其平而鳴，正是一切偉大文藝作品產生的張本。有人說元人以雜劇取士，經此獎勵，致有此進步，李漁在笠翁偶集中說及：『元有天下，非特政刑禮樂，一無可宗，卽語言文字之末，圖書翰墨之微，亦少概見。使非崇尙詞曲，得琵琶西廂，以及元人百種諸書，傳於後代，則當日之元，亦與五代、金、遼，同其泯滅，焉能附三朝驥尾，而掛學士文人之齒頰哉。』元代的戲曲作家，見於鍾嗣成的錄鬼簿者凡一百十七人，在這百十餘的作家中，最有名者，爲第一期的關漢卿、馬致遠、白朴、王實甫、及第二期的鄭光祖、喬吉甫，世稱之爲六大家。玆分敍如下：（1）關漢卿。關漢卿大都人，金末以解貢於鄉，後爲大醫院尹，著作甚富，見於錄鬼簿者，多至六十三種，今僅存玉鏡臺、謝天香、金線池、竇娥冤、魯齋郎、救風塵、蝴蝶夢、望江亭、西蜀月、拜月亭、單刀會、調風月、續西廂十三種，而以竇娥冤爲最著名。竇娥冤連楔子共五折，內敍張驢兒欲毒死蔡婆，強將她的媳婦竇娥做妻子，不料被他的父親誤吃而死，驢兒強指係竇娥下藥毒死的，告官將她定了死罪。第三折，敍竇娥被殺的情景，敍寫得極悽苦纏綿動人。（2）王實甫。王實甫，大都人，他所作劇本凡十四種，存於今者，僅麗堂春、西廂記二種。按實甫麗堂春雜劇，係譜金完顏事，劇末以頌藏章宗作結，則此劇之作，尙在金世，他是由金入元者。西廂戲曲正音譜批評說：『鋪敍委婉，深得騷人之趣，極有佳句，如玉環之出浴華池，綠珠之採蓮洛浦。』實甫以西廂記得名，西廂記詞藻紛披，風光旖旎，其妍麗豔冶，頗類南曲，至其結構之嚴密，點綴之有趣，描寫人物之富於個性，均卓越其他戲曲作家。明人對於西廂評點之者，有徐文長、汪然明、李卓吾、李日華、金聖嘆等，以金聖嘆之評點，爲著盛譽。聖嘆嘗欲取莊子、離騷、史記、杜詩、水滸傳合西廂記爲才子書六部，批點而刻行之。西廂爲流傳最廣之作品，共分四本十六折，第一本爲張君瑞鬧道場，第二本爲崔鶯夜聽琴，第三本爲張君瑞害相思，第四本爲草橋店夢鶯鶯；全劇充滿詩意的描寫，在各支曲裏可以找到甚好的抒情詩。（3）馬致遠。馬致遠，號東籬，大都人，所作曲十四種，今傳漢宮秋、薦福碑、岳陽樓、黃粱夢、靑衫淚、陳摶高臥、任風子、七種。他看破了人間名利，喜敍神仙奇蹟，如岳陽樓、黃粱夢、任風子，是這是與關王二人不同的一點。他的作品的風格，甚瀟灑自然，正音譜評他的曲，如朝陽鳴鳳。漢宮秋，是諸劇的代表，敍漢元帝美姬昭君遠嫁匈奴故事，寫得極纏綿動人，此劇於一八二九年由英人大衛斯(Davis)譯爲英文，第三折梅花落寫元帝送昭君回宮，聲調激越，爲最有名。（4）白樸。白樸字仁甫，後改字太素，眞定人。其平生據元博文天籟集序較關王爲可考。所作雜劇有十七種，今存二種。梧桐雨爲歷史劇，根據唐陳鴻長恨歌傳而作，淸洪昉思長生殿頗有襲其文句處。此劇寫唐明皇夢中見貴妃，忽被梧桐雨聲驚醒，於悲嘆聲中結束全劇，有悲劇意義。牆頭馬上，是敍裴少俊和李千金戀愛史，是一篇喜劇。（5）喬吉甫。喬吉甫，字夢符，太原人，號笙鶴，又號惺惺道人。旅居杭州，擅長小令，作曲十一種，今存三種。金錢記，是敍韓翊的戀愛故事。揚州夢，是敍杜牧的戀愛故事。玉簫女，是敍韓玉簫的戀愛故事。（6）鄭光祖。鄭光祖，字德輝，平陽襄陵人，曾爲杭州路吏。其所作以俳諧爲多，是一位喜劇家，所撰曲有十九種，存者有倩女離魂、王粲登樓、㑳梅香，周公攝政四種。倩女離魂，敍倩女與王文舉相戀，魂離軀殼，偕他同去的事。王粲登樓，敍王粲辭母出遊，所至不遇，登樓而思故鄉，最後做了大官與母重聚的事。周公攝政，敍周公輔成王的故事。㑳梅香，敍白敏中與裴度女小蠻相戀，由樊素傳信，全劇結構，有似西廂。其他戲曲作家，尙有楊顯之、張國賓、鄭廷玉、李文蔚、吳昌齡、武漢臣、王仲文、李壽卿、尙仲賢、石君寶、紀君祥、孟漢卿、孫仲章、楊梓、宮天挺、金仁傑等多人。元代確是一個戲曲進步的時期，他們所作的戲曲，於社會人生的方面，有細密觀察的描寫。那時中國民族受了異族的征服壓迫，過去的歷史傷痕，都成了騷人墨客寂靜無聊中的刺激，他們已不敢樹起堂堂之陣，作正面的攻擊，惟有隱隱約約，在暗中發洩他感嘆的情緒於歌曲的方面啊！此外元曲之琵琶記，爲元末高東嘉名則誠者所著，敍孝婦貞妻之行路難，全篇趣向，比之西廂，較爲複雜。毛聲山嘗評琵琶記與西廂記說：「王實甫之西廂，其好色而不淫者乎？高東嘉之琵琶，其怨誹而不亂者乎？西廂近於風，而琵琶近於雅。琵琶之勝於西廂有二：一曰情勝，二曰文勝。西廂之情，則佳人才子，花前月下，私期密約之情也；琵琶之情，則孝子賢妻，敦倫重誼，纏綿悱惻之情也。是琵琶之情，勝於西廂處也。西廂妙文，琵琶亦妙文，然西廂之文，往往雜用方言土語，而琵琶無之，是琵琶之文，勝於西廂處也。』可見是書在元曲的價值。（丁）小說。元人入主中原後，韻文流為戲曲，散文流為小說；白話章回的長篇小說一出，小說界遂另開新局面。我國小說，至於元代，始行發展，一洗從前積習，蓋其文辭，則全用俗語，其體例則變為章回，為長篇有系統之紀事，非如從前之短篇雜記，以一章一節取勝。自唐人創為傳奇之後，短篇

小說已立其基礎，宋時太平廣記，都是晉唐以來的短篇小說，其可稱為長篇的章回小說，一為大唐三藏取經詩話，流傳入於日本；二為宣和遺事，此書之第四節敘梁山濼聚義本末，為元代水滸傳之祖。元之小說有名者水滸傳及三國演義，加以西廂琵琶，稱四大奇書，後世又與西遊記金瓶梅並稱，稱中國小說四大奇書。（1）水滸傳。此書作者，所傳各異，胡應麟莊嶽委談說：『今世傳街談巷語，有所謂演義者，蓋尤在傳奇雜劇下，然元人武林施某（即施耐庵）所編水滸傳，特為盛行，世率以其鑿空無據，要不盡然也。余偶閱一小說序，稱施某嘗入市肆，紬閱故書於敝楮中，得宋張叔夜擒賊招諭一通，備悉其一百八人所自起，因潤飾成此篇，其門人羅某亦效之為三國志，絕淺鄙可嗤也。郎瑛謂此書及三國志，並羅貫中撰，大謬，二書淺深工拙，若霄壤之懸，詎有出一手之理，世傳施號耐庵，名字竟不可考。』王圻之續文獻通考，則以水滸傳，為羅貫字本中者所著；李卓吾本之水滸傳，題施耐庵集撰，羅貫中纂修，則水滸傳又為兩人合作之本；金聖嘆於水滸傳第七十回之批評，則以施耐庵作而羅貫中為之續；胡適最初考證，

不信元代能產生水滸傳，後來他的水滸傳後考，把水滸傳原本的著作權，給了羅貫中。大約元代草創本子曾經過好些人刪改，原本是羅貫中與施耐庵合作的。水滸傳敍宋江等人的故事，記這類故事的前有宋之宣和遺事，元劇之黑旋風李逵，武松打虎等，可見當時這種斷片的傳說甚多。他們以燃犀之眼光，揮如椽之大筆，綜合諸種之傳聞，成此快文，不獨在中國小說界首屈一指，且亦蜚聲世界文壇。水滸傳之行於世者有二種：一爲百二十回本，一爲七十回本；前者爲李卓吾之忠義水滸傳，後者爲金聖嘆第五才子書前七十回，敍天罡星三十六員，地煞星七十二員，合百八人之豪傑，而述其離散集合之迹，以會於梁山泊爲止，專寫豪壯快活的方面；後半則述宋江等應招諭，改節出仕之始末，北伐契丹，南征方臘，雖立大功，而多數豪傑，咸喪於此役，有病死者，有出家者，有辭官者，有逃海外者，當年豪傑，竟至四散，而副統領盧俊義，統領宋江等，相繼斃於讒人之毒手，專寫其末路悽愴的方面，因此金聖嘆取前半部而捨後半部，以第七十回梁山泊英氣驚惡夢爲結局。（2）三國志三國志演義，是通俗性最大的小說，三國志共一百二十回，回分上下，得二百四十卷。起於漢靈帝中平元年，終於晉武帝太康元年，首尾共有九十七年（西紀元一八四——二八〇），事實皆排比陳壽三國志及裴松之注，間採稗史，及雜以臆說而成，此書爲文言的，其中亦雜以白話，胡應麟說：『三國演義，絕淺陋可嗤，』但歷史小說要顧全事實，本不易寫，其中三顧草廬，火燒赤壁等幾段文字，具有精采，實爲戰史之創局。此書相傳爲羅貫中所作，七修類稿說：『三國宋江二書，乃杭人羅本貫中所編，』其內容根據事實，不是憑空構想，有時或不免露窘態，而作者之苦心經營，可以窺見的。就以上所引述，元代文學之見重於世，別開一新生面者，實爲戲曲小說也。

第三章　明代之文化

第一節　明代之政治社會

蒙古是一種文化較低的民族。他們統治中國後，用高壓的政策，以待遇漢人，不知接受中國的文化，以王道政策待遇漢人，又因入中國之後，政治權利享用的豐裕，漸次腐化起來，失卻獷悍的性質，所以給漢族有革命恢復的機會。元朝傳至順帝安懽帖木兒，國勢遂危險了，財政混亂，物價昂貴，國家經濟走到絕境，但是元順帝昏庸，日縱淫樂，置國事於不問，一般哈麻、雪雪，朴不花的蒙古大臣，就乘機弄權，製造亂源，大都地方飢疫發生，民有父子相食者，（見歷代通鑑輯覽卷九十九），在此民不聊生的狀態中，促起漢族的革命運動。民國紀元前五六四年，黄巖（今浙江省黄巖縣）人方國珍，起兵入海，劫掠漕運，白蓮教韓生童的徒黨潁州（今安徽省阜陽縣）人劉福通，起兵安豐，（今安徽省壽縣），蕭縣（今江蘇蕭縣）人李二，起兵徐州，羅田（今湖北省羅田縣）人徐壽輝，起兵蘄州，（今湖北省蘄水縣），定遠（今安徽省定遠縣）人郭子興，起兵濠州，（今安徽省鳳陽縣），泰州（今江蘇省泰縣）人張士誠，起兵高郵，（今江蘇省高郵縣），東南一帶，元朝的統治，大爲動搖，成爲四分五裂的形勢。在此時濠州人朱元璋（字國瑞）起兵據滁州和州，不久郭子興死，部下歸朱元璋，朱元璋乃渡江取采石，乘勝佔太平，建元帥府，（采石在今安徽省當塗縣西北二十里，元太平路治今安徽省當塗縣），又率諸軍，進取集慶至江甯鎭（今南京），破陳兆先營擒之，盡降其衆，元璋入城召官吏父老諭之說：『我來爲民除亂耳，其各安堵如故，舊政不便者除之，』民大喜，遂改集慶路爲應天府，遣徐達侵鎭江，鄧愈侵廣德，皆陷落。時陳友諒據江西湖廣建漢國，朱元璋擊敗之，退至武昌，乘勝取江州，（今江西省九江縣），佔興隆路，（今江西省南昌縣），改爲洪都府，陳友諒復傾全力來攻，大敗於鄱陽湖，於是江西湖廣，盡歸朱元璋所有。繼親征武昌，消滅陳友諒之餘部，征松江、常州、湖州一帶，消滅張士誠之餘部；征慶元（今浙江省鄞縣），消滅方國珍之餘部；根據各部，成爲反抗元朝唯一的勢力。民國紀元前五百四十五年，朱元璋派兵二十五萬，分道北伐，遂據山東，河南，復由濟南開封，會師德州，直入通州，（德州今山東省德縣，通州今河北省通縣），元順帝得訊，帶領后妃太子等出居庸關北走，朱元璋遂在應天府，即皇帝位，改國號爲明，稱太祖高皇帝。明太祖既定天下，就實施封建政策，分封諸子於要地，各設傅相官屬，體制甚隆，各地方設護衞兵，少者三千餘人，多者萬九千餘人，籍隸兵部，冕服車旅邸第下天子一等，惟列爵而不臨民，分藩而不錫土，與周漢封國稍異。然諸王每奉詔征伐，雖元勛宿將，咸秉節制，故其權仍至重。元璋有子二十六人，太子標外，惟皇子楠未封，其餘俱有封國。天下既定，太祖嘗思世治宜用文士，但他生性猜忌，屢起文字的慘獄，且待遇功臣又非常的殘酷，屢起大疑獄，誅殺宿將藍玉、傅友德、馮勝等一班開國元勳，差不多斬除淨盡，所以一傳之後，朝廷中已沒有什麽知兵的人。太祖之太子名標，早卒，立其子允炆爲太孫，及卒，允炆繼立，是爲惠帝。惠帝怕諸藩跋扈，曾用齊泰、黃子澄之謀，以法繩諸王，諸王多以罪廢死，燕王棣就舉兵反，叫做靖難兵，直犯南京，宮中火起，惠帝不知所終。燕王棣即位，是爲成祖，改北平爲順天，遂遷都，而以應天爲南京。是時政事整飭，百司咸治，加以躬行節儉，雄武之略，同符太祖，故其末年，威德遐被，四方賓服，受命入貢者三十國，幅員之廣，幾同漢唐。惟成祖奪取皇位時，得宦官的援助，所以即位之後，便信任宦官，挑選翰林入宮教宦官，設京營提督，使宦官作監軍，又立東廠，委任宦官作政治偵探，並使宦官出使外國，於是宦官在政治上得了優異的地位，有軍權和特種司法權，可以任情作威作福。成祖在位二十二年卒，太子高熾立，是爲仁宗。仁宗在位一年，用人行政，頗有可稱，未久卽沒，太子瞻基立，是爲宣宗，仁宗高熾之弟高煦，恃戰功驕橫特甚，擁部屬王斌等以叛，事覺相繼誅；其時宦官仍專橫，乃開書堂於內府，選翰林官四人教習以爲常，自是宦官攬權專政，其害益烈。宣宗在位十年，以疾沒，子祁鎭立，是爲英宗，寵用宦官王振，勢燄異常盛張，英宗被瓦剌兵擄去，也是誤聽王振之計，輕易出塞親征的緣故。英宗死，憲宗見深立，寵信宦官汪直，於東廠之外，別立西廠，使汪直主管其事。汪直便倚仗勢力，派人四出訪察，屢興大獄，無賴校尉，滿佈民間，流毒愈廣，後雖廢西廠，殺汪直，但所信任的，仍是宦官梁芳等一班小人。憲宗死，孝宗祐樘立，在位時，殺梁芳等一班小人，政治尚屬淸明。孝宗死，武宗厚照立，寵信宦官劉瑾，於東西廠之外，另立一個內廠，使劉瑾管理其事，劉瑾專橫無忌，後被人告發，得罪而死。時武宗出遊宣府、大同、延綏、西安、太原等地，寧王宸濠乘機反於南昌，陷南康、九江，東攻安慶，幸而王守仁起兵贛南，攻其後，僅三十五日而平。武宗死後，世宗厚熜繼立。世宗很迷信神仙，從事齋醮，一切政治，都置諸不問，大學士嚴嵩，便利用他這個弱點，往往故意激怒世宗，乘機陷害他人，且時蒙蔽世宗，大權獨攬。民國紀元前三百六十二年俺答侵入中國，直逼京師，嚴嵩戒諸將勿戰，於是虜兵縱橫內地八日，飽掠而去，連年外族侵擾，內部政治腐敗，明朝的元氣，從此大傷。世宗崩，穆宗載垕立，張居正、高拱相繼爲相，革除世宗弊政，高拱用戚繼光守薊鎮，李成梁守遼東，東北邊防因而安靖。穆宗死，神宗翊鈞立，年方八歲，張居正輔政。神宗萬曆十九年（民國紀元前三二一年），日本的將豐臣秀吉貽書朝鮮，叫朝鮮人替他做嚮導去伐明。這時候朝鮮分爲東西二黨，西黨說日本一定要來侵犯的，東黨則竭力反對，朝鮮宣祖信東黨，不設備。豐臣秀吉派小西行長帶兵二十萬攻朝鮮，從釜山登岸，直逼京城，朝鮮兵大敗，告急於明，明朝以宋應昌爲經略，李如松爲東征提督，率兵往援，如松戰於平壤大捷，盡復漢江以北之地，旋又輕進遇伏，大敗於碧蹄館。（在坡州之南）日本於平壤一戰，曉得明兵非朝鮮兵可比，士氣頗爲沮喪，乃退軍慶尙道；明朝從碧蹄館一敗，覺得用兵沒有把握，於是撫議復起，擬封秀吉爲日本國王，秀吉不受，反遣清正行長再發兵十四萬去攻朝鮮，神宗大怒，發兵救朝鮮，相持一年，豐臣秀吉死了，日本兵纔退回去。外患既然如此，而神宗對於政事，日益荒怠，政治界發生雜亂的現象。其時在野的顧憲成等講學於無錫東林書院，往往議論時事，批評人物，名流附和他們的很多，東林之名，盛極一時，後孫丕揚、鄒元標、趙南星等相繼在東林書院講學，都是自負氣節，對於不相投合的人，便盡力攻擊，反對他們的人就連結排擊東林黨人以快心報復爲能事，成了互相對立的形勢。神宗死，光宗常洛卽位，不到一年便殂，熹宗由校繼立，信用宦官魏忠賢，濁亂朝政，非東林黨人勾結魏忠賢以爲惡，先後把東林黨人有名的楊漣、左光斗、魏大中、周朝瑞、袁紀中、顧大章、高攀龍、周瑞昌、周起元、繆昌期、李應昇、周宗建等十二人逮捕殺害，並禁止東林黨人的活動。東林黨既被壓倒，惡勢力遍佈國中，直到熹宗死後，毅宗由檢卽位，纔把魏忠賢除掉，然而明朝的國事至那時已無可收拾了。明之邊事既不可爲，而內政亦多腐敗，加以天災流行，賦斂繁重，歲征遼餉六百六十萬，又立剿餉練餉之名共增賦一千六百六十萬，竭中國之軍餉，大半用之於關東的兵事而西北飢荒又繼之而作，羣起爲盜而流寇之亂以興。初陝西大饑，延綏缺餉，固原兵刼州庫，於是府谷王嘉允等一時幷起，安塞馬賊高迎祥（李自成之舅）自稱闖王，自成聚衆依之，號闖將；延安張獻忠亦據十八寨，號八大王，其勢日甚，蔓延山西，繼陷河南諸州，南下走湖廣，自成於諸寇中尤狡強，別將一軍以侵各地。明廷以流寇勢熾，詔洪承疇進討，一將之力不能顧及，乃擢盧象昇督江北諸省軍務，分當剿寇之任。諸寇降死殆盡，惟李自成與張獻忠存，而自成在襄陽尤強硬。民國紀元前二百六十八年，（崇禎十七年，清世祖福臨順治元年），自成於西安改國號曰順，尋陷太原、眞定、甯武關，逼京師，太監曹化淳啓彰義門納之，毅宗命后妃自盡，自登煤山，縊山亭以歿；大學士范景文以下死者數十人。繼此乃有吳三桂乞師清廷入關討寇之事。毅宗殉國前一年，清太宗死，世祖立，年方六歲，鄭親王濟爾哈朗、睿親王多爾袞、同攝國政，乃合吳三桂兵，共擊李自成，大破之，自成逃到永平，清兵追逐入關，自成向西逃走，仍回到西安，多爾袞入京，清世祖就遷都關內。清朝當打破李自成之後，肅親王豪格和都統葉臣，就分兵攻下河南、山東、山西；世祖入關之後，又命英親王阿濟格，帶着吳三桂、尙可喜，從大同邊外攻榆延，豫親王多鐸和孔有德攻潼關；李自成從藍田走武關，清兵入西安，阿濟格一支兵追李自成至湖北，自成在通城縣爲鄉民所殺，多鐸一支兵攻江南，陷歸德、揚州、南京、杭州等地，繼平定各路，明之統治權，遂移轉於滿洲。明自太祖元璋至毅宗由檢，李自成陷北京，凡傳十六主，歷二百七十五年；其後唐王福王桂王繼立，又十六年，共十九主，凡二百九十一年而亡。考明代所以亡的原因：（一）將帥之棄節事仇；（二）有良將如熊廷弼、袁崇煥、孫承宗等而不能信用；（三）流寇的蜂起而不能鎭攝；（四）黨禍的傾軋而不能消除；（五）政治的黑暗而不能清明。（參閱商務版拙著中國近代政治史二二頁）。有此數因，內憂外患交迫而起，異族遂易以侵進中國，而統攬政權了。

第二節　明代之社會風習

明代風俗習慣之可考者如下：（一）衣服。洪武二十六年，禁官民步卒人等服對襟衣，惟騎馬許服，以便於乘馬故也，其不應服而服者罪之；明末之罩甲即對襟衣也。戒庵漫筆說：『罩甲之制，比甲稍長，比襖稍短，正德間創自武宗，明末士大夫有服者。』豫章漫鈔說：『今人所戴小帽，以六瓣合縫，下綴以簷如筩，閻憲副閎謂予言，亦太祖所製，若曰六合一統云爾。楊維楨廉夫以方斤見太祖，問其製，對曰：四方平定巾，上喜，令士人皆得戴之。』太康縣志說：『國初時衣衫褶前七後八，宏治（孝宗紀元）間，上長下短，褶多，正德（武宗紀元）初，上短下長三分之一，士夫多中停冠，則平頂高尺餘，士夫不減八九寸。嘉靖（世宗紀元）初，服上長下短，似宏治時。市井少年帽尖長，俗云邊鼓帽。宏治間，婦女衣衫僅掩裙腰，富者用羅緞紗絹，織金彩通袖，裙用金彩膝襴，髻高寸餘。正德間，衣衫漸大，裙褶漸多，衫惟用金彩補子，髻漸高，嘉靖初，衣衫大至膝，裙短褶少，髻高如官帽，皆鐵絲胎，高六七寸，口周四尺二三寸餘。』內邱縣志說：『萬歷（神宗紀元）初，童子髮長猶總角，年二十餘始戴網。天啓（熹宗紀元）間，則十五六便戴網，不使有總角之儀矣。萬歷初，庶民穿腃靸，儒生穿雙臉鞋，非鄉先生首戴忠靖冠者，不得穿邊雲頭履（原注俗云朝鞋），至今日而門快輿皂，無非雲履，醫卜星相，莫不方斤。』據此可以知當時衣服的習尚。（二）婚姻。明太祖在位時，令凡民間嫁娶並依朱子家禮而行；又令男女婚姻，各有其時，或有指腹割衫襟爲親者，並行禁止。關於人民婚姻有所規定者如下：（1）禁財婚。明太祖洪武五年下詔：『古之婚禮，結兩姓之好，以重人倫；近代以來，專論聘財，習染奢侈，宜令中書省集議定制，頒行遵守，務在崇尙節儉，以厚風俗，違者論罪如律。』（2）限喪婚。孝宗宏治二年下令：『有許告服內成婚者，如親病已危，從尊長主婚，招壻納婦，罪止坐主婚，免離異；若親死，雖未成服，輒婚配，仍依律斷離異。』（3）訂婚制。世宗嘉靖八年，題准士庶昏禮，如問名納吉，不行既久，止仿家禮納采納幣親迎等禮行之，所有儀物，二家俱無過求，凡此足見當時風習之一斑。（三）死喪。明代品官喪禮，載在集禮會典者，本之儀禮，士喪稽諸唐典，又參以朱子家禮之編，通行共曉：凡初終之禮，疾病，遷以正寢，屬纊，俟絕氣乃哭，復於正寢，立喪主，主婦，護喪，以子孫賢能者爲之，治棺，訃告於親戚僚友，設屍牀帷堂，掘坎設沐具，沐者四人，六品以下三人，乃含，置虛座，結魂帛，立銘旌，喪之明日乃小斂，又明日乃大斂，又明日，五服之人各服其服，然後朝哭相弔，既成服，朝夕奠，百日而卒哭，乃擇地，三月而葬。（見王鴻緒明史稿禮十四）。此亦可見規定禮節之繁。喪中佛事，宋以後盛行，明代定律，凡居喪之家，修齋設醮，若男女混雜，飲酒食肉者，家長杖八十，僧道同罪還俗，而方孝孺曾批評當時的風俗說：『喪用浮屠之術，親歿於床，不於禮而於浮屠，不哭泣擗踊而於鐘磬鐃鈸，非是之務，則人交笑以爲簡。』流弊之積重難返，一至於此。火葬在宋時盛行，明仍不改，又有所謂水葬者。蘇州喪葬之家，置酒留客，若有嘉賓，喪車之前，綵亭纖幔，炫燿道塗，聊誇市童。河南磁州等地人死，則舉尸瘞室中，虔修佛事。臨淄自古爲都會，承富庶之風，陵冢隆阜，葬埋皆奢，卒致後來發掘之禍。（四）巫覡。上杭縣志說：『汀俗夙稱尙鬼，而杭邑巫覡，裝魔設醮，建壇郊外，金鼓達旦，名爲做大翻，如是者三日夜，男女喧闐，羣趨壇所，婦女之不孕者，惑其說，解裙服付巫者，名為斬煞，以煞去而身可孕也，知縣蔣廷銓，就壇所擒其為首者數人，其風始息。』（五）賭博。萬歷之末，士大夫無所用心，間有從事賭博者。明末朝士，若江南山東，幾於無人不為。明律犯賭博者，文武官革職為民，但百人中未有一人坐罰者，上下相容而法不行故也。（六）拳搏。拳搏之字，見於詩與春秋（詩無拳無勇，春秋僖二十八年傳晉侯夢與楚子搏），唐時謂之角觝，宋以來始謂之拳術。明洪武初，歐千斤以善搏授太倉衞百戶，後邊澄、張松溪、亦以拳術顯。寗波府志說：『邊澄聞少林寺僧以搏名天下，託身居炊下者三年，遂妙悟搏法。武宗正德間，倭人來貢，有善鎗者，聞澄之名，求一角，太守張津許之，召至，遂勝，倒十餘輩。張松溪善搏，師法張三峯，曾一勝少林僧。』可知當時社會間有尚武之風氣。（七）養奴。明代買賣奴僕，是承元代的遺風。據明史上說：『太祖以李善長等有大功，人賜卒百二十人為從者，曰奴軍；及年還鄉，流衆衞之，俾屯戍，以食賜，為鐵册，給以印，時謂鐵册軍。』這鐵册軍固然不像後來所說的奴僕，但也可以說是養奴的發端。在民間中有等受不起重稅，有投靠富豪為奴者。明代的奴僕可分為二類：（1）是雇募，（2）是投靠。讀書的人，只要得了科第，自然有人來投靠，所以一般士大夫階級的人們，不但有家僮，且蓄歌僮。嘉隆間（世宗嘉靖穆宗隆慶）松江何元朗蓄家僮習唱，一時優伶俱避舍，這在明代是司空見慣的事。然養奴既多，豪奴有欺主的行動，孫之騄二申野錄卷八四月條注：『明季搢紳多收投靠，而世隸之邑幾無王民矣。然主勢一衰，跋扈而去，甚有反占主田產，坑主貲財，轉獻新貴有勢，因而投牒與訟者，有司亦惟力是視而已。物極必反，以是顧六等一呼，從者蝟起，回憶情狀，毛髮悚然。』從這裏也可以看見明代的風習了。

第三節　明代之農業

明朱元璋領導羣衆,把蒙古人統治政權推翻,使漢族沉淪於百年間之政治壓迫,得以解放復興。易代之際,干戈肆擾,閭里荒蕪,故戰爭區域都成爲人口少而荒地多的區域,如洪武三年(西紀元一三七〇)知鄭州蘇琦上書說:『自辛卯(一三五一元順帝至正十一年)河南起兵,天下騷然,兼以元政衰微,將帥凌暴,十年之間,耕桑變爲草莽,若不設法招徠耕種,以實中原,恐日久國用虛竭。爲今之計,莫若計復業之民墾田外,其他荒蕪土田,宜責諸守令召誘流移未入籍之民,官給牛種,及時播種。除官種外,與之置倉,中分收受。守令正官召誘戶口有增,開田有成者,從巡歷御史申舉;若田不加闢,民不加多,則覈其罪。』(見續通考二)。顧炎武日知錄卷十亦說:『明初承元末大亂之後,山東河南,多是無人地。』在河北各處兵災之後,有許多荒田,居民又鮮少,戶部郎中劉九皋會主張徙山東山西之民往耕種。洪武六年,特諭中書省說:『蘇、松、嘉、湖、杭、五郡,地狹民衆,無地以耕,往往逐末利而民不給。臨濠,朕故鄉也,田多未闢,土有遺利,宜令五郡民無田者,往開種,就以所種田爲己業,給資糧牛種,復三年,驗其丁力,計田給之,毋許兼幷。又北方近城地多不治,可召民耕,人給十五畝,蔬地二畝,有餘力者不限頃畝。』在這墾田政策之下,自然開田有成,據續通考所說:『自是每歲中書省奏天下墾田數,少者畝以千計,多者至二十餘萬畝。』對於墾田者,不加征租以獎勵之,日知錄卷十說:『洪武中詔有能開墾者,即爲己業,永不起科。』續通考卷二說:『官給牛及農具者,仍收其稅;額外墾荒者,永不起科。』明代移民墾田之政策,在那時是有許多之成効的。明之屯田分軍屯與民屯二種：軍屯是爲各地戍守的兵士，由政府給以耕地和耕牛糧種，使從事耕種。民屯中有一部是由農民耕種政府所撥給的官地，這撥給的官地多半是荒地，是在耕地過剩而人口稀少的地方耕種的農民，有許多是由他地遷徙來的，故這種墾田政策，也可說是移民政策。明史蕖食貨一說：『以沙漠遺民三萬二千八百餘戶屯田北平，置屯二百五十四，開地千三百四十三頃。復徙江南民十四萬於鳳陽。（通考說徙山西眞定民無產者屯田鳳陽）戶部郎中劉九皐言：古狹鄉之民，聽遷之寬鄉，欲地無遺利，人無失業也。太祖採其議，遷山西澤潞民於河北。後屢徙浙西及山西民於滁、和、北平、山東、河南。又徙山東他郡民於東兗。又徙直隸、浙江民二萬戶於京師。』可見當時的屯田，是一種重要的移民政策。明時的屯田，所占當時全國耕地中非常大的面積。據通考載：『按弘治（孝宗紀元）土田之數，萬歷會計錄云：六百二十二萬八千五十八頃八十一畝零，比洪武原額多二百二十七萬九千五百六十四頃八十七畝。萬歷（神宗紀元）時，通行丈量後，總計田七百一萬三千九百七十六頃，比弘治增七十八萬五千九百一十七頃三十六畝零。考世宗時，霍韜疏云：洪武十四年，天下土田，八百四十九萬六千頃有奇；弘治十五年，存額四百二十二萬八千頃有奇，失額四百二十六萬八千頃有奇。是額田存者半，失者半，而湖廣、河南、廣東失額尤多，非撥給於藩府，則欺隱於猾民，委棄於寇賊矣。』明時全國耕地面積，至末年崇禎時，尚有七百八十三萬七千五百二十四畝零，這個統計數目見之通考，前後相差如此之遠，是難以相信的。大概明代全國耕地總面積，亦有七百萬頃左右，而當時屯田所占的數目，據明史卷七十七載：『萬曆時計屯田之數，六十四萬四千餘頃，視洪武時虧二十四萬九千餘頃。』考明時各處屯田的機關，如錦衣等四十五衛，並後軍都督府，南京錦衣等四十二衛，中都留守司，並所屬衛及皇陵衛北直隸衛所，大寧都司衛所，浙江，湖廣，河南江西陝西廣西山東，遼東山西行都司，廣東四川都司及行都司，福建雲南貴州等屯田總數合計九十一萬多頃在全國整個耕地面積中這個數目也不算少了。

明時的耕地除屯田占着很大的面積外，尚有被政府所占有的土地以政府爲地主是自明代始，當時之皇莊官莊不獨占着廣大的面積且占着肥沃的耕地，釀成農民深刻的痛苦（參閱拙著中國近代經濟史綱一八頁，張霄鳴著中國歷代耕地問題二二六頁），明史卷七十七載：『明時草場頗多占奪民業而爲民厲者莫如皇莊，及諸王勳戚中官莊田爲甚。太祖賜勳臣公侯丞相以下莊田，多者百頃，親王莊田千頃，又賜公侯暨武臣公田，又賜百官公田以其租入充祿，指揮沒於陣者皆賜公田，勳臣莊田多倚威扞禁，帝召諸臣戒諭之。其後公侯復歲祿，歸賜田於官。仁宣之世，乞請漸廣，大臣亦得請沒官莊舍……英宗時，諸王外戚中官所在占官私田，或反誣民占，請案治，比案問得實，帝命還之民者非一，乃下詔禁奪民田及奏請畿內地。然權貴宗室莊田墳塋，或賜或請，不可勝計；復辟後，御馬大監劉順進薊州草場，進獻由此始，宦官之田則自尹奉喜寧始，初洪熙時有仁壽宮莊，其後又有清寧未央宮莊；天順（英宗紀元）三年以諸王未出閣，供用浩繁，立東宮德王秀王莊田，二王之藩，地仍歸官。憲宗卽位，以沒入曹吉祥地爲宮中莊田，皇莊之名由此始。其後莊田遍郡縣，給事中齊莊言：天子以四海爲家，何必置立莊田，與貧民較利，弗聽。弘治二年，戶部尚書李敏等以災異上言：畿內皇莊有五，共地萬二千八百餘頃，勳戚中官莊田三百三十有二，共地三萬三千餘頃，管莊官校招集羣小，稱莊頭伴當，占地土，斂財物，汙婦女，稍與分辨，輒被誣奏，官校執縛，舉家驚惶，民心傷痛入骨，災異所由生，乞革去管莊之人，付小民耕種，畝徵銀三分，充各宮用度。帝命戒飭莊戶。』據俄國沙發諸夫於其所著中國社會發展史的引證有說：『明代第一次建設了皇室的農莊基礎係建立於一四六四年，適値一個宦官的土地被沒收之後宦僚們因事犯罪，其財產往往被沒收，而變爲皇帝的私有財產，土地和一切的不動產，都以皇帝的名義，依所估定爲價目賣給民間但是自此以後就決定沒收的土地不出賣，而只建立皇莊，所出的稅收，則供給宮廷的管理人，及皇帝個人的支出，皇莊共有三十六所，土地共計三七·五九五頃，結果皇帝的土地增加了很多。每一個皇莊，有一個監督和一個經理，他們經常認人民的土地是空地，應該歸併到皇莊來，這種意見竟成爲事實，久而久之，皇莊的土地，比較固有的增多了。在另一個皇莊之中強佔人民的土地，佔了十分之九，最後地稅又加之附近的居民。此外他們還有別的國稅，與這些農莊同時成立的，還有商店。』皇莊之外，尙有官莊，皇莊是直接屬於皇帝及后妃的，官莊是賣與或給與貴族官僚的，這等皇莊官莊，佔着不少的面積，他的耕地又是很肥沃的。世宗初，給事中夏言等淸核皇田，極言皇莊爲厲於民，自是正德以來，投獻侵牟之地，頗有給還民者，而官戚輩中，復加以阻撓。明代土地制度之所以混亂，皇莊官莊之外，奏獻乞地亦其一因：（1）奏乞。如外戚錦衣指揮周彧，求武強武邑田六百餘頃；翊聖夫人劉氏，求通州武淸地三百餘頃，下詔皆許。國家以土地酬庸勳舊，而勳舊亦假勢以請乞土地，人民耕地之受剝削可知了。（2）投獻。小民之田，既常爲富豪大族所詐取巧奪，而小地主有投靠朱門以求倖全，於是遂開投獻之風，弊端旣起，英宗時（西紀元一四五六——一四六四）特下令禁止：『諸皇親強占軍民田者，罪無赦，投獻者戍邊。』（見明史卷一百八十李森傳）。所謂投獻，是一部分投獻己產於勢家，以期豁免徭役；另一種之投獻，在乎姦民奪人之田，獻諸勢家，以快私仇，非法侵奪人民之土地，明代曾加以限制，據明會典載：『天順（英宗）二年，敕皇親公侯伯文武大臣，不許強占官民田地……之利，事發，坐以重罪，其家人及投託者，悉發邊衛，永遠充軍。』明令雖然如此，而莊田侵奪民產之事，仍未減少。明史一九六夏言傳：『言偕御史樊繼祖等出按莊田，悉奪還民產，劾中官趙瓊，建昌侯張延齡，疏凡七上。』疏凡七上，即證明法令沒有切實執行。後來穆宗時又下一種限制莊田之政策，明史卷七十七載：『穆宗（一五六七——一五七二）從御史王廷瞻言，復定世次遞減之限，勳臣五世，限田二百頃，戚畹七百頃至七十頃有差。』明會典也有相同之紀載：『以後奏請莊田，乞定數自撥給，其年遠勳戚行屯田，御史查自封爵之日爲始，親服已盡者，止留莊田百頃，或枝派已絕，或爵給已革，盡行追奪還官。又題准元勳後裔傳派五世者，原議百頃之外，今再留一百頃，如係勳戚相半者，再留五十頃。』這種限制的辦法，是不徹底的，也是仍然保留着剝削的制度。

明代除皇族貴族官僚的莊田賜田，佔了廣大的面積外，地主商人也是兼併了許多的耕地。通考載：『丹徒丹陽二縣，田沒入江者，賦尚未除，國初蠲租之家，其田多併於富室。』成化（憲宗紀元）十年，定西侯蔣琬的奏疏中說：『大同、宣府，諸塞下，腴田無慮數十萬，悉爲豪右所佔，畿內八府良田，半屬勢家，細民失業。』趙甌北二十二史劄記卷三十四載：『前明一代風氣，不特地方有司，橫派私征，民不堪命，而縉紳居鄉者，亦多倚威恃強，視細民爲弱肉，上下相護，民無所控訴也。』弱肉強食，農民耕地之被剝削可知也。明成化時，因耕地爲地主所兼併，農民失耕地者日多，成爲社會嚴重的大問題，所以徐俊民主張限田均糧之制，他說：『合官民田爲一，定上中下三則，起科以均糧，富人不得過千畝，聽以百畝自給，其羨者則加輸邊稅。』這種辦法，一方面是以賦稅來限制富人面積擴大，一方面是從賦租上減輕農民的剝削。又劉同升（明廬陵人萬曆進士官至應天府尹）之限田均民議說：『今天下民窮極矣，縱不能分田授屋而坐視貪紳豪民，富商大賈求田問舍而無所底止乎？則限田之法，可以倣而行之也。』『夫豪者約之使儉，亦不肯儉；唯制於無可逞，則不約而自儉，必然之勢也。而自此小民亦得有田以給朝夕，亦得有宅以樹桑麻，亦得有布素以充衣服，亦得有妻子以養耆老。富者不得至於極富，貧者亦不至於極貧；天能生民，不能養民，王道補偏救弊，參天地而贊化育，豈無術以處此？政在養民，必自限田始矣。』限田之法，如能付諸實行，可以杜絕兼併，惜當時竟成空談而沒有實現。

明代因有皇族貴族官僚地主等之剝削農民和佃民，使農村社會受苦而無可控訴，致發生反抗運動者，亦所常有，明史卷一百六十五丁瑄傳載：『沙縣佃人鄧茂七，素無賴，倡其黨令毋餽，而田主自往受粟。田主訴於縣，縣令爲甲長，益以氣役屬鄉民。其俗佃人輸租外，則餽田主，逮茂七不赴，下巡檢追攝，茂七殺弓兵數人。』於此可以見田主勾結官吏索納陋規魚肉一般耕佃的農民，迫得他們沒有路走，積憤所至，遂爆發而爲反抗的暴動。

明代雖對於一般農民加以剝削壓迫，但對於農業政策上也頗注意到民食的問題；明太祖洪武初，曾出楮幣二百萬貫，詔行省各省耆民，運鈔糴糧，於居民叢集處置倉，各州縣東南西北四所，以備賑濟，名預備倉。民家有餘粟願易鈔者，許運赴倉交納，依時價償其值，官儲粟而閉鎖之，令富民守視，歲歉則散，秋成則還；其後州縣充積，糴猶未已，恐因此病民，乃罷其糴糧。成祖永樂中，令天下府州縣多設倉儲，並將預備倉移置城內，其後漸廢弛。宣宗卽位，以預備倉儲可以防饑窘，遂重申倉制，務存實惠，勿事虛僞。宣德三年，遣官巡視整理，令郡縣修倉徵收，以備荒歉。英宗正統六年，于謙疏請每歲三月，令府州縣報缺食下戶，隨分支給，俟秋成償官，而免其老疾及貧不能償者。州縣吏秩滿當遷，預備糧有未足，不聽離任，仍令風憲官以時稽察，下詔從之。憲宗成化六年，復開納粟免考之例，以為斂集倉實預備救荒之計。又定倉穀放支，概由州縣官親管，不許轉委作弊。孝宗弘治三年，酌定各地積糧之數，並定考核解法。世宗嘉靖六年，令有司設法多積米穀以救荒，仍仿古人平糴常平之法，春間放賑貧民，秋成還官，不取其息。神宗萬曆五年，將州縣積穀等差，大為減小，得照地方難易，酌定上中下三等，上州縣每歲以千石為準，多至二三千石；下州縣以數百石為準，少或至百石，務求官民兩便，經久可行，並定每年終分別蓄積多寡為賞罰，但急功者剝民利己，賑貸之後，饑民有借止一石或償至十數石而不足，借止一年或徵至十數年而未休，下戶細民，有寧賣子女流從，而不肯窺倉廩之門。故萬曆八年，曾有賑濟穀數，卽申報開銷，不必復令饑民抵還。總明代災荒救濟辦法如下：（1）截起運之漕米。（2）發內帑開放皇莊田。（3）被災處無儲粟者，發旁縣米賑之。（4）令富戶蠲田戶租，大戶貸貧民粟，免其雜役為息，豐年償之。（5）飢民還籍，給以口糧。（6）發倉米平價出糶，多不過五斗。（7）預給俸糧以減米價。（8）賑米，明初大口六斗，小口三斗，五歲以下不與，永樂後漸減其數。可知明代農業上之救荒政策亦頗周到。（其詳可參續通典卷十六，明史卷七十九，中國民食史一三〇至一四三頁）。

明代之農業，與前代無大分別，在江蘇、安徽、江西、浙江、湖南諸省，多水田，有灌漑之利，產稻米至多，就中江蘇、浙江，尤為豐富；福建、廣東、廣西，亦產稻米，而其額不多。山西、山東、直隸、陝西、甘肅及滿洲一帶，多高原之地，而產小麥、大麥、高粱，以上情景，直至淸代，大概沒有變化。明末徐光啓著農政全書六十卷，對於明代農業狀況，有詳細之敍述。

第四節　明代之稅制

明代稅制，視歷代較爲整齊，因有黃册及魚鱗圖册之故。黃册以戶爲主，詳具舊營新收開除實在之數，爲四柱式；魚鱗圖册以土田爲主，諸原隰墳衍下濕沃瘠沙鹵之別畢具。魚鱗圖册爲經，黃册爲緯。明史一三八范敏傳載：『洪武十三年受試尚書。帝以徭役不均，命編造黃册，敏議一百十戶爲里，丁多者十人爲里長，鳩一里之數，以供歲役。十年一周，餘百戶爲十甲，後遂仍其制不廢。』圖書集成卷四十九引廣治平略：『遣國子生武淳等往各處，隨其稅糧多寡，分爲幾區，區設糧長四人，乃集糧長暨耆民履畝丈量，圖其田之方圓曲直寬狹，書其主名及田土之四至，編彙爲册，謂之魚鱗圖册，册成，田之經界，於是乎始正。蓋魚鱗册以田爲主，田各歸其都圖，履畝而籍之，諸原隰墳衍下濕肥沃瘠鹵之故畢具，爲之經，而土田之訟質焉。』魚鱗圖册，乃土地登錄簿，以誌土地之面積，（因其狀恰如魚鱗故名），明代土地曾加一度之實地丈量，豪民影射之弊，自可稍減；但魚鱗册只及熟地而不及荒地，及人口滋繁，前之所謂荒地者，已一變而爲熟地，爲賦稅之所不及。明的稅制，分夏稅秋糧，夏稅以麥爲主，秋糧以米爲主，但得以銀鈔錢絹代納。稅率在太祖時，官田每畝爲五升三合五勺，民田三升三合五勺，重租之田八升五合五勺，蘆地五合三勺四秒，草場地三合一勺，沒官田一斗二升。納稅之期，夏稅限至八月，秋糧限至明年二月。納稅之職，由納糧萬石之地，選納租額之最多者二人爲正副糧長，使掌稅糧之事。當時收糧之數，據明史卷八十二載：『明田稅及經費出入之數，見於掌故者，皆略可考見。洪武二十六年，官民田總八百五十萬七千餘頃；夏稅，米麥四百七十一萬七千餘石，鏹鈔三萬九千餘錠。絹二十八萬八千餘匹；秋糧，米二千四百七十二萬九千餘石，鏹鈔五千餘錠。弘治（孝宗紀元）時官民田總六百二十二萬八千餘頃，夏稅米麥四百六十二萬五千餘石，鈔五萬六千三百餘錠，絹二十萬二千餘匹。秋糧米二千二百十六萬六千餘石，鈔二萬一千九百餘錠。』就這兩項數目而觀，自太祖至孝宗時，約一百二十年之久，官民田未見加多，且減少官民田數至二百餘萬頃，而所收之稅，兩期相差無幾。稅額在成祖時，天下的稅糧，凡三千餘萬石，絲鈔等三千餘萬計，其後漸見耗減，至世宗時乃更增稅率（每畝加九釐），較長租增加至五百二十萬石。

明代的農民，有許多不堪於賦稅的征收而致逃亡的，明史藁食貨二載：『宣宗卽位，廣西布政使周幹，自蘇、常、嘉、湖諸府巡視民瘼還言：諸府民多逃亡，詢之耆老，皆云官府弊政困民所致。如吳江、崑山民田畝舊稅五升，小民佃種富室田畝出私稅一石，後因沒入官，依私租減二斗，是十分而取其八也。撥賜公侯駙馬等項田，每畝舊輸租一石，後因事故還官，又如私租例盡取之，且十分而取其八，民猶不堪，況盡取之乎？盡取則無以給私家，必至凍餒，欲不逃亡，不可得矣。仁和、海寧、崑山海水陷官民田千九百餘頃，逮今十有餘年，猶徵其租，田沒於海，租從何出？請將沒官田及公侯還官田租，俱視被處官田起科，畝稅六斗，海水淪陷田地，悉除其稅，則田地無拋荒之患，而細民得安生矣。帝命部議行之。』（並參閱明史卷七十八）。孝宗宣德五年二月，詔舊額官田租，畝一斗至四斗者各減十之二，四斗一升至一石以上者，減十之三。於是江南巡撫周忱，與蘇州知府況鍾，曲計減蘇糧七十餘萬，他府以爲差，而東南民力稍以舒緩。及世宗時，俺答犯京師，增兵設戍，餉額過倍，京中與邊疆歲用至五百九十五萬，戶部尚書孫應奎乃議於南畿浙江等州縣，增賦百二十萬，時東南被倭寇侵擾，浙閩多額外提編（加派之意），及倭患平，應天巡撫周如斗乞減加派，給事中何煃，亦具陳南畿困敝，惟提編之額不能減。穆宗神宗之世，增額如故，逋糧愈多，規避亦益巧，已解而愆限，或至十餘年未征，而報收一縣有至十萬者，逋欠之多，縣各數十萬，賴行一條鞭法，無他科擾，民力不大絀。一條鞭法，是總括一州縣之賦役，量地計丁，丁量畢輸於官，一歲之役，官爲僉募，力差則計其工食之費，量爲增減；銀差則計其交納之費，加以贈耗；凡額辦派辦京庫歲需與存留供億諸費，以及土貢方物，悉併爲一條，皆計畝徵銀，折辦於官，此法頗爲簡便，嘉靖間，數行數止，至神州萬歷九年，乃盡行之。其後又加遼餉剿餉練餉至二千萬以輸京師，民困愈甚。明之末年，將官田之重租，派入於輕租之民田，朱國楨大政紀稱：『英宗天順五年，（一四六六），劉孜在南畿修復周忱廢墜之政；時松江積荒田千七百餘頃，皆重額久廢不耕，稅加於見戶。』歐陽鐸議均徭也說：『郡多士大夫，士大夫又多田產，民有產者無幾耳，而徭則盡責之民。』（見明史二〇三本傳）。所以世宗嘉靖三年，（一五二四），歐陽鐸巡撫應天十府，與蘇、松田不甚相懸，下者畝五升，上者至二十倍，鐸令賦重者減耗米，派輕齎，最輕者賦本色，征耗米，輕重之賦遂均。但因爲戰爭需要浩大的軍費，和皇帝的揮霍，連年亦有增加。萬歷四十六年，每畝增加三釐五毫，天下之賦，增二百萬有奇；明年又加三釐五毫，兵部請加二釐，前後共加九釐，增賦至五百二十萬。熹宗天啓二年，復增田賦，又設州縣兵，按畝均餉。崇禎三年，於九釐外，每畝復增加三釐，共增賦百六十五萬有奇。八年，民糧以十兩以上，每兩增一錢，謂之助餉。十年，行均輸法，田糧因舊額，每畝增加六合，石折銀八錢，共得銀百九十二萬九千有奇，崇禎時，甄淑奏疏中說：『小民所最苦者，無田之糧，無米之丁，田鬻富室，產去糧存，而猶輸丁賦。』劉宗周奏疏中說『司農告匱，一時所講求者，皆掊尅聚斂之政，正供不足，繼以雜派，科罰不足，加以火耗。水旱災荒，一切不問，小民至賣妻鬻子以應有司。以掊尅爲循良而撫字之政絕，上官以催徵爲考課而黜陟之法亡。』穆宗隆慶時，葛守禮奏疏說『畿輔山東流移日衆，以有司變法亂常，起科太重，徵派不均，且河南北山東西土地磽瘠，正供尚不能給，復重之徭役，工匠富商大賈皆以無田免役，而農夫獨受其困。』從以上引證來看，就知道明之一般農民受重稅剝削的痛苦。（可參閱拙著中國近代經濟史綱二一頁）

關於特種營業稅，如鑛山的收入，多落於貪官的手。續文獻通考卷二十三載『洪武二十年，增福建銀屏山銀鑛額。延平府尤溪縣銀屏山嘗設場局煎鍊銀鑛，置鑛冶四十二座，歲辦銀二千一百兩。至是增其額。時又有請開陝西銀鑛者，帝曰：土地所產，有時而窮，歲課成額，徵銀無已，言利之官，皆戕民之賊也，不許。』英宗正統十年，令各銀課不敷，不許派民包納。凡額數不敷，皆許於別坑有鑛處煎補，又不敷者，具奏處置。其提督官吏及諸坑首匠，詐稱課不及額，掊斂民財，侵盜官銀者，依律治罪。憲宗成化九年三月，減雲南銀課十之五。孝宗弘治五年，詔豁減浙江、福建、諸處歲辦銀課。可知當時的鑛稅亦是病民之政。

明之商稅，比較元末是輕少而簡單的，洪武十三年上諭，凡婚喪用物及舟車絲帛之類免稅；又蔬果飲食畜牧諸物也免稅。成祖時，時節禮物，染練自織布帛，收買已稅之物，舟車所運已稅之物，銅錫器物，竹木蒲草器物，和常用雜物，都一概免稅。永樂以後，商稅的額量和種類都漸增，商品在市場中有營業稅，在運輸中有通過稅，應稅貨物種類，則張榜於官署之旁，開列名目，按而徵之。凡應稅之物，有隱匿不報者，一經查出，則罰取其貨物之半，沒收入官，其所征之額，除本色外有折色，折色除錢鈔之外，更有金銀。抽分局所稅以竹木爲主，而蘆柴茅草薪炭，亦在其內。稅率自三分抽一以至三十分抽二不等。河泊所所稅爲魚蝦之類，所稅之物，爲折色，或鈔或鏹或米。河泊所，大河南北都有其數，有二百五十有二。酒稅之制，大抵爲私造官征；而茶稅之制，有官茶和商茶，官茶間徵課鈔，而商茶收課之法，大略與鹽稅相同。鹽稅有中鹽之法，由商人輸粟於邊，卽准領鹽若干引，是爲納米中鹽之制，或由商人驅馬至邊，卽准領鹽若干引，是爲納馬中鹽之制。另有關市之征，據明史食貨五載：「關市之征，宋元頗繁瑣，明初務簡約，其後增置漸多，行齎居鬻所過所止各有稅，其名物件悉榜於官署，按而徵之，惟農具書籍及他不鬻於市者勿算，應徵而藏匿者沒其半，買賣田宅頭匹，必投契本，別納紙價。」至於辦理商稅的機關，有都稅，有宣課，有司，有局，有分司，有抽分場局，有河泊所，此類機關，凡京城諸門及各府諸縣市集多有之，共計有四百餘所，其後以次裁併十之七。

役法，亦是一種稅制。凡人民年至十六以上，卽爲成丁，十六以下爲未成丁，成丁則有役，六十乃免之。凡役以戶計者爲甲役，以丁計者爲徭役，臨時命令者爲雜役；又有力役及雇役之別。據明史卷七十八載：「役法定於洪武元年，田一頃出丁夫一人，不及頃者以他田足之，名曰均工夫。尋編應天十八府州、江西九江、饒州、南康、三府均工夫圖冊，每歲農隙赴京，供役三十日遣歸。田多丁少者，以佃人充夫，而田主出米一石資其用，非佃人而計畝出夫者，畝資米二升五合。造黃冊，以一百十戶爲一里，里分十甲曰里甲，以上中下爲三等，五歲均役，十歲一更造，一歲中諸色雜目應役者，編第均之。」十歲一更造，卽是每十年有司更定其冊，以丁糧增減而升降之。役法雖及於一般的人民，惟鰥寡孤獨，可以不任役。

第五節　明代之商業

明太祖初頒賤商之令，如農政全書所載：『太祖加意重本抑末。十四年，令農民之家，許穿紬紗絹布；商賈之家，止許穿布。農民之家但有一人爲商賈者，亦不許穿紬紗。』他不免承襲歷來的傳統思想，重農賤商，但對於商業也有相當的有利政策，如禁止和買，和賣和買本於宋制，方春天乏絕時，預貸庫錢與民，至夏秋令輸物與官，故又稱豫買。和僱之名始於元，以相當工貲募僱人夫，初辦之初，未嘗不善，迨法久弊生，官不給價而民仍輸物，故太祖詔令內外官司，不得借和僱和買，擾害商民。如平定物價：太祖令州縣以市場物價，按月從實申報上司，以憑置辦軍需等項，照價收買。又各州府縣，每月初旬，取勘諸物，毋許高擡少估，上司收買，按時價照付，毋縱吏胥作弊。如較勘斛斗秤尺：太祖詔中書省，命在京兵馬司兼管市司，每越三日，較勘街市斛斗秤尺，稽考牙儈姓名，一次並定物價。外府州縣，則由各城門兵馬司兼領市司。如市物加價：洪武時，宮禁中市物，視時估率加十錢，其損上益下如此。凡此數端，皆有利於商民。（參閱明史卷八十二，陳燦編中國商業史八五頁）。明之商業都市，（１）南京。南京爲政治的中心地，又爲商業的中心地，據洪武二十六年人口統計，戶有十六萬三千九百一十五，人口有一百一十九萬三千六百二十；人口既多，商業自然因之繁盛，建立街巷，百工貨物買賣，各有區肆，各種物品，都有專門製造發賣之所，如銅鐵器在鐵作坊，弓箭在弓箭坊，木器在木匠營，珠玉在珠寶廊，綾綢在綾莊巷，繡貨在錦繡坊，顏料在顏料坊，其規模之盛可以想見。（２）北京。明成祖遷都燕京，因元之大都所改建的，據孝宗弘治四年的人口統計，戶有一十萬五百一十八，人口六十六萬九千三十三；明初的北京，承元末大亂之後，元氣大傷，其所以能發展如此之速者，乃是由於移民的結果。明時燕京商業盛極一時，尋常之市，如豬市，羊市，牛市，馬市，煤市，各有定所。其按時開市者，則有燈市，朝市，內市等。國內互市向以茶馬市爲大宗，有茶馬市大使副使，掌市馬之事，官茶商茶皆貯邊易馬，商茶納稅，略如鹽制。太祖初令商人於產茶地買茶，納錢請引，引茶百斤，輸錢二百，無茶引者逮捕。又置茶局批驗，茶與引不符者爲私茶，罪與私鹽同。私茶出境，關隘失察並論死。洪武初賣茶之地，由宣課司三十取一。四年，從戶部之請，於陝西、漢中、金州、石泉、漢陰、平利、西鄉諸縣茶園，每十株官取其一，以易番馬。又設茶課司於產茶地，規定稅額，陝西二萬六千斤，四川一百萬斤，設茶馬司於秦、洮、河、雅諸州，行茶之地，五千餘里。後復設茶局於永寧、成都、筠連，徵稅。川人以茶易毛布毛絨諸物，以償茶課。自定課額，立倉收貯，專用以市馬，民不敢私採，終至課額屢虧，民多賠納，乃聽民採摘與番易貨。初制，長河西等番商，以馬入雅州易茶，由四川、巖州衞經黎州始達茶馬司，茶馬司定價馬一匹，茶千八百斤，於碉門茶課司給之，番商往復迂遠而給茶太多，後復改貯碉門茶於巖州，驗馬匹之良好與否而定茶之多少。成祖永樂中，帝懷柔遠人，遞增茶斤，故賣馬者日多，而茶日不足。茶禁少弛，布絹茶紙多私出境，碉門茶馬司，至用茶八萬餘斤，僅易馬七十四，乃嚴申茶禁。孝宗弘治時，又開茶禁，於西甯、河西、洮州三茶馬司，召商中茶，每引不過百斤，每商不過三十引，官收其十之四，餘者始令貨賣，得茶四十萬斤，可易馬四千匹。以上是明代茶馬市之大概（參閱明史藁食貨五）。馬市則於成祖時開設三所：一在開原南關，一在開原城東五里，一在廣寧。定直四等：上直絹八疋，布十二；次半之，下二等各以一遞減，後廢其二，惟有開原南關。以上是明初馬市之概況。茶馬二市原爲明代馭邊之商業政策，惟其後吏多不職，駕馭無方，反爲招禍納侮之階梯，遂至邊境無安寧之一日。

鹽之販賣，由商人向鹽局輸二十之一，洪武初年，諸產鹽地次第設官，例如都轉運鹽使司，及鹽課提舉司，洪武三年，令商人於大同倉入米一石，太原倉入米一石三斗，給淮鹽一小引，商人鬻畢，卽以原給引目，赴所在官司繳之，以省轉輸之費，以後商輸糧而與之鹽，謂之開中，各行省邊境多召商中鹽以爲軍儲。中鹽之法，是由商人輸粟於邊，卽准領鹽若干引，是爲納米中鹽之制；或由商人驅馬至邊，卽准領鹽若干引，是爲納馬中鹽之制。後來納馬中鹽，又改爲納銀於官，用以市馬，所納之銀，卽入布政司。嘉靖十六年，令山商每百斤納稅銀八分，給以票，使行於僻邑官商不到之處，其後票鹽多侵奪正引，於是有預徵執抵季掣之法。預徵者，先期輸課，不得私爲去留；執抵者，執見在運鹽水程，復持一引以抵一引；季掣則以納課先後爲序，春不得遲於夏，夏不得超於春；然票商甫納稅，卽鬻而賣，預徵之法，徒厲引商而已。明時銷鹽者，分邊商內商水商，三商之外，別有囤戶，及鹽法壞而三商盡困，崇禎時欲圖改革，因兵餉大絀，不能行也。

明代對於海外通商，亦頗加以注意，當其初期，東南沿海一帶國外貿易，仍然是以廣州、泉州、寧波三處爲繁盛。不過歐洲商人的東方貿易，至明初忽告中斷，其中原因，就是當十四世紀後半葉，蒙古帖木兒西侵，阻土耳其向巴爾幹半島之發展，及帖木兒於一四〇六年死（成祖永樂三年），於是土耳其人就乘機西侵，（明景帝景泰四年），於一四五三年，佔領君士但丁以爲國都，土人勢力向西擴張，黑海中之意大利威尼斯商人的商業勢力遂被掃除，因此，歐洲商人假道黑海以入東方之途被阻；及土耳其征服埃及，而歐洲商人假道非洲以入東方之路也被阻，到

了十五世紀末葉葡萄牙人加馬（Vasco Gama）發見非洲南端之好望角，新航線開始，歐洲商人至東方貿
得恢復。明代中葉以前，嘗許海外入貢諸國，附載方物貿易並設市舶司，置提舉官以領之。洪武三年，罷太倉、黄
舶司，後復設三市舶司於寧波、泉州、廣州。永樂元年，命內臣提督之。因諸番貢使連帶發生貿易之事益繁，乃命
廣東、福建、市舶提舉，各設驛以館之，在福建者名來遠驛，在浙江者名安遠驛，在廣東者名懷遠驛。廣州市舶司，
占城、暹羅，以及西洋諸國通商事宜。泉州市舶司，掌與琉球通商事宜。寧波市舶司，掌與日本通商事宜。惟日本
無常，每借互市寇掠，所以對日本互市，有種種限制，例如期限十年，人數二百，舟二艘等是也。成祖永樂初，西洋
等國來朝，附載胡椒與人民通商，有司奏請徵稅，帝不許。向例入貢海舟至，有司先行封識奏報，然後起運，宣宗
即馳奏，不待報；成祖宣宗以懷柔遠人之故，均優待番商。

有明中葉以後，歐洲人來東方貿易，我國商業遂漸由國家之性質，而變爲世界之性質。歐人最先航行中
商者，爲葡萄牙人，（明史誤作佛郎機人，以此爲大西洋人之通稱），明武宗正德六年，（一五五一），葡人亞
基（A.De Abbuquorque），佔領當時國際貿易之中心地麻六甲後，設總督以掌貿易拓殖之務；逾五年，有伯
羅（Rafael Perestrello）遂以帆船來航廣東，此爲第一次歐洲船舶東渡之始。正德十二年，葡人孚那安德
（Fornao Perezde Andrado），復率葡萄牙船四艘馬來船四艘，泊於澳門西南之上川島，要求通商，明政府
率船二艘航行廣東，此即近代歐洲國家與中國直接通商之始。當安德來德之初來廣東，尚與臥亞（Goa）總
派爲明使之批亞士（Pires）同行，頗受中國優待，地方官吏且開澳門爲通商地以居之，未幾，葡人在上川島

多不法，明之官吏遂行封港，使不得入，安德來德，亦被逐於上川島，批亞士亦被捕，於嘉靖二年死於獄。經此次事變後，葡人轉向閩浙沿岸福州、泉州、寧波等處通商，在寧波且成一小殖民地。嘉靖十二年，葡人因勢力日盛，常發生掠奪暴行，十三年，特下令誅伐，葡人死者約七八百人，並焚燬葡船三十五艘。二十四年，兩國又發生衝突。二十八年，泉州葡人爲吏民所逐，在閩浙沿岸葡人之商業他位遂衰。荷蘭人在此時，亦來中國通商，據明史外國傳：『荷蘭又名紅毛番，其人深目長鼻，髮眉鬚皆赤，足長尺二寸，頎偉倍常。萬曆中，福建商人歲給引往販大泥、呂宋及咬𠺕巴者，荷蘭人就諸國轉販，未敢窺中國也。自佛郎機市香山，荷蘭人聞而慕之。二十九年，駕大艦，薄香山澳，澳中人數詰問，言欲通貢市，當事難之，稅吏李道即召其酋入城，遊處一月，乃遣還。澳中人慮其登陸，謹防禦，始引去。』荷人在澳門不得通商地位，遂經營中國之台灣。其在澎湖時，曾築城設守，以爲求市之計，守臣甚懼，說以毀城遠去，即許互市；熹宗天啓三年，果毀城去，後以互市不成，荷人大怒，乃派大隊商艦，駛入澳門，謀奪葡萄牙在華商權，目的未達，僅能退守澎湖列島。西班牙自佔領菲律濱以後，其東洋商業根據地，因以鞏固。明萬曆八年（一五八〇），西班牙派使節來中國，貢獻方物，以敦交誼，自是以後，兩國貿易漸臻隆盛。當時主要商港，在西班牙方面爲其屬地都會馬尼剌（Manila），我國方面爲漳州、廈門、泉州等埠。據明史說：『呂宋去漳州甚近，閩人以其地近且富饒，商販至者達數萬人。』可知當時兩方通商之盛。英國女皇伊利莎伯於萬曆二十九年（一五九六），曾送國書於中國，以舟行遇颶風，未果。其後時請通商，至明光宗泰昌元年（一六二〇），始有英船一艘名（Unicorn）由爪哇往日本，順道來澳門，此即英國最初來華之船。崇禎十年（一六三七），英人威德爾（Weddell）率艦隊抵澳門，意欲互市，惟被葡人所阻，當英船至虎門，與守者衝突，守者發炮擊之，激戰數小時，破台被陷，英人尤以戰利品還交中國，而中國亦允英人通商，是爲中英通商之始。從上引述而觀，就知道明代與外國通商的大概情形。

第六節　明代之工業

明代之工業可考者如下：（1）坑冶。洪武時，陝西商縣鳳凰山有銀坑八所；福建、尤溪縣、銀屏山銀場局爐冶，有四十二座；浙江之溫嶺、麗水、平陽等七縣，亦有場局；又開福建浦城縣馬鞍等坑三所，並設貴州、太平溪、交阯、宣光鎮金場局，葛溪銀場局，雲南大理銀冶。憲宗成化中，開湖廣金場，武陵等十二縣，凡二十一場，歲役民夫至五十五萬。萬曆二十四年，河南之汝南，山東之沂州，沂水、蒙陰、臨朐、費、滕、棲霞、招遠、文登，山西之夏邑各地，均開鑛。（2）鐵冶所。洪武六年，置江西進賢、新喻、分宜，湖廣興國、黃梅，山東萊蕪，廣東陽山，陝西鞏昌，山西吉州等地鐵冶十三所；歲輸鐵七百四十六萬餘斤。河南、四川，亦有鐵冶。洪武十八年，罷各布政司鐵冶。成祖永樂時，設四川、龍州鐵冶。世宗嘉靖三十四年，開建寧、延平諸府鐵冶。（3）銅場。明初江西有德興鉛山，其後四川、梁山，山西、五臺，雲南、寧羌、略陽，皆採水銀青綠。明太祖時，廉州巡檢言：『階州界西戎有水銀坑冶及青綠紫泥，願得兵取其地，』帝不許。武宗正德九年，軍士周達請開雲南諸銀鑛，因及羅次銅錫青綠，許之。（4）珠池。廣東珠池數十年一採。孝宗弘治十二年，費銀萬餘，獲珠二萬八千兩。武宗正德九年又採珠。世宗嘉靖八年，復下詔採兩廣珠，侍郎林富言：『五年採珠之役，死者五十餘人，而得珠僅八十兩，天下謂以人易珠，恐今日雖易以人，珠亦不可得也。』穆宗時，下詔雲南、廣東，採珠。神宗立，停罷。既以諸王皇子公主册立分封婚禮，太后嬪宮，令歲辦金珠寶石，復遣內監採珠於廣東。（5）織造。洪武初，命工部製太廟帝后服，諸行省造戰衣；四川、山西諸行省，浙江、紹興，皆有織染局。成祖永樂中，復設歙縣織染局，令陝西織造駝毼。英宗正統時，置泉州織造局。初蘇、松、杭、嘉、湖五州織造有常額，天順四年，遣中官往五府，於常額外增造綵緞七千匹。孝宗弘治時，給官中鹽引鬻於淮，供織造用。武宗正德元年，令應天、蘇、杭諸府，依各式織造共一萬七千餘匹。世宗時，令中官監織於南京、蘇、杭、陝西。神宗時，添織漸多；蘇、松、杭、嘉、湖五府，歲造之外，又令浙江、福建諸府州爲分造，增萬餘匹。陝西織造羊絨七萬四千有奇。自萬曆中，頻數派造，有至十五萬匹者，相沿日久，遂以爲常。（6）燒造。明時於京師琉璃黑窰廠，造甎瓦以供營繕。英宗正統元年，浮梁進瓷器五萬餘，償以鈔，禁私造黃紫紅綠青藍白地青花諸瓷器，違者重懲。憲宗成化間，遣中官往浮梁景德鎮，燒御用瓷器甚多。孝宗弘治以後，燒造未完者，至三十餘萬器。世宗嘉靖初，遣內官督之。三十七年，遣官往江西造內殿醮壇瓷器三萬，後添設饒州通判，專管御器廠燒造。穆宗隆慶時，下詔江西燒造瓷器十餘萬。神宗萬曆十九年，命造十五萬九千，後復增八萬。（參閱明史藁食貨六）。以上就明代工業的概況而略述之。明代工業直接或間接受政府之指揮經營，就其所經營者而說，是從中因利乘便，以剝削人民，或徵收其品物以爲皇室的點綴，至關係於一般人民之生計及社會生活的工業，實少計劃也。

第七節　明代之交通

明初水陸兩路交通情形，比前代較爲進步。如路政，則二十里有馬鋪，歇馬亭；六十里有驛，驛有廩給，並有驛倉儲糧，以供往來賓客和備驛站所在地點的凶荒。明初自成祖遷都北京以後，對於南北交通的運河，大加整理。成祖永樂九年命工部浚會通河，（元世祖時所開起須城安山之西南，止於臨淸之御河，引汶水達舟長二百五十餘里，卽今山東臨淸至東平之運河）及河南開封黃河故道以便轉漕南起杭州，北至北京，全河共長三千餘里，總名漕河，其踰京師而東若薊州，西北若昌平，皆嘗有河通轉漕。漕河之別有白漕、衞漕、閘漕、河漕、湖漕、江漕、浙漕，皆因地爲號，爲流俗的通稱。（見明史卷八十五）。當時運河中往來船隻極多，計每年於漕運中所用船隻有數千艘，英宗天順間船數共有一萬一千七百七十隻，其他民船之航行者尚未計也。

有明一代之海外交通，可說是大有進展。三保太監鄭和偏歷諸番，是明代向海外交通，可紀的一件大事。在洪武二年時，遣官諭占城，三年，遣使臣郭徵等諭眞臘，呂宗俊等諭暹羅，行人趙述諭三佛齊，御史張敬之福建行省都事沈秩使渤泥。（見明史外國傳）。但那時不算得有什麼規模，到明成祖時，就不同了。明史宦官傳：『鄭和雲南人，世所謂三保太監者也。成祖欲耀兵異域，示中國富強，永樂三年六月，命和及其儕王景弘等通使西洋，將士卒二萬七千八百餘人，多齎金幣，造大舶，修四十四丈，廣十八丈者六十二，自蘇州劉家河泛海至福建，復自福建五虎門揚帆，（卽閩江出口）首達占城（今安南南部），以次遍歷諸番國，宣天子詔，不服則以武懾之。和經事三朝，先後七奉使，所歷占城、爪哇、眞臘（今東埔寨）、舊港、暹羅、古里（印度之古耶拉大省），滿剌加（今麻六甲），勃泥（今蘇門答臘的西北境），蘇門答剌、阿魯（今麻六甲西北海峽亞羅亞羣島），柯枝（今可陳在印度半島西南端），大葛蘭、小葛蘭（今印度半島都蘭樵地方），西洋瑣里、瑣里、加異勒、阿撥把丹、南亞里、甘把里、錫蘭山（今錫蘭島），南勃利、彭亨（今馬來半島），急蘭丹、忽魯謨斯（今波斯灣外的和爾木斯），比剌、溜山、孫剌（今蘇門答臘，附近島名），木骨都東（今非洲東北海濱），麻林（今非洲東索馬拉部南界海濱），剌撒（今米所波大米附近），祖法兒（今阿剌伯之薩法爾城），沙里灣泥、竹步（今錫蘭西南商埠），榜葛剌、天方（今麥加），黎伐那孤兒（今蘇門答臘西境），凡三十餘國，所取無名寶物，不可勝計。自和後凡命將海表者，莫不盛稱和以誇外番，故俗傳三保太監下西洋，爲明初盛事。』自鄭和七次下西洋，海外交通開始發展，經政府此一番提倡，東南沿海一帶人民，往海外者日多，現今華僑在南洋有那樣大的勢力，還是明初所樹立的基礎。按明史鄭和出使七次，至南洋者凡六次，第一次如上段所記在永樂三年至占城、舊港；第二次在永樂十年至蘇門答臘；第三次在永樂十四年至占城、古里、爪哇、滿剌加、蘇門答臘、南巫里、浡泥、彭亨、錫蘭、溜山、南浡利、阿丹、麻林、忽魯謨斯、柯枝等國；第四次在永樂十九年復出使南洋；第五次在永樂二十二年，至舊港；第六次在宣德五年，至忽魯謨斯等十七國；爲期約二十五年之久。這種向海外交通和拓殖的冒險精神，實可欽佩的。鄭和之向海外交通，最後一次，止於宣宗宣德七年，即西歷一四三二年；稍後大約十年光景，葡萄牙人便開始尋覓海上的新航路，中西南方在十五世紀的時候，均共同努力以開發海上的新領域，這豈是偶然的麼？

海路的交通既如上述，而對於陸路與外國的交通，亦頗注意。永樂十八年，帝以西番最遠白勒等百餘寨，猶未歸附，遣使往招。英宗正統初，令守將趙德遣使招生番，相率朝貢者，八百二十九寨。其他長河西、魚通、寧遠，在四川徼外；通烏斯藏，董卜韓胡在四川威州之西；西天阿難功德國是西方番國；尼八剌國在諸藏之西；均先後遣使以賓交通聯絡。（參閱二十四史九通政典類要合編卷二百九十一）。

（附誌）明代中國與南洋之交通，以廈門爲中心時有東西洋之稱；以膨湖、呂宋爲東洋；安南、暹羅、馬來、爪哇等地爲西洋，而婆羅洲爲東西洋分界處。以廈門之東爲東洋，廈門之西爲西洋，非以全中國爲本位（說見中華民族拓殖南洋史二七六頁）。

第八節　明代之幣制

明代通貨有金屬非金屬兩種。金屬有金銀銅三種，非金屬有紙幣。金屬通貨中之銅幣，就是銅錢。明太祖鑒於前代鈔法的弊病，乃停止交鈔，而鑄洪武通寶。惟需費鉅，國家負擔一時加重，政府要民間輸銅，人民感受痛苦，商賈感於銅錢的笨重而不便運輸，民間私鑄者亦極多。明史卷八十一載：『太祖初置寶源局於應天，鑄大中通寶錢，與歷代錢兼行，以四百文爲一貫，四十文爲一兩，四文爲一錢；及平陳友諒，命江西行省置貨泉局，頒大中通寶錢大小五等錢式。即位，頒洪武通寶錢，其制凡五等：曰當十當五當三當二當一。當十錢重一兩，餘遞降至重一錢止。各行省皆設寶泉局，與寶源局並鑄，而嚴私鑄之禁。洪武四年，改鑄大中洪武通寶大錢爲小錢。初寶源局錢鑄京字於背，後多不鑄，民間無京字者不行，故改鑄小錢以便之。尋令私鑄錢作廢銅送官，償以錢。是時有司責民出銅，民毀器皿輸官，頗以爲苦，而商賈沿元之舊習用鈔，多不便用錢。七年，帝乃設寶鈔提舉司，明年始詔中書省，造大明寶鈔，命民間通行，……其等凡六：曰一貫，曰五百文，四百文，三百文，二百文，一百文，每鈔一貫，準錢千文，銀一兩，四貫準黃金一兩；

禁民間不得以金銀物貨交易，違者罪之，以金銀易鈔者聽，遂罷寶源寶泉局。越二年，復設寶泉局，鑄小錢，與鈔兼行，百文以下，止用錢。』明初紙幣流通情形很好，因爲其時鈔重物輕，就是紙幣價高而商品價低，所以紙幣的力量足以衡物價而有餘，後來濫發紙幣，鈔法紊亂，商賈重困。宣宗時，每米一石有用至六七十貫者；憲宗時，鈔價益跌，每鈔一貫，祇值銀三釐，錢二文，末年至有鈔一貫不值一文錢者。明成祖時，差官於浙江、江西、廣東、福建、四布政司，鑄永樂通寶錢，是時鑄錢之寶泉局歸布政司管理。宣宗宣德九年，又於此四省，鑄宣德通寶錢。英宗天順四年，令准兼用古錢制錢，禁民挑選，除假錢錫錢外，均可行使。孝宗弘治十六年，鑄弘治通寶。世宗嘉靖六年，鑄嘉靖通寶，每文重一錢三分，且補鑄歷朝未鑄者。卅二年，鑄洪武至正德九號錢，每號百萬錠，嘉靖錢千萬錠，一錠五千文，又通行歷代錢，有銷新舊錢及以銅像製器者，罪比盜鑄。時北京寶源局，鑄一千八百八十三萬四百文，南京寶源局，鑄二千二百六十六萬八百文，每錢七百文，准銀一兩。穆宗隆慶四年，鑄隆慶通寶。萬曆四年，令仿嘉靖錢式，鑄萬曆通寶，金背火漆錢，亦流通，每文重一錢二分五釐。惟王府皆鑄造私錢，吏不敢詰問，古錢因之阻滯不行，國用不足，乃命南北寶源局，拓地增爐鼓鑄，而北錢視南錢，昂值三分之一，南錢大抵輕薄，然各循其舊，並行不廢。熹宗天啓元年，鑄泰昌錢，兵部尚書王象乾請鑄當十當百當千三等大錢，略仿白金三品之制，於是兩京皆鑄大錢；後有言大錢之弊者，遂下詔南京停鑄大錢，發局改鑄。崇禎元年，南京鑄本銀七萬九千餘兩，獲息銀二萬六千有奇，其所鑄錢，皆以五十五文，當銀一錢，計息取盈，工匠賠補，行使折閱，繼遣官各省鑄錢，採銅於產銅之地，置官吏駐兵，倣銀礦法，十取其三，鑄廠並開，用銅益多，銅至益少，遂採銅於產銅之地。荊州抽分主事朱大受言：『荊州上接黔蜀，下聯江廣，商販銅鉛畢集，一年可以四鑄，四鑄之息，兩倍於南，四倍於北，因陳便宜四事，卽命大受專督之，遂定鑄式每文重一錢，每千值銀一兩；南都之錢輕薄，屢旨嚴申，乃定每文重八分。』考明代之銅錢，有制錢及舊錢二種，二百年來，均係兩者並用。嘉靖以後，始有金背、火漆、鏇邊諸名。制錢卽明朝所鑄之洪武、永樂、嘉靖諸通寶錢之完好者。舊錢卽前代舊有流行之古錢，二者雖同一行使，然價值相差甚大，如嘉靖三年時，制錢七十文，准銀一錢。舊錢則百四十文，准銀一錢。惡錢在民間有三四十文至六七十文，當銀一分者。穆宗隆慶初時，令本朝制錢與先代舊錢，俱以八分折銀一分。六年，又改定凡嘉靖、隆慶、萬曆制錢，金背每八分准銀一分，火漆鏇邊各十文，准銀一分，洪武制錢與前代舊錢各十二文，准銀一分，相兼行使。十三年時，改銀一分可抵萬曆金背錢五文，嘉靖金背錢四文。十五年，改定嘉靖金背錢，每五文折銀一分。萬曆金背錢，每八分折銀一分。金背之內，又有不同的價值。（參閱明史卷八十一，明史藁食貨四中國貨幣沿革史九九頁）。

明代中葉以後，新舊課分別折銀，不過銀和鈔比價不一，或爲每鈔一貫折銀二毫，或折銀六毫；神宗時不課鈔用銀，連從前俸糧支鈔者，亦折銀支放，因此，寶鈔完全廢止通行。明末崇禎十六年，又行鈔法，但終不能行，是因明代末葉，銀量已多，爲用亦廣，其功用和鈔相彷彿的緣故，後因錢幣雜亂，流弊所及，遂影響國家的財政。

第九節　明代之官制

明代官制，舉其大綱，有如下述：（甲）中央　中央之官，莫重於宰相。明初沿襲元制，設中書省，置左右相國，以李善長爲右相國，徐達爲左相國；後命百官禮儀俱尚左，改右相國爲左相國，左相國爲右相國，繼又改爲左右丞相，置平章政事左右參知政事等官，以統領衆職。洪武九年，汰平章政事參知政事等官；十三年罷丞相不設，分中書省之政務，歸於吏戶禮兵刑工六部，以尚書任部內事，侍郎副之，糾劾之責歸之都察院，章奏則達之通政司，平反則參之大理寺。六部尚書，權力極大，無宰相之名，而有宰相之實。十五年，仿宋制置華蓋殿武英殿文淵閣東閣諸大學士，以禮部尚書邵質，爲華蓋殿，檢討吳伯宗爲武英，翰林學士，宋訥爲文淵，典籍吳忱爲東閣；又置文華殿大學士，徵耆儒鮑恂、余詮、張長年等爲之，以輔導太子。殿閣大學士，原爲文學侍從之臣，管票擬批答等事，在太祖時，止以之爲顧問。成祖永樂初年，特簡解縉、胡廣、楊榮等，參預機務；仁宗時以楊士奇、楊榮、皆東宮舊臣，擢士奇爲禮部侍郎兼華蓋殿大學士，楊榮爲太常卿兼謹身殿大學士，以後地位愈高，權力乃漸重；世宗時遂儼然有宰相之實權，而務政樞機，乃歸內閣。六部尚書，以尚書爲長官，侍郎爲次官，其下有郎中，員外郎等執事之官。明吏部尚書一人，掌天下官吏選授勳封考課之政令，以甄別人才，贊勷君主政治爲要務，有侍郎二人爲之助，而吏部視五部權爲特重。戶部尚書一人，掌天下戶口田賦之政令，有侍郎二人爲之助。禮部尚書一人，掌天下禮儀祭祀宴饗貢舉之政令，有侍郎二人爲之助。兵部尚書一人，掌天下武衞官軍選授簡練之政令，有侍郎二人爲之助。刑部尚書一人，掌天下刑名及徒隸勾覆關禁之政令，有侍郎二人爲之助。工部尚書一人，掌天下百官山澤之政令，有侍郎二人爲之助。各部亦有郎中、員外郎、主事以爲贊勷。明制以太師太傅太保爲三公，無定員，無專職，或爲加銜，或爲贈官；以少師少傅少保爲三孤，亦無定員，無專職，與三公同。洪武十五年，罷御史臺，置都察院，設監察都御史八人；十六年，設左右通御史各一人，權位赫然，同六部尚書稱七卿，與前代之御史大夫無異，其職掌糾劾百司，辨明冤枉，提督各道，爲天子耳目風紀之司。凡大臣有姦邪私構黨作威福亂正者，凡百官有猥茸貪冒敗壞官紀者，凡學術不正上書陳言變亂成憲希冀進用者，均加以彈劾。此外遇朝覲考察，同吏部司賢否黜陟；遇大獄重囚會鞫於外朝，偕刑部大理讞平議。其職權，可說甚重。自御史臺外，有院寺監司機關之設，多爲宋世。院有翰林院、國史院、集賢院、宣政院、宣徽院、太禧宗禋院、太常禮儀院、典瑞院、太史院、太醫院、奎章閣學士院、將作院、通政院、中政院、儲政院之別，寺有武備寺、太僕寺、尚乘寺、長信寺、承徽寺、長寧寺、長慶寺、寧徽寺、延徽寺之別。監有太府監、度支監、利用監、中尚監、章佩監、經正監、都水監、秘書監、司天監、司禮監之別，司有司農司、詳定司之別。以上是中央官制的概略。

（乙）地方官制。地方之官有京師及地方之別。明於京師置順天府尹以董正之，猶漢置京兆尹，宋置開封尹之意。元世地方分劃，不以道爲名，而以行中書省爲別。明改中書省之制，而以地之直接隸於政府者爲直隸，（北直隸治北京，南直隸治南京），故當時有南北二直隸之名。各省設承宣布政使司，與提刑按察使司；布政使司之長官爲布政使，掌一省的財賦，按察使司的長官爲按察使，理一省的刑獄。省之下有知府，知府之次有知州，縣有知縣，以掌各地方之政令。明初府分三等，上府從三品，中府正四品，下府從四品，後改爲正四品，計天下府凡一百五十有九。州有二等，直隸州及屬州品秩相同，計天下州凡二百三十有四。縣分三等，上縣知縣從六品，中縣知縣正七品，下縣知縣從七品，後改爲正七品，計天下縣凡一千一百七十有一。（見續通志職官略）。各州府縣關津要害處，設巡檢副巡檢，主緝捕之事；置驛丞，掌郵傳迎送之事；置河泊所官閘官壩官，掌收魚稅啓閉之事；置稅課司大使，掌典稅之事，置批驗所遞運所，掌驗茶鹽遞運糧物之事。明之地方官制，所應注意者，是總督與巡撫兩職。總督巡撫，猶唐以來之節度使金總管府之都總管同知總管，其位置猶相彷彿。元時行中書省之丞相平章，有如明之總督；左右丞，有如明之巡撫。明初命御史巡視地方有軍事則命總督軍務因事而設事已卽罷，不是一定之官。其後各省有一巡撫，數省有一總督，於是向日一省政務總理於布政使司，僅以理刑之按察使司與之對立者，至是則又有管兵之巡撫，加於其上，更上有總督以爲之牽制。明制文勳一十階，武勳十二階，凡文武官應合授勳者，照散官定擬奏聞給授。文散官四十四階，武散官正從一品皆同文資，自正二品至從六品二十六階，與文資相異。關於百官俸祿，明初給米，間以錢鈔；成祖定制，官高者支米十之四五，官卑者支米十之七八，而其餘皆以鈔支給，惟九品雜職全支米。後鈔價日賤，又折米爲布，布値亦落，而官俸因以日薄。中世以後，官員俸給有二制：一爲本色，一爲折色。本色有三：一爲月米，一爲折絹米，一爲折銀米。月米不問官大小皆一石；折絹之一品，當銀六錢；折銀六錢五分，當米一石。折色有二：一爲本色鈔，一爲絹布折鈔。絹每匹折米二十石，布一匹折米十石。行之未久，米布鈔三者皆賤，而銀獨貴，百官俸祿，不足贍身，所以吏治大壞。（參閱二十四史九通政典彙要合編卷二百七十三，續通典卷二十五及卷三十九，中國法制史一六九頁，中華通史一二七七頁）。

第十節　明代之軍制

明之兵制，爲唐府兵的遺意。據明史稾兵志載：「明太祖既以武功定天下，慮兵不可常聚，分軍衞以安之；又不可無食，闢軍屯以養之；不可狃安而玩愒也，京畿之外，簡選精銳，歲就試京師，勤教閱以練之。其外統之各都司，內總之五軍都督府，而上十二衞，爲天子親軍者不與焉。有事則調發從征，事平則各還原伍，將無專兵，兵無私將，永杜跋扈尾大之患，而成安攘無競之烈，計至周也。』明代兵制之可考者如下：（甲）京營。京師有三大營：（一）五軍營，（二）三千營，（三）神機營，其制皆備於永樂時。初太祖建統軍元帥府，統諸路武勇，繼改大都督府，以兄子朱文正爲大都督，節制中外諸軍，京城內外，置大小二場，分教四十八衞卒，又分前後左右五軍都督府。洪武四年，士卒之數二十萬七千八百有奇，成祖增京衞爲七十二，又分步騎軍，爲中軍左右掖左右哨，亦謂之五軍，歲調中都、山東、河南等地兵，隸屬於京師；又有十二營，掌隨駕馬隊官軍；圍子手營，掌操練上直叉刀手及京衞步隊官軍幼官舍人；營，掌操練京衞幼官及應襲舍人。後得邊外降丁三千，立營分五司。征交阯得火器法，立營肄習。得都督譚廣馬五千匹，置營名五千，下掌操演火器，及隨駕護衞馬隊官軍，爲神機營。仁宗洪熙時，始命武臣一人，總理營政。宣宗宣德五年，以成國公朱勇言，選京衞卒，隸五軍訓練，明年，命科道及錦衣官，稽覈諸衞軍數目。英宗正統二年，令錦衣等衞守陵衞卒存其半，其上直旗校，隸錦衣（禁衞軍）督操，餘悉歸三大營。土木之難，（明英宗征瓦剌，兵敗被擄於直隸懷來縣西，其地本名統漠鎮，後訛爲土木堡）京中衞軍幾盡沒，景帝用于謙爲兵部尚書，于謙以三營之制未善，乃請於諸營選勝兵十萬，分十營團練，於三營提督中，推一人充總兵官，監以內臣，兵部尚書或都御史一人爲提督，其餘軍歸本營，曰老家，自是京軍之制度一變。憲宗在位，復增之爲十二，成化二年復罷，命分一等次等訓練，後選得一等軍十四萬餘，分十二營爲團練，命侯十二人掌之，各佐以都督指揮，監名其軍曰選鋒，而團營之法又稍變。世宗時，又以團營兩官廳之制未善，復改爲三大營，設文臣知兵者一人，領京營兵制，數變而仍復爲舊制。（二十九年，俺答入寇，兵士不能戰，吏部侍郎攝兵部因說及自三大營變爲十二團營，又變爲兩官廳，兵士操練者少，老弱疲憊，乃罷團營兩官廳復大營舊制），熹宗天啓三年協理侍郎朱光祚，奏革老家軍補以少壯，爲老家軍反對不果。莊烈帝時，戎政侍郎李邦華，憤京營弊壞，請裁汰老弱虛冒而擇具有材力者爲親軍，爲勳戚反對亦不果。崇禎十六年，內臣王承恩監督京營，明年流賊入居庸關，至沙河，京軍出禦，聞礮聲而潰，流賊長驅京中，遂陷，論者以京軍積弱，致有此結果云。

（乙）班軍。明定軍制於京，置七十二衛所，常操練，謂之土著軍；令中都、大寧、山東、河南等地，選卒輪操，謂之班軍，總爲三大營軍。初永樂十三年，下詔諸邊守將，及河南、山東、山西、陝西各都司官，中都留守司，江南北衛官，簡所部卒赴北京，以俟臨閱，京操自此始。英宗正統中，京操軍皆戍邊，乃遣御史於江北、山東、北直，選卒爲京師備；景帝景泰初，邊事日急，班軍悉留京中，間歲乃放還。世宗嘉靖初，以調軍輪值京師，衛伍半空，而在京者，徒供營造，其後屢以班軍爲作役，輪流操練之意盡失。天啓崇禎時，邊事洶洶，乃移班軍於邊疆，築垣負米，無休息之期，而糧草日缺，兵士多死，後雖設法補救，然已無及。

（丙）侍衛上直軍。明初設拱衛司，領校尉，隸都督府。洪武二年，定爲親軍都尉府，統左右前後五衛軍，十五年，罷府及司，置錦衣衛，統軍與諸衛同，所屬有南北鎮撫司十四所，所隸有將軍、力士、校尉等職，其職掌直駕侍衛，後又擇公侯伯都督指揮之嫡次子，置勳衛散騎舍人，而府軍及旗手等各有帶刀官，錦衣所隸將軍，初冠天武，後去天武，止名將軍，將軍之數，凡千五百人，設千百戶總旗，統攝其衆，自爲一軍。

（丁）四衛營。成祖永樂時，（據明史卷八十九爲永樂，明史藁兵志二爲宣宗），有軍卒自迤北逃回，供養馬之役，給糧授室，號曰勇士；宣德六年乃專設羽林三千戶所統之，凡三千一百餘人，後改武驤、騰驤左右衛，稱四衛軍，設坐營指揮四員，於本衛官推選，督以太監，是爲禁兵。熹宗天啓年巡視御史高弘圖請視三大營例，分弓弩短兵火器，加以訓練；至莊烈帝時，提督內臣曹化淳奏改爲勇衛營，以周遇吉、黃得功爲統帥，遂成勁旅，出擊賊寇輒勝利；黃得功的兵士，畫虎頭於皁布以衣甲，賊望見黑虎頭軍，多走避，其得力在京營之上云。

（戊）衛所。衛所是分屯設兵控阨要害，錯置京省，統於都司，而總隸於五軍都督府。五府無兵，衛所兵即其兵，倣唐府兵遺意，爲法甚備。太祖既定天下，度要害地，係一郡者設所，係連郡者設衛，大約五千六百人爲衛，千一百二十人爲千戶所，百十有二人爲百戶所，所設總旗二，小旗十，大小聯比以成軍。其取兵非一途：諸將所部兵平定其地，因而留戍者，爲從征之兵；勝國及諸僭僞所部兵歸義者，爲歸附之兵；以罪隸爲兵者，爲謫發之兵。綜而計之，於京師設都督府五，衛七十二，於畿甸設衛五十一，於四方設都指揮使司二十一，留守司二，衛三百七十，屬國之衛，尚不在內，守禦屯田羣牧千戶所三百五十九，宣慰招討宣撫安撫長官司九十，各統其軍及其部落，執掌巡捕軍器漕運京操守備征調朝貢堡寨之政。

（己）邊防。明初北邊地東起鴨綠，西抵嘉峪，關中包大寧、開平、東勝，而嘉峪之外，置哈密爲屬國，延袤萬里，設兵鎮戍，聯絡其間。成祖時分地設鎮，凡爲邊者九，曰遼東、宣府、大同、延綏、寧夏、甘肅、太原、固原、薊州，先是洪武九年，勒燕山前後等十一衛，分兵駐守邊疆關要之地，有四：曰古北口、居庸關、喜峯口、松亭關，烽堠相望，百九十六處，參用南北軍士徼巡北平，又以各衞卒鎭戍其地。英宗正統三年，從成國公朱勇奏，塞紫荊關諸隘口，增設守備軍，鎭守都督王禎，築榆林堡城，建緣邊營堡二十四所，歲調延安、綏德、慶陽三衞官軍分戍各地。武宗正德元年春，總制三邊都御史楊一淸以河南、陝西邊患不寧，奏請復守東勝，因河爲固，東接大同，西屬寧夏，修築定邊營迤東邊牆，復寧遠基邊迤西北堡迤增設防禦要隘。有明一代，甚注意邊防，然天險雖備而內變日亟，終亦不能挽回崩潰之勢也。

（庚）海防。洪武初注意沿海之防守，命浙江、福建造海舟，防倭寇。十七年，命信國公湯和巡視海道，築山東、江南、江北、浙東、浙西海上諸城。二十年，命江夏侯周德興抽福建福、興、漳、泉四府三丁之一，爲沿海所戍兵，而定海、盤石、金鄉、海門、紹興、寧波、松門等地皆屯兵，以備海寇；福建置沿海指揮使司，以爲統率，所以洪武之世，海上無警。世宗嘉靖時，倭患漸起，乃命朱紈爲浙江巡撫都御史，兼管福建海道，提督軍務，浙江巡撫之設自此始。神宗中年，倭侵寇朝鮮，發兵援之，先後六載，乃設天津巡撫，鎭扼海上，及倭患平後十餘年，乃分淮安大營兵六百名分屯，設備福建，至天啓、崇禎間，海寇猖獗，及鄭芝龍降，斬李魁奇、俘劉香以自效，海氛漸息。

（辛）民壯士兵。軍衞之外，郡縣有民壯，邊郡有士兵。初太祖定江東，依元制，立管領民兵萬戶府。洪武中，山西行都司言『邊民願備兵械，團結防邊，』下詔從之。英宗正統二年，始募所在民壯願自效者，分隸操練。景帝景泰初，命御史白圭等往直隸、山西、山東、河南，招募民壯。孝宗弘治二年，始立法，州縣七八百里以上，僉募民壯五名，五百里四名，三百里三名，百里以上二名，有司訓練，遇警調發，給以行糧，而禁役占買放之弊，富民不願役，則上直於官，官自爲召募，或稱機兵。在巡檢司者稱弓兵。世宗嘉靖二十二年，復增州縣民壯額，大者千名，次六七百名，小者五百名。

穆宗隆慶中，張居正、陳以勤條陳民兵之利，直隸八府人沉摯健悍，總計戶籍若干，汰罷丁老弱而簡少壯者，父子三人，籍其子一，兄弟三人籍其弟一，州與大縣可得兵千六百人，小縣可得千人，中分爲二，半爲正兵，半爲奇兵，登名尺籍，撫臣操練之，歲無過三月，月無過三次，練畢卽令歸農，凡隸尺籍者復其身，歲操之外不得別遣。此有似於近世的徵兵制。

（壬）鄉兵。鄉兵所在多有，河南嵩縣有毛葫蘆，長於走山習短兵，山東有長竿手，以習長竿名，徐州有箭手，其人善騎射，眞定之井陘有螞螂手，善運石，遠者可百步；保定、涿、易、淮、邳，亦各有勁兵，閩、漳、泉間習鏢牌而最長於水戰。江右之安遠、龍南地瘠而民貧，相率爲兵，粵東雜蠻蜑，喜鬭刺，習長牌斫刀，而新會、東莞尤盛，東北邊鄉兵，遼地稱勁旅，崇禎時，祖寬、祖大樂等以遼兵破流賊於朱龍橋，流賊深畏懼。

此外，明初設車以供饋運，英宗正統以後，始言車戰。洪武五年，造獨轅車，北平、山東千輛，山西、河南八百輛，用以轉餉。成祖永樂八年北征，用武剛車三萬輛，運糧二十萬石。英宗正統十二年，從大同總兵朱冕議，用火車以備戰。憲宗成化二年，從郭登言，製軍隊小車，每隊六輛，每輛九人，二人挽，七人輪番以代二十年，宣大總督余子俊，請以萬人爲一軍，用車五百輛，每輛十人。世宗嘉靖十一年，南給事中王希文，請製戰車，倣郭固、韓琦之制，前銳後方，上置七鎗，外向爲櫓三層，各置九牛神弩，一發十矢，按機而動，有兵卒在傍以輔翼之，行則載甲兵，止則爲營陣。穆宗隆慶三年，薊遼總督譚綸、覆都督戚繼光奏，薊、昌二鎮練兵車七營，每營重車百五十六輛，輕車加百步兵四千，騎兵減千，以東西路副總兵合撫督標共四營分駐建昌、遵化、石匣、密雲等地。時遼東巡撫魏學曾請設戰車營，倣偏箱之制，上設佛郎機二，下置雷飛砲快鎗六，每車步卒二十五人，以車百二十輛，兵卒三千人爲率。熹宗天啓三年，直隸巡按易應昌，進戶部主事曹履吉所製鋼輪車一，小衝車十，飛矢虎賁車臺各一，提心銃十門以爲禦敵之用。從上引證而觀，可知當時戰車製作之盛。

明置沿海衞所，每所船五隻，每船軍百人，舟之制江與海不同用。太祖於新江口，設舟四百艘，爲江淮備。成祖命江、楚、兩浙、及鎭江諸衞府，造海風船六十二艘。憲宗成化初，濟川衞楊渠言：『巡江之備，宜多設槳舟，風便則衆帆齊舉，風止則衆槳齊發，水戰長技也。』因具圖進海舟，以舟山之烏艚爲首。廣東之船，以鐵及栗木爲之，視福船尤大而堅；至大福船，容百人，底尖上闊，首昂口張，尾高聳，柁樓三重，傍護以板，列茅竹與銃，上設木女牆及砲牀，其帆桅二道，中爲四層，最下一層實以土石，第二層爲兵士寢息之所，第三層左右六門，中置水櫃，揚帆炊爨之所，最上一層如露臺，穴梯而上，兩傍翼板，倚以攻敵，另有海蒼船、開浪船、艟艫船、鷹船、網梭船、蜈蚣船等種種製作，在當時頗稱完備。就以上各項而論，明代軍制組織亦頗周密。

第十一節　明代之法制

中國法律，到明代較爲進步，據楊鴻烈中國法律發達史載：『中國法律，到了明代，可說有長足的進步，明太祖朱元璋和其他一般立法家，都極富有創造精神，所以那一部洪武三十年更定的大明律，比較唐代的永徽律，更爲複雜；又新設許多篇目，雖說條數減少，而內容體裁，俱極精密，很有科學的律學的楷模。後來的大清律，也都是大部分沿襲這部更定的大明律，可以見得這書實在算得中國法系最成熟時期的難得產物。』（見下卷七四六頁），葉良佩對於這部法典也批評說：『國家之法，雖本於李唐之十一篇，然或刪繁定舛，因事續置，大抵比舊增多十二三，而祥德美意，殆未易以言語殫述也。姑舉其大者：如以笞杖徒流絞斬定為五刑，而釱趾蠶室之制，一切剗除，以六曹分為類目而擅與廄庫等編悉為裁定，代背箠以臀杖而斷無過百；易黥面以刺臂而法止賊盜。他如見知嚴於逃叛，故縱深於捕亡，收孥連坐之條，獨於反逆大不道者當之；凡玆皆法之至善者也。』（見續文獻通考卷一百三十六）。明太祖平武昌後，即議律令，及立臺省，設各道提刑僉事，分巡錄囚，命丞相李善長為律令總裁官，參知政事楊憲、傅瓛、御史中丞劉基、翰林學士陶安等二十八人為議律官，暇時到西樓召諸臣從容講論律義，書成，凡為令一百四十五條，律二百八十五條，又恐小民不能周知，命大理卿周楨等取所定律令，自禮樂制度錢糧選法之外，凡民間所行事宜，類聚成篇，解釋其義，頒佈郡縣中。

明律名例的次第，為吏律、戶律、禮律、兵律、刑律、工律，與前代略有不同。吏律有職制公式二目；戶律有戶役田宅、婚姻倉庫課程錢債市廛七目；禮律有祭祀儀制二目；兵律有宮衞軍政關津廄牧郵驛五目；刑律有盜賊、人命、鬭毆、罵詈、訴訟、受贓、詐僞、犯姦、雜犯、捕亡、斷獄十一目；工律有營造河防二目。此外有名例四十七條，合之凡四百六十條。刑名分笞五等，杖五等，徒五等，流三等，死二等，五類，與前代同。其他十惡八議之類，與前代無異，唯徒流附加杖而未配役，則較宋時為輕。其犯十惡、殺人、強盜、竊盜、放火、發塚、受贓、詐僞、犯姦等，雖遇常赦亦不放釋。若所犯為常赦得宥之罪者，倘其祖父母父母有疾或家無次丁之時，得許具罪名上奏之後，存留養親。又親族互相容隱，則不論其罪。若犯罪之時爲壯大，迨罪發覺，適丁老疾，則據老疾論罪；犯罪之時爲幼少，而發覺之時，已屬長大，則據幼少論罪。其他自首減輕，再犯加重等，皆與前代相同。

明律頒行後，表面未有改易，而在實際有所施行的成例。有例者則不復引律，律本是補律所不逮，然其內容往往有不合於律者，其所以不明白將律改訂者，則以律爲太祖所手訂，決不能輕議，律有不可行者，故別設例以施行之，所謂例卽律的變相。洪武二十五年，刑部言：『律條與條例不同者宜更定』，太祖以條例特一時權宜，定律不可改，不許。至有律不載而具於令者，法司得援以爲證，請於上而後行，凡違令者罪笞，臨時決罪，不著爲律令者，不在此例。二十六年，制定凡布政司及直隸州府州縣，笞杖就決，徒流遷徙充軍雜犯死罪，解部審錄行下，死囚則上部詳議，如律者，更交大理寺擬覆監收候決，卽斬監候及絞監候是也。凡監候者，則於秋審定之，如爲重囚，則決不待時，上部後則奏遣官往決之；如情詞不明或失出入者，則由大理寺駁回改正，再問駁至三次而仍不當，則將該官吏奏聞，謂之照駁；若讞疑獄囚有翻異，則改調別衙門問擬；二次翻異不服，則具奏會九卿鞫之，謂之圓審；至三四審不服，而後請旨裁決，此有類於今日之上訴制。（參閱續文獻通考卷一百三十八）。惠帝建文四年八月，定罪人輸作之例，笞罪五等，每等五日，杖罪五等，每等十日，徒罪准所徒年月加以應杖之數，輸役流罪三等俱役四年一百日，雜犯死罪，工役終身；又令雜犯死罪及流罪，挈家赴北平種田，流罪三年，死罪五年，後錄爲良民；其徒罪令煎鹽，杖罪輸役如故，仍選徒罪以下罷職官，假以職名，俾督民耕種，三年有成績實授，無成仍坐原罪（見二十四史九通政典類要合編卷二百八十四引）。仁宗洪熙元年七月，命大理寺詳審盜犯，勿致有寃。九月，勅公侯伯五府六部大學士給事中，審覆重囚可疑者再問。十一月，詔法司，凡軍匠犯竊盜者，杖一百，鎖項鉗足，俾常赴工。宣宗宣德元年五月，定貴州土人雜犯死罪役作終身徒流徙杖者依年限役之畢日釋放。三年八月令犯姦婦女照律去衣受杖。四年二月，嚴不孝律，凡一切敗倫傷化者，在外有司毋得擅行斷決，悉送京師，如律鞫治。五年六月，立侵欺軍糧禁例，凡剋減糧至五十石，布至五十疋，棉花至一百斤以上者，擬死罪。九月，定盜採銀鑛新例。十二年四月，遣刑部大理寺官往南北直隸及十三布政司，會同巡按御史三司官，審死罪，可矜可疑，及事無證佐者，具奏處置，徒流以下，減等發落，原問官故入等罪俱不追究。景帝景泰六年六月，禁鞫囚弊端，論罪不當三次以上，送別衙門推鞫，原問不當者罪之；犯輕罪者，應律正條處治，不准從重比附。英宗天順三年十月，定秋審之制，每歲霜降後，凡應決重囚，三法司會公侯伯審錄，永為定例，此秋審之制，沿至清末始廢。憲宗成化元年三月，令讞囚者一依正律，盡革所有條例（以前決斷武臣，常舍律用例，武臣因而違法，故有是令）。五年六月，申明大理寺參問刑官鞫囚不當之制。十三年正月，置西廠，令校官刺事；明初制度，凡詔獄者，一體付錦衣衛，餘則歸三法司，至成祖纂位，以監視惠帝舊臣之故，特立東廠，令嬖暱者提督之，緝訪謀逆妖言大奸惡等，與錦衣衛均權勢，至是因劉瑾用事，更設西廠，令官校刺探各事，東西廠爭用事，紛遣邏卒刺事，無賴子乘機為奸，且創例，罪無輕重，皆決杖，永遠戍，或枷項發遣，架遣至一百五十斤，不數日輒死，至十八年，劉瑾伏誅，西廠始廢。十五年閏十月，命毀坊刻會定現行律條，此律一百八條，紕繆百出，多無依據，因下詔銷毀，自後法司斷罪，悉依照大明律，有比擬會定現行律條出入人罪者，以故出入論。孝宗弘治二年，勅法司詳審奏讞審問之際，尤須詳察色詞，旁詢知證，毋避嫌疑，毋視權要為輕重，務得實情以全民命。孝宗時編訂法典，計有以下三種：（甲）問刑條例。(乙)明條法事類纂。(丙)大明會典。武宗正德四年，命內閣重加參校大明會典。世宗嘉靖年間，曾續修過三部法典：(甲)嘉靖續纂會典。(乙)嘉靖重修問刑條例。(丙)嘉靖重修明條法事類纂。神宗時，亦續修過兩種法典(甲)萬曆續修問刑條例。(乙)萬歷重修大明會典。萬曆二十一年九月，命榜示省刑條例。時中官專政，法尙嚴酷，刑部尙書孫丕揚上書請省刑，計分八項每項省刑四條，共爲三十二條。(一)律例原無宜省刑四條：勿用磨骨釘寸寸緊夾棍勿用數百斤三四人立枷勿用夾根板水缸杖生樹棍勿用腦箍竹簽嘴掌背花。(二)倫理當重宜省刑四條：父子兄弟告者，恕父兄刑；夫妻尊長告者，恕夫與尊長刑；子弟替父兄誣告者，省子弟刑；妻妾替夫誣告者，省妻妾刑。(三)刑流防過宜省刑四條：先枷撻者後莫枷撻人枷撻者，我莫枷撻已刑下體，莫刑上體已撻輸家莫撻贏家。(四)情偏防過宜省刑四條：勿偏聽原被告加刑；勿過疑證佐加刑；勿出我聰明加刑；勿怒人強項加刑。(五)避天時宜省刑四條：早辰宜省刑；寒暑宜省刑；霜雪宜省刑；節令宜省刑。(六)體人情宜省刑四條：屍親宜省刑；口訥宜省刑；救尊長宜省刑；訴寃枉者宜省刑。(七)人可矜者宜省刑四條：老少者宜省刑，飢寒者宜省刑，病初愈者宜省刑；殘廢篤疾者宜省刑；(八)人可疑者宜省刑四條：官員宜省刑；生儒宜省刑；賊情曖昧者宜省刑。(參閱續文獻通考卷一百三十六)。就以上八項而說，間有合於人情，但亦有悖於法理者。明代法制自太祖以至莊烈帝(崇禎)期間，多尙嚴峻，神宗感於當時用刑之不當，所以榜示省刑條例。至太祖之創設錦衣衛，成祖之創設東廠，以法司之權，付諸武人，破壞司法，莫此爲甚。

明代法院編制，中央有大理寺審理刑獄，刑部兼管司法行政，惟檢舉機關，除都察院外，還有東西廠錦衣衛鎮撫司的駢枝機關，在司法的職權上，是不統一的。地方最低級的法院，有申明亭；凡民間有詞狀許耆老里長受於本亭判理，及書不孝不弟與爲惡者姓名於亭，以示懲戒。其次有縣州府，掌緝捕獄訟平訟諸事。明代地方司法最高機關，有提刑按察使司，承宣布政使司，都指揮使司，茲列表如下：

中央
- 大理寺……受天下刑名
- 東西廠、都察院、錦衣衛、鎮撫司……糾察罪犯
- 刑部……司法行政

地方（省）
- 提刑按察使司……
- 承宣布政使司……理問
- 都指揮使司……斷事司

……府、州……州、縣……申明亭

明代司法機關中央與地方編配，已如上述，若犯人不服知縣的處分時，得控訴於知府道台，乃至控告於按察使；若按察使的處分亦不服時，還可以上告到京師的都察院，然事實上小民受姦吏之枉斷，而能申訴於上級機關者，實至少也。

明代刑法總則分不爲罪：如夜無故入人家內……主家登時殺死者勿論。夫毆罵妻妾，因而自盡身死者勿論。……過失殺者各勿論。若祖父母父母爲人所殺，而子孫卽殺死行兇人者勿論。累犯罪：凡犯罪已發又犯罪者，從重科斷，已徒已流而又犯罪者，依律再科後犯之罪。俱發罪：凡二罪以上俱發者，以重者論罪，各等者從一科斷，若一罪先發，已給論決，餘罪後發，其輕若等勿論，重者更論之，通計前罪以充後數。共犯罪：凡共犯罪者，以造意爲首，隨從者減一等。此外尙治許多酷刑，如族誅，凌遲，梟示，墨面文身，挑筋去指，挑筋去膝蓋，剁指，斷手，刖足，閹割爲奴，斬趾枷令，常枷號令，枷項游歷，全家抄沒等。

刑法分則，如侵犯帝室罪：分爲太廟門擅入，宮殿門擅入，直行御道，衝突儀仗，上書奏事犯諱，宮內忿爭，帶兵仗入宮殿，向宮前射箭，合和御藥錯誤，造御膳犯食禁，御幸舟船不堅固。內亂罪：如謀反大逆，背國投僞。瀆職罪：如賄賂事後受財，越權。司法方面：如虐待罪囚，決罰不如法，告狀不受理。行政方面：如制書有違，私役部民夫匠，多乘驛馬，多收糧稅斛面，妨害公務罪：如打攪倉場，辱罵原問官。逮捕監禁者脫逃罪：如罪人拒捕，獄囚脫監及反獄在逃，徒流人逃，劫囚，主守不覺失囚，與囚金及解脫。其他如藏匿犯人罪，失火放火罪，決水罪與過失水害罪，私藏應禁軍器罪，妨害交通罪，僞造貨幣罪，僞造文書印文罪，私造斛斗秤尺罪，褻瀆祀典罪，私販鹽茶礬罪，掘墓殘屍罪，賭博罪，姦非罪，重婚罪，殺人罪，毆傷罪，罵詈罪，遺棄罪，逮捕監禁人罪，略誘及和誘罪，竊盜及強盜罪，詐欺取財罪，侵占罪，贓物罪，毀棄損壞罪，擅權罪，辱職罪，詐僞罪，掠奪罪，逃亡罪，毀棄軍器罪，違令罪（諸罪見於明會典及大明律）。在民法上，規定行爲能力年十六爲成丁，成丁而役六十而免。身分，分人民爲官吏士農工商五等。此外特殊的階級，如廣東的蜑戶，山西的樂戶，紹興的惰民，江南甯國的世僕，徽州的伴當，江蘇昭文的丐籍，都不能與齊民爲伍。至婚姻制度，規定男女定婚之初，若有殘疾老幼庶出過房乞養者，務要兩家明白通知各從所願寫立婚書，依禮聘嫁；據大明律，有限制納妾數目的條例，親王妾媵許至十人，各將軍許額妾三人，各中尉許額妾二人，庶人四十以上無子，許選娶一妾。關於承繼，在明律戶律役律中，規定立嫡子違法者杖八十，其嫡妻年五十以上無子者得立庶長子，不立庶長子者罪亦同；其乞養異姓義子以亂宗族者，杖六十，若以子與異姓人爲嗣者罪同，其子歸宗。關於所有權，凡得遺失之物，限五日內送官，私物召人識認，於內一半給與得物人充賞，一半給還失物人，如三十日內無人識認者，全給。關於典權，凡典賣田宅不稅契者，笞五十，仍追田宅價錢一半入官，其所典田宅園林碾磨等物，年限已滿，業主備價取贖，若典主托故不肯放贖者，笞四十。關於貸借，凡私放錢債，每月取利並不得過三分，年月雖多，不得過一本一利，違者笞四十，以餘利計贓，重者計贓論罪，止杖一百；但債權人對於債務人不得強奪人畜產業，若估價過本利者，坐贓論，依數追還。

明代雖有可稱的大明律，但初時用刑是嚴酷的，官吏稍有觸犯，刀鋸隨之，京官每旦入朝，必與妻子訣，及暮無事，則相慶以爲又活一日，法令如此，故人皆重足而立，不敢縱肆，往往以疑誤殺人之事亦不少，當時以嫌疑見法者，如浙江府學教授林元亮爲海門衞作謝增俸表，以表內作則垂憲誅；北平府學訓導趙伯寧爲都司作萬壽表，以垂子孫而作則誅；福州府學訓導林伯璟爲按察使撰賀冬表，以儀則天下誅；桂林府學訓導蔣質爲布政按察作正旦賀表，以建中作則誅；常州府學訓導蔣鎮爲本府作正旦賀表，以睿性生知誅；澧州學正孟清爲本府作賀冬表，以聖德作則誅；陳州學訓導周冕，爲本州作萬壽表以壽域千秋誅；懷慶府學訓導呂睿，爲本府作謝賜馬表，以遙瞻帝扉誅；祥符縣學教諭賈翥爲本縣作正旦賀表以取法象魏誅；亳州訓導林雲爲本府作謝東宮賜宴箋以式君父以班爵祿誅；尉氏縣教諭許元爲本府作萬壽賀表以體乾法坤藻飾太平誅；德安府學訓導吳憲爲本府作賀立太孫表，以永紹億年天下有道望拜青門誅，諸如此類，以君主一人意思喜怒爲法律而誅鋤士類，實有礙於明代文化的發展。

第十二節　明代之宗教

明太祖初定天下，他務未遑，首開禮樂二局。洪武元年命中書省暨翰林院太常司定擬祀典，中書省臣李善長等，奉敕進郊祀議；冬至祀昊天上帝於圜丘，凡水旱災傷及非常變異，或躬禱或露告於宮中或遣官祭告郊廟陵寢及社稷山川；自京師以及王國府州縣，皆有社稷之祀。凡登極巡幸及册封冠婚等事，皆祭告天地宗廟社稷歷代帝王陵廟加以祀享。世宗時，詔令兩京國子監及國內學校於孔子神位題稱至聖先師。（參閱明史卷五十）。

明自太祖時，曾以道士張正常爲眞人，授二品秩，稱其僚佐曰贊教、掌書。憲宗尤崇事道教，凡羽流之加號眞人高士者，盈集都下。世宗時道教之燄日張，在宮中建立道觀，以道士邵元節爲眞人，使總領道教。西紀元一五六一年使御史婁敬、王大任等，求天下的符籙祕書，道士之至京師者甚衆，世宗尊崇過度，至服道士所獻丹藥而死，及穆宗即位，乃誅戮道士之奸惡者，而大抑道教。

佛教在明初亦興盛，明太祖幼時曾爲僧，卽位以後，對於佛教加以保護，同時又監督僧侶以謀其發展。成祖時，加西藏僧哈立麻（Harima）尊號使統集天下佛教；又詔南北兩京各印刻大藏經。武宗亦好佛教，學經典，通曉梵語，自稱大慶法王。世宗時，崇道教而排佛，命毀京師寺院，除宮中佛殿，佛教因以衰頹。

喇嘛教是佛教之一種，自唐太宗世民以文成公主下嫁吐蕃棄宗弄讚，好佛，立寺廟，西藏始通於中國，而其時佛教亦自此傳入於西藏；印度僧人之入西藏者，大抵崇陀羅尼之祕密修法，喇嘛教卽由是而起（喇嘛者無上之意，高僧之謂），自後西藏人民從其教者日多。明興，太祖以元的帝師喇嘛僧喃迦巴藏卜(Nan Kapa Tsamp)爲國師，繼有灌頂國師、贊善王、闡化王、正覺大乘法王、如來大寶法王等諸封號，使各領西藏的人民，以服屬於明。成祖尊崇其教，優賜僧人尊號，故終明世，西番少爲邊患。喇嘛教有紅教黃教之分，黃教宗祖創於宗喀巴，宗喀巴初習紅教，旣以紅教專持密咒，流弊至以吞刀吐火炫俗，盡失初旨，乃改立新教，會衆自黃其衣冠，死時遺囑二大弟子達賴喇嘛（Dalai Lama）班禪喇嘛（Panchen Lama）以化身轉生，傳大乘教。達賴喇嘛，居拉薩附近的布達拉，(Potala)，班禪喇嘛，居札什倫布，（Tashi-lhun-Po）而共掌其教。

海外交通發達之後，歐人通商並兼傳教，在當時大有影響於中國文化的，便是天主教；天主教是基督教中的羅馬舊教，唐時景教從波斯傳來，基督教遂初次流傳於中國。元時東西陸路交通大開，中國信奉也里可溫的，在大都建立加特力宗的教堂四所，這是基督教第二次流傳於中國。明時利馬竇東來至廣東肇慶府高要縣傳教，這是基督教第三次流傳於中國。其時歐洲基督教的宗教革命運動已盛，新教勢力膨脹，羅馬舊教大受打擊，舊教有衞道者便組織一個耶穌會，設法改良內部，圖謀恢復已失的勢力，失之西歐，收之東亞，遂陸續東向。西紀元一五五二年耶穌會派（Jesuits）的方濟各薩維爾（Franciocode Xavier）自印度的臥亞（Goa）經滿剌加（Malacca）而來中國，然不許登陸，病死於上川島（在今廣東省台山縣南海中，爲明武宗時許葡萄牙人居留的地方），後又有同派的墨爾其窩兒奴涅司（Melchior Nunes），多明干派（Dominican）的加司帕答克魯司（Gasparda Cruz），及奧古士丁派的教士，方濟各派的教士，均來中國，居於上川島。西紀元一五八〇年意大利人利馬竇，（Matteo Ricci）最後到澳門，又從澳門到廣東肇慶府，盡力布教垂二十年之久，於宗教之外，教授天文地理數學等。一六〇一年乃偕同派的龐迪我（Diego de Pantoja）同入北京，獻時計及基督書像萬國圖志於明廷，神宗允許他在京師建立天主教堂。利馬竇在北京傳教不到四五年，收得信徒二百餘人，名士中如徐光啓、李之藻等因信仰利馬竇的學問之故，皈依天主教。利馬竇在北京努力於譯著的事業，著成乾坤體義、坤輿萬國圖、西琴曲意，和好幾種科學書籍印行，他到中國傳教，對於西洋科學的輸入有很大的貢獻。及利馬竇死於北京，南京方面反對天主教的空氣突然緊張，反對派所持的理由，大概是指耶穌會的集會，夜聚晨散，是違反大明律私家告天的禁條；其教士講演天體運行的學說，又與大明律私習天文的禁條相抵觸。於是一般人都指耶穌會所傳的天主教爲邪教，明神宗特准南京禮部侍郎沈㴶的奏請，下令嚴禁，一時耶穌會的教士大受壓迫，天主教堂和教士住宅都被封禁，只留中國教士二人，看守利馬竇的墳墓。天主教當其盛時，統計奉教者有數千人，其中宗室百有十四人，內官四十，顯官四，貢士十，舉子十一，秀士三百有奇，其文定公徐光啓，京兆尹楊廷筠，太僕卿李之藻，大學士葉益蕃，左參議瞿汝說，忠宣公瞿式耜，爲奉教中尤著者。（見黃伯祿正教奉褒）。（附誌關於利馬竇來華傳教事，可參閱明史外國傳，二十二史劄記卷三十四，中西交通史八十至八八頁等書）。

第十三節　明代之美術

明代之美術有可稱述者如下：（甲）音樂。明太祖初克金陵，即立典樂官，又置雅樂，召冷謙爲協律郎，令協樂章聲譜，俾樂生習之，取石靈璧以置磬，採桐梓於湖州以製琴瑟，考正四廟雅樂，校定音律，及編鐘編磬等器，遂定樂舞之制；樂生仍用道童，舞生改用軍民俊秀子弟，置教坊司掌宴會大樂，設大使副使和聲郎，左右韶樂，左右司樂，皆以樂工爲之；樂工定六十二人，在各項祭典均用樂章。至世宗嘉靖時，定朝日樂章，夕月樂章，祈穀樂章，大饗樂章。英宗、景宗、憲宗、孝宗之世，樂器虛設，止爲具文。總而論之，明之音樂，大抵本於漢唐宋元之舊，僅易其名，其音調器數，雖有可觀，究不免雅俗雜出之譏。神宗時利馬竇所帶來的樂器說是：『縱三尺，橫五尺，載櫝中，紘七十二，以金銀或鐵鍊爲之絃，各有柱，端通於外，鼓其端而自應。』是爲西樂披霞娜。（Piano）。利馬竇所著書中，有西琴曲意一種，可知當時西洋音樂已入中國。（乙）繪畫。明代設翰林圖書院，初於武英殿置待詔，後於仁智殿置畫工，設官銜以獎勵之，當時作品，成爲院畫之風格。洪武時，有於南京之宮殿畫山水壁畫者。成祖時，有善畫人物之蔣子丞，（江蘇宜興人），善畫山水之郭純，（浙江永嘉人），善畫花鳥之范暹，（江蘇崑山人），皆爲當時有名者。其他錦衣衛千戶謝環，錦衣指揮商喜直仁智殿李在，直仁鴻臚序班周文靖，供奉內殿錦衣衛百戶林良，亦善畫。林良長於水墨花鳥，爲寫意派的元祖，其遺作有蘆雁圖，傳於日本。憲宗、孝宗時，則有錦衣鎮撫直仁智殿吳偉，錦衣指揮直仁智殿呂紀，指揮同知直仁智殿呂文英父子，均在畫院有名。繪畫中有稱浙派者自戴進始，戴進、浙江錢塘人，宣德中召入畫院，其畫法自南宋院體之水墨派一變而出，雄偉壯拔，誠爲上品，南北各地多受其風化；院外畫家最著者，有張路、蔣嵩等。

明代士夫文人之山水大抵皆浙派，嘉靖以降，至於明末，其足以風靡藝林者，是爲士夫文人所畫之山水竹石；其尤著者，有沈周、唐寅、翰林院待詔文徵明，禮部尚書董其昌四大家，大抵四家之畫，筆意縹渺而遒勁，筆法清秀而綺麗，不斤斤以模彷陳法，而絕無斧鑿之痕；四家皆屬吳人，故對於浙派而說，有稱爲吳派者。其他文人士夫之工於繪事者，則有王寵，及中書舍人王紱。嘉靖時有錢穀、項元汴、徐渭、周天球等；錢穀善畫盤齊之山水，項元汴之松竹古木蘭梅，輕淡頗有逸趣，徐渭筆意縱橫，山水人物花蟲，並皆佳妙；周天球好寫花卉蘭草。萬歷時，有湖廣學政鄒迪光，所畫山水，脫盡時流，自成一格；禮部右侍郎王思任，以才藻見稱；建極大學士張瑞圖，書畫皆蒼潤，山水尤工；李士達山水人物並擅，好畫瑰異之神鬼；李流芳山水有清標之致，逸氣飛動，雅有風韻；米友石所畫山水花卉並佳。萬歷至崇禎間，有陳繼儒、禮部尚書黃道周，兵部侍郎楊文驄等；陳繼儒遺作以山水爲多，黃道周與楊文驄以山水竹石見長。至耶穌會教士利馬竇來明，畫亦優長，能寫耶穌聖母馬利亞像，曾波臣乃折衷其法，而作肖像，所謂江南派之寫照；歐西畫風之傳入中國，實自利馬竇始。（丙）書法。明代凡能畫之士，未有不工於書者，其專工於書者，如應天通判祝允明、王稚登，南京刑部尚書王世禎，太僕少卿邢侗，李日華等。法帖，有明初洪武中泉州知府常性翻刻淳化之泉州帖，周憲王之東書堂帖，文徵明之停雲館帖，董其昌之戲鴻堂帖，華東沙之眞賞齋帖，莫是龍之崇蘭館帖，王肯堂之鬱岡齋帖，及陳眉公所刻蘇東坡書之晚香堂帖，米海岳書之來儀堂帖等，最爲著名。（丁）篆刻。篆刻至明代，亦漸有進步，自元末王元章得浙江處州麗九縣天台寶華山所產之花乳石，愛其色斑爛如玳瑁，用之刻爲私印，於是石印流行天下。刻石不假工匠之手，故書法佳妙，鐫刻亦精，始能與書畫並爲士夫文人之愛賞。至於官印，仍緣引九疊文之朱印，以屈曲平滿爲主。穆宗隆慶時，武陵顧汝珍集古印作印藪，流行於世，頗能正印章之僞。（戊）雕刻。雕刻亦屬美術之一種，宣宗宣德間，有夏白眼者，能於烏欖核上，雕刻十六個嬰兒，眉目喜怒悉備，又刻荷花九禽，飛走各有麥態，稱爲一代絕技，其後鮑天成、朱小松、王百戶、朱龍川、方古林等，皆能刻犀角、象牙、紫檀、黄楊木等作印匣、香盒、扇墜、簪紐等種種技巧，皆有過於前人。熹宗天啓時，有王毅名工，又吳中有賀四、李文甫、陸子剛、王小溪等名人，以白玉、琥珀、水晶、瑪瑙作種種精巧之小品；福建之象牙雕刻，亦以工緻見稱於世。竹之雕刻，則有金陵之濮仲謙，嘉定之朱鶴，及侯崤曾、秦一爵、沈大生等，用竹根刻作古仙佛像，亦屬精緻。（己）雜色紙。成祖永樂中，置官局於江西之西山，使造連史紙，觀音紙等。宣宗宣德之貢箋，有大內所用之細密灑金五色粉箋，印金花五色箋，五色雲龍箋，五色大簾紙，磁青紙，素馨紙，兩面研光加磨蠟，潔白如玉。磁青紙堅韌如段素，專用於泥金之寫經。當時民間最通用者，爲吳中之無紋灑金箋紙，松江之譚箋，新安之仿宋藏經箋紙，白綿紙等。譚箋不用粉造，以堅白之荊川（江蘇）之簾箋褙厚，用蠟研光，出各樣之花鳥，古雅可愛。仿宋藏經箋，吳中亦有出，雖不及宋時之物，但白綿紙則爲堅韌的佳紙。又新安紙之製如花邊格之白鹿箋，蠟牙五色箋，松花箋，月白箋，羅紋箋，爲當時所喜用。此外，江西廣信府鉛山縣之奏本紙，亦屬良品。浙江衢州府常山縣，亦出有榜紙中夾紙，及次於鉛山之奏本紙。安徽廬州府英山縣，亦有爲紙帳之榜紙。江西撫州府臨川縣，出有小箋紙。浙江紹興府上虞縣，有厚薄二種之大箋紙，若楚之粉紙，松江之粉箋，爲明紙之最下品。（庚）彩漆。明成祖永樂中官局果園廠所製之剔紅，刻細巧錦文，較宋元之物更善。宣宗宣德中所製者，在銘款塡金屑，其製亦不劣於永樂。民間之製，隆慶中新安平沙有黃成字大成之名人，其所出剔紅，可比果園廠，花果人物之刀法，以圓滑清朗稱賞於人。剔紅之屬有剔黃，剔綠，剔黑，剔彩；剔彩亦有複色，亦有假剔紅，亦名堆紅，罩紅，堆起灰漆，以朱漆罩覆，一見頗肖剔紅，亦有雕刻木胎擬之。又有堆彩，以新安方信川所作最有名。宣德間，又出塡漆彰髹之器皿，用五彩之稠漆堆成花葉之色，且作成種種斑紋，磨平有如畫一般。（辛）華服。明政府中人所着衣服甚爲講究，洪武十六年，定制元衣黃裳十二章，日月星辰山龍華蟲六章織於衣，宗彝藻火粉米黼黻六章繡於裳。皇帝常服，定烏紗折角向上巾，盤領窄袖袍，束帶間用金琥珀透犀。文武官朝服，俱用梁冠赤羅衣白紗；其他命婦冠服，內外官親屬冠服，內使冠服，協律郎樂舞生冠服，樂工冠服，軍隸冠服，均屬於華麗。（參閱九通政典彙要合編卷二百六十九，日本大村西崖著中國美術史漢譯本一八二頁至二一二頁）。

第十四節　明代之教育

明時教育制度，頗稱詳備，玆分述如下：（一）國學。明的國學，就是太學；太祖初定金陵，以元集慶路儒學爲國子學，洪武元年，命百官子弟及民之俊秀通文藝者，幷充國子學生。南京國學在洪武十四年，遷至鷄鳴山下。十五年，改稱國子監，學生通稱監生。成祖永樂元年，又在北京設立國子監。十六年遷都之後，把舊京所設的，特稱南京國子監，國學遂有南北的區分。國學入學途徑，分做正流閏流兩種：（甲）正流。（子）舉監。明制學校科目同時並進，由科目中試的稱爲舉人，由舉人選送入監的稱爲舉監。成祖永樂以後，凡有會試落第的，照例由翰林考錄送監，還賞給教諭同等薪俸。（丑）貢監。明時鄉學諸生，通稱生員，由生員資格選送入監的，稱爲貢監，其中有歲貢選貢恩貢納貢諸種。歲貢是一種普通貢生，原定須鄉學生員學行端莊文理優良的，方得選送。選貢，是對常貢說的，孝宗弘治時候，南京祭酒章懋建議於常貢之外，另行選貢，只要學行兼優，年力富強，經過考試及格的，便可稱貢。恩貢，是遇國家慶典和御極年度所貢的當貢監生的特別名稱。納貢，是一般廩饍生員，於年資考選以外，希圖急就，用金錢買換來的。（乙）閏流。（子）蔭監。蔭監，是凡有直系尊屬做官一定的官職的，他的卑屬照例承蔭監生，稱爲蔭監。（丑）例監。例監和納貢一樣由金錢換來，不過納貢要限定鄉學生員，例監由平民崛起，所以稱爲俊秀。此外還有功生，是功臣子弟入學者，幼勳臣，是功侯伯未經任事年三十以下者，送監讀書。土官生，是四川雲南等土司官生。外國生，是日本、暹羅、琉球留學官生。明時國學生員，在洪武永樂時代，有九千餘人，孝宗弘治後，降至六百餘人，世宗嘉靖之時，有南北監空虛之感。學校規制：（甲）教授。除朔望二日定例給假外，餘日旦晨就有會講復講背書輪課，早上五鼓起床誦習，晚上二鼓就寢。（乙）課程。大學、中庸、論語、孟子，各生兼習，詩、易、書、春秋、禮記，各生專治一種。此外劉向說苑、律令、書、數、御製大誥等科，亦要兼習，特別是習字一科，每日要練習二百餘字。成祖永樂時，更有選派翰林院學習四夷譯書之例，又頒發四書五經大全、性理大全，令諸生學習。（丙）考試。每月試經書義各一道，詔、誥、表、策論、判內科二道，每季送呈翰林院考校，編成文冊，歲終奏上。（丁）升降。升降分率性、脩道、誠心、正義、崇志、廣業六堂。列表如下：

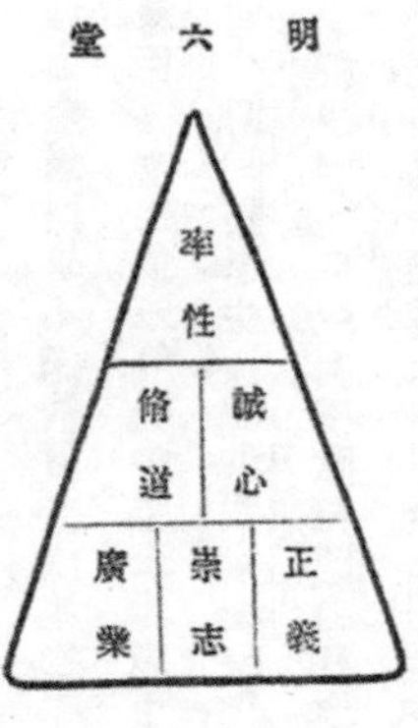

據明史卷六十九載：『既而改學爲監，設祭酒司業，及監丞博士助教學正學錄典籍掌饌典簿等官，分六堂以館諸生，曰率性、修道、誠心、正義、崇志、廣業。學旁以宿諸生，謂之號房，厚給廩餼，歲時賜布帛文綺襲衣巾韡，正旦元宵諸令節俱賞節錢。孝慈皇后積糧監中，置紅倉二十餘舍，養諸生之妻子。歷事生（歷事生是把在監學生撥往諸司歷練吏事，有小秀才老秀才的不同）未娶者，賜錢婚聘，及女衣二襲，月米二石。諸生在京師歲久，父母存，或父母亡，而大父母伯叔父母存，皆遣歸省，人賜衣一襲，鈔五錠，爲道里費。其優恤之如此』。由此可知明代對於國學生是甚優待的。至於師資選擇頗嚴，祭酒司業兩職，總稱做司成，如學行兼優，方可充任；中葉以後，選擇的限制稍寬，變成由翰林院官循資陞轉。對於督責學生習讀，每班選一人充齋長，督率功課，衣冠步履，必嚴飭中節，夜必宿監，有故而出，必告本班教官，令齋長率之以白祭酒；監丞置集愆簿，有不遵者書之，再三犯者決責，四犯者至發遣安置。（二）郡縣之學。郡縣之學，與大學相維，創立自唐始。宋置諸路州學官，元因之，其法皆未具，至明時府州縣衛所，皆建儒學，教養之法，較爲完備。據明史選舉志載『洪武二年，太祖初建國學，諭中書省臣曰：學校之教，至元其弊極矣，上下之間，波頹風靡，學校雖設，名存實亡，兵變以來，人習戰爭，惟知干戈，莫識俎豆；惟治國以教化爲先，教化以學校爲本，京師雖有太學，而天下學校未興，宜令郡縣皆立學校，延師儒，授生徒，講論聖道，使人日漸月化，以復先王之舊；於是大建學校，府設教授，州設學正，縣設教諭，各一，俱設訓導，府四，州三，縣二，生員之數，府學四十人，州縣以次減十，師生月廩食米人六斗，有司給以魚肉，學官月廩有差，生員專治一經，以禮、樂、射、御、書、數設科分教，務求實才，頑不率者黜之』。宣宗宣德中以就學日多，定增廣之額，在京府學六十人，在外府學四十人，州縣以次減十，英宗以後，民間來學的愈多，便在正統二十年起，額外增收學生，隨班聽講，不限名額，稱爲附學生員，由是舉凡新進的，都變成一種附生，增廣生員須經歲科兩試及格，纔得充補，此外有志讀書的士子，把他稱爲童生，其中倘有特別異敏的，在大比之年，亦可破例選拔一二，和諸生一同入場考試，儒士中式鄉試，稱爲舉人，不中式的還同童生一樣，須經歲試。明時郡縣地方學校之考試制度，分出學入學，在學三種，入學考試，卽學校招生，每三年舉行兩次，初由各級地方長官兼任，英宗正統元年，纔設立提學官，專管學務；世宗嘉靖時，因爲入學考試太寬，嘗下裁汰生員之令；神宗萬曆時，至有州縣僅錄一人，未免矯枉過正。在學考試，特別稱爲歲考，其實只三年兩次，由提學官舉行。考試成績分爲六等，一等前列者視廩膳生，有缺依次升補，二等補增廣生員，一二等皆給賞，三等如常，四等撻責，五等廩增遞降一等，附生降爲青衣，六等黜革。退學出學考試，就是測驗學生學力可否升貢或登用的一種試驗，特別稱爲科考，大概要經過歲考一二等，纔有入場資格具有此種資格的學生，特別又稱為科舉生員，其等第仍分為六等大抵多置三等，考列三等的，不得應鄉試，撻責黜革者百中不及一二。生員應試科舉三十名中占舉人一名，後因科舉額員日增，舉人總員額亦升縮不定。學生課程，規定在學生員，於專治一經外，以禮、樂、射、御、書、數六藝分科教授，十五年裁併樂御兩科，更定四科新法：（甲）禮。由部頒發經、史、律、誥、禮儀各書，令諸生熟讀。（乙）射。於朔望日選闢射圃，樹立射鵠，令諸生練習。（丙）書。選集名人法帖，日以五百字為限。（丁）數。須通九章算法。關於學校條規，明太祖洪武十五年，制定學校禁例，刻在明倫堂石碑上，俾衆週知：（1）府州縣生有大事干己，許父母兄弟陳訴，非大事毋至公門。（2）一切軍民利病，唯生員不許建言。（3）生員父母欲行非為，必再三勸告，不使陷於危亡。（4）生員聽師講說，毋恃己長妄辯難。科罰共分充吏奪廩撻責革黜各種：（1）生員入學十年，沒有上進，或犯大過的，便把他送往各部充吏。（2）犯過受贓姦盜冒籍宿娼居喪娶妻妾的，在直隸省充發國子膳夫，在各省充發儒學膳夫齋夫，情節較重，並即奪廩，凡生員學無成績考落下等的，便剝奪了學籍。明初待遇府州縣學生員除廩饌外，還給他的家屬免役二丁，並制定生員巾服以示優異，中葉以後，供給廩膳的，須經過一定的考試，普通生員，不過取得選貢和考試的資格而已。至教務方面，府有教授，其屬訓導四人，州有學正，屬訓導三人，縣有教諭，屬訓導二人，通計全國共有四千二百餘員。（參閱明史卷六十九，徐式規著中國教育史略一六八頁，毛邦初編中國教育史二九六頁）。（三）特種學校

特種學校有宗學社學武學三種：（1）宗學。宗學是一種專門教授皇族的，凡是世子長子衆子，及將軍中尉年十弱冠者，均須入學，師資是王府中之長史、紀善、伴讀、教授等官，擇學行優長者任之。神宗萬歷中，定宗室子十歲以

俱入宗學若宗子衆多分置數師，或於宗室中推舉一人爲宗主，領其事令學生誦習皇明祖訓、孝順事實、爲善陰騭諸書，而四書、五經、通鑑、性理各種，亦相兼習子弟入學者每歲就提學官考試，衣冠一如生員其後宗學漸多頗有致身兩榜，起家翰林者。（2）社學社學是鄉村的公立小學。洪武八年，延師以教民間子弟，兼讀御製大誥及本朝律令；英宗正統時，許補儒學生員；孝宗弘治十七年令各府州縣建立社學選擇明師民間幼童十五以下者，送入讀書，講習冠婚喪祭之禮。（3）武學武學是一種教授武臣子弟的特種學校。洪武時置大寧等衞儒學，教武官子弟。英宗正統中，成國公朱勇奏選驍勇都指揮等官五十一員，熟嫻騎射幼官一百員，命兩京建武學以訓誨之，後又命都司衞所應襲子弟年十歲以上者，提學官選送武學讀書無武學者送衞學或附近儒學肄習他的課程，小學方面，是論語孟子兩種，大學方面，於五經外，兼脩百將傳。師資原定選用文武重臣入學教授。神宗萬曆以後專設武學教官，並設主事一員，主任武學事務。莊烈帝崇禎十年令天下府州縣學皆設武學生員，提學官一體考取。（見續通考學校考）。

明之科舉，沿唐宋舊制，而稍變其試士之法，專取四子書及易、詩、春秋、禮記五經命題，乃太祖與劉基所定。其文略仿宋經義，體用排偶，謂之八股，通謂之制藝。三年大比，以諸生試之直省，曰鄉試，中式者爲舉人；次年以舉人試之京師，曰會試，中式者天子親策於廷，曰廷試，亦曰殿試，分一二三甲以爲名第次序，一甲止三人，曰狀元榜眼探花，賜進士及第；二甲若干人，賜進士出身；三甲若干人，賜同進士出身。士大夫通以鄉試第一爲解元，會試第一爲會元，二三甲第一爲傳臚。初設科舉時，初場試經義二道，四書義一道；二場論一道；三場策一道。中試後十日，復以騎射、書、算、律、五事試之後頒科舉定式，初場試四書義三道，經義四道；四書主朱子集註，易主程傳朱子本義，書主蔡氏傳及古註疏，詩主朱子集傳，春秋主左氏公羊穀梁三傳，及胡安國張洽傳，禮記主古註疏。永樂間，頒四書五經大全，廢註疏不用；其後春秋亦不用張洽傳，禮記止用陳澔集說。二場試論一道，判五道，詔誥表內科一道。三場試經史時務策五道。廷試以三月朔，鄉試直隸於京府，各省於布政司，會試於禮部。主考，鄉會試俱二人，同考，鄉試四人，會試八人；提調一人，在內京官，在外布政司官；會試，禮部官監試二人，在內御史，在外按察司官；會試，御史供給收掌試卷彌封謄錄對讀受卷及巡視監門，搜檢懷挾，俱有定員，各執其事。舉子則國子生及府州縣學生員之學成者，儒士之未仕者，官之未入流者，皆由有司申舉性質敦厚文行可稱者應之。其學校訓導生徒，及罷閑官吏倡優之家，與居父母喪者，俱不許入試。試士之所，謂之貢院，諸生席舍，謂之號房，每人一軍守之，謂之號軍。試官入院，輒封鑰內外門戶，在外提調監試等，謂之外簾官；在內主考同考，謂之內簾官。廷試，用翰林及朝臣文學之優者，為讀卷官，共閱對策，候臨軒，或如所擬，或有所更定，傳制唱第，狀元授修撰，榜眼探花授編修，二三甲考選庶吉士者，皆為翰林官。其他或授給事、御史、主事、中書、行人、評事、太常國子博士，或授府官知州知縣等官。舉人貢生不第入監而選者，或授小京職，或授府佐及州縣正官，或授教職。此是明代科舉的大略。（參閱明史選舉志）。

宋元之間，書院最盛，至明而漸衰。洪武元年，立洙泗尼山二書院，各設山長一人。憲宗成化十二年，命江西貴溪縣，重建象山書院。孝宗弘治元年，以吏部郎中朱本言，修江南常熟學道書院。武宗正德元年，江西按察司副使邵寶奏修德化縣濂溪書院。其時各省雖有書院，其風不盛。其後國學之制漸隳，科舉之弊孔熾，士大夫復唱講學之法，而書院又因之以興，如龍崗書院，（王陽明講學之所），貴陽書院、濂溪書院、稽山書院、敷文書院、白沙書院、首善書院、東林書院其最著者。世宗嘉靖十七年四月，吏部尚書許讚請毀書院從之。十六年二月，御史游居敬疏斥南京吏部尚書湛若水，倡其邪學，廣收無賴，私創書院，乞戒諭以正人心。帝慰留若水，而令有司毀其書院；許讚復言撫按司府多建書院，聚生徒，供億科擾，亟宜撤毀。下詔從其言。明末書院以講學者忤魏忠賢，遂幷天下書院毀之，及魏忠賢敗，士大夫復立書院講學。明儒講學之所，自書院之外，復有寺觀祠宇之集會，定期以相砥礪。

第十五節　明代之學術

明代學術因中西文化的接觸，較有進展：（甲）史學。明太祖時，宋濂、王禕等奉敕編纂元史，因順帝一朝史料缺乏，遂命歐陽佑等往北平，成元史二百十卷，內容有帝紀四十七卷，表六卷，列傳九十七卷。此書撰成前後僅三百三十一日，古今成史之速，未有如元史者，因此疏漏特多。所引史料，除十三朝實錄外，採虞集所纂的經世大典。宋濂又撰洪武政紀二卷，內容分嚴祀事、正大本、肅軍政、絕倖位、定民志、新舊俗六類。新舊俗類，又分九子目，爲申禁令、嚴實效、育人才、優前代、正禮樂之失、去海嶽之封、嚴宮闈之法、厲忠節、訓刻積歲之弊。此書所記，爲明太祖開國施政大端，是重要的史料。成祖時，胡粹中撰元史續編十六卷，此書大旨，以明初所修元史，詳於世祖以前攻戰之事，略於成宗以下治平之迹，順帝時事亦多闕漏，因作此書以補足官修元史。武宗時，王洙撰宋史質一百卷，此書是根據宋史重修的，但有一特點，即以遼、金、元三朝，皆列於外國，元代各朝年號，削而不書，可以知道他民族觀念的深刻。世宗時，柯維騏撰宋史新編二百卷，有本紀十四卷，志四十卷，表四卷，列傳一百四十二卷，此書糾謬補遺，比較舊史精密。又鄧元錫撰函史一百零二卷，此書係仿鄭樵通志而作，分上下二編，上編爲紀傳，下編爲二十一門，稱考者八門，稱志者八門，稱紀者二門，亦通志二十略之例。元錫又著明書四十五卷，起於太祖，終於世宗，有說其書編例極爲混亂，與史法相違。孝宗時，詔撰明會典，以李東陽、焦芳、楊廷芳爲總裁官，梁儲爲副總裁官，纂修官爲毛紀、傅珪、毛澄、朱希周、潘辰等，此書凡一百八十卷，所記皆一代典章，最爲完備。世宗嘉靖八年，復命閣臣續修會典五十三卷。萬歷四年，又續修會典二百二十八卷。神宗時，陳邦瞻撰宋史紀事本末二十六卷，此書本於馮琦通鑑紀事本末體者十之三，出於邦瞻者十之七，敍事頗有條理。邦瞻又撰元史紀事本末四卷，此書史料缺乏，不及宋史紀事本末的賅博（參閱周容編史學通論七二至七四頁）。（乙）經學 明代之治經者，大抵奉程朱之說，成祖時編四書大全、五經大全，頒發各校。明代治經學者，如易學有蔡清之易蒙引，則宗朱子之說；高攀龍之易簡說，則以心學說易；黃道周之三易洞機，則據圖象說易。如書經：有胡廣等輯書傳大全，以蔡傳爲主；梅鷟作尙書考異，漸疑古文之僞；陳第尙書疏衍，則篤信僞古文，其他毛晃之禹貢指南，程大昌之禹貢論，胡瑗之洪範口義，黃道周之洪範明義，雖疏於考古，然亦足爲參考之資。如詩經：有季本之詩說解頤，朱朝英之讀詩略記，李先芳之讀詩私記，皆雜採漢宋之說；惟何楷之詩經世本古義，則多新義而詳於名物訓詁。如春秋：有王樵之輯傳，朱朝英之讀春秋略記，雜採三傳，旁及宋儒之說。如禮經：有胡廣輯五經大全，以儀禮爲本經，若黃道周之表記、坊記、緇衣、儒行集傳，則爲引古證今之作；其他治周禮者，若柯尙遷之全經釋原，王應電之周禮傳，皆以新解改易古經。（丙）天算學 明神宗萬歷時，利馬竇上表，自言天地圖及度數，能測其密度，所製觀象考驗日晷，與中國吻合。徐光啓、李之藻、楊廷筠諸人，與利氏往來，時相講習，利氏因著乾坤體義，以述天象，著經天該，把西洋已經測知的恆星作成歌訣，以便記憶；又自製渾天儀等，李之藻因之著渾蓋通憲圖說，爲中國人所著第一部介紹西洋天文學的書。萬歷三十八年十一月日蝕，欽天監預推不驗，欽天監中有周子愚者，薦龐迪我 (Diago de Pantoja) 熊三拔 (Ursis Sabatthinusde) 等摘譯西法曆書。但沒有實行新法；其後西士仍繼續輸入西法曆數，如熊三拔之表度說，簡平儀說，德瑪諾 (Tellez Monoel) 之天問略，都是關於天文學的書。至崇禎時，因爲徐光啓的努力，遂設立西洋曆局，邀同李之藻、鄧玉函 (Jean Terenz) 諸人主其事，並修造天文儀器等，鄧玉函卒，湯若望 (Johannes Adam) 繼之，徐光啓等努力西洋曆法的結果，撰成了崇禎新法算書。（參閱中西交通史八三頁柳詒徵編中國文化史三一六頁）據明史曆志載：『黃帝迄秦，曆凡六改，漢凡四改，魏迄隋十五改，宋十七改，金迄元五改，惟明之大統曆，實卽元之授時，承用二百七十餘年，未嘗改憲；成化以後，交食往往不驗，議改曆者紛紛。崇禎中，議用西洋新法，命閣臣徐光啓、光祿卿李天經先後董其事，成曆書一百三十餘卷，多發古人所未發。時布衣魏文魁上疏排之，詔立兩局推驗，累年校測，新法獨密，然亦未及頒行』。又載：『崇禎二年五月乙酉朔日食，禮部侍郎徐光啓，依西法預推順天府見食二分有奇，瓊州食旣，大寧以北不食，大統回回所推天食時刻，與光啓互異，已而光啓法驗，餘皆疏，帝切責監官；於是禮部奏局修改，乃以光啓督修曆法，光啓舉南京太僕少卿李之藻、西洋人龍華民、鄧玉函，報可。九月癸卯，開曆局，三年，玉函卒，又徵西洋人湯若望、羅雅各譯書演算，光啓進本部尚書，仍督修曆法。四年正月，光啓進曆書二十四卷，四月又進曆書二十一卷，是年又進曆書三十卷，明年冬十月，光啓以病辭曆務，以山東參政李天經代之，逾月而光啓卒。七年，天經繕進曆書，凡二十九卷，並星屏一具，俱光啓督率西人所造也。天經又進曆書三十二卷，並日晷星晷窺筩諸儀器。八年七月，又上乙亥丙子七政行度曆，及參訂曆法條議二十六節，是時新法書器俱完，屢測交食凌犯，俱密合，但魏文魁等多方阻撓，內官實左右之，以故帝意不能決。十一月正月，進天經光祿寺卿，仍管曆務。十六年八月，詔西法果密，即改爲大統曆法，通行天下，未幾國變，竟未施行』。利瑪竇居北京，曾致書歐洲耶穌會，請派一最良天文家來中國，耶穌會乃遣熊三拔東來，在一千六百零六年（萬歷三十四年），抵北京，歐洲各國適於一千五百八十二年（萬歷十年）時廢古代儒略舊曆（Julian calendar）而採用格里高雷（Gregory）新曆，新歷較舊曆提早十日，歐洲南部奉天主教國，皆採用新曆，北部新教國家，良久始採用之。明末歐洲天文家經多年之討論與訓練，其計曆之法，始較中國爲優。（可參閱 Y. G. Hudson Europe and China）。（丁）地理學地理之學，由利馬竇首先輸入，利氏在肇慶時，即繪有萬國輿圖，還著有乾坤體義一書，專論大地，其後艾儒略（Giulio Aleni）增補利氏萬國輿圖，而成職方外紀，南懷仁（Verbiest Ferdinand）著坤輿全圖，坤輿圖誌，以及 Geraldin 增補坤輿全圖同圖誌，都是西洋教士以西洋地理學介紹到中國之始。據四庫全書提要：『職方外紀五卷，明西洋人艾儒略撰，其書成於天啓癸亥，蓋因利瑪竇、龐迪我舊本閏色之，不盡艾儒略自作也，所記皆絕域風土，爲自古輿圖所不載』。可知當時西洋之地理學，比中國之地理學，已爲進步。（戊）醫學明初知醫之士，如滑壽、葛乾孫、呂復、倪維德、周漢卿、王履等，俱負盛名。王履嘗說：『張仲景傷寒論，爲諸家祖，後人不能出其範圍，且素問云：「傷寒爲病熱」，言常不言變，至仲景始分寒熱，然義猶未盡，乃備常與變，作傷寒立法考』。又說：『湯明篇無目痛，少陰篇言胸背滿，不言痛，大陰篇無嗌乾，厥陰篇無囊縮必有脫簡』。乃取三百九十七法，去其重複者二百三十八條，復增益之，仍爲三百九十七法，極論內外傷經旨異同，併中風中暑辨，名曰泝洄集，凡二十一篇；又著百病鈎玄二十卷、醫韻統一百卷，可知他著述的豐富。其他如戴思恭、盛寅、吳傑、李時珍等，皆當時有名醫家，而時珍所編本草綱目，尤爲有數的巨著。醫家本草，代有增補，種類旣繁，名稱多雜，時珍病之，乃窮搜博采，芟繁補闕，歷二十年，閱書八百餘家，稾三易而成，名本草綱目，增藥三百七十四種，釐爲一十六部，合成五十二卷，至神宗時詔命刊布全國，自是醫術推行益廣。（參閱中華通史一二九八頁）。（己）物理學。湯若望著有遠鏡說，述遠鏡之用法製法及原理，西洋光學傳入中國，以此書爲第一部。萬歷時，熊三拔著泰西水法，中述取水蓄水各種機械，惟器具是簡單的。熹宗天啓時，王徵從鄧玉函譯成奇器圖說，爲書四卷：第一卷言重心比重，第二卷述槓桿、滑車、輪軸、斜面；第三卷述應用原理以起重、引重、轉重、取水及用水力代人力諸器械；器械的繁複，遠非泰西水法一書所可比擬。鄧玉函著有奇器圖說，大旨說天地生物，有數有度有重；數爲算法，度爲測量，重卽力學，均相資而成。先論重之本體，說明立法之所以然，共六十一條；次論各種器具，共九十二條；再次爲起重引重諸圖，每圖均有說明。（庚）農學。農田水利之法，以徐光啓所著的農政全書六十卷爲詳備，是書有農本三卷，田制二卷，農事六卷，水利九卷，農器四卷，樹藝六卷，蠶桑四卷，蠶桑廣類二卷，種植四卷，牧養一卷，製造一卷，荒政十八卷，此書很受西法的影響。四庫全書提要載：『農政全書六十卷，明徐光啓撰，總括農家諸書，裒爲一集，備錄南北形勢，兼及灌溉器用諸圖譜』。可知此書的價值。（辛）哲學。明代西士傳入中國的科學以外，哲學亦有傳入。歐洲在中古時代，希臘亞里士多德（Aristotle）的學說盛行一時，耶穌會教士東來中土，亞氏學說，亦隨之傳來；天啓時，葡萄牙人佛蘭西士可夫士他都（Francisco Fustado）到杭州同李之藻相往來，後遂共譯亞里士多德之書，成寰有詮六卷，名理探十卷。寰有詮乃先就諸有形之類，摘取形天水土氣火所名五大有者，爲之創譯，是亞里士多德物理學的一部分。名理探乃亞氏論理學的節本，是愛知學的先導。此外有畢方濟的靈言蠡勺，艾儒略的性學觕述，都是論述形而學上的靈魂之作。（參閱萬有文庫中外交通小史一百二頁引）。（壬）兵器學　有形歐化中最早受歐人影響者，實爲鑄礮術。明成祖平交阯，得神機鎗礮法，特設神機營肄習，製用生熟赤銅相間，大小不等，大者發用車，次及小者用架用樁用托，大利於守，小利於戰，隨宜而用，爲行軍要器。永樂十年以後，北方沿邊要塞各山頂，皆置五礮，架以禦敵。宣德五年，敕宣府總兵官譚廣，神銃國家所重，在邊墩堡，略給以壯軍威，勿輕給。正統六年，邊將黃眞、楊洪，立神銃局於宣府獨石，英宗以火器外造，恐傳習漏泄，下令止之。景帝景泰時，應州人民師翺，製銃有機，頃刻三發，能及三百步外。英宗天順八年，延綏參將房能，破賊麓川，用九龍筒，一線燃則九箭齊發，後請頒製造格式於各邊疆。西洋人用火藥礮銃於戰術上，是在於西紀元一千三百四十六年始，（元順帝至正六年）考據家謂其術傳自東方諸國，西洋人得其術雖遲，而鑄造發達改良，則較中國爲速。武宗正德時，葡萄牙船至廣東白沙巡檢何儒，得其制，以銅爲之，長五六尺，大者重千餘斤，小者百五十斤，巨腹長頸，腹有長孔，以子銃五枚，貯藥置腹中，發及百餘丈，所擊輒糜碎。世宗嘉靖八年（西一五二九年），始從右都御史汪鋐言，造法郎機礮，謂之大將軍，發諸邊鎭。其後荷蘭人至，其礮更大，礮名紅夷，長二丈餘，重者至三千斤，能洞裂石城，聲震數十里。神宗萬歷二十年，日本豐臣秀吉侵寇朝鮮，明兵禦之，得力於礮銃者不少。（參閱歐化東漸史五六頁）。就宋、元、明學術發展的趨勢論之，以明代的學術，較為發達也。

第十六節　明代之理學

有明一代的理學，以方正學（孝孺）為開山，朱學惟金華一派，源流最長，傳至明初宋景濂是其嫡系；正學為景濂門人，從正學滅族以後，金華派，遂日就式微。繼正學而起的，為河南澠池人曹月川（端）；劉蕺山（宗周）稱他為當代濂溪，此雖是過當稱許，然他為各派的前驅，開一代學術的曙光，是可以相信的。其後薛敬軒（瑄）起於河東，（山西河津縣人）吳康齋（與弼）起於江右，（江西崇仁縣人）同為當時學術界的泰斗。河東一派，很少著者。崇仁門中，有胡敬齋（居仁）、婁一齋（諒）、陳石齋（獻章）三大弟子，此期以崇仁學派為最展拓。劉蕺山謂獻章『學宗自然而要歸於自得……可謂獨開門戶，超然不凡』。黃梨洲亦說：『有明之學，至白沙始入精微，……至陽明而後大』。（見白沙學案敍錄）所以梨洲於白沙特地另立一案，推許他為有明一代特出的人物，是自立門庭，非復崇仁所能範圍的。他是廣東新會白沙里人，所以稱此派為白沙學派，他的思想與王陽明的思想，間有相似的。（白沙主自得，陽明亦主自得）。自成祖永樂命胡廣、楊榮、金幼孜等撰五經大全、四書大全、性理大全等書，為周子、程子、張子、邵子、蔡元定父子，以及諸儒等的學說的大結集，諸書由政府頒布各學校，作為教科書，命學子誦習，不但當時學子的思想，被程朱學所困，而真正的程朱學，亦徒然為天下士子獲得功名的楷梯。憲宗成化以後，應舉的必用八股文，從此到清朝相沿不改，誤害士子，不堪設想！據日儒渡邊秀方於中國哲學史概論說：『當時一般士風，還是汲汲於舉子業思想上還是沒有甚麼進展，不過開國時，旣有劉、宋（劉基宋濂）輩起於上，文運也就漸次促進所以到太宗（疑是成祖）他命儒臣胡廣等撰五經大全百七十卷，四書大全三十六卷，宋元新註，全輯收在內，又撰性理大全七十卷，程朱學的精粹類別纂輯，以作斯學的教科書，這學於是蔚然復振，曹月川（名端字正夫）作先驅，薛敬齋吳康齋並起，同爲泰斗。敬軒著有讀書錄及薛子道論，維持風教，尤有功績；至其思想，不過爲程朱學的一解釋家而止；但他同時又是這學的實行家，具有一世祖師的人格。康齋亦純儒，且同派，雖別無著述，踐履工夫上，則主張克己積功，門下出過胡敬齋、陳白沙、婁一齋等名儒。尤其一齋門下，出過一個大家王陽明，開明學更新的端緒；明學且在這時期，達於最高潮，爾後雖分爲「江門」（以白沙爲宗）姚江（以陽明爲宗）二派，但二派的思想也是明朝獨步，出於程朱以外。且陽明之下，如王心齋、徐橫山、錢緒山、王龍溪、鄒東廓、羅念庵等，也都是有名人物，對王學很盡過力』。由上引證來看，就知道明代理學的淵源。明代理學，除江門姚江兩派以外，還有東林一派，這派是宗依程朱之學，但他們好議論時事，高倡節義，以一變士風爲主義，且涉及實際問題，投於政爭旋渦，於思想界之貢獻殊少。

我們知道理學到南宋時，朱熹和陸九淵，顯然分爲兩派，但朱學因常得統治階級的擁護，自元以迄明初，朱學獨盛，陸學日衰，明初因同姓的關係，更推重朱熹。清朱彝尊曾說過：『世之治舉業者，以四書爲先務，視六經爲可緩；以言詩，非朱子之傳義，弗敢道也；以言禮，非朱子之家禮，弗敢行也；推是而言，尙書春秋，非朱子所授，則朱子所與也；言不合朱子，率鳴鼓而攻之』。（見朱彝尊道傳錄序，道傳錄華亭張恆著）。此確是道着當時的實情。然而朱學到了極盛時，朱學的流弊日生。本來朱熹卽物窮理之說，崇仰的人，不從格物致知另闢新境，而祇從內心虛靜的方面用力，結果思想界現出萎靡不振的景象，在此種情形之下，有許多學者，不能安居於朱學的藩籬，而要自找出路的；加以明朝自武宗以後國威凌替，民窮財盡，憂時之士便歸咎於人心之不正，而人心之不正，由於聖學之不明，於是思想界傑出的天才如王守仁者，對於朱學便不得不重新估定其價値，因此遂成朱學衰微，王學勃興的局面。茲將明代理學家的中心人物的思想分述如下：（1）吳康齋。吳與弼，字子傳，號康齋，撫州之崇仁人（屬江西省），生於太祖洪武二十四年（西紀元一三九一），死於憲宗成化五年（一四六九），年七十九歲。少從學於楊溥，慨然有志於道，遂棄擧子業，後常居鄉閭講學。其門弟子如胡居仁、婁諒，都爲一代大儒，而陳獻章亦出於他的門下。所以吳與弼在明理學界，是居於領導地位，淸黃宗羲，比之於大輅之椎輪，是確當的。吳康齋感於箋注之繁，無益有害，所以他生平沒有幾篇的著述，明儒學案輯錄他的語錄數十條，可以窺見他的思想態度。黃宗羲說：『康齋倡道小陂，一稟宋人成說，言心則以知覺而與理爲二，言功夫則靜時存養，動時省察，故必敬義夾持，明誠兩進，而後爲學問之全功』。他的學問，蓋從程朱得來的，換句說：存天理，去人欲，就是他思想的根本。語錄說：『人須整理心下，使常瑩淨惺惺方好，此敬以直內工夫也。嗟呼！不敬則不直，不直便昏昏倒了，萬事從此隳矣，可不懼乎！又曰：聖賢之所言，無不在於存天理，去人欲，聖賢之所行亦然，學聖賢者，舍何之也』。又說『靜時涵養，動時省察，以加克己復禮之功，以作虛明其心之用，使本心不爲事物所撓，否則心愈亂，氣愈濁』。劉蕺山說：『康齋之學，刻苦奮勵，多從五更枕上汗流淚下得來，及夫得之而有以自樂，則又不知足之蹈之手之舞之，七十年如一日，憤樂相生，可謂獨得聖人之心精者』。（明儒學案師說）。由此可知康齋存理去欲的克己工夫。（2）胡居仁。胡居仁字叔心，饒之餘干人，（屬江西省）學者稱爲敬齋先生。弱冠時奮志聖賢之學，往遊吳康齋之門，遂絕意科舉，築室於梅溪山中，事親講學之外，不干人事。久之欲廣聞見，適閩浙，入金陵，從彭蠡而返，所至訪求學問之士，歸而與鄉人婁一齋、羅一峯、張東白、爲會於弋陽（縣名屬江西省）之龜峯，餘干之應天寺。相繼主白鹿書院，貴溪（縣名屬江西省）桐源書院。憲宗成化二十年卒，年五十一，所著有居業錄八卷，文集二十卷，收在正誼堂全書內。平生爲學，一主於敬，因以敬名其齋。嘗說：『端莊整肅，嚴威儼恪，是敬之入頭處。提撕喚醒，是敬之接續處。主一無適，湛然純一，是敬之無間斷處。惺惺不昧，精明不亂，是敬之效驗處』。又說：『敬則自虛靜，不必自求虛靜』。『靜中有物，只是常有個操持主宰，而無空寂昏塞之患』。『心中常有主，乃靜中之動，事得其所，乃動中之靜』。蓋敬齋之於康齋，猶伊川之於濂溪，濂溪主靜，而伊川易之以居敬。康齋言靜中涵養，而敬齋易之於有主，是承師說而稍變者。敬齋雖然主敬主靜，但不以禪家之靜坐爲然，居業錄說：『周子有主靜之說，學者遂專志靜坐，多流於禪。蓋靜者體，動者用也，靜者主，動者客也，靜意雖重於動，非偏於靜也。愚謂靜坐中有個戒愼恐懼，則本體已立，自不流於空寂，雖靜何害』。可見他雖主張靜，和禪家主張空寂的靜，至於無我無物的境地，是有所不同的。他說：『心具衆理，衆理悉具一心，心與理一也。故天下事物之理雖在外，統之在吾一心。應事接物之跡雖在外，實吾心之所發見，故聖人以一心之理應天下之事。內外一致，心跡無二，異端虛無空寂，此理先絕於內，以何者而應天下之事哉』。（居業錄卷一）。又說：『心無主宰，靜也不是工夫，動也不是工夫，靜而無主，不是空了天性，便是昏了天性，此大本所以不立也。動而無主，若不猖狂妄動，便是逐物循私，此達道所以不行也』。（同上）。要之：敬齋之學，是實踐的，不是空談的。（3）婁諒。吳與弼門下，除胡居仁外，尙有婁諒，也是一位篤實的儒者。據明儒學案載：『婁諒字克貞別號一齋，廣信上饒人，少有志於聖學。聞康齋在臨川，乃往從之，凡康齋不以語門人者于先生無所不盡』。他生於成祖永樂二十年（一四二二），死於孝宗弘治四年（一四九一），年七十歲。王守仁十七歲時，過廣信問道於他，他告以聖人可學而至，所以守仁思想是受過他影響的。他的爲學大概以收放心爲居敬之門，以何思何慮勿助勿忘爲居敬要旨，儼然程朱學者。（4）薛瑄。薛瑄與吳與弼同時並起爲朱學的繼任者爲薛瑄。薛瑄字德溫，號敬軒，山西河津人。生於太祖洪武二十二年（一三八九），死於英宗天順八年（一四六四），年七十六歲。自幼聰敏，書史過目成誦。中永樂十九年進士，宣德中，授監察御史，差監湖廣銀場；英宗時，各省設提學憲臣，以薦除山東提學僉事。他的思想，以復性爲宗，濂洛爲鵠。所著讀書錄凡十一卷，又續錄十二卷，大概爲太極圖說（周敦頤撰）西銘正蒙（張載撰）之義疏；然多重複雜出未經删削。他說：『氣有聚散，理無聚散，以日光飛鳥喻之，理如日光，氣如飛鳥；理乘氣機而動，如日光載鳥背而飛，鳥飛而日光雖不棄其背，實未嘗與之俱往而有間斷之處。亦猶氣動而理雖未嘗與之漸離，實未嘗與之俱盡而有滅息之時』。黃宗羲批評他的思想說：『竊謂理爲氣之理，無氣則無理。若無飛鳥而有日光，亦可無日光而有飛鳥，不可爲喻。蓋以大德敦化者言之，氣無窮盡，理無窮盡；不特理無聚散，氣亦無聚散也。以小德川流者言之，日新不已，不以已往之氣，爲方來之氣，亦不以已往之理，爲方來之理；不特氣有聚散，理亦有聚散也』。宋明儒家慣說理氣，說來說去，說不出端倪。理就是宇宙的自然法則；氣就是宇宙自然界之變遷現象；氣不但不與理相衝突，是順自然法則之理以爲演變；理不但不與氣相違反，是爲自然界變遷現象的依據。所謂聚者非聚，散者非散，不外是自然界現象之動態而已。（5）陳獻章。明儒自吳康齋，轉爲陳獻章已開一新面目，至王守仁，遂開明學更新端緒。黃宗羲說：『有明儒者，不失其矩矱者亦多有之，而作聖之功至先生（指獻章）而始明，至文成而始大；向使先生與文成不作，則濂洛之精蘊，同之者固推見其至，隱異之者亦疎通其流別，未能如今日者也』。可見他在明代理學界的位置。獻章字公甫，廣東新會之白沙里人。因其地名，故號白沙。生於宣宗宣德三年（一四二八），死於孝宗弘治十三年（一五〇〇），年七十三歲。英宗正統十二年（一四四七）舉廣東鄉試，明年會試，中乙榜（明時集各省舉人試於京師曰會試，因進士有甲榜之名，故以舉人爲乙榜），入國子監讀書（國子監即國學，晉始立國子學，隋煬帝改學爲監，歷代因之），巳至崇仁，受學於吳康齋，遂絕意科舉，築陽春臺，靜坐其中，足不出戶者數年。憲宗成化二年，復游太學，名重京師。十八年，以布政使彭紹等薦召至京，閣大臣阻之，令就試吏部，辭疾不赴，疏乞終養，授翰林院檢討而歸，自後屢薦不起。所著有白沙子集，白沙語要等書。他學說的根柢，是由於靜坐中得來，而其思想是根周濂溪的主靜說，在修爲上主張靜坐澄心，以期統一精神，保持心靈。他說：『人心上不得容留一物，纔看一物時，謂爲有礙，心心念念只在功業上，則此心便不廣大，便是有累之心。是以聖賢之心，廓然若無，感而後應，不感則不應。又不特聖賢如此，人心本來體段皆一般，只要養之以靜，便自開大』。有人說他此種議論與北禪祖師神秀『心如明鏡臺，時時勤拂拭』的思想相通的。他與林緝熙書有說：『終日乾乾，只是收拾其心而已。此理干涉至大，無內外，無始終，一處而無不到，一息而無不運。會此則天地立於我，萬化出於我，宇宙在於我，得此欛柄入手，更有何事，往古來今，四方上下，都一齊穿紐，一齊收拾』。

（文集卷三）。此說與陸九淵『宇宙便是吾心吾心即是宇宙』的見解相同。（6）王陽明。王守仁字伯安，學者稱為陽明先生，浙江餘姚縣人，生於明憲宗成化八年（一四七二），父華，成化辛丑（一四八一）進士，仕進南京吏部尚書，可知他是名門之產。二十一歲，舉浙江鄉試，是年始聞宋儒格物之學。二十八歲，登進士第，賜二甲出身，翌年授刑部雲南清吏司主事。三十五歲，上封事彈劾小人劉瑾，忤旨下獄，謫貴州龍陽驛，三年備嘗辛苦。還朝後，由廬陵知縣起復，歷任諸官，且平南贛、汀漳、橫水、桶岡、浰頭諸巨寇，外更平定過寧王宸濠謀反，以功封新建伯，陞南京兵部尚書。他雖在軍中，不廢講學，歷世多艱，對於人生見解，更覺體認眞切，五十歲時，始揭出致良知之說。世宗嘉靖七年卒，（一五二八）享年五十有七。著有王文成公全書三十八卷，其中傳習錄三卷，是了解王學最切要的材料。王陽明的學說，可以分數方面觀察：（甲）心即理說。心即理的觀念，並非始於王陽明，宋儒陸九淵既有所闡發，陽明是承他的系統；九淵以理為宇宙的本體，所以他說：『萬物森然於方寸之間，滿心而發，充塞宇宙，無非此理』。（見象山全集卷三十四）。他認定維繫宇宙者，全由於此理，理之表現於人類者，就是心，所以他說：『心一心也，理一理也，至當歸一，精義無二，此心此理，實不容有二』。（見象山全集卷一與曾宅之書）。九淵死後三百多年，陽明承他的系統，把心即理說，更闡發圓滿。在全書卷二答人論學書說：『夫物理不外於吾心，外吾心以求物理，無物理矣。遺物理而求吾心，吾心又何物邪？心之體，性也；性即理也。故有孝親之心，即有孝之理，無孝親之心，即無孝之理矣。有忠君之心，即有忠之理，無忠君之心，即無忠之理矣。理豈外於吾心邪？晦菴謂人之所以為學者，心與理而已，心雖主乎一身，而實管乎天下之理；理雖散在萬事，而實不外乎一人之心。是其一分一合之間，而未免已啓學者心理為二之弊。此後世所以有專求本心，遂遺物理之患，正由於不知心卽理耳』。他認定心卽理，故在人生行爲上直指本心，而視心爲義爲善。與王純甫書說『在物爲理，處物爲義，在性爲善，因所指而異其名，實皆吾之心也。心外無物，心外無言，心外無理，心外無義，心外無善。吾心之處事物，純乎理而無人僞之雜，謂之善，非在事物有定所可求也。處物爲義，是吾心之得其宜也。義非在外，可襲而取也。格者格此也，致者致此也』。換句說：宇宙的一切皆吾心之所範圍，而形成絕對的唯心論了。陽明全書卷二答羅整菴書說：『理一而已，以其理之凝聚而言謂之性，以其凝聚之主宰而言謂之心，以其主宰之發動而言則謂之意，以其發動之明覺而言則謂之知，以其明覺之感應而言則謂之物。故就物而言謂之格，就知而言謂之致，就意而言謂之誠，就心而言謂之正。正者，正此也；誠者，誠此也；致者，致此也；格者，格此也。皆所謂窮理以盡性也』。全書卷三說：『嘗聞人是天地之心，曰人又甚麼教做心？對曰只是一個靈明，不知充天塞地中間只有這個靈明，人只爲形體自間隔了，我的靈明便是天地鬼神的主宰』。凡此諸說，可謂達到唯心論的最高形式。（乙）致良知。陽明良知之說，遠則受影響於孟子『人之所不學而能者，其良能也；所不慮而知者，其良知也』等良知論，近則受影響於陸象山的哲學，及其個人自艱難困苦中體認出來。他說『吾於良知之說，從百死千難中得來，非是容易見得到此』。（見刻文錄敍說）。良知從何處來，是從心之作用來，心之三作用爲知情意，良知的作用，就是心的作用，心的作用同時就是良知的三作用。以言知：『良知常覺常照』。（見傳習錄中）。所以能知善知惡，知是知非。以言情：『良知只是一個天理自然明覺發見處，只是一箇眞誠惻怛，便是他本體』。（見傳習錄下）。由此情以發見人類同情之心，博愛之仁。以言意：『其虛靈明覺之良知，應感而動者謂之意』。（見答顧東橋書）。由此意之戒愼恐懼，而遏止邪思妄念。可見他提出良知之說，是合於天理的明覺之心。全書卷一說：『知是心的本體，心自然會知；見父母自然知孝，見兄自然知弟，見孺子入井自然知惻隱，此便是良知，不假外求；若良知之發，更無私意障礙，卽所謂充其惻隱之心，而仁不可勝用矣。然在常人，不能無私意障礙，所以須用致知格物之功，勝私復理，卽心之良知，更無障礙，得以充塞流行，便是致其知，知致則意誠』。在此已說明良知的完全作用。然良知何以能成爲完全作用，則在於致之一字用功。陽明的學說，是在致之一字着力；致在消極上是不欺。全書卷三說：『九川（卽陸澄字原靜陽明弟子）問：近來工夫雖若稍知頭腦，然難尋個穩當快樂處。陽明曰：此間有個訣竅。曰：請問如何？曰：只是致知。曰：如何致？曰：爾那一點良知，是爾自家的準則，爾意念着處，他是便知是，非便知非，爾只不要欺他，實實落落依着他做去，善便存，惡便去，他這裏何等穩當快樂！此便是格物的眞訣，致知的實功』。致在積極上是擴充到底，發見心明覺的本體。全書卷三說：『吾心良知，旣不能擴充到底，則善雖知好，不能着實好了；惡雖知惡，不能着實惡了』。由消極積極上以用力，必能表見致良知的工夫。全書卷二說：『若鄙人所謂致知格物者，致吾心之良知於事事物物也。吾心之良知，卽所謂天理也。致吾心良知之天理於事事物物，則事事物物皆得其理矣。致吾心之良知者，致知也。事事物物皆得其理者，格物也。是合心於理而爲一者也』。致良知的工夫完成，卽天理由此而完全表現。此是何等徹底的行爲。（丙）知行合一。知行的學說，在中國理學界，是很注重的。在人類行爲史上，有等是行而後知的，有等是知而後行的，有等是行之而不知的，有等是知之而不行的。王守仁與明理學一書二二頁有說：『知行的關係，爲中國近代哲學之一重要問題。從來論者，約可分爲三派：（一）先知後行說，（二）知行並進說，

（三）知行合一說。主張第一說的是朱熹，主張第二說的是陳淳（北溪），主張第三說的卽王守仁』。日儒渡邊秀方於中國哲學史概論一二八頁說『他（指陽明）既想用唯心的一元解決萬理，對於知行二者的關係，自然也不會想分離地考察而想認後者爲含於前者之中了……知行不合一時，眞正知了的話，當還不能說，這種知還只能說是理想知空想知。在朱子是廣窮物理，集而歸納之以爲致知的，那時候心與物分而爲二，致知在前，行爲在後；簡言之，前知後行，是朱子的主張。但陽明則不然，他是唱物心一如的，所以一說知時，物的理當是已經明白，否則當不能徹一如之義，所以在他，知行當爲合一』。我於孫先生之思想及其主義一書一四頁說：『王陽明之說，是知行相合的，是向內的，是內心生活的，是心靈本體的，是先天的；他之主張知是爲行，他之主張行，是爲知，他之主張知行，是爲致良知』。知行不分爲兩事，是王陽明思想的獨到處，他說：『設如好好色，如惡惡臭，見好色屬知，好好色屬行，只是那好色時，已自好了，不是見了之後，又立個心去好，聞惡臭屬知，惡惡臭屬行，只聞那惡臭時，已自惡了，不是聞了之後，別立個心去惡』（見傳習錄上）。又說：『今人學問，只因知行分作兩件，故有一念發動，雖是不善，然卻未嘗行，便不去禁止，我今說個知行，正要人曉得一念發動處，便卽是行了；發動處有不善，就將這不善的念克倒了，須要徹根徹底，不使那一念不善潛伏在胸中，此是我立言宗旨』（見傳習錄下）。就此一念發動處，便是行來看，陽明之知行合一論，可說是主行論，是直指本心，掃除欺僞掩飾之態度，他的主張，何等徹底，何等精徵，他答門人徐愛問知行合一之旨，有說：『知之眞切篤實處，便是行，行之明確精察處，便是知。若知時其心不能眞切篤實，則其知便不能明覺精察，則其行便不能眞切篤實，不是行之時，只要眞切篤實，更不要明確精察也』。本心之明卽知，不欺本心之明卽行，行而不能明覺精察，便是冥行；知而不能眞切篤實，便是妄想；他提出知行之旨，原來只是一個工夫。總括陽明知行合一之義：（a）知則必行。（b）知與行並進。（c）不行由於知之未眞。（d）眞知則必行。（e）不行終不能得到眞知能實行知行合一之義，則可以鼓勵人實踐的勇氣，而掃除一切的空想。黄宗羲批評他的思想有說：『先生承絕學於詞章訓詁之後，一反求諸心而得其所性之覺曰良知，因示人以求端用力之要曰致良知。良知爲知，見知不囿於聞見；致良知爲行，見行不滯於方隅。卽知卽行，卽心卽物，卽動卽靜，卽體卽用，卽工夫卽本體，卽上卽下，無之不一，以救學者支離眩鶩務華而絕根之病，可謂震霆啓昧，烈耀破迷，自孔孟以來，未有若此之深切著明者也』。日儒渡邊秀方批評他的學說有說：『他是近代思想界上的霸王，亦於諸子的大思想家，當又是萬人定論，不待贅言的』。依我的見解，他的思想比之朱子更徹底也。他在中國文化史上學術史上是有相當的位置的。以上就明代理學代表的人物略述其中心思想。我們知道一種學說一種思想，在歷史上祇有牠相當的價値與成果而已，不能說某一種學說思想，在歷史上成了不可侵犯，而永遠佔據世界眞理的舞臺啊。

第十七節　明代之文學

明太祖旣統一中國，頗注意於文教，惟籠絡士子，課以八股之文，對於文學專務形式，終成腐化。（甲）八股文。八股文者，是經義之文，前講四股，後講四股，故名曰八股。八股文在形式上之束縛，較之四六駢儷有過之無不及。有明一代的文學，遂成爲鑄型的古典的，而有生氣的文學不見發達者，其弊在此。（乙）散文。明初散文作家，首推宋濂。元末文章以吳萊、黃溍、柳貫爲一朝後勁；吳萊之文，以宏博著稱；黃溍、柳貫之文，原本經術，動中法度；宋濂初從萊學，繼又師事黃溍柳貫，學問淵源有所承受，其散文遂爲一代之宗。明史濂本傳說他：『於學無所不通，爲文醇深演迤，與古作者並』。四庫全書提要總目亦說：『濂文雍容渾穆，如天閑良驥，魚魚雅雅，自中節度』。其次有劉基、王禕、方孝孺諸大家。劉基字伯温，元末進士，太祖定括蒼，聘至金陵，佐太祖定天下，授太史令，累遷御史中丞。明初諸大典制，都是他與宋濂等計定。明史劉基本傳說他的文章『氣昌而奇，與宋濂並爲一代之宗』。四庫提要說他的散文：『閎深肅括，亦宋濂、王禕之並』。王禕字子充，明初徵爲中書省掾，著有文集二十四卷。宋濂敍他的集，說他的文章有三變：『初年所作，幅程廣而運化宏；壯年出遊之後，氣象益以宏雄；暨四十以後，乃渾然天成，條理不爽』。其文長處在平易切實。方孝孺字希直，號正學，建文中官至翰林侍講學士，改文學博士，所著有遜志齋集二十四卷。四庫提要說他：『學術醇正，而文章乃縱橫豪放，頗出入於東坡、龍川之間，蓋其志在駕軼漢唐，銳復三代，故其毅然自命之氣，發揚蹈厲，時露於筆墨之間』。明初散文作家當以上述諸人爲著名。（丙）詩。明初詩派凡五：吳詩派爲高啓所創，越詩派爲劉基所創，閩詩派爲林鴻所創，嶺南詩派爲孫仲衍所創，江右詩派爲劉崧所創。高啓之詩有江館、青邱、吹臺、鳳台、南樓、槎軒、姑蘇雜詩等集，凡二千餘首，自選定爲缶鳴集，凡九百餘首，死後徐庸綴拾遺逸，合爲一編，題曰大全集，凡十八卷。史述高啓因撰宮女圖詩招禍。劉基之詩，於元季華縟之中，喜爲沈着疏宕，有說其才華遠遜高啓。林鴻之詩，宗法唐人，繩趨矩步，不免蹈摹擬蹊徑，後人至於「唐臨晉帖」譏之，而其末流，馴至爲世詬病。孫仲衍之詩，於元季綺靡之中，獨卓然有古格。劉崧之詩，句腴字琢，而骨格未高，沈德潛以其辭采鮮媚，當是學温飛卿一派云。

其他詩人著名者，有李夢陽、李東陽、何景明、徐楨卿、楊愼、李攀龍、王世貞、宗臣、謝榛、袁宏道、高攀龍、鍾惺、譚元春、陳子龍等。（丁）詞。明人之詞，無可觀者。清吳衡照說『明詞無專家名家，一二才人如楊用修、王元美、湯義仍輩，皆以傳奇手爲之，宜乎詞之不振也』。（蓮子居詞話）劉體仁說：『非不欲勝前人，而中實枵然，取給而已，於神味處，全未夢見』。（七頌堂詞繹）。簡言之，明人的詞，未有高明之處，其中婉約派詞人有劉基、瞿佑、楊愼、王世貞、湯顯祖、陳子龍、葉小鸞諸人；豪放派詞人有高啟、夏言、夏完淳諸人；閒適派詞人有陳繼儒、文徵明諸人。（戊）戲曲。南曲（傳奇）始於南宋，是在北曲（雜劇）之前，因金元好雜劇，北曲流行，南曲遂爲一時壓倒。但北曲不諧南聲，元亡明興，南曲盛行，北曲幾乎廢絕，明之南曲至今存留的，有閱世道人所編纂的六十種曲。明初最盛行的，爲四大傳奇及琵琶記。四大傳奇即：（1）荆釵記。荆釵記爲明太祖第十七子朱權所作，敍王十朋和玉蓮戀愛的故事。（2）劉知遠。劉知遠一名白兔記，無名氏作，敍劉知遠微賤時的妻子李三娘磨坊產子的故事。（3）拜月亭。拜月亭一名幽閨記，是施君美根據王關的北曲改作，敍貢生蔣世隆兄妹，和丞相子興福、尚書女瑞蓮婚嫁的故事。（4）殺狗記。殺狗記，是徐畛（仲由）根據蕭德祥的北曲改編，敍孫華交結惡友，逐弟孫榮，華妻殺狗勸諫，華悔悟，重與其弟友愛。此四種傳奇，文辭俚俗動人，是當時合演的劇本。琵琶記，是敍趙五娘剪髮上京尋夫蔡邕事；琵琶記詞曲雖妙，但已開修詞琢句之風。明曲作家，如丘濬（瓊山）、楊愼（升庵）、王世貞（弇州）、鄭若容（虛舟）、沈璟（伯英）、湯顯祖（臨川）、屠龍（長卿）、祝允明（枝山）、唐寅（伯虎）等，以湯顯祖爲最著名。湯顯祖之玉茗堂四夢，即牡丹亭、南柯記、邯鄲記、紫釵記，皆爲夢幻之劇，惟牡丹亭乃其一貫的根本思想，說明人生觀之一部，是劇敍柳夢梅與杜麗娘結合的故事，杜麗娘因失戀而亡，終還魂與夢梅重相燕好，和父母團圓。其他三種，都取材於唐人傳奇。（己）小說。明人通俗小說可分爲三類：（1）爲神魔故事。神魔故事導源於六朝志怪書，唐人傳奇，宋人話本，此類作品，以吳承恩西遊記爲最著，（吳於嘉靖中長興縣丞，見舊淮安府志）全書共一百回，假唐僧玄奘赴天竺求經之談，說人間的性情，述解脫的方便，釋幽玄的教理，克制諸種的魔障，終達到彼岸而得解脫，足徵作者手腕的巧妙。此外吳元泰著之上洞八仙傳，余象斗著之南遊記，北遊記，皆屬於神魔故事。（2）人情小說。人情小說，爲專描世態人情的作品，與所謂才子佳人小說等共爲一流，金瓶梅爲此中傑出的一部；金瓶梅全篇百回，取水滸傳西門慶與潘金蓮之情事以爲骨子，描寫淫褻鄙陋的情形，此書爲明代文豪王世貞所撰，因王世貞恨嚴嵩及其子世蕃之殺其父王抒，故藉此以洩憤云。金瓶梅的結局爲悲劇，而其他人情小說，則以團圓作結，比較著名的，有好逑傳，玉嬌梨，平山冷燕，兩交婚，吳江雪，幻中眞等數十種。（3）歷史小說。歷史小說，有西周志，開闢演義，東周列國志，前後七國志，後列國志，今古奇觀，兩漢演義，龍圖公案等。至如英烈傳，精忠傳，海公清烈傳等，是敍一人或一家史事的小說。中國文藝變遷論有說：『元明之間，爲歷史小說時期，此期以三國演義爲代表。如開闢演義，東周列國志，前漢演義，後漢演義，西晉演義，東晉演義，隋唐志傳諸書，皆出於三國演義之前後，此等大都承宋代五代史平話，及宣和遺事而發達者。同時之水滸傳，亦帶有歷史意味。吾國社會上歷史觀念，大都賴此等書以輸入，則與平民知識，至有影響者也』。（見萬有文庫本一二五頁）。以上就明代文學略爲敍述，有明文學，論者褒貶異詞，李慈銘說：『明人詩學，超絕宋、元恆蹊』。錢基博說：『中國文學之有明，其如歐洲中世紀之有文藝復興』。（見明代文學序）。焦循說：『有明二百七十年，鏤心刻骨於八股；如胡思泉、歸熙甫、金正希、章大力數十家，洵可繼楚騷、漢賦、唐詩、宋詞、元曲，以立一門戶；而李、何、王、李之流，乃沾沾於詩，自命爲復古，殊可不必者矣』。（見易餘籥錄）。日人高桑駒吉說：『明代二百七十餘年之間，其最爲隆盛者，厥爲一種復古文學，要不過以修辭爲主，盛爲擬古的詩文，故卒未能發揮出一種國家的特色』。（見所著中國文化史四〇二頁）。錄此以資參證。

第四章 清代的文化

第一節 清代之政治社會

滿洲人建國號曰清，在民國紀元前二七六年，清人自己說滿洲二字，是種族之名，據日本稻葉君山所考據：「清朝人當建號曰清以前實自號其國爲金。」可知滿洲民族與金國實共淵源。清太祖自起兵攻尼堪外蘭以後，就盡力以統一同族，繼派兵陷遼瀋，遼河以東大小諸衞城七十餘，一時俱下，遂移都瀋陽，大舉攻寧遠，不克，身負重傷，不久就死。太宗立，攻錦州，明薊遼總督洪承疇，統兵十三萬往援，戰於松山，大敗。錦州已陷，加以明末降將之開門揖盜，滿清遂得統治四百餘州的山河。清朝以區區一個小部落居然能入主中夏二百餘年，其中是有緣故的。蒙古侵略中國，是中國第一次的亡國，滿清侵略中國，是中國第二次的亡國。蒙古滅亡中國，爲期不過百年，滿清滅亡中國，爲期幾及三百年，這就是蒙古人掌握中國政權後政治的手腕，不及滿洲人的能幹，政治的眼光，不及滿洲人的遠大；政治的方法，不及滿洲人的乖巧。滿清入關後的政治方針，是以收集民心爲第一事，如被蹂躪的城邑，有鰥寡孤獨者給糧養之，大兵經過之地，得減錢糧之半，額外征收，盡行蠲免。順治時所行諸政，無不藉漢人爲收攬人心的作用，其任用漢官，諭養故明親王郡王，命金之俊撰崇禎帝碑，予明末殉難諸臣范景文等謚號，皆不外多爾袞時的遺訓。康熙時進一步以籠絡士子，如詔開博學鴻詞科以網羅海內文士；又集才俊之士，若施閏章、朱彝尊、李因篤等，編纂各書。關於經學者有周易折中、詩書、春秋傳說、三禮義疏等。關於史學者有皇輿圖表、御批通鑑綱目等。關於道學者有性理精義、朱子全書等。關於文詞者有三朝詩選、古文淵鑑等。至於分類之書，如古今圖書集成有五千餘册之多，佩文韻府、淵鑑類函、駢字類編、分類字錦等，是皇皇巨著。[illegible]之獎勵文學，非以發展文化爲目的，是以政治的手腕束縛漢人的言論思想，效忠清室，以免從事搗亂。康熙一方用獎勵之法以籠絡士人，一方又用誅鋤之法，以鎮攝士人。明臣朱國楨著明史未竟全功，莊廷鑨得其遺稿，付之剞劂，號曰明書，關於清廷的事，概施直筆，爲歸安知縣吳之榮揭發，時廷鑨已死，並戮其屍，株連死者七十餘人。戴名世所著南山集，多採其鄉人方孝標文集及滇越紀聞，以語涉清廷，論名世極刑，族皆棄世。凡此皆所以消除漢族之民族意識，使對於歷史文化，不致發生觀感也。滿清開國之初，皇族覬覦非分，擁兵相爭，致生禍變。康熙時鰲拜專權橫恣，乃誅鋤其黨，以便獨攬大權；且以各省疆吏久握兵柄，漸至驕慢，乃廢除藩鎮吳三桂、耿精忠輩，以鞏固中央集權。同時在福州、廣州、荊州等處各設八旗兵駐防，以免漢人奪回他們的政權。康熙死，雍正立，即位之初，頗知消除滿漢之見，任張廷玉以上相之職，授岳鍾琪以專征之任，但滿漢之見仍不能消除淨盡，如規劃墾荒，凡京師八旗兵之無恆產者，悉令移到喀喇河屯、熱河、樺榆溝墾田；又命所司查明內務府餘地，設立井田，以八旗革退兵丁往耕，擇各處官地，命八旗閒民之無恆產者受地而耕，他未有注意到無田可耕的漢人。關於政治之可紀者，如剷除奴隸的階級，裁抑驕橫的貴族，設立專權的軍機處，注意惠民的社倉，鎮撫青海西藏的亂事，（青海的羅卜藏丹津(Robtsan Tanjin)畔，煽動青海西藏的喇嘛使作亂，西紀元一七二四年，乃遣岳鍾琪等鎮定之」，表面看來似是有爲的君主，然素性忌刻，對於漢族善士屢興文字獄以誅鋤之，如浙江杭州人汪景祺作西征隨筆，則處以極刑；查嗣庭爲江西考官，以所出題目入罪，則戮屍梟示；陸生楠作通鑑論十七篇，則以淆亂國是，殺於軍前。就知道他防漢政策的嚴酷。雍正在位十三年，八月死，太子弘曆卽位，是爲乾隆；乾隆執政六十年，論者謂治世之長同於聖祖康熙，而治功之偉，亦不下於聖祖，因用武十度，皆未嘗有失，自作十全記以紀功，淸人所謂十大武功，卽平定準噶爾、回部、黔苗、大小金川、緬甸、安南、臨淸、甘肅、臺灣、廓爾喀是也。其實山東甘肅俱屬內地，而山東之變不大，不足以見武功；金川、緬甸、安南、臺灣，均始敗後勝，幾經艱苦而後克定之，乾隆時代的兵力，已不比先世。乾隆的武力，已如上述，至於吏治，當時雖有奬勸之方，而文字上的猜忌，則仍不免。乾隆循康熙成例，開第二次博學鴻詞科，設四庫全書館，以紀昀爲總裁，主其事，別著目錄提要，正目之外，並有存目，經十三年，四庫全書成，詔命賜杭州、揚州、鎮江各一部，建閣儲之，聽東南人士的觀覽或傳寫，此皆乾隆對於發揚文化的一種設施。但一方面對於文化，雖盡力推行，而於文字上的猜疑，則無微不至，胡中藻著有堅磨生詩鈔，乾隆尋摘詩詞中疑似之字句，字字挑剔，卒被棄市以死；王錫侯著字貫一書，誣爲删改康熙字典，卒解京治罪；徐述夔遺著有一柱樓詩，指含譏刺，命戮其屍，並斬其子。且搜查犯禁之書，一概付諸焚燬，據兵部報告，當時焚書有一萬三千八百六十二部，可知他摧殘文化之甚。乾隆在位六十年間，論者以爲淸代全盛之世，然其晚歲，戶部有天下州縣府庫缺乏之奏，則國用已漸不支，而任用和珅，攬權納賄，剝削人民，致吏治大壞，危害國本。

滿淸自順治、康熙、雍正至乾隆四代，爲隆盛時期；自嘉慶、道光、咸豐、同治、光緒至宣統六代，爲衰弱時期；其所以衰弱的原因有數端：（甲）由於貪官汚吏的害國。自乾隆末年，和珅任事，貪贓枉法，將國家的財源，吸收淨盡，養成內外官吏貪墨的風氣，和珅查抄家產，已估價的二十六號，共值銀二億二千三百八十九兩，未估價的八十三號，照此推算，又當八億兩有餘，（據薛福成庸庵筆記所載），此種貪婪的風氣，一直到清代末年，都是蔓延着，未有清除。（乙）由於內亂的頻仍。滿清內亂之起，在於乾隆之末年，而盛於嘉慶之時；乾隆末年，及嘉慶初年，有滇黔桂三省苗民之亂，白蓮教匪之亂，海寇之亂，天理教匪之亂，回疆之亂，因內亂蠭起，庫藏空虛，肆力苛抽，而人民更受剝削之苦，因軍士平治內亂，開拔征剿，招收兵額，需費日多，致虧耗國家的財政，而影響滿末年政治的混亂。（丙）由於官軍的腐敗。清代末年，官軍日益腐敗，將帥毫無謀略，每戰輒以鄉勇居前，勝則冒他的功勞，敗則毫無撫卹；平日剋扣軍餉，以飽私囊，紀律廢弛，無所不爲，害及民衆，致成清代末年潰敗之勢。（丁）由於盜賊的披猖。盜賊之成爲整個的集團者，則羣起而爲內亂；其零星小股，東西飄忽，來去無踪，剽掠地方鄉村，弄成人民無家可歸，無田可耕，成爲清代末年民間最慘苦的現象。社會的現狀，已很不安寧，政治上的設施，所以無法維繫。（戊）由於太平軍的起義。太平軍由西南之倡義，前後十五年，兵威震動全國，十八省中只有陝西、甘肅未到，大江南北，爲他們集中的陣營，滿清政權，經此一次的搖撼，遂有岌岌不可終日之勢，外强中乾的實情，左支右絀的事象，遂昭著於世界。（己）由於帝國主義勢力的侵入。滿清自嘉、道、咸、同，至末年的時候，政治日益廢弛，國家日益衰弱，此雖由於滿清執政諸人，不知修明政治方法所釀成，而其最重要的原因，則由於帝國主義的勢力，百年來大舉侵入中國，使滿洲政府，窮以應付，致令政治無法收拾，政治現象日陷於暗淡淒涼之境，而國家亦從此狂潮捲入漩渦，不得超拔了。（庚）由於革命勢力的環攻。滿清百年來內憂外患，隨時間的演進而日甚；滿清君臣以防家奴的手段，摧殘漢族的士氣，亦隨時間的演進而日兇；漢族中先覺之士至此時已忍無可忍，乃起而倡義革命之師，風起雲湧，滿清政局受革命的震撼，遂由衰弱而至於崩潰了。

由上述七種原因，滿清政府諸人已感覺到，而思有以挽回此種浩刼，乃有變法自強的主張。滿清變法自強的主張，是由於德宗光緒鑒於國家時局的艱危，受康有爲、梁啓超、楊銳、林旭、譚嗣同、劉光第等維新思想的影響而頒行新政，計當時所改革者列舉如下：（1）裁汰各衙門胥吏差役；（2）停止捐納實官；（3）歸併詹事府於翰林院；（4）裁撤雲南湖北兩省巡撫缺；（5）裁撤廣東巡撫缺；（6）設立督辦政務處；（7）改總理各國事務衙門爲外務部；（8）設立商部，將路鑛總局裁併；（9）設立練兵處；（10）設立巡警部；（11）設立學部；（12）命各省綠營防勇，限於辛丑年內裁去十之二三；（13）命各省籌備武備學堂；（14）將各省原有各營嚴行裁汰，精選若干營分爲常備續備巡警等軍；（15）命鐵良會同袁世凱辦理京旗練兵事宜；（16）設立練兵處，命奕劻等管理；（17）在河間舉行秋操，命袁世凱鐵良爲閱兵大臣；（18）復開經濟特科；（19）命整頓翰林院課編檢以上各官以政治之學；（20）命出使大臣，訪察各國遊學生，咨送回國，聽候錄用；（21）命鄉試會試，均試策論，不准用八股文程式，並停止武生及武科鄉會試；（22）命各省所有書院，於省城改設大學堂，各府及直隸州改設中學堂，各縣改設小學堂；（23）定學堂選舉鼓勵章程，凡由學堂畢業考取合格者，給予貢生舉人進士等名稱；（24）命各省選舉學生，派往西洋各國，講求專門學業；（25）命自壬寅年會試爲始，凡授職修撰編修者，皆令入京師大學堂，分門肄業；（26）頒佈學堂章程；（27）考試出洋歸國留學生；（28）停止鄉會試及各省歲科考試；（29）准滿漢通婚。以上所說的新政，行之不以實力，舉措復陷於虛張，到底未有如何的政治效能。滿清政府諸人又想及日本以區區三島，能崛起東亞，能戰勝強俄，全在於立憲的成功，因此便派載澤、戴鴻慈、徐世昌、端方、紹英五大臣，出洋考察憲政。自五大臣出洋考察憲政，於光緒丙午年（一九〇六）夏間從海外回國，相率呈請立憲，由御前會議，決定預備仿行憲政，並定議院未開以前，逐年應行籌備事宜，於第九年籌備完竣。其時所定的憲法大綱，簡直是鞏固君權的憲法大綱，與政治的改革無重大的關係。總觀清代之政治社會不出於數種政策：（甲）攬權，（乙）防漢，（丙）虐民，（丁）籠絡，（戊）媚外。所以滿清政治數百年來未有清明的現象，結果不能不陷於崩潰的命運。

第二節　清代之社會風習

社會風習，有因國情民性而不同。滿漢風習，素來有異，但自滿人入主中國後，因接觸的關係，有許多是轉相模仿者，有許多是承襲前代者。（一）婚姻。清代婚禮之載於通禮者，漢官自七品以上，禮別為九：（甲）議婚，（乙）納采，（丙）納幣，（丁）請期，（戊）親迎，（己）婦見舅姑，（庚）婦盥饋舅姑饗婦，（辛）廟見，（壬）婿見婦父母。庶士庶人之婚，則較七品以上之禮為減少，然其儀節又因各處鄉風所嚮而不同，甚或過於奢華，致有失制禮之初意者。清吳榮光有說：『商賈之流，以逐末為務，囊雖偶贏，不能保其無絀；乃至僭用官紳輿服，競尚奢靡，不獨違制踰等，亦將立見困窮。』（見中華通史一五〇二頁引）。可知當時婚姻之俗，日趨奢靡。中國歷代對於婚姻的觀念，清代亦是承受着即是父母先之以命令，繼之以媒妁，終之以親迎，在此禮教權威的寶座下，男女實得不到婚姻之自由的。在清代的婚姻中有一種劣習，即兒女還沒有出世，因爲父母雙方感情好，即指腹訂婚，所謂指腹婚。又有一種在出生以後未成童之先，預爲訂婚，所謂童養媳。前一種在富貴家庭所特具，後一種則貧苦人家所常有。議婚以金錢之多少爲標準，此種風氣，在鄉間甚爲盛行，亦是陋習之一。此外尚有弊端二：（1）離婚的條件，都是男子方面所提出，在歷史上著名之七出條件，仍然承襲不去，大戴禮本命篇：『婦有七出，不順父母出，無子出，妒出，惡疾出，淫出，多言出，竊盜出。』婦女是沒有此種權利的。七出之外，又有三不出之理，即曾爲夫之父母服三年之喪者；先貧賤而後富貴者；離婚後妻無所歸者。有此三者不得輒絕，惟犯姦不在此限。（2）蓄妾的風行。中國婚姻在名義上是一夫一妻的，而在社會的風習是一妻數妾，清代各處都是流行着，小康之家，如齊人之一妻一妾者甚多，而富貴之家，仿春秋時代諸侯一娶九女者亦頗衆。就以上所引而說，中國文化非是高尙的可以知了。（二）死喪。清通禮官員喪禮有疾居正寢，女居內寢，自初終至拜掃儀凡二十有六：一初終，二襲，三小殮，四大殮，五成服，六朝夕，七初祭大祭，八親朋弔奠賻，九親臨賜奠，十賜卹，十一扶喪，十二聞喪奔喪，十三治喪具，十四開兆祀土神，十五遷柩朝祖，十六祖奠，十七遣奠發行，十八窆，十九祀土神題主，二十反哭虞，二十一卒哭祔，二十二小祥，二十三大祥，二十四禫，二十五忌日，二十六拜掃。此是舉其大端而說，至士庶喪禮節目較官員爲減，而服制則貴賤不易。惟社會風習，拘於地師之說，妄冀以先人朽骨博富貴功名，求吉地不得，至停柩不葬，間有習尙奢靡，治喪之費，動至千數百金，清代末年，其風尤盛。（三）俗尙。人民之好尙，因各地方環境而不同，直隸人之俗尙沈樸，山東人之俗尙剛直，山西人之俗尚質勁，河南人之俗尚任俠，陝西人之俗尚朴勇，甘肅人之俗尚武健，安徽人之俗尚淳古，江西人之俗尚溫良，浙江人之俗尚文秀，湖北人之俗尚勁爽，湖南人之俗尚質直，四川人之俗尚敦善，福建人之俗尚信義，廣東人之尚倘剛強，廣西人之俗尚儉約，雲南人之俗尚溫和，貴州人之俗尚樸實，凡此皆就本部而說；至若蒙古新疆之人好武，西藏人之固守與本部之民俗，有所不同。由各地方之民俗，產生各地方略爲歧異的局部文化；由全國共通之民族習性，而產生全部的整個文化。（四）養奴。清代亦有養奴的風習，一種是漢民族間從來所實行的，由於賣身契約而成的奴隸，一種是滿洲的包衣，一種是由於犯罪而成爲奴隸的。第一種由賣身契約而成爲奴隸的，在沒有解放以前，不但自己一生，不能脫免奴隸的地位，其所生的子女，稱爲家生兒而服役於主家，世襲爲奴隸；主家對於賣身契的奴隸，爲他求得配偶，成爲夫婦，於主家給以一隅的住所，對其所生之子女，可以自由使用，稱之爲家人，所謂家人，仍是要稱主家之姓的。由賣身契約而成之婢女，其容貌秀麗者，多爲主人之妾，有等主家，待婢女達到相當年齡的時候，就爲她出嫁，或爲她求配偶，以使役夫婦二人，將其所生之子，作家生兒驅使，其中亦有使她一生獨身而使役於主家的。他們的身分已是奴隸，所以不能與自由民相等受官的考試。（據清律賣身爲奴，雖贖身爲良民，但不經過三代以後，不得受考試）。在清代養奴習慣中，還有由典身契約而成爲奴隸的，所謂典身，就是一時將其身質入主家，若一旦贖身，即可以立即成爲良民，典身和賣身之間，待遇是有點差異。第二種包衣，乃是滿洲語奴隸的意義，爲滿洲的一種世僕，此種世僕，或服役於宮廷，或使役於王公；他們的身分，固然是奴隸，主僕的名分，固然是存立，但他們可以應試入仕途，初時凡由包衣出身的，雖位達最高品級，仍然要執主僕之禮；到了後來，凡包衣出身而昇官至三品以上者，可除去包衣之籍而成爲普通的滿洲族人。第三種因罪而成爲奴隸的，在大清律例及刑案彙覽中，其例頗多，凡犯罪被貶爲奴的，有送到吉林、黑龍江等處，或送到新疆及其他邊陲之地的。他們在黑龍江省，則爲達呼里人及其他蠻夷之家的蠻人所驅使，在吉、黑兩省及新疆等處，有將其役使於軍隊，或充作戍邊的，他們是屬於官奴的一種。（參閱 John Kells Igram 著奴隸制度史漢譯本附錄）。（五）賭博。清代賭博之風極盛，上至京官朝臣各省官吏，下至鄉村人民，多習染賭博之惡習，一擲千金，數見不鮮，所謂游民生活中無不甘之如飴，他們不是如何以生產，而是如何以耗產，釀成賭國的現象。（六）食鴉片煙。歐西文化之優良者未見接收，而帝國主義東侵攜來之鴉片煙，則極力吸受，英國於十九世紀初期，對華貿易以鴉片爲最發達，至道光十八年，竟達二八、三〇七箱之多；當時官吏士大夫與軍人許多亦沾染此惡習，內閣學士兼禮部侍郎朱嶟上疏有說：『鴉片之毒，使軍隊沉淪於腐敗墮落之淵，官吏與儒生，亦染斯毒，一般人民德義上之標準，亦從此低下，當此千鈞一髮之秋，復舉抑制之力一切除去，則彼等滔滔相率而就自滅之途，大禍倘堪設想耶！』林則徐上疏奏中亦有說：『煙不禁國日貧，民日弱；數十年之後，非特無可籌之餉，抑且無可用之兵。』我們看此兩疏所條陳，就知道此種習染推行的普遍。清代的風習既如上述，國家的文化，與社會風習有重大的關係，人民耽於逸樂而不知勤，習於侈靡而不知儉，加以惡習沾染，不知振作，無怪自清代以來，中國文化之退落，與歐西較，望塵莫及了。

第三節　清代之農業

清代農業情形很複雜，茲分述之如下：（甲）開墾。西紀元一六四四年，滿清入關的前後，戰事綿延，殺戮甚慘，先之以饑饉，繼之以流寇，人民流離，田土荒蕪，十室九空，自爲必然之結果，故清初卽注重於開墾。順治二年總督河道楊方興奏稱：『山東土地荒蕪，有一戶之中止存一二人，十畝之中止存一二畝者。倘不計口核實，名爲免三分之一，實以一二畝之地而納五六畝之糧。荒多丁少，以荒地累熟地，以逃丁累現丁。祈將見在熟地或免一，或免半，其拋荒之地，不論有主無主，盡行蠲免。』（見東華錄）。康熙七年，雲南道御史徐旭齡奏稱：『國家生財之道，墾荒爲要，乃行二十餘年而未見成效者，其患有三：一則科差太甚，而富人以有田爲累；一則招徠無資，而貧民以受田爲苦；一則考成太寬，而有司不以墾田爲職。誠欲講富國之效，則向議一例三年起科者，非也。田有不等，必新荒者三年起科，積荒者五年起科，極荒者永不起科，則民力寬而墾者衆矣。向議聽民自佃者，非也。民有貧富不等，必流徙者給與官莊，匱乏者貸以官牛，陂塘溝洫，修以官帑，則民財裕而力墾者多矣。向議停止五年墾限者，非也。官有勤惰不等，必限以幾年招復戶口，幾年修舉水利，幾年墾完地土，有田功者陞，無田功者黜，則懲勸實而督墾者勤矣。』（見皇朝文獻通考卷二）。康熙十年，湖廣總督蔡毓榮奏稱：『蜀省有可耕之田，而無可耕之民，應廣其招徠之途，減其開墾之數，寬其起科之限。百官有能招民開墾者，當依例咨敍，或實行升用。』（見東華錄）。康熙十二年諭戶部說：『自古國家長治久安之謨，莫不以足民爲首務，必使田野開闢，蓋藏有餘，而又取之不盡其力，然後民氣和樂，聿成豐亨豫大之休。現行墾荒定例，俱限六年起科，朕思小民拮据開荒，物力艱難，恐催科期迫，反致失業，朕心深爲軫念。嗣後各省開墾荒地，俱再加寬限，通計十年，方行起科。』（見皇朝文獻通考卷二）。雍正元年諭戶部說：『國家承平日久，生齒殷繁，土地所出僅可贍給，倘遇荒歉，民食維艱，將來戶口日增，何以爲業，惟開墾一事，於百姓最有裨益。但向來開墾之弊，自州縣以至督撫俱索陋規，至墾荒之費浮於買價，百姓畏縮不前，往往膏腴荒棄，豈不可惜；嗣後各省凡有可墾之處，聽民相度地宜自墾自報，地方官不得勒索，胥吏亦不得阻撓。』（見皇朝文獻通考卷三）。從上引證來看，清代初年對於墾荒是如何的注重。據通考所載，當時中央政府所得各省開墾耕地的報告如下：順治十八年順天府所屬州縣報墾地一千三百三十九頃六十九畝，湖南所屬州縣報墾地二千八百九十頃七十二畝。康熙二年，湖廣安陸岳州……各府州報墾田八百八頃六十畝有奇，蘄州岳州……各衞所報墾田六百頃二十畝有奇，三年，湖南寶永……六府州報墾田六百三十四頃有奇，岳長……六府州續墾田五百十八頃三十六畝，湖北安、荊等十州府續墾田八百七頃四十五畝有奇，雲南省墾田二千四百五十九頃，又續墾田一千二百餘頃，四年，湖南長沙衡州等屬墾田三千一百三十三頃六十六畝，河南省墾田一萬九千三百六十一頃，貴州省墾田一萬二千九頃有奇，湖北各府墾田四千七百三十九頃，五年，河南省報墾田六千六百八十餘頃，江西省報墾田二千八百三十五頃，又續報墾田二千八百三十五頃四十五畝，湖廣省報墾田四千六百餘頃，山東省報墾田三千二百三十餘頃，六年，湖南報墾田三千一百九十頃五十畝，七年，山東報田一百二十二頃六十餘畝，九年，廣東報墾復民田一萬七百一十五頃七十四畝。可見當時因墾田而增加耕地甚多。到乾隆嘉慶時，從西南省分遷入吉林內地的農民已達六千餘戶，所墾的荒地有三十六萬五千多畝。嘉慶時，由內地的農民去開墾新疆的田的，有了十幾萬畝；其他內地四川、山東、直隸、山西、河南、江南諸省，因人口增加而所墾的荒地亦日多。查清代以開墾爲切要之圖，故以開墾之多少爲奬勵，凡墾地二十頃以上，試其文義通順者，以縣丞用，不能通曉者，以百總用，一百頃以上文義通順者，以知縣用，不能通曉者，以守備用。乾隆三十年，又定官員捐墾荒地議敍之例；凡本省文武官員，捐給牛種，招墾荒地十頃，捐銀一百兩者，准其紀錄一次。四十頃捐銀四百兩者，准加一級，多捐者計算增加。凡人民開墾者，由官廳借給牛具籽種，有幷賞口糧者，籽種常於收穫後償還。牛具等銀分三年五年十年勻還不一。邊徼苗番關外等地墾荒者，並給予房屋，路遙者發給路費。凡無主之田，准墾荒者永守爲業，有主者責成原主償還墾本。至墾熟升科，順治時定爲三年。康熙十年，寬限一年，二十三年，仍以六年起科。雍正年間，乃定水田六年，旱田十年，永以爲例。乾隆五年，以開墾未盡收效，遂令戶部議具在何等以下之土地，可以永免升科。（乙）圈地莊田。清初入關，東來諸王及八旗兵丁強佔田地爲己有，圈以標誌，是謂圈地。順治元年，諭戶部說：『我朝定都燕京，期以久遠，凡近京各縣無主荒田，及前明皇親駙馬公侯伯內監歿於寇亂者，無主荒田甚多，爾部親釐，如本主尙存及有子弟存者，量口給與，其餘盡分給諸皇勳臣兵丁人等，蓋非利其土地，良以東來諸王勳臣兵丁人等，無處安置，故不得已而取之，可令各府諸縣鄉村，滿漢分居，各理疆界，以杜異日爭端，今年從東來諸王各官兵丁，及東來在京各部院官，着先發給田園，其後至者，再酌量撥給。』（參閱商務版拙著中國近代政治史綱三五頁引）。不但圈佔田園，且圈地以居滿人，順治元年，順天巡撫劉寅東說：『淸查無主之地，安置滿洲莊頭，誠開創宏規。第無主地與有主地，犬牙相錯，勢必與漢民雜處，不惟今日履畝之艱，恐日後爭端易生。臣以爲莫若先將州縣大小，定用地多寡，使滿洲自住一方，而後察出無主地與有主地，互相兌換，務使滿漢界限分明，疆理各別而後可。』（見淸通考卷五）。其時宗室所佔莊田數，依皇朝政典彙纂所統計，鑲黃旗宗室，共地三十六頃六十畝，正黃旗宗室共地一〇六頃五十六畝，正白旗宗室共地三十六頃，正紅旗宗室共地一千二百四十四頃十六畝，鑲白旗宗室共地千七百一十七頃十四畝，鑲紅旗宗室共地二千六百三十頃，正藍旗宗室共地五千三百十三頃二十四畝，鑲藍旗宗室共地二千二百五十四頃七十畝，各旗又有初次給地二次給地三次給地的增益。八旗莊田如鑲黃旗合滿洲蒙古漢軍共地二萬三千六百三十三頃四〇畝，正黃旗合滿洲蒙古漢軍共地二萬三千五百四十三頃八五畝，正白旗合滿洲蒙古漢軍共地二萬零七百九十六頃四八畝，正紅旗合滿洲蒙古漢軍共地一萬二千二百零七頃八〇畝，鑲白旗合滿洲蒙古漢軍共地一萬六千四百四十四頃三〇畝，鑲紅旗合滿洲蒙古漢軍共地一萬三千零五十三頃七〇畝，正藍旗合滿洲蒙古漢軍共地一萬七千一百三十六頃六〇畝，鑲藍旗合滿洲蒙古漢軍共地一萬四千一百零一頃二八畝。其他尚有王府官員兵丁之給地，其數甚大。滿人以征服統治的勢力，隨便剝奪漢人的田地，此是值得大書特書的事。據先正事略卷九載：『大學士明珠佐領下人戶指圈民間冢地墾種，有訴於戶部者，牒巡撫察勘。宛平知縣王養濂以無礙冢塋飾辯。（格文清）劾養濂引圈冢地厲民。得旨下部議處，並諭曰：民間田地，久已降旨，永停圈佔。止以部存地畝，分撥新戶口，何得借端擾民?嗣後有似此者，必重治其罪。』東華錄記康熙二十三年五月諭戶部說：『民間田地，久已有旨，永停圈佔。其部存地畝分發時，或有不肖人員，藉端擾害百姓，圈佔土人良田，以不堪地畝抵換；或地方豪強隱佔存部良田，妄指民人地畝撥給，殊爲可惡。直隸巡撫可嚴察此等，使者指察，從重治罪。』可知當時因圈佔土地之多致害人民，而後加以命令禁止；禁止之後，尤有旗籍不肖人員，藉端擾害百姓，圈佔土人良田，以不堪地畝抵換。且滿人不僅爲地主，且於地主之下，更設莊頭，以屬虐佃人；清之官莊，有所謂糧莊棉花莊者，各莊均有莊頭，莊頭之制，使爲佃人者，直接向莊頭負責。莊頭則向收租人負責，然莊頭每每上欺田主，下凌佃戶，康熙二十一年諭格文清說：『旗下莊頭，與民雜處，倚藉聲勢，每爲民害，爾其嚴察懲辦，毋姑息。』（見先正事略卷九）。乾隆時孫嘉淦之八旗公產疏，亦說及莊頭之剝削良民。由上引證可知莊頭之制，在旗人之圈佔地方，介在地主與佃戶之間，從中朘削以害人民的。（丙）屯田。屯田，是派遣軍人於曠土或邊疆以耕田的。順治元年定荒地屯種例，先是開國之初，每佐領撥壯丁十名，牛四頭，於曠地屯田。至是淮州縣衞所荒地無主者，分給官兵屯種。順治三年更定屯田官制，每衞設守備一員，兼管屯田，設千總百總，分理衞事。其原設指揮副指揮等俱裁去，改衞軍爲屯丁。康熙六年，議令投誠兵屯田。湖廣道御史蕭震疏說：『屯田爲養兵裕國之本，兵屯縱不可即行，而投誠開荒之策，未有不可立行者。』又說『國用不敷之故，皆由於養兵，以歲費言之，雜項居其二，兵餉居其八；以兵餉言之，駐防之禁兵藩兵居其二，綠旗兵又居其八。今黔蜀兩省，地多人少，誠行屯田之制，駐一郡之兵，即耕其郡之地，駐一縣之兵，即耕其縣之地，駐一鄉之兵，即耕其鄉之地，如此則養兵之費既省，而荒田亦可漸闢矣。』康熙從其言，下部議行。（參閱清通考卷十）。雍正二年時，總計直省屯田三十九萬四千五百二十七頃。如直隸等處屯田七萬四千四百九十九頃；江南江蘇等處屯田，一萬一千五百九十七頃；安徽新安等處屯田，一萬一千八百五十五頃；山西太原等處屯田六萬四千七百三十六頃；山東濟南等處屯田，二萬四千四百二十七頃；陝西西安潼關等處屯田及都司吏名額外地，共四萬八千四十八頃；鞏昌甘州等處屯田，九萬九千八百九十四頃；浙江杭州等處屯田，一千七百七十三頃；江西南昌等處屯田，六千八百二十八頃；湖北武昌等處屯田，一萬八千二百一十二頃；湖南岳州等處屯田，七千二百四十一頃；四川建昌等處屯田五百七十三頃；福建福州等處屯田七千七百七頃；廣東廣州等處屯田四千九百四十八頃；廣西桂林等處屯田，一千九百九頃；雲南平彝等處屯田，八千六百十一頃；貴州貴陽等處屯田二千二百一十一頃。可見清代曾對於屯田制，舉行大規模的經營。清代之屯田制是因時從宜的良法，倘能師其意，將全國之兵化為工兵，以開發各地方的農業與富源，則國家有養兵之用而無養兵之費。（不但雍正時如此注重屯田，乾隆時亦是如此，乾隆十八年總計各省屯田二十五萬九千四百十六頃，二十一省總計各省屯田三十九萬二千七百九十五頃）。（丁）水利田自阡陌既開而引渠溉田之利，紀於前史，清初以水利為要務，淮揚畿輔之地，宜導既有成績，復以江淮兗豫頻年積潦，特命廷臣會同守土大吏講求宣洩之要。順治九年工科給事中胡之俊上疏說：『方今天下財賦，半出東南，而東南要地莫如江浙、蘇、松、嘉、湖、圩下，舊劉家河吳淞等處海口，壅淤河道成田，土豪佔據，水患屢告，請濬吳淞以洩陳澱之水，濬劉河以洩巴陽之水，庶於國計民生有賴。』順治十一年，下諭東南各省督撫，責成地方官悉心講求疏通水利，以時蓄洩。康熙十年，截留蘇、松、常三府漕折銀九萬兩，杭、嘉、湖、三府漕折銀五萬兩，以充水利。十一年，濬吳江長橋一帶，以洩太湖。十二年，修河南安陽縣之萬金渠，引洹水溉田。四十三年，令天津開墾水田時，以天津附近開墾一萬畝為水田，令各省巡撫，將閩粵江南諸處水耕之人，出示招徠，情願者安插天津諸處，計口授田，給與牛種，限年起科。乾隆十五年，敕令河臣督臣會議淮北修築圩岸事宜。十六年，令順天府並派內務府官勘定經理高梁橋迤西營治水田事宜。二十二年，諭江南督臣所勘水利各工，速行興修。二十四年，濬山東曹單二縣之順堤河，而順堤一帶田間陂水，亦得藉以宣洩。二十七年，諭直隸督撫辦理溝渠蓄洩事宜。三十一年，以銀十七萬兩修京畿河道溝渠。從以上簡略引證，可以知道清代盛時，甚注意興修水道，以利田畝。（戊）勸耕。清代隆盛時，是注重農務的；其時休養生息已數十年，戶口日繁，非率天下農民，竭力耕耘，欲家室盈寧，必不可得。故常勸導人民耕種。乾隆三年，以河南一省，能就土性所宜，勸諭民間，隨處種植桑、柘、榆、柳、棗、梨、桃、杏，一年之內，成活一百九十餘萬株，所以令他省仿行。道光十七年，以山東、登、萊、青三屬多山，平野多種桑養蠶，獲利甚廣，乃飭其餘府州，勸諭民間，廣行栽植，於植樹之外，兼及蠶絲。且注意畜牧，世宗雍正時，於種植之外，勸令孳養牲畜，裨益人民生計。勸耕要政府負責。乾隆二年下詔：『朕欲驅天下之民，使皆盡力南畝，而其責則在督撫牧令，必身先化導，無欲速以不達，毋繁擾而滋事。將使逐末者漸少，奢靡者知戒，蓄積者知勸。督撫即以此定牧令之長短，朕即以此課督撫之優劣。』可知清代隆盛時，亦關心農務的發展，而勸導農民耕種。（己）田制。清代田制，除卻皇室莊田、宗室莊田、八旗莊田、駐防莊田、屯田之外，尚有民田與官田兩種：（子）民田。民田爲各省人民所有之地，名目不一。如直隸省有民賦田，更名田（明朝各藩屬之所領，入關後歸諸民有，乃加於民田之中），農業田，蒿草籽粒田，葦課地（沮洳之地），歸併衞所地，河淤地。山東省有民賦田，歸併衞所地，田竈地（製鹽之地）。山西省有民賦田，更名田，歸併衞所地。江蘇省有民賦田，山蕩漊灘地。河南省有民賦田，更名田，歸併衞所地。安徽省有民賦田，塘草地，衞所管轄屯田。江西省有民賦田，官折田，園地。浙江省有民賦田，蕩塘湖地，衞所田地。湖北省有民賦田，更名田，衞所歸併地，衞所管轄屯田。湖南省有民賦田，更名田，衞所歸併州縣屯地。陝西省有民賦田，更名田，屯地。甘肅省有民賦田，衞所歸併州縣屯地，更名田，衞所管轄屯地，土司田，蕃地。四川省有民賦田，衞所歸併州縣屯地，土司地，衛所管轄屯地。廣東省有民賦田，衛所歸併州縣屯地。廣西省有民賦田，猺田，獞田。雲南省有民賦田，衛所歸併州縣屯地，馬場夷地（夷族所管轄之地）。貴州省有民賦田，苗田，土司田，衛所歸併州縣屯地。就各省之民田而論，除地主商人貴族官僚所佔有很大部分外，純粹爲農民所佔有的，還不是絕對廣大的成份。（丑）官田除內府之官莊宗室勳戚世職與八旗兵丁所受之莊田外，尚有籍田學田祭田等類。學田所收的租專供窮的讀書人的補助費。籍田爲每年親耕的田。祭田爲各地孔子廟和賜給孔、孟、顏、後裔，以充祭祀費用的田。（庚）佃農。地主以田土日多，不能自行耕耘，乃將許多的田地，委以佃戶代耕，從中剝削田租，因此地主遂操農村經濟的特權，而給佃傭以種種的痛苦。地主剝削佃人的惡現象，康熙間盛楓曾沉痛言之，他說：『貧民方寄食於富民之田，値豐歲，規其贏羨，以給妻子，日給之外，既無餘粒。設一遭旱潦，則盡所有以供富民之租，猶不能足，既無立錐以自存，又鬻妻子，爲乞丐，以償丁負。』大抵佃農耕地主之田，地主安坐而收其半，崔東壁說：『有田而佃於人，與佃人田而取其半。』（見無聞集卷一）。李兆洛說『佃人田者，牛種皆田主給之，收而均分。』（見安徽鳳臺縣志食貨志，按兆洛嘉慶進士，曾署鳳臺縣令，縣志即彼在任時纂修者）。此是乾、嘉間地主佃農分租的實況。顧亭林於日知錄卷十亦說及：『吳中之民，有田者什一，爲人佃作者什九。其畝甚窄，而凡溝渠道路，皆并其稅於田之中，歲僅秋禾一熟，一畝之收，不能至三石，少者不過一石有餘，而私租之重者至一石二三斗，少亦七八斗，佃人竭一歲之力，糞壅工作，一畝之費可一緡，而收成之日，所得不過數斗，至有今日完租，而明日乞貸者。』此種情形，恐怕是清代二百餘年間很普遍的情形。清代尚有撤佃之一事，即佃戶向業戶求地耕種，佃戶日多，土地有限，而佃戶有求於地主日甚，地主之要挾佃戶愈甚，有時且決絕地施行撤田，則佃戶頓失耕地而受困苦，他們的地位，與農奴相差幾許？（參閱拙著中國近代經濟史綱二九頁）。（辛）倉儲。救荒之道，重在於積穀，倉儲制度，清代亦甚注重，清會典卷十九說：『裕天下之積儲，令各省所在皆設倉。視其人民之所聚與其地之燥濕，以定其儲額。凡倉之別有五：一曰常平倉，二曰預備倉，三曰旗倉，四曰社倉，五曰義倉。凡倉政有準色以順土宜，有折耗以權經久，有平糶以易陳新，有借放以資救濟，有交盤以慎監守，歲終以其出納之數報於部，其非時撥用者，則以聞，乃發帑而補儲焉。』以上五倉可分別其性質為二：一為官倉，常平為其代表；一為私倉，社倉為其代表。常平平糶，雖足以嘉惠黎民，然亦時有弊端發生，因常平之倉，藏於州縣，所惠及者，不過市井游惰之人，少顧及山居力耕之民；社倉係官督民辦，亦有流弊，最大的社倉積穀，是依賴地主，常為地主所操縱。考清代倉儲制度，始於順治十一年，因鑑於近京地方米價騰貴，饑民得銀尤難易米，乃勸諭殷實之家，有能捐穀麥，或減價出糶以濟飢民者，加以旌表。自經此次飢荒後，乃進而規復常平義社各倉，以防災荒，遂責成各州縣，為整舊布新之計，並以積穀多寡，定有司功罪。十二年，令各省修葺倉廒。十七年，乃定常平倉糴糶之法，至是常平倉的基礎稍定。康熙十八年，令地方官整理常平倉，每歲勸諭官紳士民捐輸米穀，照例議敍，鄉村立社倉，市鎮立義倉。二十九年，重申辦理常平義社各倉米穀之詔：『食為民天，必蓋藏素裕，而後水旱無虞，曾特頒諭旨，着各地方大吏，督率有司，曉諭小民，務令多積米糧，各省遍設常平及義社各倉，勸諭捐輸米穀……如仍有仍前玩愒，苟圖塞責，漫無積貯者，將該管官員及督撫一併治罪。』三十一年議定各省常平倉，俱照直隸分貯各州縣，有升遷事故離任者，照正項錢糧交代，有短少者，以虧空論。四十二年，以山陝水路不通，遇災即至艱窘，令積儲倉穀，並諭直省各村莊設立社倉以備饑荒。六十年，山西建立社倉，雍正二年，議定社倉事例。三年，定各省存倉米麥改易稻穀之制。四年，於山東陝西先後設立社倉。十三年定雲南社倉之法，撥常平倉穀作社本。乾隆元年，禁倉穀糶買派累之弊。三年，令四川設社倉。四年議准陝西社倉事例。五年，飭各省切實貯穀。七年准山東票鹽商人，按票輸穀，於章邱濟陽等三十九州縣建立義倉。十三年，釐定各省常平倉穀額。十八年，直隸義倉告成。五十七年，通令各省整頓常平社倉，略謂：『各省常平社倉，係仿照周官荒政而設，原以備水旱偏災糶借放賑之用。乃各省督撫每年俱彙奏倉庫無虧，遇有偏祲歉收，並未據奏聞動撥倉穀以濟飢民……此皆不肖官吏平日任意侵挪虧缺，甚或借出陳易新為名，勒買勒賣，短價尅扣，其弊不一而足。以古人之良法，轉供貪黷之侵漁。而該督撫等並不實力稽察，惟以盤查無虧一奏了事。以致各省積儲俱不免有名無實，備荒之義安在乎？』（見中國歷代民食政策一八九頁引）。嘉慶六年時，亦下整頓倉儲之詔：『各省州縣，設立常平倉存貯穀石定有額數，原以備本處水旱偏災平糶賑濟之用。若倉儲充實，取之裕如，何至民食難以接濟。總由各州縣平日不能實心經理，或出糶後，並未隨時買補還倉，或竟任意侵挪虧缺，以致積貯空虛，猝遇偏災，茫無所措。嗣後各州縣倉儲實力整頓，務使倉穀實儲，方為有備無患。』宣宗道光即位以後，社義諸倉仍有積弊，乃循御史陳繼義之奏，通令各省修復社義諸倉。文宗咸豐二年時，各省倉儲，更不如前，積錢不積穀，成為風氣，遂於御史肇麟奏請實行積穀以除弊混之際，批令各省嚴為整頓。同治三年，復下詔各省大吏認眞整頓常平社倉。同治六年，據給事中夏獻馨奏，通令各省督撫廣設義倉。德宗光緒二年，鮑源深請飭各省捐備倉穀，以救荒歉。四年，又通飭各省將常平倉穀陸續買補足額，勸諭紳民，次第舉辦社倉義倉，以濟官倉之不足。二十四年，通諭各省督撫，嚴飭各府州縣，所有倉穀務認眞籌辦。實儲在倉。其有以銀錢列抵交代者，勒銀一律買補，以備緩急。由上各引證而看，清代二百餘年對於倉儲制度是加以注重的。倉儲制度，是中國歷史上很好的農業政策，此種制度，亦是國家文化的表徵。野蠻人與低下文化的民族，他們住在大自然支配下，只知享受各種物質的供給，不知用各種方法防禦自然的災害及缺乏，即使能之，他們的方法，亦是簡陋粗淺的。以上將清代的農業狀況，略爲引述。中國是一農業的國家，看牠農業的發展情形，就知道牠的文化進程。清代末年，農民耕地受地主官僚的剝削日益減少；土地所有權，向於地主豪紳商人高官利貸家及富家而集中，土地使用及農場面積，向於小規模經營而分裂，自耕農之轉變爲貧農和佃農。加以帝國主義者之經濟剝削，向農村而開展，以致中國的農業日益荒落，農村生產日益減少，弄成社會凋殘，地方乾枯，人民貧困的不良景象，而文化受此影響，因而退落了。

第四節　清代之稅制

金史言官田曰租，民田曰賦。宋史亦別官田之賦，民田之賦。民田之賦，是國家應收之田賦，而官田曰租，就是國家立於地主的地位，除應收田賦外，兼收地主所應收的私租。明清易代之交，官田之賦，已包含一部分的私租，因而通之於本非官田的民田。人民初有官田之時，小民不過以納於地主之租，移而納之於官。其後版牒淆誤，遞租無算，國家有官田之名，而無官田之實，於是國家失累代之官田，而小民乃代官佃納無涯之租賦。及清人定江南，以萬曆時額賦爲準，無復有官田民田之分，其征收之法，詳於欽定之賦役全書，全書定於順治三年，總載地畝人丁賦稅定額，爲徵斂的大綱，訂正於順治十一年，至康熙二十年重修，止載切要款目。賦稅册籍，有存於官者，有徵於民者。歷朝以來，各有因革，（甲）存於官者：（一）赤歷。使糧戶自登納數，上之布政司，後以州縣日收流水簿解司，赤歷遂停。（二）黃册。歲載戶口之登耗，丁賦取於是。後以五年編審者爲黃册，亦謂之糧戶册，而停歲造之制。（三）會計册。專載解部之款，後併入奏銷册。（四）奏銷册。合通省地丁完欠支解存留之款，報部核銷，即所謂四柱册。（五）丈量册。田之高下邱畝皆載，故名魚鱗册。自赤歷與會計册既停，上計專以奏銷册，官司所據以徵斂者，黃册與魚鱗册而已。黃册以戶爲主，而田繫之；魚鱗册以田爲主，而戶繫之。自併丁賦以入地糧，（丁稅據康熙五十年之丁額爲準，其時地賦丁糧猶分徵，雍正初年，將丁糧限入各地賦之內，例如直隸每地賦銀一兩，攤入丁銀二錢七釐有奇，自餘各省輕重不等，而地丁始合爲一。）罷編審而行保甲，於是黃册積輕，魚鱗積重。有司或期會簿書，未遑稽核，惟按一州縣之賦入，責之都圖的胥吏，胥吏因而侵漁，貽害人民。（乙）徵於民者：因明一條鞭法，以州縣每歲夏稅秋糧存留起運之數，總徵而均支之。其辦法如下：（一）易知由單。由單之式，以州縣上中下則正雜本折錢糧，刊給花戶，始頒於順治六年，停止於康熙十六年。（二）截票。列地丁實數，按月分爲十限，完則截之。其票鈐印中分，官民各執其半，即串票也。（三）滾單。康熙三十六年，行徵糧滾單，每十戶五戶，止用一單，分爲十限，依此滾催。（四）順莊編里。雍正六年，行順莊編里之法，以的戶爲主，凡寄莊寄糧，悉更正之，乃改十截之法，復聯串票，自是以後，遵行無改。（參閱清代通史卷中三四二頁）。至於地租的徵收，分爲兩種：有以穀米完納者，有折用銀錢完納者，所謂錢糧是也。以穀米完納者又有二：一即漕糧，須解送於北京，一則不須解送，以銀錢完納者，又分爲二：一爲賦，課之於普通的民田，稱地丁銀；一爲租，課之於民賦以外的地，如學田蘆地等是，凡此統稱之爲課。租課之外，又有耗羡，耗羡爲田賦之附加稅，以爲官吏的經手等費。茲分述如下：（甲）地丁。地丁即是地賦丁銀，前者爲土地稅，後者即人頭稅。清朝戶口之法，其初係五年一編審；州縣造册申府，府申司，司申督撫，督撫達於部，以一百十戶爲一里，推丁多者十人爲長，十戶爲一甲，甲系以戶，戶系以丁，計丁出賦，以代力役，都和明制相同。自康熙五十年，諭定以後滋生人丁，永不加賦，而丁銀乃有並入田畝之勢。康熙末年，廣東先已行之，田載丁而輸納，丁隨田而賣買。至雍正初直隸巡撫請丁銀隨地起征部議允之，每地賦一兩，攤入丁銀二錢二釐，福建山東，踵而行之，不數年間，推及各省，惟奉天、貴州，以戶籍無定，仍舊分徵。山西則於乾隆元年以後，陸續攤派。於是地丁二賦，合而爲一，是爲正賦。此後奏銷册，雖另計丁銀，而徵於人民之手續，固無所區分。乾隆時，停五年編審之制，民數憑保甲造册。（保甲之法，以十戶爲一牌，十牌爲一甲，十甲爲一保，各有長，每戶發給印單，令其將姓名職業人數，都一一書寫明白），每年十一月隨穀數奏報。查地丁收入，順治時代，總不過二千萬兩左右，康熙、雍正，則增至二千五六百萬，乾隆以後，大約在三千萬兩上下，其數直至清末，都無大出入。（乙）耗羡。耗羡一稱火耗，火耗本爲州縣私加之賦稅，清初屢有厲禁，不能禁絕，乃明定其額而歸公。自火耗歸公，各省文職養廉二百八十餘萬兩，及各項公費，實取諸此。火耗徵收，或納銀錢，或納穀米，至其科則，各省不同，而一省之中，彼此州縣亦異。康熙之時，各省耗羡，每兩多不過一錢，獨湖南加至二三錢，陝西又加至四五錢，各省徵額合計四百六十四萬五千三百一十兩。（丙）漕糧。漕糧是徵於各省，而輸送於北京的，乃供官兵俸餉之用者。有正兌、改兌、白糧、改徵、折徵之分。各省原額米三百三十萬石，以運輸於京師之倉者，爲正兌；各省原額米七十萬石，以運輸於通州之倉者爲改兌。其隨時截留蠲緩者無定數。白糧出於蘇、松、常、太、嘉、湖、六府，原額糯米二十一萬餘石。改徵出於特旨無常例。折徵之目有四：一曰永折米，一曰灰石米折，一曰減徵，一曰民折官辦。其制不同：有先勸正項購運，而照價徵還者；有民戶折納而後官爲辦運者；有撥運別縣耗米而從民折納者。清代漕運之官吏，有漕運總督，總理糧儲，又有督糧道，分掌督運。此外更有巡漕御史四人，監兌官押運官多人，所耗甚巨。（丁）租課。租課爲學田蘆地所徵之稅，亦是一種地租。（1）學租。清政府爲培養人才起見，於各省設置學田，爲興學之用，凡一切學費及春秋祭典，以其租銀辦理之。據乾隆會典十八年的統計，全國學田計一萬一千五百八十九頃有餘，租銀二萬零六十九兩，租糧一萬九千七百零一石。（2）蘆課。江蘇、安徽、江西、湖南、湖北各省，沿海沿湖沿河之地，其岸多爲蘆葦叢生之田，此等蘆田荒蕪既久，人民漸占領而開墾之，地方官因査勘其地，課之以稅，謂之蘆課。據政典類纂所載，統計江蘇、安徽、江西、湖北、湖南等蘆地約八萬零五百零五頃，蘆課二十二萬一千八百五十七兩，課額增減不定，至光緒末年，共減爲十二萬四千九百七十四兩云。（戊）鹽稅。鹽稅在中國歲計之中，次於關稅地租，而爲主要的收入。中國產鹽之地，共有十所，如長蘆鹽（直隸），山東鹽，河東鹽（山西），兩淮鹽，兩浙鹽，兩廣鹽，福建鹽，甘肅鹽，四川鹽，雲南鹽，各處銷售之法不一：有官督商銷，即政府給引票與商人，據引購鹽，以販賣於行鹽引地者。有官運商銷，即政府自購鹽場之鹽，運於官設之棧，俾鹽商購賣者。有官運官銷，即政府運棧而自賣者。有包課，即偏僻省分之產鹽地，許民間自製自用，而課以稅銀者。四者之中，以官督商銷，最爲通行，爲政府命其所認定之商人專賣，即今世之所謂特許商是也。合計各省正課徵額，六百二十五萬八千零七十一兩，雜款徵額一百三十八萬八千九百四十兩，包課銀九萬零百二十三兩，總計七百七十三萬七千一百三十四兩。當運鹽過卡之時，再納釐金，謂之鹽釐，此項鹽金，不計入普通貨之釐金中而別爲鹽釐，與鹽課合而爲鹽稅。各省所報之鹽稅，乃鹽課與鹽釐兩種合計之數。鹽稅總額，約計一千三百萬兩，除鹽課七百萬兩外，所餘之六百萬兩，卽爲鹽釐。（參閱拙著中國近代經濟史綱五四頁）。（己）釐金。釐金爲一種地方通過稅，亦是清代各省收入的大部。咸豐三年，雷以諴奏請捐局於江南、泰州，實應抽收釐捐，釐金之制，卽自此始。洪楊起義，兵餉不繼，曾文正乃仿行抽釐之法，以充軍用，後胡文忠亦行之於湖北，而各省不數年間，皆通行之。釐金局屬於督撫之管轄，每省有釐金總局一，設總辦一人，多自候補道員選任之，以管理全省之釐金，爲督撫之所統制。稅率原以貨物之原價百分之二爲標準，其實由於關員任意評定立爲稅率；且同一貨物，其釐金不僅抽收一次，每過一卡，則抽收一次，貨物運送愈遠，通過釐卡愈多，抽收之額，亦愈增加，及至最終之地，納稅總額，數倍於原價。又別設落地稅，亦混入於釐金之中收之。落地稅，乃貨物輸出於原產地，或輸入於販賣地之時所徵收之稅，上述釐金之制，實爲清代苛稅的一種。據光緒二十九年戶部所報告各省釐金歲入之數，合計一一、七九五、五七六兩，錢三、三二四、四四八串，其中爲抽收官吏所中飽者，何止倍蓰。此種收入，皆直接歸於地方經費，非有特別命令，不必解送於中央政府。（庚）土藥稅。自光緒十一年鴉片條約締結之後，清廷始命各省課稅於內地所產之鴉片，名爲土藥稅，自是各省收入加此一項，其額大增。據光緒二十九年戶部報告各省徵收額，合計爲二百十九萬七千四百二十四兩。（辛）雜稅。舊制所謂雜稅，不過礦稅、漁稅、牙稅、茶稅、當稅、契稅數種，清廷末年所辦的新稅，亦屬於此。各省雜稅征收總額，合計三、二七〇、五八九兩，錢二五四、六八八串。（壬）關稅。清初之關稅，卽今所謂常關稅。其江蘇、浙江、福建、廣東、四省之海關，與現在所謂新海關之性質相近。關稅有正稅、商稅、船料稅、三種正稅按出產地道徵收之商稅對於貨物之物價而徵收之船料稅按船之樑頭大小徵收之，以船舶爲課稅之客體。康熙二十三年（西紀元一六八五），設粵海關於廣州之澳門，閩海關於福建之漳州，浙海關於浙江之甯波，江海關於江蘇之上海。二十八年，制定稅則，凡商船到關，每船按樑頭徵銀二千兩，再抽貨稅。其後又將所帶置貨現錢，徵加一之稅，名爲繳送。乾隆元年，特命裁減。八年定外洋貨船帶米萬石以上者，免船貨稅十之五；五千石以上者，免十之三，不足五千石者，免十之一，著爲例。至進口貨銀，由受貨洋行商人於洋船回帆時輸納出口稅銀，則由洋行爲外國商代置貨物時，隨貨扣清，先行交納，是委託經紀徵稅。船鈔分爲三等：一等船所載貨物重量，每噸納銀七兩七錢七釐二等船納銀七兩一錢四分二釐三等船納銀五兩；外船到港口繳納船鈔後，由洋行將所載各貨開單交與公行，行商支付一切蕩船夫役等費，乃將貨起至洋行洋棧，交由行商轉售。乾隆十八年，重定粵海關進出口稅率。

清代自道光二十三年（西紀元一八四三），由耆英與英國公使璞鼎查（Sir Henry Pottinger）商訂各關稅則協約及五口通商章程以後，我國關稅遂成協定稅則，貨價估計，修改期限，亦爲條約所束縛。海關稅分進口稅、出口稅、子口稅、復進口稅、洋藥釐金、船鈔等五項征收。關稅分四個標準：以貨物輸送之機關爲標準的，則有(A)汽船貿易關稅：（1）外國貿易進出口稅，（2）沿岸貿易進出口稅。（B）帆船貿易關稅：（1）外國貿易進出口稅，（2）沿岸及內河貿易進出口稅。（C）陸路貿易關稅：（1）外國貿易進出口關稅，國內通行貿易出入稅。（見拙著關稅制度與中國一書八頁）。關稅之徵收，以外人爲總稅務司，其分任於各關稅者，日、英、法、德、諸國人共有一千二百八十九名，及中國人九千四百六十四名，合計一萬零七百五十三名，此等在名義上，皆屬中國之僱員，惟只慴服於外人總稅務司權力之下。

關於常關稅，清代中葉以後的常關，分爲三種：一爲五十里內常關，初歸關道管轄，光緒二十七年，訂立辛丑條約改歸稅務司兼管；一爲五十里外常關，由關道管理；一爲內地常關，如崇文門、左翼、右翼、及張家口、綏遠各邊關，直隸中央，以王大臣爲監督。常關在京師之地有崇文門、左翼、右翼、通州，直隸有天津、張家口、山海關、龍泉關、紫荊關、獨石口、潘桃口、古北口；盛京有奉天關、湖納湖河、輝發莫欽、白都訥、中江關；山東有臨淸關、東海關；山西有殺虎口、歸化城；江蘇有江海關、滸墅關、淮安關、揚州關、兼由閘、兼廟灣口、西新關；安徽有鳳陽關、蕪湖關；江西有九江關、贛關；福建有閩海關；浙江有浙海關、北新關；湖北有武昌關、荆關；湖南有辰關；四川有夔關、打箭鑪；廣東有粵海關、太平關、北海關；廣西有梧廠、潯廠。據大淸會典，乾隆時徵收總額四百三十二萬四千九百七十七兩。至全國海關徵收，照宣統四年豫算，共一千零三十七萬二千九百七十五元。清代重征苛抽，支出之款，用之於陵寢供用之款，及祭祀儀憲俸食科場驛站廩膳賞恤修繕採辦織造公廉雜支等項，而宗室功臣世爵歲俸，亦歲費甚巨。最重要者，用之皇室之靡費，亦年逾數千萬，如此國家安得不困，人民安得不窮。滿人主要的賦稅，且用以維持各旗的兵士，爲數約三、三〇〇、〇〇〇石穀，收足之後，即運往北京，以便分配，附徵稅有二七二、六五〇石穀，是供北京的親王和官僚的需用的；由江蘇、浙江兩省徵收的米，有一三五、二二五石，是用以維持皇室經費的；大豆是由山東、河南兩省徵收的，共計二〇八、一九九石，是用以維持北方騎兵的。（可參閱"The land tax in China" By Hang Liang Huang

P. 92)。清代順治、康熙、雍正、乾隆，常感覺到苛抽人民，因而酌減各地浮糧和賦稅的，但亦不過表面的官樣文章，沒有實益給與人民的。東華錄載乾隆十二年三月上諭：『朕免普天下錢糧，今歲係安徽輪免之年，聞該省有馬田稻租一項，係歸公官田，不在蠲免之列。但念民佃終歲勤勤，不得一體邀恩，未免向隅。着加恩將馬田租息，酌免十分之三，俾耕佃農民，均沾實惠。』清會典載荒政凡十有二則，然祇有蠲賦，未言蠲租，祇略蠲民田所應納之地丁，不蠲官田所應交之私租；且其所蠲之地丁，又因亂事連綿而抽收。乾隆四十七年，以增加兵備之必要為名，降諭如下：『朕當卽位之始，部庫貯銀不及三千萬兩，今已增加至七千八百萬兩，尚何不足用之有。』（見清朝全史上册四十六章一三〇頁引）所謂增加，就是抽收人民賦稅得來的。

第五節　清代之商業

清代在入關之前，亦頗知注重商業。清太祖天命十一年的諭旨中有說：『通商爲市，國家經費所出，應任其交；易漏稅者罪之，若往外國交易，亦當告知諸貝勒，私往者罪之。』當時視商稅爲國家收入的大源。清代入關以後的商業政策，鑒於明季末流之弊，設施一切，常反其道以行。順治二年，諭江寧、蘇、杭各處織造，市賣綢緞，務寬長精密，毋短窄鬆薄，致民間徒費錢財，無裨實用，並禁止各莊頭採買芻糧，勒價強買之弊。六年，勒令東來賣參人役，止許在京均平易市，不得遣往別省滋事。又嚴禁王府商人旗下莊頭人役等，霸佔集場，出外貿易，及短價強買之弊。康熙初，民間有指稱王貝勒輔政大臣，據關津肆行者，上飭地方官緝拿。續定包衣下人王貝勒貝子公大臣家人，霸佔關津生理，及王大臣以下各官，以銀借貸居民指名貿易，及據關口市場者之罪例。二十三年，飭禁各關稽留苛例。二十四年，以光祿寺估計物價頭緒繁多，令凡應買各物，俱照時價估計，定爲條款。四十三年，諭禁直省私設牙行，並飭戶部造鐵斛升斗頒行。此是康熙卹商的政令。雍正六年，諭向來採辦軍需有司往往虛耗國帑，派累民間，經降旨嚴行禁飭，令照時價購辦，又恐承辦官預留爲將來核減之地，稍借民力以助公事，是以特令核定折中價值，倘時值可減，即爲節省，或定價不敷，據實奏明。此後再有尅扣短發侵蝕之弊，一經題參，即核明尅扣之數，找給百姓，仍將該員治罪。勒限追還。九年，以總督鄂爾泰言，勅各省文武官所有賞給兵營生息銀兩，毋得佔百姓行業，或重利放債，與小民爭利。十三年，禁河工運裝工料，封阻客船，及採辦諸物，短價累民之弊。此是雍正卹商的政令。乾隆元年，嚴牙行侵吞商客資本之禁；並以各省關稅，每多無名之征，並命釐剔裁減。六年，諭各省督撫，凡關榷口岸報部有案者，照舊設立，私行增添者，着詳查題報，嗣後不准違例苛索，督撫失察，照例辦罪。七年，免直省豆米麥稅。此是乾隆卹商的政令。清代盛時，雖頒佈卹商之政令，但對於商人階級，是不重視的。雍正二年，諭各省督撫有說：『四民以士爲首，農次之，工商其下也。農民勤勞作苦，以供租賦，養妻子，其敦龐純樸之行，豈惟工商不逮，亦非不肖士人所能及。』（參閱皇朝通志卷九十三食貨略）。清初商業政策，從另一方面去看，有兩種缺陷：第一就是對於海外殖民事業的漠視。華僑在南洋經商營業，受盡千辛萬苦，吃盡異國人士之壓迫，清政府都置之不理，此是由於清初政府中人，缺乏遠大的眼光，亦是基於極端的種族偏見，以爲海外華僑，明末遺民的分子居其多數。第二就是對於國外貿易的政策的謬誤。中國向來是賤商，對於外人通商往來，是深閉固拒，後來又取放任態度，所以吃外人的虧，就不自覺，有了第一個缺陷，華僑至今都受外人虐待，喪失了經濟商業的地位。有了第二個缺陷，中國受東西洋帝國主義的經濟侵略，至今仍在困苦的景況。

淸代商業，對於國際貿易，可分爲兩期：一是閉關主義時期，一是鴉片戰役以後時期，玆分述之如下：順治二年，命哈克薩合駐張家口，們都布賚駐古北口，凡外藩貿易者，該駐防長官照常貿易，毋得阻抑；又定西陲招商市茶以易番馬，酌量價值。十八年，准達賴喇嘛，及根都台吉於北勝州互市。康熙初年，定外國人非進方物之時，不准來境貿易。又禁沿海兵民販米糧出海市利。二十三年，奉旨開海禁，許江南、浙江、福建、廣東、沿海民人，用五百石以上船隻，出洋貿易，地方官登記人數，船號，給發印票，防汛官驗放。又准暹羅國貢船在虎跳門貿易，具報之後，卽放入河下，不必入店封鎖，候部文批回。二十四年，令朝鮮國照常貿易。二十五年，定厄魯特部落如葛爾丹等四大台吉，准令來京互市，其餘小台吉，俱於張家口互市，著爲例。二十八年，漸開甯夏等處互市。二十五年，令洋海商船往天津海口運米至奉天販賣，給以僱值，其裝載貨物，但收正稅，概免雜費。四十一年，遣官偕喇嘛監督打箭鑪貿易，四十六年，令出洋漁船，照商船改造雙桅，裝載貨物，乘行貿易。五十五年，給甘肅地方出口印票，聽其貿易；又定福建商船往臺灣澎湖貿易者，臺灣廈港兩汛，撥哨船護送。五十六年，議定內地商船，照舊往來東洋，不許出南洋貿易，其外國夾板船，仍聽其貿易，凡洋船初到時，報明海關監督，地方官親驗印烙，取船戶甘結，並將船隻丈尺，客商姓名，貨物，及收泊何處，塡給船單，沿海官照單嚴查，按月冊報督撫存案，如有越額載米者，治罪。其私買船隻，偸越禁地，或留在外國者，殺無赦。五十八年，議定蒙古、西藏、茶禁。六十一年，諭暹羅國分運米石至閩粵等處販賣，其餘各邊番部落及苗疆土司，祇令在就近邊界交易，不得多攜人衆，深入內地，至硝磺廢鐵軍器火礮等物，概不准夾帶出邊，其進關抽稅，多從輕減。雍正二年，諭暹羅國運來米石，所至地方官悉照粵省時價發賣，不得任意低昂，其後陸續開閩浙洋禁，及邊番互市之禁。乾隆元年，暹羅國請採買銅斤，部議以銅斤禁止出洋，定例既久，恐後來奸民藉此爲由越境滋弊，議不准採。二年命朝鮮國仍循舊例，在中江地方與兵丁交易。八年，酌定外洋貨船帶米萬石以上者，免貨稅十分之五，五千石以上者，免十分之三，其米照市價公平發糶。二十四年，於和闐、葉爾羌、喀什噶爾等處，均設市集，物價悉照內地價值交易。二十七年，命開奉天海禁，並定給票封查之禁。（參閱皇朝通志卷七十三食貨略）。以上敍述滿清在閉關時期，對亞洲及南洋方面舉行限制貿易的大概情形。

在此時期中，中國與歐洲各國，亦相續發生通商關係，然非純粹出於滿清政府之本願，滿清政府不願與歐西通商，而竟被迫以至通商，有數種的原因：（1）歐西人初來通商者，率多暴厲恣睢之輩，奸淫擄掠劫殺，幾於無所不爲，所以不願與之交往。（2）其時多抱閉關思想，以爲對外通商一經許可，則門戶洞開，屏障盡失，所以不許各處通商，而僅指廣州一二處爲限。（3）歐西各國在此期中，多有藉商業以實行侵略，如英之併印度，西班牙之奪呂宋，皆足以令當時滿洲政府有所戒心。不過當時雖抱此種觀感，而堅甲利兵，遠不如人，惟有曲循所請，在相當範圍，加以限制而已。歐西各國最初來中國貿易者，海路方面，於葡萄牙爲最先，陸路方面，以俄國爲最先，茲略述如下：

（1）葡萄牙。葡人伯斯特羅（Rafael Perestrello）於明朝武宗正德十一年（西一五一一），以帆船來航廣東，此爲第一次之試航。十二年，葡人乎那安德來德（Fernao Perez de Andrade）復統率葡萄牙船四艘，馬來船四艘，於澳門西南之上川島，要求通商，明政府許以率船二艘，航行廣東，此爲歐洲國家直接與中國通商之始。其後陸續東來通商。至清康熙六年，葡國復派第四次大使提議消除對於澳門通商之阻礙，僑居澳門之葡萄牙商人，乃從事減少租金之運動，由萬歷年間之年納租金一千兩而減至六百兩，至乾隆五年後更減爲五百兩；太平軍興，葡人停納。光緒十三年，由中、葡兩國在葡京訂豫立節略，乃確認澳門爲葡屬。葡人何以要奪取澳門？因爲得了澳門可以得東方通商的根據地故也。（２）西班牙。西班牙商人在清代時，嘗有至廣東、福建互市之事，惟遠不及葡、荷、英諸國之盛。雍正十三年（西一七三五），呂宋麥收不足，請以穀銀海參來廈門交糴，上諭該督撫提督轉飭有司，照穀麥均平糶糴，不許內地人抑勒欺詐，此時呂宋政府是西班牙人所主持，尚未歸併美國。（３）荷蘭。荷蘭自萬歷二十三年設立東印度公司以經營南洋羣島後，常欲至中國要求通商而未獲，及至康熙三年（西一六六四年），由巴達維亞總督派使臣訶倫（Van Hoorn）來北京議約，始得允准於閩浙沿海一帶貿易。後至乾隆二十七年，始於廣州設立商館。至於兩國商約之訂立，則在於同治二年時（西一八六三年）。（４）英國。明光宗泰昌元年（西一六二〇），始有英船由爪哇往日本，順道來澳門，船破，由華人售以二船，方克成行，此即英國最初來華之船。（見 Soothill："China and West" P.67.）至崇禎十年（一六三七），英人威代爾（Weddell）統率艦隊抵澳門，意欲互市，惟葡人拒不納，威代爾乃更思與廣東大吏相交涉，而葡人復讒構其間，當英船至虎門，與守者衝突，守者遂發礮轟之，激戰數小時，礮台遂陷，是役結果，英人以戰利品還付中國，而中國亦允英人通商，是爲中英通商之始。及至康熙二十年（西一六八一年），英人以廈門、台灣商館撤去，謀新設於福州及廣州，迄至二十三年，始得清廷許可，得於廣州設立商館，樹立在華商業之基礎。英國在粵設立商館以後，貨船時往來於澳門、廈門，惟貨物進口不多，貨船所載大部份爲銀洋，據摩斯著東印度公司對華貿易史所稱：『一六八七年（康熙二十六年）時，英船二艘來廈門，一艘所載約値四五千金鎊，其他約値一萬金鎊，而其中大部份皆銀洋也』（卷一六二頁）。他們的船有時北泊舟山（定海縣），因之寧波海關監督屢請移關定海縣，說及：『定海港澳闊深，水勢平緩，堪容番舶，亦通各省貿易……移關以便商船，當增稅銀萬餘。（參閱王之春編通商始末記卷二）。康熙帝允如所請，於康熙三十七年，在定海城外道頭街西建「紅毛館」一區，以安置英船及水手人等，此卽英國商船至定海之始。康熙四十年，英國運入廣東之貨値四萬零八百鎊，運入廈門之貨値三萬四千四百鎊，運至寧波之貨値英金十萬零一千三百鎊；可見英國當時重視寧波方面的通商，惟寧波方面之貿易，以後卒未發達，英國對華貿易仍以廣東爲盛。

（5）法國，順治十八年（西一六六〇年），有法國商船一艘來粵，經營印度及中國的貿易；至康熙三十七年，廣州遂有法國公司之設立；雍正六年，商館亦正式成立。乾隆五十二年，歐洲來華商船四十八艘中，英船二十九艘，法船僅一艘，可知當時法國東方商務的不振，其不振的原因，因法國當時採保護貿易政策，嚴禁華絲進口，曾有來華貿易之船，致被法政府所焚燬云。（見 Soothill "China and West" P.8.）（6）美國，乾隆四十九年時，有美船名中國皇后者，裝載大批人參等貨由美國初到廣東，以購茶絲，遂開中美貿易之紀元，其後美船來者，相繼不絕，美政府任蕭（Shaw）氏爲廣東領事，專管貿易事務，中美貿易因之漸次發展。在此期中，由中國運美之貨，多爲絲茶等物，由美運至中國者，多爲人參皮貨之類。美國購入華茶之後，更以之輸入歐洲各國。（參閱中國國際貿易史五六頁引）。（７）德國。德國和中國往來，遠在明神宗萬歷年間，有德人湯若望(Joannes Adam Schall Von Bell)者在京師曾參與繙譯崇禎歷書事。到了清代乾隆十七年(西一七五二年)，德國斐力大帝，創立亞洲貿易公司，並遣船兩艘來廣東和中國通商，是爲中德貿易之始。（８）俄國。以上所說各國，均與中國爲海路通商，惟俄國與中國國境毗連之故，爲陸路通商。中俄在政治上商業上實行交際，雖始自清朝，而互相交通，則始自明朝。明穆宗隆慶元年（西一五六七年），俄國始派遣大使彼得羅夫(Petroff)與亞力息夫(Yallysheff)來中國，要求互市，我國不許。後順治十二年，十三年，十七年，及康熙九年，所派使臣，皆爲商人兼之，或以商人隨行者。及俄人銳意經營雅克薩城，謀盤踞黑龍江一帶之地，康熙二十一年，遣將率師征之，毀雅克薩城而歸。事後俄人乞和，當於二十八年，成立尼布楚條約。尼布楚條約第五條謂：『嗣後往來行旅，如有路票（護照）聽其交易。』第六條謂：『嗣後俄民貿易中國，而加財產人民以重大損失者，當立即拘送我國地方官處以死刑。中國商人在俄犯罪者，亦照樣辦理。』此爲兩國正式規定通商的手續，亦即中外交互的領事裁判權的前例。(見刁敏謙著中國國際條約義務論)。自立此約以後，惟俄國以貿易之需路票，終覺不便；康熙三十二年（西一六九三年），俄大彼得皇帝又派伊德司(E. Ysbrandt Ides)來華，要求自由貿易，清廷初以國書體裁不合，與貢物一併退還。後以伊德斯改國書爲奏章，康熙遂照常頒賜，許其通商，規定俄國商隊，三年得至北京一次，每隊以二百人爲限，得在俄羅斯館留住八十日，貿易免稅。但俄國仍覺不滿，乃於康熙五十八年（西一七一九年）又派義斯麻伊兒(Ismailoff)來中國，請改商約，清廷不置答，俄使因不得要領而退。雍正五年（西一七二七年），俄女皇加德麟第Ｉ(Catherine Ｉ)遣使臣薩華（Sava Vladislavich）來京申請通商，詔令以郡王策陵、內大臣色格等與俄使在恰克圖（Hiakhta）訂立邊界條約，約中第二條：『以恰克圖爲通商之地。』第四條：『俄國商人得三年一至北京貿易，但人數以二百名爲限，留京不得過八十日，往來當由官定之路徑，不得迂道他往，違者沒收貨物。』其後市場時開時閉，至乾隆五十七年，（西一七九二年）在恰克圖買賣城互換新約，約中有三條涉及商務。在其時恰克圖遂爲中俄貿易之重要商場。惟此期之貿易品均嚴禁銀貨及金錢之交換，僅以物物相交易；中國商人挾絲茶棉布等以去，而換取俄人之羽紗皮貨等物以歸。在中俄初期貿易，清廷屢有貿易免稅的規定，以後馴至各國相繼效尤，此實爲我國陸路貿易失敗的先聲，其有阻於我國陸路貿易之發展，不下於海關協定稅則。

歐美人初期來華，在中外貿易史上最有關係者，即廣東公行與外國商館貿易的制度是也。自康熙三十八年以前，在中國通商之外人，皆集中於廣東，此由於廈門、寧波等港清廷官吏強收之稅過重，且無限制，主張少納稅之外國商人常起交涉。外商當需索過多之時，往往暫不通商，由辦貨人先與廣東官吏交涉，倘在稅額未論定之時，則停船於虎門之外。關於收稅之事，康熙四十一年加以整頓，當時有所謂官商者，實指定一人爲經手人，外國人購買茶絹，皆出於其手；又其時外貨銷入內地者，由彼購買少數以限制之。此人因曾納銀四萬二千兩入官，故有包攬對外貿易的全權。廣州在當時僅有官商而無公行，然其專賣辦法與公行初無二致。後廣東當局乃分此專賣權與他人，官商之專賣權已經分開，遂啓後來「公行」「行商」之基。康熙五十四年，（西一七一五年）英國東印度會社，以此種辦法，終有礙於通商，乃商量整頓之法，遂與粵海關監督，訂立粵海關條約，其重要者如下：（1）不受限制，得自由通商。（2）僱用中國奴僕或解僱，僱主可任意爲之，並有僱用英國奴僕權限之自由。（3）凡商館及船舶，倘須用購買食物及其他必要品，得任意採辦。（4）非賣品之貨物及商館之需要品，皆免除稅金。（5）在海岸設幕屋，於其處修繕帆桅等。（6）船舶所屬之小艇，掛有其所屬之旗者，不受檢查，得以通過。（7）管理運貨人之棵及箱，不受檢查，得以通過。（8）非理之輸入輸出稅及強求稅，不得再行賦課，常人與官吏之侮辱及納稅有留難者，稅關官吏應加保護。（參閱清朝全史五五章八九頁）。自立此約以後，中國官廳雖照承認，許外人以自由通商，然不及五年，又有限制貿易之事件發生，即廣州商人組織之公行，竟於康熙五十九年十一月二十六日，正式成立。公行之目的，專爲劃定價格而設，即販賣於歐人之貨物，彼等定以正當之價格，不論賣者爲何人，總之對於貨物應得若干之純利益，則於此協定之。此種行規之設立，旋廢旋興，至乾隆二十二年，清廷更明定廣東爲對外貿易之唯一口岸。二十五年，公行第二次正式成立。公行第二次成立以後，其職責較初時尤爲重大，不但制定價格，即政府與外商間之交涉，亦皆以公行爲代理人。公行一方面代政府徵收稅課，一方面又爲外商代納關稅，並代營貿易事務。乾隆三十六年，英人以三萬鎊金賄當道，卒達其封閉公行之目的。後來清廷又給行商十人以專利權，行商仍以公行爲會議所。當時行商取得對外貿易專利權，須繳銀二十萬兩方能得之。行商人數約爲十人至十三人，普通均稱十三洋行(The Thirteen Merchant)，政府之所以任十三洋行綜攬對外貿易權，其主旨是爲限制外人起見。當時限制外人，只許居於城外西南河岸之小區域內，外人交易，只准與特許商人團（公行）行之，以外無論何地何人，皆所嚴禁。因此廣州外人，僅能開設商館於城外西南河一百二十六畝之小區域，其房屋全部均屬公行所有外商須年納租金若干，方能居住營業於其中，且須時受官吏之管理監督。乾隆二十四年，總督李侍堯奏請採用所謂防範外夷五事，以壓抑外商，隨時增補條項，宣佈於外國商館，強其遵守，其重要者如下：（1）外國軍艦，不准駛入虎門以內，即保護商船之軍艦，亦須停泊於江口以外。（2）婦人不可偕來商館，銃礮鎗及其他武器，不得備置該處。（3）各商館不得使用八人以上之華人，並不得僱用僕婦。（4）外人不能與我國官吏直接交涉，遇必要時，必須經過公行之手續。（5）外人不許泛舟江上，惟每月初八十八二十八三日，得遊覽花園，苟外人有不正當行爲時，繙譯當負其責。（6）外人不得自行進稟，凡各種請願，不可不由公行經過。（7）外人買賣須經公行行商之手，即居住商館者，亦不許隨意出入，防其與奸商有祕密交易之行爲，且恐其受本地奸商之欺誑。（8）公行行商不准負欠外人債務。（9）通商時期已過，外人不得在廣州居住，即在通商期內貨物賣完，即將所購之物裝載歸國，若不歸可往澳門。從上引證而觀，可以知道清代閉關時期，對於外人貿易，雖許特定地方行之，然亦有許多之限制，與外商以不利。蓋當時中外民情風俗語言習慣兩不相同，直接自由貿易事實上不易行，故不能不假手此中介機關。（其詳可參閱 Morse: "The International Relations of the Chinese Empire"。）在公行制度施行時期，外人終覺行商剝奪彼等之利權太甚，行佣之重，稅捐之苛，他們所難忍受，起而要求改良，又常爲官廳所壓抑，不平之感蘊之既久，不惜訴之武力，以期待遇的改善。英國皇帝於乾隆五十八年（西一七九三年），派使節馬戛爾尼（Macartney）至北京，要求四事：（1）准英國派員駐京，照管本國商務。（2）英商人得至寧波、舟山、天津、廣東地方貿易。（3）求廣東附近小地方一處，以便英商在該處停歇，收存貨物。（4）英輸入貨物減稅。以上要求事項，均爲清廷所拒絕。至嘉慶二十一年（西一八一六年），英政府再派亞墨斯得（Amherst）爲大使入覲磋商改良通商事宜因禮節關係亦受屈辱而返。道光元年（一八二一年），英人秉承亞丹斯密之學說，大唱自由貿易，英之對外貿易委員會遂力持英國商民應享對華絲茶貿易權；廣州大吏亦無滿意答覆。英商極爲不滿，乃訴於印度總督，求派遣使節往北京交涉，一面又請派遣軍艦來華示威，印度總督以不明眞相，均未之許。惟英國商人私運鴉片來華者，源源不絕，致爲廣東官吏所不滿，欲藉此以行其限制政策，於是兩國商民惡感日深。道光十四年，粵督盧坤誤聽洋商之言以英國東印度公司已散，不可無理洋務之人，遂奏請援前例派大班來粵管理商務，粵督許之，英政府乃派拿皮樓（Lord Napier）來廣東監督商務，拿氏至粵時，粵吏因其未經通報，闖入省河，疑非其國王所遣，乃派員押回澳門。拿氏受辱憤甚，遂將廣州公行專橫與清政府壓制情形飾詞報告本國，英政府遂一變從前和順態度，決以武力爲後盾以維繫其遠東商務，遂有後來鴉片戰役的發生。（參閱中國貿易史七一頁）。

公行貿易制度之消滅，卽爲鴉片戰役之結果；鴉片戰役，不僅爲中英外交史上的大事件且爲中國國際貿易上的大轉變時期。鴉片戰役以前，滿清政府行閉關主義的限制貿易，鴉片戰役以後，因不平等條約及通商專約的桎梏，事事聽命於列強，雖欲閉關自守，限制外人而不可得。由此轉變時期，中國國際貿易，遂由出超的地位，改爲入超；由經濟自足的地位，改爲各物應用依賴外貨。玆將清代末年輸入輸出總數每閱五年，比較於下，以明對外貿易進退的概況（同治七年以前以上海規元銀爲單位，八年以降以關平銀爲單位，關銀一百兩等於規元一百十一兩四錢）。

項目 年次	輸入總數	輸出總數	輸出入兩項合計	出超或入超之數	
同治三年	五一、二九三、五七八	五四、〇〇六、五〇九	一〇五、三〇〇、〇八七	出超	二、七一二、九三一
同治四年	六一、八四四、一五八	六〇、〇五四、六三四	一二一、八九八、七九二	入超	一、七八九、五二四
同治九年	六三、六九三、二六八	五五、二九四、八六六	一一八、九八八、一三四	入超	八、三九八、四〇三
光緒元年	六七、八〇三、二四七	六八、九一二、九二九	一三六、七一六、一六七	出超	一、一〇九、六八二
光緒六年	七九、二九三、四五二	七七、八八三、五八七	一五七、一七七、〇三九	入超	一、四〇九、八六五
光緒十一年	八八、二〇〇、〇一八	六五、〇〇五、七一一	一五三、二〇五、七二九	入超	二三、一九四、三〇七
光緒十六年	一二七、〇九三、四八一	八七、一四四、四八〇	二一四、二三七、九六一	入超	三九、九四九、〇〇一
光緒二十一年	一七一、六九六、七一五	一四三、二九三、二一一	三一四、九八九、九二六	入超	六、四〇三、三〇四
光緒二十六年	二一一、〇七〇、四二二	一五八、九九六、七五三	三七〇、〇六七、一七四	入超	五二、〇七三、六七〇
光緒三十一年	四四七、一〇〇、七九一	二二十、八八八、一九七	六七四、九八八、九八八	入超	二一九、二一二、五九四
宣統二年	四六二、九六四、八九四	三八〇、八三三、三二八	八四三、七八九、二二二	入超	八二、一三一、五六六

自同治三年至宣統二年四十八年之間，除同治三年十一年十二年十三年，光緒元年二年共六年外，均爲入超。

茲再以百分比例法，以同治四年爲標準，表示清末歷年國際貿易的狀況（同治四年之數，係按照規元一百十一兩四錢換關平銀一百兩）。

年次	輸入總數	輸出總數	合計
同治四年	一〇〇・〇〇	一〇〇・〇〇	一〇〇・〇〇
同治九年	一三六・〇〇	一一二・〇〇	一二五・九〇
光緒元年	二四四・九〇	一四二・二〇	一四五・七〇
光緒六年	一六九・六〇	一六〇・七〇	一六六・三〇
光緒十一年	一八八・六〇	一三四・一〇	一六二・一〇
光緒十六年	二七一・八〇	一九七・八〇	二六六・七〇
光緒二十一年	三六七・三〇	二九五・四〇	三二二・七〇
光緒二十六年	四五一・四〇	三二八・〇〇	三九二・六〇
光緒三十一年	九五六・二〇	四七〇・一〇	七一四・一〇
宣統二年	九九〇・二〇	七八五・七〇	八九二・七〇

看上表，自同治四年至宣統二年四十八年之間，輸出總數約增七倍餘，惟輸入總數，約增十倍，入超已大漏卮必多，國民經濟，受重大的影響可知也。以上就滿清二百餘年來商業的概況，略爲論列，此種商業不振的情形，直至民國成立，仍承受其弊也。

第六節　清代之工業

清代工業之著名者，有北京之景泰藍、假珠玉；山東之絹綢；河南之南陽綢；江蘇、浙江之布帛綢緞；安徽之紙筆墨；江西之陶磁器；湖南、四川之紙；廣東之假玉器、漆器、象牙雕刻等類。但此等工業，皆屬家庭工業，鄉村工業，不足與歐美工業相比較。自道光二十二年（西一八四二年）南京條約訂立，五口通商以來，歐美物質文明，開始輸入中國，中國固有之手藝工業，遂爲新潮流所鼓蕩而發生變化。中國手藝工業，在道光咸豐年間最負盛名者，當推絲茶兩項。當時南京、蘇州、杭州等處，均爲絲織中心。蘇州在太平天國以前，有織機一萬三千架（參閱陳重民編今世中國貿易通志），其餘凡產繭之地，繅絲工業各處都有；咸豐十年，中國出口之生絲，佔世界生絲貿易額百分之五十。茶之輸出尤盛，嘉慶二十五年，（西一八二〇年）佔世界茶貿易額百分之七十五。至同治六年稍退，仍保持百分六十的優勢，見（The China Year Book, by Tientsin Press），此等巨額之百分比，可以證明當時絲茶製造工業的發達。又糖爲重要工業之一，中國嘗與印度、爪哇、菲律賓、古巴，並稱爲世界五大產糖國，最盛時，每年可產糖五十萬噸。海禁至放以後，因關稅子口稅之壓迫，釐金之剝削，糖業製造日衰。自洋糖入口以後，中國糖業，遂一蹶不振。

自道光二十二年，至咸豐末年，此二十年中，新興工業，不能興起的原因，除關稅釐金以外，還有發生影響者三端，（甲）手作業組合的妨礙。手作業組合，勞資界限不深，今時爲勞動階級，明時可變師傅老班，既無罷工的風潮，復享有職業上的獨占權，所以勞資兩方，不思有所改進。（乙）排外思想的熱烈。外力侵入中國之始，清廷利用扶清滅洋之旨以相號召，由是物質文明之說，爲國人所反對，鴉片之役，英法聯軍之役，促成排外的思想，對於西方文明，加以輕視，此種思想，對於當時新興工業的興起，實有所妨礙。（丙）各國機器工業的幼稚。其時各國的機器工業，尚未有大規模的發展，因此勢力未免孤弱，經濟侵略之工業政策，亦沒有穩定。（參閱龔駿編中國新工業發展史大綱十頁）。自同治元年（一八六二年），至光緒三年，（一八七七年），此十六年中，爲我國機器工業萌芽時期。同治時北京條約已訂，洪楊之亂亦除，於是遂有軍用工業的興起。曾國藩、李鴻章、左宗棠同爲清室中興功臣，得力於西式軍械者獨多，故他們提倡軍用工業之心亦最切。同治元年，（一八六二年），李鴻章以剿平洪楊之亂，孤軍入滬，進窺蘇浙，參用西洋火器，利賴頗多。惟以購器甚覺艱難，故就軍需節省項下，籌辦機器，選僱員匠，仿造前膛兵槍開花銅礮之屬，上海之有製礮局自此始。（見李文忠公奏議，李鴻章沈葆楨會奏之上海機器局報銷摺）。同治四年，丁日昌在滬訪購得洋人機器鐵廠一座，乃將丁日昌、韓殿甲、在蘇兩局移併上海鐵廠，（即虹口機器廠）機器廠後歸併爲江南製造總局。（可參閱李文忠公奏議中置辦外國鐵廠機器摺，及奉旨督軍河洛摺）。自此局歸併，局務日見發展，爲當時唯一的製造廠。此項鐵廠所有，係製器之器，無論何種機器，逐漸依法仿製，惟仍以鑄造槍礮，藉充軍用爲主。自江南製造局創設以後，各地造船機器工業，漸見發展。同治五年，浙、閩、次第創平，左宗棠乃擇於福州附近之馬尾，奏設馬尾船政局，製造輪船，經費則指定閩海關洋稅，每月專撥五萬兩，立限五年，製造十六號之輪船，經費則不逾三百萬兩，聘訂法人日意格、德克碑、爲正副監督，並法匠數十人以爲導。計九年之間，成大小兵船輪船十五號，法人經理全成者十二號，餘三號皆由華人完全成之。後此續製各船，截至光緒三十三年止，共成船四十號。（見東方雜誌第十四卷馬江船塢之歷史）。與馬尾船政局同時告成者，尚有天津機器製造局。此局自同治六年開辦，前任三口通商大臣崇厚等創辦。據津門雜記載：『機器局製造局，一在城南三里海光寺，以機器製造洋槍礮架等物，兼製小大輪船。一在城東八里直沽東北，人稱東局，專製火藥及各種軍械水雷，水師電報各學堂併於東機器局。」同治十一年內閣學士宋晉因有製造輪船糜費太重請暫行停止之議，李鴻章、左宗棠、沈葆楨等曾極力反對，卒於格於時勢無法挽回。光緒以後，造船事業幾入完全停頓地步，同時兵工廠則續建設於成都。（見楊銓著五十年中國之工業，申報之五十年）。

至開鑛工業有可紀述者如下：康熙中戶部議各省銅鉛鑛產，准人民開採，委官監督。十八年，定十分納二之稅，當時鑛區分佈各省，如金鑛：廣西則在梧州、芋莢山；湖南則在會同縣、宜章縣；甘肅則在沙州。銀鑛：浙江則在溫州、處州；福建則在尤溪、浦城；雲南則在大理等處；湖南則在郴州、桂州。銅鑛：江西則在廣信、銅塘山；廣西則在桂林、潯江；四川則在沙濤、紫古、喇川、雲陽、奉節；湖南則在郴州、桂州、綏寧；廣東則在黎地。鐵鑛：湖南則在邵陽、武岡、慈利、安化、永定、芷江；浙江則在處州之雲和、松陽、遂昌、青田、溫州之永嘉、平陽及泰順；四川則在屏山之李村、石堰、鳳村、利店、茨藜、榮丁，江油之木通、溪和、合同，及宜賓縣。鉛鑛：貴州則在清平；湖南則在常寧之龍旺山及沅陵、辰谿、永順、桑植、郴州、桂州；雲南則在卑浙、塊澤、通海、彌勒，及東川、者；海四川則在永寧之茶山溝，及雲陽界連奉節之處；廣西則在融縣、四頂山；湖北則在施南、與國、竹山。我國科學不發達，採鑛挖取，全憑人力，加以官吏之徵課誅求，終令貨棄於地。中國新興工業。與造船業同爲特別工業者，是新式的開鑛工業。光緒元年四月清廷派李鴻章在磁州試辦煤鐵等鑛，派員妥爲經理，並向英商訂購鎔鐵機器着手開辦，旋因運道艱難，又訂購機器未能成交，遂告中止。光緒三年八月，清廷派前任天津道丁壽昌，津海關道黎兆棠會同唐廷樞熟籌妥辦灤州境的開平煤鐵鑛。查章程原定招商股八十萬兩，開採煤鐵等鑛，並建生熟鐵爐機廠，就近鎔化，然因招股不足，乃先專力於煤鑛之開採，俟有成效，再行鍊鐵。（見李文忠公奏議卷十一直境開辦鑛務摺）

自光緒四年（西一八七八年）起至二十年（西一八九四年）止，此十七年中，爲中國商品工業興起時期。比一期新興之商品工業，茲略述如下：我國以機器製造之商品工業，當推光緒四年甘肅織呢總局爲濫觴，此局爲我國紡織工業的鼻祖，設在甘肅蘭州之暢家巷，有二百四十馬力之發動機一台，織機二十一台，每日可製呢二十疋，惜開工不及一年，卽行停頓，至光緒九年，改爲洋砲局。新式繅絲工業，起於同治年間，當時有人在上海試驗百釜之機器繅絲工場，試驗失敗，於同治五年，卽行倒閉。光緒四年，法人卜魯納在上海設二百釜之新式繅絲工場，名曰寶昌絲廠，始辦有成效。繼有廣東南海人陳啓源設繅絲工場，初設足踏機器，以人力代火力，後改用蒸氣原動力，爲華人創設絲廠之始。至光緒十二年，張之洞奏以四萬兩在粵設繅絲局，後又將機器移鄂，卽光緒十九年湖北官局之一，其後上海信昌、瑞倫等廠設立，始見擴大。（見工商半月刊第一卷第八號）織布局創議於光緒八年，李鴻章於八年三月奏請試辦織布局一摺中有說：『臣查該御史（曹秉哲）原奏內稱，方今之務，以海防爲最要。泰西各國，凡織布疋，製軍械造戰艦，皆用機器，故日臻富強等語，所論均屬切要。查進口洋貨，以洋布爲大宗，近年各口銷數，至二千二三百萬餘兩。洋布爲日用所必需，其價又較土布爲廉，民間爭相購用，而中國銀錢耗入外洋者，實以不少。臣擬派紳商在上海購買機器，設局仿製布疋，冀稍分洋商之利。……查泰西通例，凡新刱一業，爲本國未有者，例得畀以若干年限。該局用機器織布事屬創舉，自應酌定十年以內，祇准華商附股搭辦，不准另行設局。其應完稅釐一節，該局甫經倡辦，銷路能否暢旺，尙難豫計；自應酌輕成本，俾得踴躍試行，免爲洋商排擠。』其所請免除沿途稅釐一節，奉批准奏。該織布局籌辦於光緒十六年至十八年始正式成立，產銷尙旺。乃成立之後一年，（光緒十九年九月十日，）不戒於火，全部被焚。自織布局被焚以後，李鴻章旋有機器紡織總局之籌設，而華盛、華新、大純、裕源等廠，次第成立；我國棉織工業已確立基礎。在此時期商品製造，除官督商辦之紡織工業外，其他工業未有興盛，惟麵粉、水泥等廠，均肇始於斯時。光緒十二年，德人在上海設正裕麵粉廠，（見商業實用全書）實開第二大工業的先聲。光緒十六年，開平礦務局附設水泥工業。光緒十七年，李鴻章創設倫章造紙廠於上海，是爲我國機器製紙的先河。光緒二十年，湖北有聚昌、盛昌、火柴公司之設立，多屬官股。（見楊銓著中國五十年來之工業一文）。此種種新興工業，雖未有急進的發達，在當時亦頗有可觀。

自光緒二十一年（西一八九五），馬關條約訂立，至光緒二十八年，此八年期間，爲中國境內外人興業時期。外人在華興業，爲經濟侵略的先鋒，其最大原因，在於馬關條約。該約於光緒二十一年三月二十三日，（西一八九五）在日本馬關所簽訂，第六款第四項規定說：『現今中國已開通商口岸之外，應准添設下開各處，立爲通商口岸；如沙市、重慶、蘇州、杭州等，以便日本臣民往來僑寓，從事商業工業製造所。』自馬關條約訂立以後，外人在華，明目張胆設廠製造，令中國新興工業屈服於資本主義之下。外人在華經營之工廠，以棉織業爲最早。光緒二十一年，上海新建之外商紗廠，已有怡和、老公茂、瑞記、鴻源四家。四廠所有資本，計達四百二十一萬五千八百兩。國人見外力猛進，亦急起直追。除原有各廠外，蘇州之蘇綸紗廠，無錫之業勤紗廠，寧波之通久源紗廠，亦同時設立。光緒二十二年，中國境內所有之中外紗廠統計如下：（表見中國棉織業概況銀行週刊四七二號）。

	華商	外商	合計
紗廠	七	五	一二
紗錠	二五九、〇〇〇	一五八、〇〇〇	四一七、〇〇〇
織機	一、七五〇	三五〇	二、一〇〇

光緒二十三年，杭州之通益公，常熟之裕泰相繼設立。二十四年，張謇復以資本一百三十萬兩，設大生於南通，是爲南通模範實業之基礎。自是以後各地紗廠，相繼設立。光緒二十八年，僅就上海一隅而論，紗廠已達十七家，紗錠共五六五、二五二枚。（見陳重民編今世中國貿易通志，龔駿編中國新工業發展史大綱）。繼紡紗業而起者，爲麵粉工業。光緒二十二年，英商設立增裕麵粉工廠於上海，後四年，光緒二十六年，俄人於哈爾濱設一滿洲製粉公司以贍軍需，爲北滿麵粉工業中心之起點。自增裕公司創立，華商從事於麵粉製造者，亦接踵而至。光緒二十六年，廣源盛成立。同時並起者，上海有阜豐，南通有復新，無錫有茂新。光緒二十八年，上海有華興麵粉公司之設立，於是江蘇一省，遂爲中國麵粉業製造的中心。

紡紗製粉以外，爲各國所垂涎者，是採鑛工業。我國開鑛權之喪失，始於光緒二十四年二月十四日。與德簽訂之中德膠澳租界條約，是約第二項第四款規定：「於所開各道鐵路附近之處，相距三十里內，如膠縣在濰縣，博山縣等處，膠沂膠南路在沂州府，萊蕪縣等處，允准德商開挖煤斤等項，及須辦工程各事，亦可德商華商合股開採；其鑛務章程，亦應另行妥議。」此協約簽訂以後，各國遂乘機攫奪在華之開鑛權。光緒二十四年四月二日，英商福公司，與山西鑛務局，合訂合辦鑛務章程，限六十年爲期，享受山西鑛務權利。光緒二十六年，福公司勢力，已伸入河南省河北道全境。於是德國亦根據條約，訂定山東華德煤礦合辦章程。在鐵道附近三十里內，除華人外，祇准德人開採鑛產，自是山東鑛權，無異斷送德人。此期國人自辦之鑛務，內困重稅，外被壓迫，毫無進展，漢陽鐵廠，以經費困難，官力不支，乃改爲官督商辦。其他江西萍鄉縣安源地方之煤鑛，山東之中興煤鑛，河南之豫豐公司，區區鑛業，不足觀也。

外人在中國工業上的投資，除紡織製粉開鑛以外，尙有製油機器造船火柴等業。光緒二十一年，英商太古洋行於營口經營新式製油業。光緒二十六年，英商設瑞鎔機器輪船工廠於上海。光緒二十七年，日本在重慶與華商合辦燐火柴廠。在此時期，我國新興之機器工業，比較有進步而無外商投資者，首推繅絲業。自中日戰爭以後，長江一帶新式繅絲廠之創設頗多。光緒二十七年，在長江流域的絲廠統計如下：如上海有工廠二十八間，釜數七、九〇〇；杭州一間，釜數二四〇；紹興一間，釜數一八〇；鎭江二間，釜數三三〇；蘇州三間，釜數六三〇；武昌一間，釜數三一二；共計三十六廠，釜數九、五九二。（見今世中國實業通志）。自光緒二十一年至二十八年，上海絲廠之發展由十二家增至二十一家。長江以外，廣東亦爲新式絲廠發達之中心，惟廠絲品質，不及上海。

自光緒二十九年至宣統三年，此八九年間，爲中國新工業一大過渡時期。據日本安原美佐雄所著支那之工業與原料所載，光緒二十九年至三十四年，商部所註冊之新式工業，凡一百二十七家，資本共三千二百十九萬九千八百元，一千零七十一萬七千兩。其中以棉織麵粉生絲電氣榨油煙草火柴等業爲最發達，平均資本以製鐵工業最多。據光緒二十九年至三十四年在商部註册之工廠計生絲紡織及織布製粉煉瓦陶土卷煙草精米電燈豆粕榨油石鹼蠟燭燐寸玻璃建築土木機器製電雜業等項屬有限公司者九十八間，有限合資者十七間，無限合資者一間，個人經營者十一間，資本合計三二、一九九、八〇〇元，一〇、七一七、〇〇〇兩。此一期新設之紗廠，以江蘇上海爲多，較著者如光緒三十一年，中英在上海合辦之振華紗廠。三十二年，無錫有振新，寧波有和豐。三十三年，崇明有大生第二廠，蕭山有通惠工，太倉有濟泰，上海有久成。三十四年，江陰有利用，上海有上海第二及同昌。久成初爲中日合辦，繼爲日人所購，日本在中國之紡織業，遂立基礎。宣統二年，無錫祝蘭舫等創辦公益廠於上海，後改爲中英合辦。三年，日本內外棉株式會社始設廠於中國上海，即內外第三廠。（見中國年鑑第一回一四四三頁）自振華、振新、和豐、大生等廠設立以後，棉業陸續發展，至宣統三年，全國紗廠統計共三十二家，紗綻在八十萬以上，大半之紗廠集中於江蘇上海。至新式絲廠，以長江流域及廣東爲最發達。查上海一區，光緒二十九年所有絲廠共二十四家，絲機八、五二六架，宣統三年，絲廠增至四十八家，絲機增至一三、七三七架。毛織工業，以上海日暉呢絨廠及湖北氈呢廠爲最大。其他北京清河鎮之溥利呢革公司，北京之興華呢服公司，工藝局開源絨呢工廠，仁立地毯號，天津之北洋實習工廠，萬益製氈有限公司，均次第設立。其性質或官辦，或商辦，或官商合辦。麵粉工業，以東三省長江流域兩區爲最發達。東三省以哈爾濱爲製造中心，如光緒二十九年，華商設立之雙合盛火磨；三十年，法商設立之永盛公司；三十一年，俄商設立之滿洲聯合麵粉廠；三十二年，俄商設立之松花江製粉公司，寧古塔之新式麵粉工廠：三十三年，黑龍江之廣記火磨；三十四年阿什河之永遠火磨等是也。至日商插足滿洲製粉工業，始於光緒三十四年，在鐵嶺設立之滿洲製粉會社。（見今世中國貿易通志）長江流域以上海爲中心，如光緒三十年，有裕豐麵粉公司；三十二年，有立大麵粉公司，裕順麵粉公司；三十三年，有中大麵粉公司等。其在江北者，光緒三十一年，海州有海豐麵粉公司；三十二年，清江浦有大豐麵粉公司；光緒三十四年，蕪湖有益新麵粉公司。湖北之麵粉工業，集中於漢口，光緒三十一年，有和豐麵粉公司；三十二年，有金龍麵粉公司；三十三年，有漢豐麵粉公司；宣統二年，有隆裕麵粉公司。四川在宣統二年，長壽有禁煙改種紀念公司，是爲四川麵粉工業之濫觴。北京於宣統二年，有貽來牟及廣源麵粉公司之設立。在此期間，可見此種新興工業的發達。

鑛務工業自裕豐公司設立以保全鑛權爲宗旨以後，國人之自設鑛公司者日衆。光緒二十九年，批准山西鑛務先由豐晉公司辦理，其目標是與福公司競爭。（福公司爲英商組織）。光緒三十三年十二月，晉省商民集資二百七十五萬兩，將福公司在山西所有鑛權完全贖回。直隸之開平，自庚子亂後爲英人所奪，幾經交涉，終歸無效。袁世凱任北洋大臣時，以灤州鑛權落於英人之手，遂命天津官銀號籌資組織灤州鑛務局，以爲對抗，而井陘煤鑛亦另設井陘鑛務局，以與中德合辦之鑛務局對峙。光緒三十四年，乃合設井陘鑛務總局，所得利益，中德各半。光緒三十四年，日本乘清廷多事，要求承認彼國有開採撫順、煙台兩處煤鑛之權，清廷允許，於是撫順遂歸日本所有；本溪湖煤鑛名爲中日合辦，其大權則盡落於日人之手。新興之鑛，除灤州鑛務局及中興煤鑛公司以外，僅箇舊錫務公司（雲南）及六河溝煤鑛公司（河南）數處。光緒三十四年，漢陽鐵廠與大冶鐵廠萍鄉煤鑛正式合併，改名爲漢冶萍煤鐵鑛廠有限公司，註册後登報招股，連前共收股分銀一千萬兩之多。漢冶萍公司以外，尚有漢口揚子機器公司，資本銀一百萬兩，爲我國第二大鋼鐵廠。

其他尚有種種之重要工業，如火柴、水泥、煙草、製磁、製玻璃、製油、水電、造船、製紙、製糖等工業，亦陸續興起。茲就此期之製船、製紙、製糖三種工業略述如下：（甲）製船。清代造船事業，首推江南製造總局。江南製造總局，自光緒以後，船政即就荒蕪，直至光緒三十二年，兩江總督周馥，始從海軍提督葉祖珪之議，奏請將船塢與製造局劃分，另行建設，改名江南船塢。終清之世，造船一百餘艘。江南船塢以外，尚有上海之求新製造廠，及漢口之楊子機器公司，亦兼營造船業。此期外商設立之造船廠最著者，如光緒三十一年，英商在上海設立之耶松船塢（The Shanghai Dock & Engineering Co;Ltd），宣統二年，中日商在上海合辦之東華造船株式會社，及光緒三十一年，瑞鎔船廠之添改船塢，宣統元年之合併福爾根（Valcan）擴充船廠。（乙）製紙。光緒二十五年，華商造紙廠設立，光緒三十二年，有龍華造紙廠，濟南濼源造紙廠，廣東鹽步增源紙廠，廣東官紙印刷局，相繼創製，宣統二年，武昌有白沙洲印刷局，三年，漢口諶家磯，有財政局造紙廠，但均時作時輟，無發展可說。（丙）製糖業。宣統元年，俄商設製糖廠於東之阿什河（在吉林境內）地方，宣統三年，日本南滿鐵道會社，設有產糖試驗場，爲日本在中國製糖的開端。其在南方設立的糖廠，有福州龍溪縣之華祥，漳州廣福之種植公司。以上略述清代二百餘年的工業狀況，其在前期工業，仍屬於舊式的，沒有甚麼的進展，其在後期新興工業，雖風起雲湧，然受列強工業政策的支配，而得不到抬頭的機會；中國物質文化事事不如人，即此一端，亦可概見。

第七節　清代之交通

清代的交通，可以分爲國內的，與國外的，關於國內的：（甲）河道。順治元年，特設河道總督一人，駐劄濟寧州，總理黃河運河事務，設分司駐劄各境。十六年，總河朱子錫疏言兩河利害條奏十事：（1）陳明南河夫役，（2）酌定淮工夫役，（3）查議通惠河工，（4）特議建設柳園，（5）嚴剔河工弊端，（6）釐覈曠盡銀兩，（7）愼重河工職守，（8）申明河官專責，（9）申明激勸大典，（10）酌議撥補夫食。疏入，遂依計畫而行。康熙十五年，高家堰及漕隄等處潰決，特遣尙書冀如錫前往察勘，悉心籌辦。十七年命撤回南北中河三分司，其河道工程，委該地方監司府佐貳管理。二十三年，上南巡閱視河工。四十三年，疏濬戴村壩淤塞舊河，築和倚林月隄，逼水仍歸故道，以免東平州一帶水患。四十七年疏濬蘇、松、常、鎭所屬支河，並修建新舊閘壩。雍正四年，疏濬濮州之魏河，聊城之洩水河，並開濬高津、趙牛等河。五年，疏濬濟南府屬各河，又於東省安山湖開濬支河六道。乾隆元年諭：『治河之道，必將全河形勢，熟悉胸中，黃河自河南武陟至江南安東入海，長隄綿亘二千餘里，舊設總河一人，駐劄清江浦，雍正七年，復設河東總河，誠慮鞭長不及，故俾南北分隸，各有責成；惟是河流日久變遷，舊險既去，新險復生，其間防浚事宜，有病在上流而應於下流治之者，有病在下流而應於上流治之者，若河臣於南北形勢，未能洞悉，遇有開河築隄等事，或至各懷意見，則上游下游，必有受弊之處，所關匪細。徐州府當南北之衝，爲兩河關鍵，最爲要緊，將副總河移駐徐州，凡徐州兩河開築事宜，令其就近與南北河臣公同酌議舉行。』十六年，乾隆南巡，周覽河工；二十二年，兩度南巡親蒞河干，指示一切疏洩捍禦機宜。二十七年命劉統勳、兆惠會同河臣，詳勘湖河歸江之路。終乾隆之世，可說均注重河道工程之整理。（參閱皇朝通志卷九十六食貨略）。當時河工之經費有修防之費，有俸餉之費，有役食之費，有歲報圖冊之費，司其出納者有河道庫，由河道總督報銷。河工歲修經費，乾隆以前舊規至多不得過五十萬，嘉慶時增加經費至二百萬兩。（乙）路政。清代路政，於各省阨要之處，設置驛站，以司郵遞，州縣官及驛丞掌之。驛站起自京師，達於各處者分四路：（1）東北路，自京師至盛京，以達於吉林、黑龍江。（2）東路，自京師至山東，分爲二路：一達於江寧、安徽、江西、廣東；一達於江蘇、浙江、福建。（3）中路，自京師至河南，分爲二路：一達於湖北、湖南、廣西；一達於雲南、貴州。（4）西路，自京西分二路至山西：一由關內，一由關外，更自山西以達於西安、甘肅、四川。交通之組織有：（1）驛夫，驛夫有水驛陸驛兩種：陸驛供芻牧輿臺奔走之役，水驛供舟楫牽挽之役，視事繁簡，以爲工食之標準。平常所雇驛夫有定額，不敷用則臨時雇用民夫，計里授值。（2）驛馬，驛馬多寡有定數，不許強索民馬充用。驛馬有死亡，發給補買之價，各有等差。（3）驛車，計人之多寡，物之輕重，以定應給之數，由兵部核給車票，沿途司驛官驗票撥用官車，無官車者准扣僱。（4）驛船，江蘇、安徽、浙江、湖北、湖南、四川、廣東、廣西，均設船以供差使，修整均責成驛傳道經理。（參閱清代通史卷中三九八頁）。清代路政簡略如是，未能普遍全國，各省風氣閉塞，以致文化不能發達。（丙）新式航業。驛船採用帆船，規模既小，交通力量有限。至新式輪船，則由同治十一年起。據李文忠公奏稿載：『購集堅捷輪船三隻，……自置輪船並承領閩廠輪船八號，現又添招股分向英國續購兩號。』又郵傳部第一次統計表：『光緒二年，兩江總督沈葆楨奏撥浙江等省官款，買併旂昌公司，增大小輪船十八號，而外洋船舶盡力排擠，李文忠於光緒三年二月，奏明沿江沿海各省，遇有海運官物，統歸商船經理，並請蘇浙海運漕米，分四五成撥給該局承運，以顧商本免爲外人傾軋，賴此扶助局基益堅定矣。」招商局爲我國有名之航業公司，自清代末年設立以後，雖粗具規模，而沒有什麼發展，不足與外人經營航業並駕齊驅。（丁）鐵路。鐵道建築之始，實倡自外人，清同治二年（一八六三年），英人戈登統率常勝軍攻下崑山十二月進佔蘇州之際，英美僑居上海商人二十七行聯名請願江蘇巡撫李鴻章，欲築上海至蘇州間五十四英里之鐵道，李氏不許。同治四年，英國商人杜蘭德在北京宣武門外平地上造小鐵路里許，試駛火車，是爲鐵路發現中國之始，步軍統領以觀者駭怪，立命毀之。至實行築成營業鐵路，則自同治十三年發起之淞滬鐵路爲始，創辦者爲英國實業公司怡和洋行，光緒二年在南京定約以二十八萬五千兩買回，決意買回後燬滅之，卒由淞滬道台蛟光命工匠掘毀路線，將一切材料運往台灣。光緒五年，成立唐胥鐵路（由唐山煤井至胥各莊凡十八里），光緒八年展修至蘆台，是爲今日京奉鐵路之基礎。光緒二十年，自天津至昌黎之津渝鐵道告成。（參閱拙著中國近代經濟史綱五五頁）。自光緒二十二年後，列強向中國競爭鐵路之建築權，茲將線路里程，列表如下：（表見中國鐵道史一三頁）。

鐵道	里程	計	國別
龍州鐵道	一二二里	計一二四二里	法國
滇越鐵道	九四〇里		
安赤鐵道	一八〇里		

東淸幹路　二八一六里 } 計四六三六里——俄國
東淸支路　一八二〇里
膠濟鐵路　八七八里 } 計一五七八里——德國
膠沂鐵路　七〇〇里
安奉鐵道　五七〇里 } 計六九〇里——日本
新奉鐵道　一二〇里
滇緬鐵道　三六〇里——英國

右表各路，龍州因事中輟，安赤、滇緬均沒有興工，膠沂後改高徐，由日本承繼，後經我國收回主權，未有修築，新奉於光緒三十三年四月已由中國贖回併爲京奉一段，所餘滇越、東淸、膠濟、安奉四路法、俄、德、日各據其一，日俄戰前即經造成共長七千零二十四里，日俄戰爭結果，俄將東淸支路長春以南之一千四百餘里，割與日本，改稱爲南滿鐵道，並安奉而統轄之。光緒二十二年冬，淸廷特設鐵路總公司，任盛宣懷爲督辦大臣，倡議大借洋款，其訂立正式合同者有蘆漢（比合股公司）關內外（英中英公司），粵漢（美合興公司），正太（俄華俄銀行），汴洛（比合股公司），共計九千三百二十六里。訂立草合同者有蘇杭甬（英中英公司），浦信（英中英公司），廣九（英中英公司），津鎭（英德合借），共計三千八百六十九里。當日俄戰後中國官商士庶，感於鐵道對於國防上有重大的關係，於是提倡籌款自辦，官商合辦之路，發軔於光緒十三年之閻津，（今京奉天津至閻莊間之一段），其後併於關內外而借英款。官督商辦之路，始於粵漢湘段，西潼鐵路繼之。官辦之路，在日俄戰前，已見之於關東、淞滬、蘆保、萍潭、西陵、京張六線。商辦鐵路之名，始見於光緒五年之唐閻（今京奉唐山至閻莊間之一段），其始終能保存商辦名義者，僅潮汕、小清河、南潯、新甯、房山、粵漢粵段、齊昂、周長、繹縣、賈汪十線，而潮汕資金有三分之一，南潯資金有十分之九，屬諸日本借款，齊昂全係公款，所謂完全商辦之路，其內容如是。（戊）郵政。清代郵傳分爲兩項，嘉慶會典所謂鋪遞驛遞是也。鋪遞以鋪夫鋪兵走遞公文，驛遞以馬，除送公文外，並護送官物及官差，於京師置皇華館，爲全國綱領，直轄於兵部，特設車駕司，官長七人，主管所有京外驛務。另有文報局，用以遞送地方政府公文，分普通文報局特別文報局兩種：普通文報局，各省省會及大商會均設立，特別文報局，惟台灣有之（參閱中國郵電航空史一五頁），另有信局爲民業郵政機關之處，營業範圍，不止國內各省重要都會市鎮，且遠及於南洋羣島。自清同治二年，北京總稅務司署及上海鎮江兩海關，附設郵政部，辦理京鎮滬間通信事宜，我國郵政遂以漸興。光緒二十二年，總稅務司英人赫德，請辦郵政局，隸總理衙門。三十二年，郵傳部成立，改歸部管理。宣統三年，各省總分局六百餘處，代辦局四千二百餘所，並與數國訂立往來互寄合同。（己）電政。電政在清末爲海關總稅務司附屬事業，歸總理各國事務衙門管轄，至光緒二十七年，總理衙門改組爲外務部，乃受外務部監督，二十八年，收爲官辦，迨郵傳部成立，遂盡歸郵傳部管理，南北各線，陸續添設，各處電線商股甚多，至宣統二年，各省官線七百餘里，局所三百五十七處，統收歸部辦，總計全國電線十二萬餘里，局所共六百餘處。無線電報，創於光緒三十一年，（西一九〇五年），當袁世凱爲北洋大臣時，於天津設立無線電報學校，招生學習各項技術，安設電機於海圻、海容、海籌、海琛、四軍艦，通信距離爲百五十英里，並在南苑、天津、保定、行營，設機通報。海底電線，清代自辦者凡三：（1）徐口線，自廣東徐聞起至瓊州之海口止，光緒十年，由大北公司代設。（2）滬煙沽正線，自上海起經煙台至大沽止，光緒二十六年爲大北公司所設，經清政府收買。（3·）煙沽滬線，自煙台至大沽，爲清室借款所創設，自煙台至大連之海線，則與日本合辦。電話自光緒七年英國倫敦東洋電話公司，設電話於上海租界，各埠外商相繼安設，清政府所經營者，始於天津官電局，庚子之亂，全遭燬壞。光緒二十九年電政大臣盛宣懷奏准於電報局附設電話，爲官辦電話之始。光緒三十一年，統一京津電話；其後太原、開封及其他各地先後繼設官辦電話局，至商辦電話，當推漢口、福州、廈門、三電話公司爲較早。宣統二年，訂各省電話暫行章程，規定部辦、省辦、商辦權限，如京、津、滬、粵等處爲部辦；江蘇、安徽、南京、江西、貴州、河南、山東、及長春、安東、齊齊哈爾、吉林等處爲省辦；福州、武昌、漢口等處爲商辦。據淞南夢影錄載：『上海之有德律風，始於壬午季夏，沿途樹立木桿，上繫鉛線，線條與電報無異，惟其中機括不同，傳遞之法，只須向線端傳語，無異一室晤言。』可見全國電話之設，以上海爲最早也。

關於國外的交通，可以分爲兩種：一爲水路，一爲陸路。水路以廣東爲樞紐，可說廣東爲歐人東漸入中國之始點；歐人由大西洋港口開行，沿大西洋東岸向南行，經好望角，向東行，橫渡印度洋，經南洋羣島向東入南海而至廣東，此條路線，在當時爲中西交通唯一之路線。明末中國船舶之抵長崎者頗多，明滅清興，船舶之來往益繁。自康熙元年（西一六六二年日本寬文二年）至道光十九年（西一八三九年日本天保十年）約百七十八年間，清代帆船之至日本者，絡繹不絕，此等船大都由南京、寧波、普陀山、溫州、福州、台灣、廈門、漳州、廣東等處前往，有時限定船數，航行時期及起帆地。（參閱木宮泰彥著中日交通史漢譯本卷下三二七頁）。陸路方面，歐人之至北京者，第一條路線，由廣東起程北上，中間經過長江流域一帶地點，渡黃河，至涿州，再由涿州渡白河而至北京。第二條路線，爲俄羅斯人所採用者，是由黑龍江下游行經滿洲一帶，入山海關而至北京。第三條路線，由肅州向東行經甘肅、陝西、一帶，入山西省境至太原，由太原行十日至涿州，再由涿州渡白河而至北京。清代交通機關，沒有大規模的發展，所以文化也沒有迅速的進步啊。

第八節　清代之外交

清代之外交，可以分爲兩時期：一是自主的時期，一是被壓迫的時期。在自主的時期，是自尊自大，看不起外人，外國使臣之來中國的，都是卑恭屈節，不能以平等之禮相對待的。自鴉片戰爭以後，清廷在外交界上，就完全換了一個新局面，由這屈辱的不自主的被壓迫的外交，釀成資本主義的列強對華侵略的重大陣營，不但爲歷史上開創一特別的關鍵，且爲中國社會變化之主要動因，和中國文化變化之主要動因。日本中國史專家稻葉岩吉稱：『鴉片戰爭劃定了近代中國與現代中國的界址。』（見稻葉岩吉著近代支那史第三二四頁）。我們亦可以說：鴉片戰爭南京條約訂立，是劃定了清代外交新局面的界址。茲將清代外交的概況，略述如下：

清代外交的創始，可說是與俄國爲開端。俄國經略西伯利亞，既告成功，乃繼續南下，致與清廷發生衝突，時俄人屢侵黑龍江，然未審虛實。順治年間，俄國曾兩次遣使，以請互市爲名，至北京偵探，一六六七年什爾喀河土酋罕特穆爾，恨清廷官吏待遇不厚投降俄國；一六七〇年，清廷遣使至莫斯科，令交罕特穆爾。議無結果。一六八二年，清廷遣兵征據雅克薩之俄人至議和告成。康熙二十六年（西一六八七年），俄皇遣費阿多羅(Theador golovin)爲全權公使向清帝乞和，清帝命索額圖爲公使，迭次會議。遂結尼布楚條約，其約文要點如下：

（1）將由北流入黑龍江的綽爾納河相近格爾必齊河爲界循河上流達外興安嶺以至於海，凡嶺南一帶流入黑龍江的溪河，盡屬中國界，其嶺北一帶的溪河，盡屬俄羅斯界。

（2）將流入黑龍江的額爾古納河爲界，河的南岸爲中國屬，河的北岸爲俄羅斯屬。其南岸的眉勒爾喀河口，所有俄羅斯房舍，悉行遷移北岸。

（3）雅克薩俄羅斯所治的城盡行毀除，凡俄國居民及用物，悉遷往俄境察罕汗地方。

（4）兩國獵戶人等，不許越界，違者拏獲送所在官司治罪，若十數相聚持械捕獵殺人搶掠者，奏聞即行正法。

（5）以後一切行旅，有准令往還文票者，許其貿易不禁。

此約既訂，俄人從前辛苦經營的黑龍江流域事業，悉歸烏有，而西伯利亞通東洋的航路，亦被封鎖。尼布楚條約，實爲清廷與他國第一次訂結之條約，又爲中國唯一的勝利條約，自此之後，俄人六十餘年不敢再施侵略，且常派留學生來華留學以溝通兩國文化。（據金兆梓現代中國外交史說及中俄兩國自訂此約以後，至愛琿條約之締結，相安無事者凡百七十年。夏天著中國外交史及外交問題說及自此之後俄人六十餘年不敢侵略）。尼布楚條約締結之後，一七二七年，俄國復藉口清廷與準部的紛爭，因恰克圖方面定國界問題，遣使會議於布拉河地方，締結通商條約，是爲恰克圖條約，其要點如下：

（1）以恰克圖爲通商之地，俄國商隊，每三年得至北京貿易，每次不得超過二百人。

（2）俄國商隊，得在北京俄館內駐留，但以八十日爲限。

（3）俄國商隊貿易免稅。

一七二七年，中俄締結恰克圖條約之後，復於一七九二年補充新約，其要點如下：

（1）中國與俄國貨物，原係兩邊商人自行定價，俄國商人應由俄國嚴加管束，彼此貨物交易後，各令不爽約期，即行歸結，勿令負欠，致啓爭端。

（2）此次通市一切仍照舊章，兩邊人民交通事件，如盜賊人命，各就近查驗緝獲罪犯，會同邊界官員審訊明確後，本處屬下人由本處治罪，爾處屬下人，由爾處治罪，各行文知照示衆。其盜竊之物，一倍或幾倍賠償，一切皆依照舊例辦理。

此次所訂條約比較還算不致吃了大虧，自此以後，每次與外人締結條約，統是受了束縛壓迫而吃虧的。

（甲）屈服下之清廷外交與不平等條約的訂立

英人以武力强求通商，又以不名譽之鴉片貿易，强中國人民之購買吸食，結果英政府派遣海陸軍萬五千人，軍艦二十六艘，攻廣東，不克，沿海北進而陷定海，封鎖寧波，更自定海北上，循成山岬入渤海，逼白河，淸廷派琦善與英議和，繼以琦善擅割香港予英，復秉和議而備戰：英軍佔珠江，沿海北上，由吳淞溯江而進，攻掠南京，清廷大懼，命耆英、伊里布為全權大臣，與英使濮鼎查(Sir Pottinger)議和於南京，其中重要的條款如下：

（1）中國政府納賠償銀二千一百萬元與英政府。

（2）中國政府以香港全島永遠割讓於英國。

（3）中國政府將廣州、福州、廈門、寧波、上海、五處開為通商口岸，准英國派領事居住，並准英商及其家屬自由來往。

英商貨物照例納進口稅後，准由中國商人販運進內地各處，所過稅關，不得加重課稅。

（4）中英交際往來文書，用平等款式。

南京條約公布後，比利時、荷蘭、葡萄牙、西班牙、各國，相率派領事或公使來中國，美法兩國，且派特命全權公使，要求與我國通商。道光二十四年（一八四四年）正月，美國公使古昇(Caleb Cushing)以國書通意清政府，清政府命耆英主其事，同年六月，與美使會於澳門，締結中美修好條約。九月，法國特命公使拉格勒尼(Lagrene)與耆英會商，于是中法條約成立於黃埔。道光二十五年（一八四五年），許比利時享英、美、法同等利益。其他各國亦援英例，與清廷締結修好通商條約，而侵奪中國的權利。

南京條約既互換批准，清廷遂開放約中規定的五口，任各國自由貿易。惟廣州人民目覩前此英人之暴慢，誓拒英人入城，廣東英領事巴夏禮，遂藉機構釁。會其時有一法教士在廣西遇害，咸豐七年，英軍遂聯合法軍，進陷廣州城，要求加開商埠，改訂約章，清廷不允，英法聯軍乃向北進，攻陷大沽，前鋒達天津，清廷恐懼，派大學士桂良，吏部尙書花沙納爲議和全權大臣，英使持所擬定之中英新約五十六款，法使所擬定之中法新約四十二款，要挾照約簽押，桂良、花沙納於咸豐八年五月十六日會英法兩大使照所擬款項簽押，英法聯軍遂撤退。茲將約中主要幾款列下：

（一）中英天津條約。

（1）除廣州、福州、廈門、寧波、上海五口通商外，更開放牛莊、登州、台灣、潮州、瓊州五港爲通商口岸；又長江一帶，俟粵匪蕩平後，許選擇三口通商。（後開鎭江、九江、漢口三處）。

（2）英民犯罪由領事懲辦；中國民欺害英民，由中國地方官懲辦；兩國人民爭訟事件，由中國地方官與英領事會同審判。

（3）南京條約成立後，輸出入貨品，課從價值百抽五之稅；現在物價降落，課稅亦宜減輕，由兩國派員另定新稅則；經此次協定稅則後，每十年酌改一次。

（4）英商子口稅每百兩納二錢五分，各處通行。

（5）長江各埠，俱准英船通商；中國各口，俱准英水師駛入，買取食物，或修理船隻。

（二）中法天津條約。

此次條約，把領事裁判權，協定稅率，內河開放，最惠國等重大權利，都送與外人了。

（1）兩國官吏辦公交涉，按品位准用平等禮式。

（2）除廣州、福州、廈門、寧波、上海五口已開放外，更將瓊州、潮州、台灣、淡水、登州、江寧六口一體開放，但江甯俟平粵匪後開放。

（3）各通商口岸，准法國派領事居住，准法商攜帶家眷自由來往，並准法國派兵船停泊，以資彈壓。

（4）法人有嫌怨中國人者，由領事詳核調停，中國人有嫌怨法人者，領事亦詳核調停；遇有爭訟，領事不能調停者，移請中國協力查核，秉公完結。

（5）法商依此次新定稅則，輸納貨稅，但以貨值依時有低昂，稅則亦應變更，自後每十年校訂一次。凡商船百五十噸以上者，每噸課鈔銀五錢，百五十噸以下者，每噸課鈔銀一錢。

若以後中國對於他國許與特惠曠典時，法國享最惠國之例。

當天津條約締結之時，英法二公使，必欲將批准條約在北京交換，清廷不欲實行。僧格林沁抵天津後，目擊外人跋扈，乃急修武備，在白河兩岸築礮台防敵艦進入。咸豐九年（西一八五九年），英政府以布魯斯（Bruce）爲公使，法政府以布爾布隆（Bourboulon）爲公使至北京換約，五月抵河，不得入，致發生衝突，英法礮艦被擊沉四艘，其餘狼狽向上海退走，英法二使即向本國政府告急，英法政府派兵艦東來，聯合由塘沽上陸，清軍潰敗，英法聯軍遂長驅入京，焚燬宮殿及圓明園。咸豐帝逃避熱河，恭親王出而主持和議，遂於咸豐十年九月十一十二兩日，次第簽訂中英中法北京條約，除完全承認天津條約外，並加增侵奪中國權利的條約，茲擇要附錄於下：

（一）中英北京條約。

（1）中國政府允增開天津爲通商口岸。

（2）中國政府割九龍司地方爲英國領地。

（3）賠款改增爲八百萬兩，總數還清後，英國始撤分屯中國各處之兵。

（二）中法北京條約。

（1）中國政府允增開天津爲通商口岸。

（2）中國政府准法國宣教師在各省租買田地建築自便。

（3）天津條約商船滿百五十噸以上者，每噸課鈔銀五錢，玆改爲每噸課鈔銀四錢。

（4）賠款改增爲八百萬兩，總數還清後，法國始撤分屯中國之兵。

北京條約訂立之後，俄國公使伊格那提業福（Ignatiev）以調停和議有功，索烏蘇里河以東之地爲報酬，清廷遂以烏蘇里江、與凱湖、白稜湖、瑚布圖河、琿春圖們江以東之九十萬三千方哩之土地，盡行割讓於俄國；咸豐十年，與之訂立中俄北京條約。清廷外交之屈服，不言而喻。

清廷外交之無能與屈服，舉世皆知，列強遂進一步把清廷統治下的藩屬，一一割削殆盡，而安南、琉球、暹羅、朝鮮，從此與清廷統一的帝國永遠長辭。光緒二十年（西一八九四年），朝鮮有東學黨之亂，中日共同出兵靖亂，亂平，袁世凱以同時撤兵照會日使，日使以助韓改革內政爲名，不允退，且轉脅迫韓廷促中國撤兵。是年六月二十一日，日兵直逼韓王宮，挾韓王宣佈廢止中韓歷年締結之一切條約，並假稱韓國託日本以兵力驅逐中國駐屯牙山的軍隊，同日擊沉中國的兵艦，於是戰釁遂開，兩軍接觸，中國海陸兩方皆節節失利，海軍幾全軍覆沒。清廷急以議和，乃派李鴻章為全權大臣，日本指定馬關為議和地點，遂議定媾和條約二十一款，即光緒二十一年之馬關條約，其要點如下：

（1）中國承認韓國為獨立自主國，廢絕該國向中國修貢獻典禮。

（2）割讓遼南、台灣全島、彭湖羣島於日本。

（3）中國賠償日本軍費二萬萬兩。

（4）兩國從前條約一概作廢，中國以與歐洲各國約章為基礎，速與日本結通商行船及陸路通商章程；開沙市、重慶、蘇州、杭州為通商口岸。

（5）日本臣民在中國各通商口岸城邑，得自由從事各種工業製造。日本臣民在中國製造貨物，其一切稅課及租棧利益，並享受一切之優例概免。

（6）日本暫占領威海衛，以擔保本約之實行。俟第一第二兩次賠款償清，日本始撤回威衛海軍隊。

此約之損失，除喪失屬地割地償金外，改換從前兩國平等互惠之商約，而為片務不平等之商約，而此約尚有一款，為前此與各國所訂各約中所無者，是日本臣民在中國各通商口岸城邑，得自由從事各種工業製造，並豁免其一切稅課，為我國手工業及新興工業之致命傷；各國援此最惠條款，可以自由在中國口岸城邑，設立各種工廠，洋貨充斥，國貨摧殘，民生國計，同受其害。

各國與中國之始立約通商以外，首重傳教，法國利用民教之不相安，保護天主教，地方官吏之於各國教士奉命唯謹，凡民教有爭訟，必伸教而壓民，民之仇教者益深，而排外之情愈烈，拳匪乘之，以資號召，清廷獎之爲義民，編之爲義和團，而以載漪及莊親王載勛統領之，匪勢因此大張，所至戕教士，燬教堂，日使館書記官杉山彬，爲董福祥部所殺，德公使克德林爲載漪部下所殺。各國在京公使一面集兵自衞，一面電各國求援；英、美、德、法、日、俄、奥、義、八國各派兵來華，先陷大沽礮台，直趨天津，光緒二十六年（一九〇〇年）七月，八國聯軍，由天津進犯北京，十九日，兵逼北京城下，那拉氏挾德宗倉皇西走，聯軍入京，占據焚掠，迫清廷締約，卽所謂辛丑和約，其喪權辱國的條件擇要錄下；

（1）中國皇帝，允付諸國償款海關銀四百五十兆兩。

（2）中國政府，准劃清各國使館境界，使館區域內全歸公使管理，不准中國人住居，各國爲保護公使館，得置護衞兵於使館區域。

（3）中國允將大沽礮台，及有礙北京至海濱間交通之各礮台，一律拆毀。

（4）中國政府承認各國占領黃村、廊坊、楊村、天津、軍糧城、塘沽、盧台、唐山、昌黎、灤州、秦皇島、山海關等，以保北京至海濱無斷絕交通之虞。

此次條約所貽國民最大之苦痛，是賠款的過鉅，本利總額達到九億八千二百二十三萬八千一百五十兩；賠款總額，雖為關平銀四百五十兆兩，但以各國金幣之兌價為標準則賠款尚須貼水，損失更多，清廷外交之屈辱，可以知了。

(乙)均勢下之清廷外交與中國國勢之逆轉

自中日戰爭以後，列強開始對華劃定勢力的範圍。列強雖避免以有形的瓜分手段對付中國，而勢力範圍的劃定，遂陷中國於無形瓜分的境地。中日戰爭之役日本欲據遼東半島，而俄國聯合德法共同干涉，蓋恐日本獨佔遼東，則俄國在遠東不能發展，所以一方面為本國利益，強迫日本返還遼東於中國；一方面以代索遼東居功，向中國要求重大報酬；惟恐列國大使窺破，俄皇遂以籌借國債的名義，派財政大臣與李鴻章秘密會議於莫斯科，迫令李鴻章畫押承認俄使喀西尼亞所擬定之草約，是為中俄密約。約中要點俄國得根據此條約，建築東清鐵路(即中東鐵路)，從此東三省地域，為俄國勢力所及之地；後發佈東清鐵道條例，非但准許俄國有無限制之採鑛權及設警察權，且得沿鐵道分配軍隊，控制中國。日本返還遼東，德國與有其力，俄國得有酬報，為德國所不甘，於是德國遂遣使與俄國秘密議定：俄國乘日本海軍尚未擴張之前，占領旅順口，而德國先佔膠州灣，以為俄國佔領旅順之口實。適值光緒二十三年(一八九七年)十月間，山東曹州府鉅野縣人民為反抗教徒之魚肉，鄉民殺害德國教士二人，德國乘機派遣軍艦入膠州灣，佔青島礮台，直入膠州灣，清廷與德公使訂立租借膠州灣之條約，以九十九年為期，舉凡山東全省之鐵道鑛山等利益，悉斷送於德人，不啻以山東為德國的勢力範圍。當德國佔領膠州灣，俄國為實行德俄密約，乃以德佔領膠州灣為口實，強迫清廷租借旅順、大連二港，英政府見俄國佔據旅順、大連，恐其在長江之勢力，將受影響，遂於光緒二十四年正月，向清廷要求揚子江沿岸各省之地，不得租借割讓與他國，不啻以長江各省為英國的勢力範圍。同時日本又要求福建不割讓與他國，法國又要求廣西、雲南、廣東三省，不割讓與他國。美國大總統麥荊來於光緒二十五年八月，先後向英、德、法、俄、日、意等國，宣言開放中國門戶，各國對此宣言表示贊成，自是中國形勢一變，各國對華由單獨的進取，改為無形控制中國的互進行動。列強自此以後，遂根據勢力範圍，而以政治的經濟的文化的侵略政策，隨時陷中國於傾覆的危險。元清時代，以一個國家以一個民族傾覆中國，中國尚容易以翻身，至多數國家多數民族合力以對付中國，則中國不容易抬頭。當晉代武帝統一中國，只顧維持一姓的基業，不注意關係國家民族的大問題，既內封宗室，種了內亂的禍根；又竭力削弱州郡的兵力，毀壞鎮壓外族的武器；八王之亂，兵戈騷擾，各地盜匪橫行，加以外族變亂，遂成不可收拾的局面，所謂五胡亂華，就成了歷史上重大的事變。清代末年，只打算維持一姓的基業，「寧贈友邦，不與家奴」的政策，成為應付外交的手段，而且內亂接踵，盜匪橫行，又益以列強的侵侮壓迫，有如五胡的變亂，使國勢成了逆轉的局面。但是匈奴、羯、鮮卑、氐、羌，當時侵佔的勢力，祇在現今山西、甘肅、陝西一部分的地方，而清末列強的併合勢力，且包圍全部的中國，古今異勢，強弱異情，清代外交環境的惡劣，致影響牠統治勢力的崩潰，這是重要的一個原因。

第九節　清代之幣制

清自太祖開國以後，歷代皆鑄銅錢，太宗天聰元年，鑄天聰通寶錢二品，一為滿文，一為漢字。順治元年，置戶部寶泉局，工部寶源局，鑄順治通寶錢，寶泉局以戶部漢右侍郎一人，督理京省錢法，滿漢司官各一人，監督局務；寶源局亦掌於漢右侍郎，置滿漢監督官三人專司出納。戶部將順治通寶錢式頒發各省鎮，有應鼓鑄者，令定議開局。八年，增定錢制每文重一錢二分五釐，又行鈔貫之制，是年造鈔一十二萬八千一百七十二貫，自後歲以爲額，十八年，卽行停止。十四年，停各省鼓鑄，專歸京局，更定錢制，每文重一錢四分。康熙元年，頒行康熙通寶錢，輕重如舊制，發各省局依式鑄造，與順治通寶錢相兼行，時以鑄局既多，錢價過賤，戶部議准停止各省鼓鑄，唯聽寶泉寶源兩局制錢。流通行使，江寧爲駐防重地，其局仍令暫留。六年，復開各省鎮鼓鑄，增置湖南、江蘇、甘肅省局。十二年，定私銷制錢禁例。雍正元年，鑄雍正通寶，頒行天下，令寶泉局歲鑄新錢，與順治、康熙大小制錢相兼行。繼開雲南省城及臨安府、大理府、霑益州，鼓鑄局，又以錢重銅多，易滋銷毀，著照順治二年例，每文重一錢二分，通行各省，其現行一錢四分之錢，聽一體行使，嗣後寶源局，每卯用銅鉛十萬二千八百五十七斤有奇，鑄錢一萬二千四百九十八串。乾隆元年，鑄乾隆通寶錢，頒行天下。三年，停山東局及雲南、廣西府局。七年，令寶泉寶源二局，每年各開鑄錢幣。查乾隆一代鑄錢至多。（參閱皇朝文獻通攷卷十四，皇朝通志卷八十九。）又乾隆時曾屢發上諭，令各省官民，凡滿一貫以上，必用銀塊，銀塊有約五十兩爲一錠者，有約十兩爲一錠者，有一二兩或四五兩爲一錠者。用之時，則權其重量，其奇零不足之數，則以碎銀補之。然因各地之秤大小不一，殊多不便，且又因銀質而有足銀（每百兩中含純銀九十九兩一錢五分）紋銀（每百兩中含純銀九十三兩五錢三分七釐四毛）市銀（各地市場通用之銀）票銀（市銀之一種，而憑中通用者）九二寶（不及標準銀者）二八寶（標準銀以上者）等之區別，在商塲使用，甚形阻滯不便流通，故到了開港通商後，常通用外國貨幣。（參閱高桑駒吉著中國文化史五二五頁）。清代銀錢價格比值不同，如順治初年，鑄錢重一錢，每七文準銀一分，而錢價日增，民未稱便，戶部因議鑄重錢一錢二分，亦七文準銀一分，舊重一錢者，則十四文準銀一分，後又定錢值，每十文準銀一分，千錢準銀一兩，永著爲令；及改鑄重錢一錢四分，其準銀之值，新錢以十文，舊錢仍十四文。康熙時錢漸貴，銀一兩直不過八九百文。四十一年，以改鑄錢爲一錢，盜鑄者多，復舊制一錢四分，千文準銀一兩，舊重一錢小制，每千文準銀七錢。雍正七年，以直奉等處，錢價過賤，因申定每銀一兩，只許換制錢千文。乾隆二十六年，以平糶錢易銀，時一兩二錢，僅易錢一千。嘉慶末年，銀之需用漸多，由是銀價一貴，錢價漸減；道光末葉，每兩至易錢二千。（參閱清代通史卷中四八二頁）。清代末年，通用外國貨幣，損失利權甚大，光緒時，兩廣總督張之洞，有見於此，乃設廠於廣東，倣外國之制，鑄造銀幣，而奉天、吉林、直隸、江西、安徽、湖北、福建、諸省，遂繼起各設銀元局，鑄造一元半元二角一角的五種貨幣，其後清廷乃收歸各省的鑄造權於戶部，設東西南北中五廠，東廠在廣東，西廠在江寧，南廠在福州，北廠在武昌，中廠在開封，此外各局悉廢。統計清末流通的鑄幣總額如下：外國銀圓一一四、〇〇〇、〇〇〇元，本國銀圓四三、〇〇〇、〇〇〇元，銀輔幣一、五〇〇、〇〇〇、〇〇〇元，銅圓總額值銀一〇〇、〇〇〇、〇〇〇兩。清代通商口岸，多用外國銀圓，種類甚雜，皆自外國流入，如西班牙的棍洋，墨西哥的鷹洋，香港的杖人洋，日本的舊銀圓，新加坡的大英通商銀圓。大概因各國改革幣制爲金本位，一切舊式銀圓，不適於用，所以都驅向中國，其流通的領域，如墨西哥洋用於上海，西班牙洋用於寧波、杭州、蕪湖，香港杖人洋及新加坡的銀圓，則行用於產棉區域。銅元之興在泉幣制度起一大變化，當前清洪楊起義時，各省官錢局皆停鑄制錢，而軍餉增加，財源困乏，加以海外生銅輸入阻礙，銅價日昂，制錢鑄造，旣歸停頓，而民間鎔解者，又日益增多，市面流通，日趨減少，遂發生錢荒。光緒二十三年，有江西道監察御史陳其璋始奏請鼓鑄大小銅元三種：上品重四錢，中品二錢，下品一錢，以補制錢不足，但未能實現。直至光緒二十六年，兩廣總督李鴻章在粵設局，先行鑄造，爲中國銅元制度的起源。二十七年，以粵省試鑄銅圓，成績頗佳，乃諭令沿江沿海各省仿造，於是銅圓遂流通全國。光緒三十一年時，所訂釐理圜法章程內，原規定銅圓有當二十，當十，當五，當二，四種，由戶部頒發祖模，惟於正面加鑄省名。當銅圓初開鑄時，規定百枚換銀幣一元，但以初次進行，信用甚著，實際上銀圓一元，僅換得銅圓八十枚左右。據海關報告，光緒三十一年以前，膠州銅圓八十枚兌洋一元，安慶爲九十五枚，蘇州約八十八枚，杭州約九十枚，上海九十二枚至九十五枚之間，爲銅圓價格最優的時代。然而貨幣制度以價格固定爲原則，跌價固爲惡劣情形，漲價亦非善象，故此項銅圓之漲價，適足以引起濫鑄諸弊之發生，因爲鑄造利益甚大，各省競相鑄造，價格又落。上海價格至光緒三十一年十二月，每銀圓可換銅圓百零七枚，三十二年跌至一百十枚，至三十四年時跌至百二十枚。（參閱侯厚培著中國貨幣沿革史一一九頁）。清代之紙幣，可分爲清初與清末兩時期。清代中葉如康熙、雍正、乾隆、嘉慶四朝，均以銀爲主幣，而輔之以銅錢，鈔票幾不可見。清初入關時，民間流通的明代鈔幣已不多，有因國用不足，於順治七年時，又造鈔十二萬八千一百七十二貫有奇。後以宋、元、明鈔之法，發生弊端，十八年時，即行停止。直至咸豐二年，始復有紙幣的發行。咸豐初年，發生內亂，頻年用兵，用度浩繁，無法應付，於是始發行銀票錢票兩種：銀票分一百兩，八十兩，五十兩，三種，名曰官票；錢票即錢鈔，於京城內外，招商設立官銀錢號，由部發給成本銀兩，並戶工兩局交庫卯錢，以爲票本。自是以後，鈔票發行漸多，公立機關之發行者，則有大清銀行、各省官銀鈔局；私立機關之發行者則有各省之私立錢莊、錢號、普通商業銀行，而在華之外國銀行，如英之麥加利、匯豐，美之花旗，東方匯理，日之橫濱正金，荷蘭之和蘭，比利時之華比，俄之華俄等銀行，皆取得發行鈔票之自由權，以混亂中國的幣制。大清銀行發行之兌換券有銀兩票、銀元票、錢票三種，但因銀兩成色不一，銀元種類繁多，所以各地分行所出之兌換券，均註明某處通用。錢票發行者，僅有北京之阜通、東南、兩號，及濟南大清銀行分行。紙幣所印行者，爲一元、五元、十元、五十元、百元五種，及銀兩票一兩、五兩、十兩、五十兩、百兩五種。紙幣發行自光緒三十一年起至宣統三年閏六月止，各地大清銀行分行銀兩票爲五、四三八、九一〇兩；銀元票爲一二、四五九、九〇七元，與大清銀行兌換券同時行使者，尚有各省官銀錢號發行的鈔票。官銀錢號設立於咸豐二年時，爲推行銀錢票的機關，至光緒末年時，各省設立者，幾遍全國，其發行之鈔幣，有銀兩票、銀元票、制錢票、銅元票等。發行之票面額，各有不同，此項鈔票信用尚佳，流通極廣，清末時，民間交易，視爲主要幣。除官設銀行、銀錢局發行鈔票外，清末設立之商業銀行，如中國通商銀行、浙江興業銀行、四明商業銀行、北洋保商銀行，均獲有發行鈔票的特許權。清時黃金多用爲裝飾，甚少鑄成金幣，通用民間，間有鑄造金幣，祇太平天國與藩屬新疆、西藏而已。太平金幣，爲洪秀全建都南京時所發行，每元值若干兩，幣面沒有刻出，惟據估計，大約每元代表銀二十五兩上下。新疆金幣，清同治二年（西一八六二年）回民於甘肅作亂，傳播各地，重五十格林，金幣上兩面均有回曆一二九二年，即西曆一八七四年，同治十三年，至光緒時，此項金幣之一錢及二錢者，尚流行於新疆各地。西藏金幣爲西藏通行的一種金幣，幣面爲藏文，以上路述清代幣制的大概。

第十節 清代之官制

滿洲攘奪中國政權後，官制多彷明代，而折衷於滿洲國俗，玆先舉中央政府的官制如下：（１）內閣。內閣掌輔弼天子贊勳庶政，有大學士四人，滿漢各二，贊理機務表率百僚，兼殿閣及內部尚書銜，殿閣名凡六：保和殿、文華殿、武英殿、體仁閣、文淵閣、東閣是也。尚書協辦大學士二人，滿漢各一；學士十八人，滿六人，漢四人；侍讀學士八人，滿四人，蒙古二人，漢二人；侍讀十六人，滿十人，蒙古漢軍漢人各二人；典籍六人，滿洲漢軍漢人各二人；中書一百二十四人，滿七十人，蒙古十六人，漢軍八人，漢人三十人；貼寫中書四十六人，滿四十人，蒙古六人。內閣權力最大，凡自各部提出來的表章皆須經由內閣而仰天子親裁，又由內閣指命各部。其後軍機處設置後，大權集中於軍機處，屬於常例的勅令，則由內閣頒出；至於密務樞機，則歸軍機處，以指命內外，內閣竟等於虛設。（２）六部。吏部有尚書，左右侍郎，文選司，考功司，稽勳司，驗封司，堂主事，司務廳事務，筆帖式等職官。戶部有尚書，左右侍郎，十四司，堂主事，司務廳事務，筆帖式等職官。禮部有尚書，左右侍郎，儀制司，祠祭司，主客司，精膳司，鑄印局，堂主事，司務廳事務，筆帖式等職官。兵部有尚書，左右侍郎，武選司，車駕司，職方司，武庫司，堂主事，司務廳事務，館所監督，筆帖式等職官。刑部有尚書，左右侍郎，十八司，堂主事，司務廳事務，筆帖式，提牢主事，司獄，贓罰庫，律例館等職官。工部有尚書，左右侍郎，營繕司，虞衡司，都水司，屯田司，節愼庫，製造庫，料估所司員，琉璃廠監督，木倉監督，皇木廠監督，街道廳，堂主事，司務廳事務，筆帖式等職官。（3）理藩院。清初雖以內閣及六部統治中國，其後經略塞外，遂置一理藩院，管轄內外蒙古、天山南北兩路、西藏、青海。院有尚書侍郎，旗籍司王會司典屬司柔遠司徠遠司理刑司，堂主事司務廳司務筆帖式，銀庫，蒙古繙譯房唐古忒學稽察內館外館分駐司員圍場總館等職官。（4）都察院。掌察官吏的邪正，辨別政治的得失而密奏於天子。院有左都御史左副都御史六科給事中十五道監察御史等職官。（5）通政使司。掌接受各省文武的奏本而達之內閣，並司寃民的越訴。司有通政使副使參議經歷知事筆帖式等職官。（6）大理寺。掌審查刑名的重案，凡審判重案在京師則與刑部各司及都察院監察御史會同審判，地方案件則爲之定讞。寺有卿少卿，左右寺丞左右評事司務廳事務筆帖式等職官。（7）內務府。掌理內府之政令，凡職員選除財用出入宴饗祭祀饍饈服御賞賚賜予刑罰工作教習訓導之事。府有總管大臣，堂司員，廣儲司，織造監督會計司，掌儀司，都虞司，愼刑司，營造司，慶豐司等職官。（8）武備院。掌武備修造器械之事。院有卿，堂司員，北鞍庫，南鞍庫，甲庫，氈庫等職官。（9）上駟院。掌理御廄事務。院有卿，堂司員，左司右司等職官。（10）奉宸院。掌理園囿事務。院有卿，堂司員，南苑，織染局等職官。（11）太常寺。掌祭祀禮樂之事。寺有卿，少卿，寺丞，典簿，協律郎，讀祝官，贊禮郎等職官。（12）太僕寺。掌牧馬場之政令。寺有卿，少卿，左司，右司，主簿等職官。（13）光祿寺。掌祭饗宴勞酒醴饍饈之事。寺有卿，少卿，大官署，珍饈署，典簿司庫等職官。（14）鴻臚寺。掌朝會賓客吉凶行禮傳贊之事。寺有卿，少卿，鳴贊，序班，主簿等職官。（15）國子監。掌教課之事。監有祭酒，司業，監丞，博士，助教，學正，學錄等職官。（16）欽天監。掌察天文定氣朔占候步推之事。監有監正，監副，時憲科天文科漏刻科等職官。（17）太醫院。掌醫術之政令。院有院使，院判，御醫以下等官。(18)總理各國事務衙門。總理各國事務衙門，乃文宗時和英法兩國和議成後所創設，(咸豐十一年西一八六一年)，管理爲親王大臣，無定員，凡與外國有關係的事件，皆由此衙門辦理，而取決於皇帝。德宗時，廢總理衙門而置外務部，職掌全同。清代中央官制下的人員，雖分滿漢協辦，然實權多歸滿人。又定制，設議政王大臣數員，皆以滿臣充之，凡軍國重務，不由閣臣票擬者，皆交議政大臣會議具奏；故清初之政令，雖號稱出自內閣，而國家實權，仍在滿洲大臣之手，漢人之爲清廷大臣者，實不能參預也。

其次地方官制：(1)行省。行省制度，創始於元，當時名行中書省，明清因之，以爲地方最高級的行政區。中國歷史上政區的劃分，在漢曰州，在唐曰道，在宋曰路，元仿魏晉尙書行臺之意，改中國爲十一行省，地方權力漸重；清仿元制，官職則略依明法，分行政區爲四級：最大者曰省，道次之，府又次之，廳州縣爲最下。其官級則縣上有府，府上有道，道上有司，司上有督撫，凡五等。是爲普通之行政區。此外若東三省、新疆、順天府、蒙古、西藏、青海及土司等，則爲特別之行政區。滿清統一中國，其地方區劃，除京師、盛京、吉林、黑龍江、藩部而外，爲省十有八，分置各府，以領州縣，州廳則參列其間，或直隸如府，或分治如縣，而道又併合數府，或以府及直隸州爲區域，以成四級行政之制。省爲地方最高之行政區，省有總督、巡撫、布政、按察、提督學政、道員，爲行政之官。布政按察二司，雖沿襲明制，而督撫則與明有別。明之督撫，因時而設，事畢復命，職亦消滅；清則地方常設之長官，而總督有管理二省或三省之地方。總督爲地方最高級之長官，職權極爲廣大：有奏摺咨請之權，制定省例之權，陞調黜免文武官吏之權，監督文武官吏之權，節制綠營軍隊之權，上奏會計及監督藩庫之權，第四審裁判之權，外國交涉之權。此外祭祀、典禮、旌表、賑卹、監督學務之職權，亦兼而有之。若兼任河道總督者，則有提防疏濬之職；兼理鹽政者，則又整治鹽務之職。（2）巡撫。巡撫之職，與總督略同，除上述八項外，更有巡撫特具者四項：如監理關稅，總管鹽政，監臨鄉試，管理漕政是也。其職務大略與總督平等，而權力則略小。至有兼總督者，則與總督等。（3）承宣布政司。清初每承宣布政使司，設左右布政使各一人，至康熙六年各裁一人。其職權有七：如掌財政，調查戶口，宣布朝廷命令（自布政達於府州縣，使人民周知），監督及轉免道府以下文官，干與一切政務（省內大政，督撫必與布政使參議決行，因其握民政之實權故），干與裁判事務（布政使掌戶婚田土之裁判，卽其他案件及行秋審，布政使亦參預），管理鄉試事務是也。（4）提刑按察使司。本司長官爲按察使，所掌之事，大要有五：如掌省內刑名案件，掌驛傳之事，及大計之考察，鄉考之監試，參與一切之政務是也。（5）提督學政。掌一省學校士習文風之政令。（6）道員。道員有特別職務之道員，有一般職務之道員。前者無守土之責，如督糧道，鹽法道等；後者有守土之責，如分守道，分巡道二者。特別職務之道員，有督糧道，鹽法道，或鹽茶道，河工道，驛傳道，海關道，屯田道，茶馬道，兵備道等。

道之官制，有分守道分巡道之別。分守道掌錢穀，分巡道掌刑名。普通職權有二：彈壓地方，守巡道雖係文官，而有命令軍隊之權，若有必要時，則移牒各地鎮營，命其出兵，而親行總率之。監督管內事務，各道職司風憲，綜覈官吏，爲督撫布教令，刑名事件，除府所理流罪以上直達按察使外，其餘案件，必申詳於道。若直隸廳州之案件，則無論性質如何，皆必經道，然後達之按察使。是道對於下級官廳之審判，可謂爲第二審之審判所。府之官制，府置知府一人，統轄管內一切職務，並指揮下級官廳事務，但與督撫司道不同。督撫司道，專在監督下級官廳，對於人民無直接的關係；知府係牧民之官，親任撫育教養之責。至於徵收租稅，裁判案件，水旱災荒之賑卹，典禮旌表之舉行，亦知府職內之事。直隸州之官制，有知州一人，掌一州之政令，其規制與知府同，其所治州，即以知州行知縣事。此外州同，州判，其職與府同知通判同。縣之官制，縣置知縣一人，掌一縣之政令，平賦役，聽獄訟，興教化，厲風俗，等所謂親民之官是也。僚屬有縣丞主簿分掌糧馬征稅戶籍巡捕之事；清初每縣置縣丞，各官多寡無定員。州之官制，州置知州一人，掌一州之政治，以縣之地大事繁者升而置之，所統轄一如縣制。廳之官制，大約與州縣同。（參閱清通考卷八十四，清通志卷六十五，清代通史上四五三至四九五。）清會典卷四載『吏部乃頒職於天下，凡京畿、盛京、吉林、黑龍江，及十九省之屬，皆受治於將軍與尹與總督巡撫，而以達於部；將軍與尹分其治於道，於府廳州縣；總督巡撫分其治於布政司，於按察司，於分守分巡道司；道分其治於府，於直隸廳，於直隸州；府分其治於廳州縣，直隸廳直隸州復分其治於縣，而治其吏戶禮兵刑工之事。』清代地方官制，府廳州縣制度，甚爲複雜，有權限不清之嫌。滿洲盛時，各省大吏皆其族人掌握政權，據徐珂清稗類鈔載：『至乾隆朝，則直省督撫滿人爲多，漢人仕外官者，能洊至兩司，則已爲極品矣。及季年各省督撫凡二十有六，漢人僅畢沅、孫士毅、秦承恩三人耳。』又載『自定鼎以來至咸豐初，滿人爲督撫者十之六七，滿督撫有殉節者，然無敢與抗；文宗崩，孝貞孝欽二后垂簾，恭親王輔政，乃汰滿用漢；同治初官文恭公文，總督湖廣自官罷而滿人絕迹者三年，僅英翰擢至安徽巡撫耳。當同治己巳庚午間，（同治八年九年西一八六九——一八七〇年）各省督撫提鎮，湘淮軍功臣占其大半，及恭王去位，滿人勢復盛，光緒甲午後，滿督撫又遍各省，遂訖於遜位。』觀此，不但中央握有大權的大臣，多屬滿人；而地方握有大權的大吏，亦多屬之滿人。

清朝對於東三省，治法不同。奉天係陪都，設府尹，又有五部，（除吏部），府尹但管漢人，旗人的民刑訴訟，歸五部中的戶刑二部管理，而軍事上則屬之將軍。光緒二年，乃以將軍行總督事，府尹行巡撫事。吉林之行政組織，比諸盛京，更爲簡略，只設吉林將軍，副都統以下八旗武官，將軍駐吉林城，綜理全省事務。黑龍江將軍一人，駐齊齊哈爾城，副都統三人，分駐齊齊哈爾、墨爾根及黑龍江等處。省內無復掌民治的官廳，均以僚屬文吏治之。至對於蒙古、新疆、西藏，亦用駐防制度。新疆於中俄伊犂交涉後，亦改爲行省，而蒙藏則始終未能改省。外蒙古的駐防有定邊左副將軍和參贊大臣，駐紮烏里雅蘇臺。科布多參贊大臣，幫辦大臣，駐紮科布多。對於青海、蒙古，則有西寧辦事大臣，駐紮西寧；而對內蒙古和西套蒙古，無駐防。凡蒙旗都置札薩克，（旗有旗長，盟有盟長，旗長世治其民，稱札薩克）惟內屬察哈爾、土默特，無札薩克，直接歸將軍副都統管轄。對於新疆，有伊犂將軍統轄參贊、領隊、辦事大臣，協辦諸大臣，分駐南北路各城。對於西藏，有駐藏辦事大臣一人，幫辦大臣一人，分駐前後藏。宣統三年，裁幫辦大臣，設左右參贊。左參贊與駐藏大臣分駐前藏，右參贊駐後藏。西藏有自治及官治兩種機關，自治即喇嘛，官治即中央簡派的官吏。其他尙有土司的官制。雲南、四川、貴州、廣西，僻野之地，苗猺民族，棲息其間，文化甚低，一般行政制度，難以實施。清初沿明之舊，分土司之官制爲二種：（一）土官。分猺苗諸族領地爲土州縣，擇其族酋長子孫世襲知府州縣之職，爲土知府、土知州、土知縣，即所謂土官。土司之文化稍進者，後改爲普通官廳，名爲改土歸流，即改土官而爲流官之義。（二）土司。土司爲蠻族酋長歸降而有戰功者，世襲與土司同；惟土官爲文官，土司爲武官。土司職位，比土官略高，常戴指揮使宣慰使之職銜。清代因統治的領地甚廣，致地方官制甚爲複雜。

第十一節　清代之軍制

清初努爾哈赤起兵吞併各鄰近部落，創制滿洲八旗，是爲清代兵制之始。旗兵分滿洲八旗，蒙古八旗，漢軍八旗。滿洲八旗，太祖高皇帝時就有其初但分正黃、正白、正紅、正藍四旗。後來兵士增多，續添鑲黃、鑲白、鑲紅、鑲藍四旗。蒙古、漢軍八旗，均係太宗時所置。每旗置都統一，副都統二，凡轄五參領，一參領轄五佐領，一佐領轄三百人。入關之後八旗兵在京城的，謂之禁旅八旗，仍以都統副都統指揮之。駐守各處的，謂之駐防八旗，以將軍副都統指揮之。據皇朝文獻通考卷一百七十九載：『國初先編立四旗，以統人衆，尋以歸服益廣，乃增建爲八旗，然猶統滿洲蒙古漢軍之衆而合於一也。迨其後戶口日繁，又編蒙古八旗，設官與滿洲等，繼編漢軍八旗，設官與滿洲蒙古等，合爲二十四旗。其制以旗統人，即以旗統兵，蓋凡隸於旗者，皆可以爲兵，非如前代有僉派召募充補之繁而後收兵之用也。』可見旗兵很像一種徵兵制。綠營則沿自明朝，是以漢人充選，用綠旗爲標識，以別於八旗，所以謂之綠營，隸於提督總兵。綠營在京城者有巡捕五營，而各省有督標（總督所屬），撫標（巡撫所屬），提標（提督所屬），鎭標（總兵所屬），軍標（成都將軍所屬），河標（河道總督所屬），漕標（漕運總督所屬）之分。各省綠營，分標而不相連屬，惟總督節制撫、提、鎭各標，提督節制鎭標，皆爲人的關係，其組織上各標下分營協而已。

乾隆以前，大抵出征則用八旗，平定內亂則用綠營。川楚教匪起後，綠營旗兵沒有作戰能力，反藉鄉兵應敵，於是在綠營之外另募鄉民爲兵，謂之練勇。太平軍起義後，仍藉湘淮軍討平，於是勇營爲全國兵力的重心。勇營的編制，以百人爲一哨，五哨爲一營。水師以三百八十八人爲一營。法越之役，和中日之戰，勇營已不可恃，乃於勇營之外，挑選精壯重加訓練，是爲練軍。各省綠營，亦減兵額，以所省的餉，加厚餉額，挑選重練。練軍之中最著名的，爲甲午戰役後所練的武衞軍，分左右前後中五軍，駐紮畿輔；而其改練新操最早的，則推張之洞總督湖廣時所練的自強軍。徵兵之制，略仿行於清代末年，於各省設督練公所，挑選各州縣壯丁，有身家的入伍訓練，爲常備兵；三年放歸田里，謂之續備兵，又三年退爲後備兵，又三年則脫軍籍。其軍官之制，分三等九級，上等三級爲正副協都統，中等爲正副協參領，下等爲正副協軍校。水師之制，清初分內河外海；江西、湖南、湖北戰船，屬於內河，山東、天津、福建戰船，屬於外海。江蘇、浙江、廣東，則兩者兼有，以水師提督節制之。太平軍起後，曾國藩首練水師，遂成立所謂長江水師，亂平以後另練南北洋海軍。（其詳可參閱中國海軍志、東方兵事紀略、中東戰紀等書）。其時有五水師，北洋水師屬於北洋通商大臣（直隸總督所兼）所管轄；南洋水師屬於南洋通商大臣（兩江總督所兼）所管轄，長江水師屬於長江水師提督所管轄，福建水師屬於閩浙總督所管轄；廣東水師，屬於兩廣總督所管轄。在北京有海軍衙門，以統轄各水師，而總理海軍事務。

滿清隆盛時期養兵不算太多，茲據乾隆時的兵額附列如下：八旗滿洲兵五萬九千五百三十名，八旗蒙古兵一萬六千八百四十三名，八旗漢軍兵二萬四千五十二名，京城巡捕營兵一萬名，直隸省兵三萬九千四百二名，山東省兵一萬七千五百四名，山西省兵二萬五千七百五十二名，河南省兵一萬一千八百七十四名，江南省兵四萬八千七百四十七名，江西省兵一萬三千九百二十九名，浙江省兵四萬三十七名，湖北省兵一萬七千七百九十四名，湖南省兵二萬三千六百四名，四川省兵三萬二千一百十二名，陝甘省兵八萬四千四百九十六名，廣東省兵六萬八千九十四名，廣西省兵二萬三千五百八十八名，雲南省兵四萬一千三百五十三名，貴州省兵三萬七千七百六十九名。（參閱皇朝文獻通考卷一七九）。總計兵額六十三萬六千四百八十名。各省兵額以陝西、甘肅、福建、廣東爲多。軍律則以康熙、雍正、乾隆三朝爲較嚴。至滿淸駐防兵制，當略述者如下：駐防地大致可分三等：一爲最重要之地，二爲次要之地，三爲又次要之地，皆以置官之大小爲標準。其時所視爲重要之地，如盛京、吉林、黑龍江、綏遠、江寧、杭州、福州、廣州、荆州、成都、西安、寧夏。次要之地，如熊岳、錦州、寧古塔、伯都納、三姓、阿勒楚喀、拉林、黑龍江城、墨爾根、呼倫貝爾、山海關、察哈爾、熱河、密雲、青州、歸化、京口、乍浦、涼州。又次要之地，如興京、撫順、鳳凰城、遼陽、開原、鐵嶺、牛莊、廣寧、復州、金州、岫巖、蓋州、寧遠、中前所、中後所、小凌河、義州、琿春、伊通、額木赫索羅、呼蘭河、良鄉、寶坻、固安、采育里、保定、雄縣、滄州、永平、玉田、三河、順義、喜峯口、羅文峪、冷口、張家口、獨石口、昌平、喀喇河屯、樺榆溝、古北口、開封、莊浪，皆有駐防的八旗兵。最要駐防地多爲各省省會所在，設將軍一人統全省駐防的旗兵。各處駐防之兵，多則四五千人，少則一二百人。駐防之兵無論騎兵步兵，皆合滿洲、蒙古、漢軍以爲營。畿輔駐防二十五，兵八千七百五十八人；東三省各城駐防四十四，兵三萬五千三百六十八人；新疆駐防八，兵萬五千一百四十八人；各省駐防二十，兵四萬五千五百四十八人；又守陵寢兵、守園場兵、盛京吉林守邊門兵二千九百七十八人，共駐防兵十萬七千七百六十八人。淸代軍政，五年一舉考察中外武職，以定黜陟。注上考者，薦舉卓異；注下考者，糾劾該管官不入舉劾者，以中平注考，彙送兵部。部會都察院兵科、京畿道察核題覆。塡注考語，定以四格：曰操守，才能，騎射，年歲。糾以八法：曰貪酷、罷軟無爲、不謹、年老、有疾浮躁、才力不及。考績雖然如此規定，然滿兵漢兵待遇是不同的。八旗養育兵，每名恩賞銀一兩五錢，銀米統計，為數不少。太平天國楊秀清、韋昌輝、石達開等攻擊滿洲之無道，特說及：「滿兵雙糧，漢兵單餉，一遇戰陣，則漢兵前驅，滿兵後殿」，待遇不平，致令滿洲八旗兵以優厚的地位而日趨腐化。清末八旗兵全無作戰能力，比之入關時的雄武，有天淵之別。

第十二節　清代之法制

法律須依時代而變遷，而後可酌訂為社會需要的法律。中國歷代變更法律手續太難，當編纂之始，沿襲前代成文的地方太多，致和事實不大適合，乃補之以例，又有所謂案例太多了，人民不能通曉，而幕友吏胥等遂因以作弊。日本織田萬說：「清國蹈襲古代遺制……用成大清律及大清會典二書，二書所載，為永久不變之根本法。且其性質以靜止為主，不能隨時變遷，故於法典之外，為種種成文法，以與時勢相推移，詳其細目，以便適用，而補苴法典之罅漏。」（見清國行政法法學研究社譯本）。清朝的法律編纂於順治三年，全以明律為藍本，名大清律集解附例。康熙十八年命刑部：「律外條例有應存者，詳加酌定，刊刻通行。」名現行則例。二十八年，御史盛符升請以現行則例載入大清律內，詔以尚書圖納、張玉書等為總裁，至四十六年，繕寫進呈，祇留覽而不曾發布。雍正元年，詔大學士朱軾、尚書查郎阿等續成之，至五年而全成，名大清律集解附例。高宗即位，命律例館總裁三泰等更加考正，五年，纂入定例一千條，公布施行。其後合律和條例為一書，遂稱為大清律例（參閱白話本國史一〇一頁）。據三泰的奏疏說：『我皇上（乾隆高宗）御極之元年，允尚書傅鼐陳奏，特命臣三泰等爲總裁，臣等奉命遴選提調臣何瞻，纂修臣岳泰等，逐條考正，重加編輯；又詳校定例，纂入一千四十九條，節次恭繕進呈，蒙皇上親加鑒定，間有未協之處，悉經諭旨改正，特命刊布內外，永遠遵行。』又據乾隆五年御製大清律例序說：『朕簡命大臣，取律文及遞年奏定成例，詳悉參定，重加編輯，揆諸天理，準諸人情，一本於至公，而歸於至當，折衷損益，爲四百三十六門，千有餘條，凡四十七卷，條分縷析，倫敍秩然。』此四十七卷，是包括律目一卷，名例二卷，吏律二卷，戶律八卷，禮律二卷，兵律五卷，刑律十五卷，工律二卷，總例七卷，比引條例一卷。乾隆二十七年，命和碩親王允祿、傅恆、張廷玉等，撰乾隆會典一百卷，會典凡例說：『會典以典章會要爲義，所載必經久常行之制，茲編於國家大經大法，官司所守，朝野所遵，皆總括綱領，勒爲完書，其諸司事例，隨時損益，一以典爲綱，一以則爲目，庶詳略有體。』另有乾隆會典則例，在乾隆二十九年所撰，凡一百八十卷，則例與會典分離，惟以事例編纂，歷代法制的沿革，可依則例而知。仁宗嘉慶時的法典，有嘉慶會典，此書是嘉慶十七年所撰，凡八十卷，卷數雖不及乾隆會典之多，而內容較爲複雜。嘉慶會典事例，與會典同時所撰，凡九百二十卷，編纂的體裁，如凡例說：『此次事例爲卷九百二十，實爲繁頤，若循舊例，分別諸司，門類過多，難以尋閱，是以各就一衙門之事例，皆分列數門，每門之下，析爲子目，每目之下，仍按年編次，其門目皆標明每卷之首，俾一覽了然。』清代刑法典，自乾隆以後，有條例五年一小修，十年一大修的成例。在嘉慶時，注解大清律的，有胡肇楷嘉慶十年撰的清律例輯注通纂，沈秀水嘉慶十六年撰的清律例統纂集成。道光朝曾兩次修纂條例，第一次在道光元年，第二次在道光四年。道光朝注解清律的人，有姚雨薌道光三年撰的新修律例統纂集成，潘德畬道光二十七年清律例案語。同治朝註解大清律的有胡仰山同治九年撰清律例刑案新纂集成二十四册；任彭年同治十年撰重修律例統纂集成。光緒朝因受列強威嚇壓迫，不得不改良司法，適應潮流。光緒二十八年，清廷派呂海寰在上海修訂各國商約，而直隸總督袁世凱，亦會同湖廣總督張之洞，兩江總督劉坤一，奏保派員修訂法律，同時並派沈家本、伍廷芳爲修改法律大臣。自光緒二十八年至三十一年，此數年間僅從修改舊律及譯書着手（參閱江庸著五十年來中國之法制一文，楊鴻烈中國法律發達史下册八八六頁），計當時譯成之各國法律，如德意志刑法，裁判法；俄羅斯刑法；日本現行刑法，改正刑法，陸軍刑法，海軍刑法，刑訴訴訟法，監獄法，裁判所構成法，刑法義解；法蘭西刑法。刑部恐新律扞格難行，乃將大清律例先行刪節以備過渡之需，遂刪除三百四十五條，於光緒三十四年告成，名大清現行刑律，在宣統元年頒行。這部法典篇目如下：名例三十九條，職制九條，公式十一條，戶役十二條，田宅十條，婚姻十五條，倉庫二十三條，課程四條，錢債三條，市廛五條，祭祀六條，禮制十九條，宮衞十五條，軍政十八條，關津二條，廄牧十條，郵驛十五條，賊盜二十七條，人命二十條，鬬毆二十一條，罵詈八條，訴訟十條，受贓十條，詐僞十一條，犯姦九條，雜犯十條，捕亡七條，斷獄二十八條，營造八條，河防四條，統計三百八十九條，附例共計一千三百二十七條。這部大清現行刑律在宣統二年四月諭令刊刻成書頒行京外一體遵守，但不久革命軍起，清政府推翻，實際上未有施行。大清現行刑律之修訂，於當時法制雖無若何影響，然已漸注意於刑獄之改良，即是停止凌遲戮屍梟首三項，並免除緣坐刺字諸法及刑訊。

清代法院編制，有外省和中央的分別。外省司法機關最高者爲按察使，掌省內刑名案件，府廳掌審判罪犯，監督州縣廳縣掌審判檢屍；又與縣同等州廳的分司，或稱巡檢，關於戶婚小事，有審判權。中央司法機關最高者爲大理寺，掌平反重辟及京師五城順天府屬直省府州縣死刑。有都察院，掌察核官常整飭綱紀。有刑部，掌法律刑名。光緒三十二年，改刑部爲法部，專司司法行政，設大理院以下各級審判廳。三十三年，頒行法院編制法；宣統元年，頒布各省城商埠各級審檢廳編制大綱，是爲司法與行政分立之始。清代自光緒籌備司法獨立後，即創設一種覆判制度，其概要如下：（一）覆判之機關爲大理院；（二）覆判之範圍由府州縣審擬解勘例應專奏或彙奏之死罪案件；（三）審判之程序，用書面審理，但引斷及事實上發見疑誤之處，得加詢問；（四）判決之執行，判決後由大理院具奏，請旨飭下法部查照施行，奉旨後即日巡由該院將全案供勘繕冊咨報法部，由該部行文各省，分別照例辦理。這覆判制度，一直影響到民國時代，成爲覆判暫行簡章，後又修訂成爲覆判章程。

清代大清律例凡四十七卷，全書二百二十六門，其名例律所載五刑十惡八議之目，頗屬重要，茲列表如下：

五刑

刑名	一等	二等	三等	四等	五等
笞	一十	二十	三十	四十	五十
杖	六十	七十	八十	九十	一百
徒	一年（杖六十）	一年半（杖七十）	二年（杖八十）	二年半（杖九十）	三年（杖一百）
流	二千里	二千五百里	三千里	三等均杖一百	
死	絞	斬	二等皆有立決監候之別，其最重者爲凌遲梟示		

另有所謂十惡者，即謀反、謀大逆、謀叛、惡逆、不道、大不敬、不孝、不睦、不義、內亂。有所謂八義者，即議親、議故、議功、議賢、議能、議勤、議貴、議賓。十惡為常赦所不原。八議，須先請旨准許，有司不得擅自勾問。五刑之外，有流徒加重者為充軍、發邊遠安置。詳讞之法分三種：在京者為朝審，在各省者為秋審，在暑月中者為熱審。朝審事例，每年於霜降後十日，三法司會同九卿科道官將刑部現監重囚逐一詳錄，分矜疑、緩決、情實三項具題，命下之日，矜疑者照例減等，緩決者仍行監禁，其情實者，刑部三覆奏聞，臨決之時，另本開列花名，候御筆勾除，方行處決。秋審於秋季總決獄內重囚，別為情實、緩決、可矜、留養四種；督撫率其屬集囚之坐大辟者親訊而覆核之，刑部總其成。凡情實者皆繕黃冊，以呈御覽。熱審之例，始於順治八年，當時因天氣炎熱，恐罪囚淹斃，在京行之。乾隆時定熱審杖減之例，展熱審減等之限，熱審之制，始漸確定。清代審訊犯人，利用刑具，表面雖有矜疑之條，而刑具招供，實際之受冤屈者至多，及其末年，法權因而喪失。道光二十三年（一八四三年）將領事裁判權，明定於中英五口通商章程、中英、中法、中美、天津條約，先後訂立關於華洋刑事案件有會同公平訊斷的規定。光緒六年，（一八八〇年），中美北京條約，更規定觀審之權限，可以出席訊問駁訊證人，抗議申辯添傳證人再行傳訊，詳報上憲等。滿清鑄此大錯，遺害不小，為中國法制史上的污玷。

第十三節　清代之宗教

古代帝王莫重於郊祀配天，清代亦然。太宗文皇帝，始祀天於圜丘。世祖順治元年，定鼎燕京，親祀南郊，告祭天地。聖祖康熙皇帝卽位，遣官告祭昊天上帝，並以諸臣詳議祀典；九年，祈穀於上帝；十二年，定祭祀時辰及別殿齋戒之例。世宗雍正登位，遣官告祭天地宗廟社稷。乾隆元年，祈穀於上帝，親詣行禮。考清代帝於祀天之外，復祭祀日月星辰社稷宗廟。皇朝文獻通考卷九十八載：「古者建國之制，右社稷，左宗廟，於祀典爲尊重，誠以非土不立，非穀不食，王者以土穀爲重，爲天下求福報功，故親祭社稷，有事則告焉祈焉報焉，其義達於上下，故令郡縣皆祀社稷，而民間亦有里社，自三代以下，雖頗有異同，其義率準諸此。國家稽古定制，典禮周詳，享祀虔恪，誠千古不易之典也。」可知在朝廷之上有郊祀之禮，在郡縣有祭社稷之禮，在民間有里社之禮，形成一個多神教的國家。佛教自明中葉以後大衰，至於清代，遂不復振。清代聖祖、高宗二帝雖盛奬儒學，而佛教除保護喇嘛教外，未嘗有所盡力；高宗時不許建立寺院，曾下限制僧廟之詔，凡民間男子年十六以下，女子四十以下者，皆不許出家，故佛教益趨於衰落。天台、華嚴、法相、眞言、淨土諸宗，祇能保持其典型；然鄉村愚民齋禱者尙多，政府所立之僧錄、僧正諸司，因之不廢。卽讀書人中，以經學家而研究佛典者亦頗不少，如王船山大治法相宗，彭紹升及羅有高篤信佛法，魏源兼修佛典，受菩薩戒，著無量壽經會譯等書。楊文會深通法相、華嚴兩宗，而以淨土教學者著稱，譚嗣同學於楊文會，而著仁學；晚清士子兼修佛學者尤衆。喇嘛教本佛教之支派，流布於西藏、青海、內外蒙古及滿洲一帶，清廷爲懷柔藩部計，故加保護，與尊崇。凡寺院之配置及喇嘛僧之階級與任免等諸制度，均令理藩院掌之；又於北京建雍和宮爲喇嘛廟，且優待達賴喇嘛、班禪喇嘛。道教自明以後，已失其固有之教旨，而尙修養煉丹符籙之三術。清沿明制，京師置道錄司，府置道紀司，州置道正師，縣置道會司，以統理道士。回教卽伊斯蘭教，蔓延於天山南路、伊犂、甘肅、陝西、四川、山西及直隸諸省，西藏及蒙古，則因喇嘛教盛行之故，未有信徒，其教派有黑帽回卽黑山派，與白帽回卽白山派。回教徒與他教人不通婚姻，有死者以白布包而葬之，不用棺槨，每七日赴寺院禮拜一次，以爲例，最憎惡猪肉，行旅必自攜炊具，不食常人之物，因恐其不清潔之故。當高宗乾隆旣平定準噶爾後，以回教徒之不易馴服，遂將其教徒編入八旗軍中以籠絡之。

基督教有新舊二教之分，舊教卽羅馬加特力教，在明末已先來中國。清初有 Lazarists 派及 Missions Etrangers 派的教士來中國布教，第十七世紀之末，中國各省信徒增加，最盛時信徒約及二十萬人。康熙三十五年，（一六九六年）華人在北京受洗禮者達六百三十八。康熙四十三年，（一七〇四年）教皇克列孟第十一（Pope Clement X I）在位，決意禁止中國奉教的人祭天、敬孔、祀祖，於一七〇四年十一月二十日發布敎諭禁止，並遣鐸羅（Charles Maillard de Tournon）東來解決中國印度一帶關於儀式的爭論；鐸羅到中國後，康熙不以教諭爲然，命鐸羅等出京，並令各教士願意照舊者，可領票傳教，願遵教皇諭旨者歸國。鐸羅不聽康熙的命令，康熙遂把鐸羅押送澳門，由葡萄牙人囚禁起來；一方面派耶穌教士至羅馬，要求撤回前命，沒有結果。一七一五年教皇克列孟第十一又頒布教諭，重申禁令，並要教士宣誓遵奉；又派使臣麥渣巴爾巴（Charles Ambrosius Mezzabarba）至中國，一七二〇年抵澳門，旋至北京，見聖祖的決心，遂變通變法，在教書之後再加條件八項，加以容認。聖祖康熙死，雍正卽位，依閩浙總督滿寶之奏，除在北京從事於欽天監及其他職務者外，凡宣教士禁其留居澳門以外之內地；又改天主堂爲公會所，嚴禁人民信教；乾隆時對於天主教取締尤爲嚴厲。嘉慶十三年，（一八〇八年），英吉利人莫爾遜（Robert Morison）來廣東及澳門，傳新教，而基督教，又流傳於各省，信徒之數，頗見增加。鴉片戰役以後，中外形勢一變，天主教在中國的勢力遂由潛伏的時期而達到擡頭的機會。道光二十四年（一八四四年），法國派遣全權委員拉古勒於北京，將黃埔條約蓋印，道光帝據其奏請准自今以後凡奉天主教者，不問內外國人，苟不違背清國法律，決不處以刑罰，然此奏章及上諭，卻不公布凡宣教師不得許可，而欲於開港場以外布教者，仍被禁止。道光十八年，處處有虐待教徒之事，至咸豐朝，官民之嫌忌西教者，更甚於前。咸豐六年（一八五六年），法國宣教師，被捕於廣西，不堪苦刑而死，因此，法皇拿破崙第三，命公使至北京交涉，要求賠償，不得要領，法國乃與英聯合派艦，迫直隸天津，清廷乞和，訂中法條約，其十三條規定如下：『一切基督教會員，凡關於其身體財產宗教上慣例之自由執行，均受完全之保護。』繼在天津條約追加四條，其關於布教者如下：『依道光帝一八四六年三月二十日之詔勅，其從來向基督教徒所沒收之教堂及慈善建設，均由法國公使，各返還原有之主，而附屬於此等之埋葬地及建築地，亦均發還。』此時在清國布教之天主教宣教士，不問國籍為何國，皆受法國公使的保護，羅馬教皇，亦公認法國所得的權利；其餘各國，欲得中國布教的便利，皆訓令教徒，服從法國公使。當法國在中國獲得保護天主教的權利時，德國亦欲向清廷獲得此項權利，時俾斯麥亦自一八八三年以後，採取殖民政策，遂贊助德國天主教會以破壞法國保護的專有權。一八九七年，山東省殺害德國之宣教師二名，德國遂不依賴法國政府，自進而與清廷開談判，結果乃至租借膠州灣。其後各地教案屢起，一波未平，一波又起，駐京之法國公使，遂請求清廷給宣教師以傳道的便宜，結果遂有光緒二十五年的上諭，對於天主教新教加以保護。歐洲天主教新教東傳至中國後，中國社會風習倫理道德起了一新變化，然民間皈依者其數甚少，大部分人民多皈依佛教，及多神教。（關於西方宗教東傳的事實，可參閱蕭司鐸所著的天主教傳行中國考，黃伯祿所著的正教奉褒，北平故宮博物院印行之文獻叢編第六輯，及英文方面 Prof. K. S. Latourette 所著的 A. History of Christian Missions in China, 1929. 等書可得其詳）。

第十四節　清代之美術

清代美術亦有可稱述者：（甲）建築。清代建築以帝都爲盛，其宮室的奢華，城郭的崇高，皆有名於當世。中世以後，圓明園頤和園的建築，尤擅建築界的精華，歐美人士之遊北京者，稱清廷宮殿結構之美，爲世界冠。（乙）繪畫。清初以畫著者，有王時敏，（字遜之，太倉人，官至太常卿，康熙九年卒，年八十九歲），王鑑，（字圓照，太倉人，官廉州知府，康熙十六年卒，年八十歲），王翬，（字石谷，常熟人，康熙五十六年卒，年八十六），王原祁，（字茂京，官少司農，康熙五十四年卒，年七十四），惲格，（字壽平，江蘇武進人，康熙二十九年卒，年五十九），吳歷，（字漁山，常熟人，康熙五十七年卒，年八十八），稱爲六家。王石谷爲王鑑所賞識，又得王時敏之指導，古今名蹟，無不學習，終合南北而爲一，可謂一代大作家。王原祁學問最高，曾任佩文齋書畫譜，及萬壽盛典之編修總裁，其畫受祖父時敏及王廉州的指示。吳歷師事王時敏，筆勢蒼莽，在六家爲最勝，曾入耶穌教，赴歐洲，頗稱道西洋畫之巧妙，但其作品則受歐化甚少。雍正乾隆間的畫家，以朱文震所稱畫中十哲爲首，十哲之中，以高翔，（字鳳岡，江蘇甘泉人），高鳳翰，（字西園，山東膠州人官歙縣丞，乾隆八年卒年六十一）李世倬，（字輸章，朝鮮人，官副都御史）張鵬翀，（字天扉，嘉定人，官詹事，乾隆十年卒年三十八）董邦達，（字孚存，浙江富陽人，官禮部尚書，乾隆三十四年卒）五人為著。乾隆時，召耶穌會教士與大利人細克帕夫(Ignatius Sickerparth)入內廷，使遍繪動物，他想以新的描法，試之於中國畫上，由是寫生一派，遂開拓出一段的新境界。嘉慶道光間的畫家，有董誥，（字西京，官大學士，嘉慶二十三年卒，年七十九）王學浩，（字孟養，崑山人，乾隆五十一年舉人，道光二年卒年七十九）張問陶，（字樂祖，四川遂寧人，乾隆五十五年翰林，官萊州知府）黃越，（字左田，安徽當塗人，官戶部尚書）湯貽汾，（字若漁，武進人，官浙江樂清協副將）戴熙，（字醇士，錢塘人，道光十二年翰林，官刑部侍郎）張賜寧，（字坤一，直隸倉州人，官河工州同），皆有名。咸豐同治至光緒間，最有名之畫家，當推滬上三熊，卽張熊，（字子祥，秀水人，卒年八十餘）朱熊，（字夢泉，嘉興人）任熊，（字渭長，浙江蕭山人，卒年四十餘）。其他尚有任熙，（字伯年，山陰人）吳嘉猷，（字友如，江蘇元和人）吳滔，（字伯滔，石門人）陳元升，（號紉齋，浙江定海人）。清末西洋畫傳入中國，市肆的鋪設，學校的採用，多注重西法。（丙）書法。清代之以書傳者，有顧炎武，（字亭林，崑山人）厲鶚，（字大鴻，錢塘人）畢沅，（字纕衡，江蘇鎮洋人，乾隆五年狀元，官湖廣總督）劉墉，（字崇如，山東諸城人，乾隆十六年進士，官體仁閣大學士）梁同書，（字元穎，錢塘人，乾隆十七年進士）翁方綱，（字正三，大興人，乾隆十七年進士，官鴻臚寺卿）錢大昕，（字及之，嘉定人，乾隆十九年進士，官少詹）阮元，（字伯元，江蘇儀徵人，乾隆五十四年進士，官體仁閣大學士），吳榮光，（字荷屋，廣東南海人，嘉慶四年進士，官湖南巡撫），何紹基，（字子貞，湖南道州人，道光十六年進士，同治中卒年七十五），曾國藩等（字滌生，湖南湘鄉人，道光十八年進士，官兩江總督）。法帖以康熙之懋勤殿帖，乾隆三希堂帖，各二十八卷，及嘉慶成親王詒晉齋帖四卷爲首。民間所刻者，有梁焦林之秋碧堂帖，笪重光的東書堂帖等，不勝枚擧。（丁）雕鑄　雕刻與冶鑄，在清代亦頗發達。有所謂殿版者，刊鐫之精，爲民間所不及。篆刻在清大興浙人能其藝者尤多。順治康熙間，吳門顧苓與徽州程邃，以印章名世。自雍正乾隆至嘉慶，秦祖永所稱七家，及西冷六家輩出，始分別篆刻的流派；近人著印人傳，載清代印人的流別，及其家數頗詳。雕刻器物，如象牙塔高數寸，圓寸餘，雕鏤細工，窗欄簷鐸，層層周密，內設佛像，面面端整，稱爲鬼斧神工。冶鑄如鐘鼎軍器，亦有度越前人之處。（戊）音樂　順治初年之樂，仍沿明代之舊。康熙時，始制定律呂正義，首明黃鐘度分體積倍半相生相應之理，較古尺九寸，得今尺七寸二分九釐，以定黃鐘徑圍長短之數，並繪圖列說，以昭法守。乾隆時，重輯律呂正義後編，又續定諸樂圖說。清代樂器有排簫、簫、笛、笙、篪、壎、琴、瑟、鐘、磬、鼓等。其樂章分爲祭祀樂：如圜丘、祈穀、常雩、方澤、太廟、社稷、日月、先農、先蠶、帝王廟、文廟、天神地祇、太歲、泰山岱廟、嵩山中樂廟、長白山望祀。朝會樂：如元旦、冬至、萬壽、上元、常朝、命將出師、凱旋、傳臚、宴饗樂：如正月鄉飲酒、十月鄉飲酒、經筵賜宴、文武進士宴、宗室宴、千叟宴。導引樂：如排駕、導迎。行幸樂：如臨雍、幸翰林院、幸盛京。歷朝議復雅樂，旋興旋廢，考察歷史，未有如清代行之最久者。

第十五節　清代之教育

滿清教育，可以分做守舊和維新兩個時期：（甲）守舊時期的教育。清代守舊時期的教育，大概依照明制，在未與學堂以前，所謂學校，即科舉之初基，與新教育殊異，然其學分大中小，官有教授教諭等，有似於學校教育。（子）太學。清會典卷三十一載：『凡學皆設學官以課士，府曰教授，州曰學正，縣曰教諭，皆以訓導誨之。凡生員有廩膳生，有增廣生，有附生，各視其大學中學小學以爲額，奉恩詔則廣額，巡幸亦如之，其永廣之額，則視其事以爲差。簡學政以董教事，及按試嚴以關防，歲試各別其文之等第以賞罰而勸懲之，取其童生之優者以入學。凡試生員，令學官冊而送於院；試童生令地方官冊而送於院，鄉試則錄科各申以禁令，三年報滿，各列所剔之弊，題而下於部以考覈。凡教學必習其禮事，明其經訓，示其程式，敎其士習，正其文體。凡生員食餼久者，各於其歲之額而貢於太學，曰歲貢；恩詔則加貢焉，曰恩貢；學官舉其生員之優者，三歲學政會巡撫試而貢之，曰優貢；十有二歲乃各拔其學之尤者而貢之，曰拔貢。』清代太學的入學途徑，有由學校直接編收的稱監生，有由鄉學選送的稱貢生；貢生有歲貢恩貢拔貢優貢副貢的分別；另有軍功的功貢生，和捐納的貢監生。國學的大學生，雖名貴游子弟之學，其實一般平民由黌序升錄的，可以升堂入室，此是與古制不同的一點；國學原以培植高深學問的人才，乃反變爲捐資籌款的途徑，此是與古制不同的二點；貢送監生，竟有不必涉足監門，即行試用的，又有優秀生員，特准在籍肄業，算做監生的，遂至空名掛籍，庠序荒蕪，此是與古制不同的第三點。太學學科有五經四書性理習字各科。乾隆二年，模仿宋儒胡瑗經義治事齋的辦法，凡專修經義的，要依御纂折中傳說，切實研究；專修治事的，要將歷代典禮、賦役、律令、邊防、水利、天官、河渠、算法等科，窮其源流，考其利弊。至八旗學生，另設演射一科，訓練武事。太學學級編制，在乾隆以前，班級員數無定額，乾隆二年以後，才規定六堂名額，每堂五十八人，三十八人爲內肄業，二十八人爲外肄業；內肄業每人歲支膏火二十四兩；外肄業每人歲支膏火六兩。貢送學生，非文優品端的，不得充補。八旗學生，依各旗分堂肄習，由助教擔任教授。考試沿用積分方法：平時有博士講書，監生覆書上書覆背四種，月終考試一次，列一等的給分數一分，二等半分，二等以下無分，一年統計滿八分的便算及格。三年期滿，照所學分別試用。（丑）宗學。宗學是滿清教養皇族的學校，所謂國學以教國子，宗學以教宗人是也。宗學分左右兩翼，每翼各立一滿學一漢學；每學王公一人總其事，正教長二人，副教長八人，清書教習二人，騎射教習二人。生員是皇族子弟十歲以上十八歲以下的。功課定清書漢書騎射。每月考試，分別等第註册，春秋二季，宗人親加考試，試以繙譯及經義時務策各一道，優者奏聞引見，一二等賞給筆墨，三四等留學，五等告戒，六等黜退。另有覺羅官學，旗學：滿清宗法，由顯宗宣皇帝本支傳衍的，稱爲宗室；由顯祖伯叔兄弟宗支傳衍的，稱爲覺羅；除此兩種以外，隨從入關的，通稱旗民。雍正七年，令每旗各立一衙門，管轄覺羅，卽於衙門之旁設立學校，令其讀書學射，滿漢兼習，學成得與旗人同應歲科考，鄉會試，及考用中書筆帖式等官，劣者報知宗人府，拘於本旗署內教訓之，禁止出門，俟其改過乃釋之。旗學設立於順治元年，計有四所，每所伴讀十人，勤加教習，每十日向國子監考課一次。雍正時，又在八旗教場旁設立八旗教場官學，一旗一所。此外更有景山附設官學，咸安宮附設官學，盛京官學，八旗蒙古官學各種。旗學學科，原定滿漢文武兼習，雍正末年增算學一科，由官學選定高第三十餘人，專聘教習十六人，教授之。教授由滿洲舉人進士中考取，訓導由副榜貢生考取。學生每十日向國子監考課一次，每月還要考試文章和騎射一次，更有五年一次考勤之例。（寅）鄉學。清廷注意鄉學，非以普及地方教育爲主旨，乃所以表示大一統的雄圖。據皇朝文獻通考卷六十九載：『天下者郡國鄉黨之推也，士習者民風之本也。我朝文命覃敷,崇尙儒術,海內喁喁向風,說禮樂而敦詩書,士有言不充於理,而行不軌於正者,則鄉理非之,何者?列聖之教澤有以深入乎人心,而庠序之教化有以表率乎民俗也』這裏所謂列聖教澤就是指滿清皇統的深恩厚德,而漢人須喁喁向風馴服於滿淸統治的政權和教權之下的意思。淸代鄉學等級,原有省府州縣衞各種,各種之中又有大中小的不同,學生入學不限定一級一級升進,只看居住地在甚麼地方,便進甚麼學校。學生名額原定各級學校優給廩膳生員,爲府學四十名,州學三十名,縣學二十名,衞學十名,增廣生員名額相等;附生名額,要看地方文化情形如何而定。生員名稱,照所屬學校分別的有府學生員州學生員縣學生員各種,與明制約略相同。鄉學教科:(1)經籍分五經、性理大全、四子書、大學衍義、朱子全書、欽定孝經演義、御製性理精義、御製詩書春秋三經傳說類纂。(2)文藝分文章正宗、古文淵鑑、御製律學淵源。(3)歷史分資治通鑑綱目、歷代名臣奏議。考試分進學考試,是爲着錄取儒童入學設的,試四書題時文(八股)一道,小學論文一道;淸末光緒時,能廢時文,考試經義、史論、時務策三種。月課:卽平常考試,定例每月一次,學生三次缺考,便受戒飭,終身不到,便要除名。歲試:定三年一次,考試四書文二篇;科試:試四書文二道,經文一道,中間曾加試律詩五種。定例,歲試不在優等的,科試不得錄送,數次考列四等以下的,還要退學。(卯)書院 淸代書院之設,遍及各地。書院院長由各省撫臣學政選聘經明行修的宿儒充任,學生由有司選擇鄉里優秀子弟肄習其中,分年選科學習。據淸通考卷七十載:『雍正十一年,命直省省城設立書院,各賜帑金千兩,爲營建之費。諭內閣,各省學政之外,地方大吏每有設立書院,聚集生徒,講誦肄業者,……擇一省文行兼優之士,讀書其中,使之朝夕講誦,整躬勵行,有所成就,俾遠近士子觀感奮發,亦興賢育才之一道也。」凡肄業於書院者，可得政府的津貼，在於存公銀內支用；當時設立的書院有直隸、山東、山西、河南、江蘇、江西、浙江、湖北、湖南、陝西、甘肅、四川、廣東、廣西、雲南、貴州等省。（辰）義學社學。義學是對省立之書院說的，在州縣爲義學，在鄉爲社學，凡是州縣子弟年在十二歲以上二十歲以下有志學文的都可以入學；入學之後，便將名册報告主管官廳。據文獻通考卷六十九載：「康熙九年，令各省置社學社師，凡府州縣每鄉置社學一，選擇文藝通曉行誼謹厚者，考充社師，免其徭役，給餼廩優贍，學正按臨日，造姓名册，申報考察。」諸生中貧乏無力者，酌給薪水，各生由府州縣董理，酌給膏火，每年將師生姓名册報學政。（乙）維新時期的教育。（子）普通教育。光緒感於外患的憑陵，清廷的衰弱，思變法而圖自強，乃引用新黨，頒行新政，其關於教育者如下：（1）凡鄉會試及生童歲科各試，向用八股文四書文律詩律賦小楷，改試策論。（2）設京師大學堂，各省府廳州縣，籌備高等學堂中學堂小學堂。（3）變通武科，廢止弓刀石，改試鎗礮。（4）設立學部。（5）設武備學堂。（6）命整頓翰林院，課編檢以上各官以政治之學。（7）定學堂選舉鼓勵章程，凡由學堂畢業考取合格者，給予貢生舉人進士等名稱。（8）命各省選舉學生，派往西洋各國講求專門學業。（9）頒布學堂章程。（參閱商務版拙著中國近代政治史九七頁）。當時訂立學堂章程，規定縣設小學，府設中學，省設大學，大學畢業咨送京師國學，爲簡單的四級制。光緒二十九年，頒佈重訂學堂章程，改定五級制，定爲初等小學四年，高等小學四年，中學四年，高等學堂三年，大學三年，在京師的爲國立，在各省的爲省立。京師大學堂在改制以前，叫做頭等學堂，與舊制國學約略相當。二十八年，從張百熙所奏，把京師大學提高爲教育行政總機關，全國的教育事務，漸歸統一。京師大學課程，普通的有經學、理學、中外掌故、諸子、初級算學、初級格致學、初級地理學、文學、體操學。選習的，有英語、法語、俄語、德語。專門的，有高等算學、高等格致、高等政治、高等地理、農學、礦學、工程、商學、兵學、衞生學。入學資格，以翰林院編檢、各部院司員、候補府道州縣大員、八旗世職子弟、各省武職子弟、各省資送卒業生爲限。各省學堂，有上海之南洋公學，湖北之自強學堂，湖南之時務學堂，天津之中西頭等二等學堂，山西之山西大學等爲著名。（丑）專門教育。（1）同文館，爲輸進西方文化的起源。文宗咸豐十年，總理各國事務衙門把京師鑄錢局改爲館舍，飭令八旗子弟年在十三四歲以下的入館學習外國文。穆宗同治二年，更在京師添設法文、俄文兩館，德宗光緒二十二年，更添設東文學館，並把俄羅斯文館併入其中，總共有英、俄、法、日四國文字，每三年大考一次，考取前列的，加以錄用，或派遣出洋留學。此外各省設立方言館，廣方言館，就中以上海所設成績最佳。又武備學堂、實業學堂、師範學堂、法政學堂，各省亦相繼設立。清代教育，雖開始萌芽，然注重形式，不注重精神；注重表面，不注重實質；還不能完全脫離科舉時代的窠臼。（清代教育制度欲明悉詳細，可參閱大清會典禮部、清通考卷四十七至六十七，毛邦偉編中國教育史三四二頁至三七〇頁，徐式圭著中國教育史略一七七頁至二三〇頁等書）。

第十六節　清代之學術

清代學術，從舊學的立場來看，可說是達於成熟的時期；從新學的立場來看，可說是達於萌芽的時期。（甲）經學。顧炎武在清代經學中，堪稱開山之祖，同時太原閻若璩著尙書古文疏證，力攻晚出古文與孔傳之僞，推求實證，開清代考證的先聲；且古文之僞已明，漸開學者疑經的風氣，而研究的興味益濃。其時德清胡渭著易圖明辨，證明河圖洛書先天太極之學，皆出於養生家的依託，使理學之信仰根本動搖，與閻若璩之疏證，皆有很深的影響。故顧炎武、閻若璩、胡渭三人，足爲清初經學家的領袖。清儒之研究易經，而有所著述者，如黃宗羲之易學象數論，李塨之周易傳注，毛奇齡之推易始末，惠棟之周易本義，焦循之周易通釋等。研究書經而有所著述者，如宋鑒之尚書考辨，江聲之尚書集註音疏，王鳴盛之尚書後案，孫星衍之尚書古今文注疏，段玉裁之古文尚書考異，毛奇齡之古文尚書寃辭，劉逢祿之尚書古今文集解等。研究詩經而有所著述者，如朱鶴齡之詩通義，李黼平之毛詩紬義，戴震之毛鄭詩考正，莊存與之毛詩說，丁晏之詩考補注，包世榮之毛詩禮徵，陳大章之詩傳名物集覽等。研究春秋而有所著述者，如方苞之春秋通論，毛奇齡之春秋傳，惠士奇之春秋說等。研究禮經而有所著述者，如徐乾學之讀禮通考，萬斯言之學禮質疑，孔廣森之大戴禮補注，胡培翬之儀禮正義，朱彬之禮記訓纂，孫詒讓之周禮正義，黃以周之禮書通故等。其他治公羊者，有孔廣森之公羊通義，凌曙之公羊禮說，陳立之公羊正義；治穀梁者，有侯康之穀梁禮證，許桂林之穀梁釋例，梅毓之穀梁正義；治論語者，有劉台拱之論語駢枝，包愼言之論語溫故錄，宋翔鳳之論語發微，劉寶楠之論語正義；治孟子者，有黃宗義之孟子師說，焦循之孟子正義，戴震之孟子字義疏證，均爲有價值的著作。

（乙）史學。清代以異族入主中國，對於漢族的思想言論自由極力壓迫，屢興文字大獄，故有清一代學者，大都抱定明哲保身的宗旨，相率從事於考據注釋輯纂古書的工作。當代史學界多述而不作，史書的著述，除明史以外，竟無巨帙，惟譜表與地及地方志的著作，較爲發達。清代史家有萬斯同撰歷代史表五十三卷，明史稿三百十卷，顧炎武撰天下郡國利病書，肇域志，二十一史年表，歷代帝王宅京記；黃宗羲撰明儒學案六十二卷；王夫之撰宋論十五卷；傅維鱗撰明書一百七十一卷；厲鶚撰遼史拾遺二十四卷；馬驌撰繹史一百六十卷；張廷玉撰明史三百三十六卷；顧棟高撰春秋大事表五十卷；高士奇撰左傳紀事本末五十三卷；郭倫撰晉書六十八卷；崔信撰考信錄三十三卷；趙翼撰二十二史劄記三十六卷；畢沅撰資治通鑑二百二十卷；章學誠撰文史通義八卷；陳鶴撰明紀六十卷；皮錫瑞撰經學歷史十卷；柯劭忞撰新元史二百五十七卷；王鳴盛撰十七史商榷一百卷；錢大昕二十一史考異一百卷。其他御批通鑑輯覽百六十卷，續通典六百五十卷，續文獻通考二百五十二卷，續通志百四十四卷，皇朝通典一百卷，皇朝文獻通考二百六十卷，皇朝通志二百卷等，均為有益史學之作。又大清會典，大清通禮，大清一統志，蒙古源流，八旗通志以及東華錄，都是重要史料。（丙）天算學 清聖祖常召耶穌會教士，進講西洋的科學，並任用之為歷政的顧問，因以改革明代的歷法而編纂康熙歷法，曾撰成歷象考成，數理精蘊。是時梅文鼎及王錫闡，亦通天文數理，梅文鼎為聖祖所信任，斟酌西洋之法，著律算全書；王錫闡著曉庵新法，江永著愼修數學，戴震撰算經，即其著者。西人湯若望於清初仍得順治帝的信任，委為監副。康熙三年至八年，因中國官憲排擠之故，耶穌會人出欽天監，康熙帝使比國耶穌會士南懷仁（Verbiest）與中國人楊光先、吳明煊，同測日影，以試中西歷法的優劣，南懷仁得勝，於是清帝復其位，欽天監復歸耶穌會士。清代所行之歷，即參酌歐西之法而成者。（丁）醫學 明末清初，天主教耶穌會士曾否努力輸入西洋醫學，無記載可考。路德新教徒入中國後，西洋醫術，始傳入中國，最早者為種痘法，有說西班牙人於一千八百零三年（嘉慶八年）傳入中國者；有說英國東印度公司醫官皮爾孫（Alexander Pearson）於一千八百零五年（嘉慶十年）傳種痘法於中國，皮爾孫在廣州行醫，曾著一小書說明種痘法，斯丹頓(George Staunton)代爲譯成華文，氏又傳授其法於中國生徒。一千八百二十年（嘉慶二十五年），東印度外科醫生立溫斯頓(Livingstone)與瑪爾遜在澳門立一小醫院，醫治貧苦的中國人。一千八百二十七年（道光七年），東印度公司醫生戈列治(T. R. College)，在澳門立一眼科醫院，繼又立一養病院，可容四十人，此爲西國醫院立於中國的開始。戈列治又在廣州設立一小醫院。道光十四年，美人派克(Peter Parker)設醫院於廣州，專理眼科；十八年與美國公理會士裨治文(Rev E.E. Bridgman)及戈列治，共組廣州醫科傳教會，派克氏爲在中國教士兼醫生的第一人。道光二十三年，英人羅克哈忒(William Lockhart)抵上海，立英租界山東路的醫院，咸豐十一年又在北京立一醫院，卽後來協和醫院的基礎。自是以後，醫生兼教士來華者日多，各地西式醫院亦逐漸設立，如汕頭英國長老會之醫院，廣州美國長老會之醫院，奉天蘇格蘭聯合自由會之醫院，杭州大英醫院，漢口英國醫院，上海倫敦傳教會醫院，美國聖公會醫院，濟南齊魯醫院，淮陰仁濟醫院，北京協和醫院等，均馳名中國。（其詳可參閱 K. S. Latourette, A History of Christian Missions in China; Couling Encyclopaedia Sinica. 及歐化東漸史）。國醫學有乾隆時奉敕編成之醫宗金鑑一書，其以醫傳名者，有喻昌、張登、張倬、魏之琇、徐大椿等。（戊）地理學。清代精於地理學者，有胡渭。胡渭素習禹貢，以僞孔傳、孔穎達及蔡沈於地理多疏舛，乃博稽載籍及古今經解，於九州分域、山川脈絡、古今同異之故，一一討論詳明。渭又以禹貢無圖，不便檢閱，乃參考各書，成圖四十七。渭嘗與閻若璩、顧祖禹、黃儀共修一統志。顧祖禹著讀史方輿紀要百二十卷，據正史考訂地理，於山川形勢險要古今用兵戰守攻取之跡，皆有所折衷。（此書與梅文鼎歷算全書，李淸南北史合鈔稱爲三大奇書），西洋地理學自康熙二十八年，尼布楚條約訂立以後，教士張比倫（Gerbillon）以亞洲地圖進帝，說明滿洲地理知識的缺乏，以後數次征撫蒙古，游歷滿洲，巡幸江南，皆命張氏隨行，隨地測定緯度；是時乾隆帝已有測量全國的計劃，至四十七年四月十六日，乃明令測圖，實行工作，由保域（Bouvet）雷芝士（Regis）杜德慈（Tuatoux）諸神父，先從長城測起，繼測北直隸、滿洲、黑龍江、山東、陝西、山西、江西、廣東、廣西、四川、雲南、貴州等省，自康熙四十七年開始，至五十七年而全圖繪畢，名爲皇輿全覽圖；同治二年，武昌府刊印之皇朝中外一統輿圖，及坊間所售各種圖，皆以此爲根據。（己）兵器學。清室入主中國，教士助清鑄造銃礮，康熙十二年，吳三桂叛，比國教士南懷仁（E. Verbiest）於二三年間，共鑄大小鐵礮百二十門，分配於陝西、湖廣、江西等省。二十年，更鑄輕便歐式之神武礮三百二十門，又編神武圖說一書，中分理論二十六圖，解四十四說，明銃礮之詳細，而進呈於帝，遂賜以工部右侍郎之職銜。咸豐間，洪楊盤踞江浙，李鴻章利用外洋輸入火器，攻下蘇州、常州，於是曾國藩等，於同治四年在上海設立江南製造廠，製造鎗礮，並附設兵工學校，培養工兵人才，中國的兵器學，自是以後，始加以注意。

第十七節　清代之理學

清代之理學，是接續宋明理學心學的流派而說的。在思想上，孫奇逢、陸隴其、陸世儀、李二曲等，與宋明理學，都有淵源。（甲）孫奇逢。奇逢字啓泰，直隸容城人，生於明神宗萬歷十二年，歿於清聖祖康熙十四年，達九十二歲的高齡。晚年講學於夏峯，著有理學宗傳二十六卷，理學傳心纂要八卷，讀易大旨五卷，夏峯先生集六十卷。他的思想，注重體認天理。他說：『聖賢爲天地而立心，爲生民而立命，其心及今，猶爲存在。』且演繹其理說：『人者天地之心也，人失其爲人，天地何以淸寧，故爲天地立心生民立命者，聖賢之事也。明主不作，聖人已遠，堯舜孔子之心，至今在此，非人也天也。』他的學問得力陽明爲多，更和通朱子之學，可說是介於朱陸之間，而調和折衷的。語錄說：『明道曰「天理二字，是自己體貼出來，」是無時無處，莫非天理之流行也。精一執中，是自己體貼出來，良知是陽明自己體貼出來。能有此體貼，便是其創獲，便是其聞道，恍惚疑似，依據不定，如何得聞。從來大賢大儒，各人有各人之體貼，是在深造自得之耳。』與魏蓮陸書（魏氏保定人）申述纂輯宗傳之旨有說：『言陽明之言者，豈遂爲陽明，須行陽明之行，心陽明之心，始成爲陽明。言紫陽之言者，豈遂爲紫陽，須行紫陽之行，心紫陽之心，始成其爲紫陽。我輩今日要眞實爲紫陽爲陽明，非求之紫陽陽明也，各從自心自性上，打起全副精神。』可見他是偏於主觀的唯心論者。

（乙）李二曲。二曲字中孚，西安、盩厔人，家貧無力就學，母彭氏教之識字，常向親友借書，經史子集，以至老佛，無不偏讀。康熙四年母死後，入道南書院講學，繼於無錫、江陰等地講學。著有全書二十六卷，及十三經糾謬，十七史糾謬等書。他的思想，得自心悟。反身錄說：『學問之道，在定心，靜而安，寂而不動，感而遂通，廓然大公，物來順應，猶如照鏡，不迎不隨，此之謂能慮，此之謂得其止。』他嘗因門人問朱陸異同時答覆說：『陸之教人，一洗支離錮蔽之陋，在儒教中最爲警切，使人言下爽暢醒豁，以自有所得；朱之教人也，循循有序，恪守洙泗家法，中正平實，極便初學，要之二先生，均於世教人心有大功，不可輕爲低昂也。中於先入之言，抑彼取此，不可爲學也。』（見全集卷四靖江要語）。

又說：「孔子以博文約禮之訓，上接虞廷精一之傳千載之下，淵源相承，確守不變，惟朱子爲得其宗；生平自勵勵人，一以居敬窮理爲主，窮理卽孔門之博文，居敬卽孔門之約禮，內外本末，一齊俱到，此正學也；故尊朱卽所以尊孔也。然今人亦知闢象山尊朱子，及考其所謂尊，則不過訓詁文義而已矣。至於朱子內外本末之兼誼，主敬褆躬實修之旨則缺如，吾不知其如何也。況下學循序之功，象山雖疏於朱子，然其爲學也，先立其大者，峻義利之防，亦自不可得而掩之也。今日學朱者，能如是乎？不能如是，而徒區區以語言文字之末闢陸尊朱，則多見其不知量也。」（全集卷十五富平問答）。可見他雖是折衷於朱陸，而心中是崇仰朱子的。有一次門人問易時，他說：「今且不必求易於易而且求易於己；人當未與物接，一念不起，卽此便是無極而太極，及事至念起，惺惺處卽此便是太極之動而陽；一念知斂處，卽此便是太極之靜而陰；無時無刻而不以去欲存理爲務，卽此便是天行健君子以自強不息。人欲淨盡，而天理流行，卽此便是乾之剛健中正純精。」（全集卷五錫山語錄）。他所說人欲淨盡而天理流行，是染了佛家空無寂靜之旨的。（丙）陸隴其　隴其字稼書，浙江平湖人，生於明毅宗崇禎三年，康熙九年進士及第，年四十一。初爲江南嘉定令，後爲直隸靈壽令，與諸生講論，著松陽講義十二卷。康熙三十一年卒。其他著作有三魚堂集十二卷，外集六卷，賸言十二卷，困勉錄正續三十七卷，問學錄四卷，讀朱隨筆四卷，讀禮志疑六卷等書。陸子宗崇朱子，排棄王學，他的學術辨三篇，就是爲破陽明明程朱而作的。此外學理的議論，有太極理氣二論，本於周子的太極圖說。全集卷一說：「夫太極者，萬理之總名也。在天則爲命，在人則爲性；在天則爲元亨利貞，在人則爲仁義禮智；以其有條而不紊，則謂之理；以其爲人所共由，則謂之道；以其不偏不倚，無過不及，則謂之中；以其眞實無妄，則謂之誠；以其純粹而精，則謂之至善；以其至極而無以加，則謂之太極；名異而實是也。學者誠有志乎太極，惟於日用之間，時時存養，時時省察，不使一念之越乎理，不使一事之悖乎理，斯太極存焉矣。』全集卷一理氣論說：『天下未有無本而能變化無方者，未有無本而流行不歇者，而理氣之本果安在耶？今夫盈於吾身之內者，皆氣也，而運於其氣之內者，理也。』可見他不以理氣爲二元，而以理統攝氣也。

（丁）陸世儀。世儀字道威，江蘇太倉人，生於明萬歷三十九年，少有經世之志，明亡後，則於東林講學，已歸昆陵，又歸太倉，亦講學不輟，清朝屢想起用他，固辭不出；專修程朱學，終生從事於著述，康熙十一年，六十二歲卒。著有思辨錄二十二卷，後集十三卷，論學酬答四卷，儒宗理要六十卷，性善圖說一卷。他的思想，和程朱殆無出入，思辨錄卷二說：『居敬是主宰處，窮理是進步處，程子亦曰：涵養須用敬，進學則在於致知。』他認理氣二者是不可分的，他以爲性，就是氣質，本然的性，不可稱爲性，性落到後天的形質時，始爲有性可稱的。思辨錄輯要後集卷四說：『諸儒中論性，莫如周子最明白最純備，通書首章曰：誠者聖人之本，大哉！乾元，萬物資始，誠之源也；乾道變化，各正性命，誠斯立焉；純粹至善者也，故曰：一陰一陽之謂道，繼之者善也，成之者性也，元亨誠之通，利貞誠之復，大哉易也，性命之源乎！只就元亨利貞上看出，繼善誠性處，不過一誠字，能全此實理者惟聖人，故曰：誠者聖人之本。』他以人之性，不同於物之性，能誠其性，可達於至善，由此可以看出人類品位的尊嚴。清儒理學一派之論理論氣論性，皆居於主觀的立場，而不是居於客觀的立場的。至若清儒中之居於客觀的立場，而論理性者，首推戴震。戴氏之言理，一反理學家的論調，他特別的見解，可分二端：（一）理有客觀的存在。孟子字義疏證卷上說：『理者察之而幾微，必區以別之名也，是故謂之分理。在物之質曰肌理，曰腠理，曰文理，得其分則有條而不案，謂之條理。』理學家之所謂理，是具於心，純爲主觀的解釋，戴氏之所謂理，不在於心，而在於事物。(二)理有普遍性。理有普遍的標準，凡天下萬世所公認者，始可謂之理，其未至於公認之程度，是少數人的意見，非理也。疏證卷上說：『心之同然者，始謂之理，謂之義，則未至於同然，存乎人之意見，非理也，非義也。凡一人以爲然，天下萬世皆曰是不可易也，此謂之同然。』宋明清的理學家所謂理，是少數人頭腦想出來的意見，非具有普遍性的理，合於世界眞理的標準，和宇宙自然的法則的，所以常陷於玄學家的圈套啊。

第十八節　清代之文學

清人入關，欲懷輯漢人，所以獎進文化，如開博學鴻詞科，編纂圖書等，皆足以令士大夫受其籠絡，爭自濯磨。

(一)散文。清初散文有幾個著名的作家，其中以王猷定、魏禧、侯方域等人爲尤著者。魏禧、侯方域、汪琬、三人，又共稱爲清初三家，就散文而論，三人各有各的好處，清人評論他們的文道：『魏如曹孟德，霸氣籠冠一世；侯如孫仲謀，可以爲敵；汪如劉玄德，偏安巴蜀而已。』(見胡懷琛編中國文學史概要一五二頁引)。魏禧之文，力模蘇老泉，在唐宋八家中，學之最善。馮少渠說：『其文之曲折處在能縱，然其病正在此，波折太過，繆戾叢生。』(見國朝廿四家文鈔)。侯方域倣韓、歐，遂成一代之名，其所著壯悔堂文集，是才子之文，所長在敍事，唐宋所少見。徐鳳輝說：『方域步驟史遷，而才足以運之，故行文矯變不測，如健鶻摩空，如鯨魚赴壑，讀之目眩魂驚，令人嘆絕。』(國朝廿四家文鈔。)汪琬論文章，以爲學古文，非學其辭，乃學其方法，可破一切古文家的謬見。清初和侯方域、魏禧、汪琬、三家相頡頗的散文作家，還有彭士望、邵長蘅、施閏章、姜宸英、朱彝尊等。清代中年的文壇，幾乎被桐城派所佔據，此派源於歸震川，振於方苞、劉大櫆及劉之弟子姚鼐出而桐城派乃成立。（方苞、劉大櫆、姚鼐，都是桐城人）。當乾隆時，漢學戰勝宋學，而姚鼐儌宗宋儒，他以爲義理、考據、辭章三者不可缺一，所謂辭章，乃文章而非文學。自後桐城高足弟子管異之、梅伯言、方東樹、姚碩甫等，各以所得授徒友，綿延全國，同時非弟子而服膺桐城的，有魯絜非等；其後又支出爲江西、廣西、湖南三大派，而其代表人物又很爲有聲勢的，其中尤以曾國藩爲最。桐城派未興之先，劉大櫆之其他門徒錢伯坰、魯思時時誦其師說於陽湖惲子居、武進張皋文，他們二人遂盡棄考據駢儷之業，而專力爲古文辭，自後陽湖古文學大盛，世目爲陽湖派。陽湖派以惲敬（子居）爲領袖，但不及桐城之盛，後起者有秦小峴、陸繼輅、董士錫、李兆洛諸人。二派同時並起，各以發源地稱之。張皋文治經很深，惲子居精百家之言，都爲一代大學問家。自曾國藩出，而桐城派遂高出一時。其時漢宋學俱衰，又值洪楊之亂，瑣屑的考據，空虛的義理，沒有人注意，而桐城派文，切於實用，便於戎馬倥傯之際，一經曾國藩提倡，遂風靡全國。曾國藩於學術，剷除漢宋之爭，於文學，調劑桐城陽湖之別；他的幕下有李元度、薛福成、吳敏樹、黎庶昌、張濂卿、吳汝綸等，俱爲當時著名作者。吳汝綸爲京師大學堂總教習，文名尤盛，他又是桐城人，更爲當時所推重。（參閱譚正璧編中國文學史大綱一二七頁，陳冠同編中國文學史大綱一六八頁）。自鴉片戰爭五口通商而後，中國的政治社會，都感覺不安，而文學無形發生劇變，首先發生變化的，是龔自珍，有人批評他的文說：「劍拔弩張，全是霸氣」，就可想見他豪放的氣概。以後康有爲、梁啓超，不守常法的文學作品，以及南社諸人之民族主義的文學，接續產生，不斷直至清亡而後止。清末章太炎作周秦文章，雖古雅而非平人所能學。林紓自居桐城派，文乃不類，他對於介紹外國文學，卻有功勞。其餘文家，如樊樊山、易實甫等，亦有文名。其時梁啓超以淺近文言作文，開白話文之先聲，學之者很多，影響於文學界頗大。（二）駢文。清代駢文復盛，作者蜂起，稱大家者甚多，尤侗（西堂）陳維崧（迦陵）最爲卓出；胡天游（稚威）爲文奧博，袁枚（簡齋）能用駢文，獨抒己見，辯論是非。他如吳兆騫、吳其言、吳綺、張惠言、劉星輝、洪亮吉、孫星衍、孔廣森、汪中諸家駢文，都辭華明達，稱誦一時。（三）詩。清代詩的創造力，遠不及唐宋，派別五花八門，不像明代作家，祇知道模彷盛唐詩人。顧實於中國文學大綱說：『清人對於明人之弊，早已十分觀破，故雖同是造化，而遙較工巧，幾可作原物觀也。』（見二九〇頁）。清代開國幾個大詩人，就是錢謙益、吳偉業、龔鼎孳，世稱爲江左三大家，其中錢的詩格最高，吳的影響最大，龔的詩，技能較小。錢謙益，字受之，號牧齋，常熟人，（清順治定江南，錢謙益出降爲禮部侍郎），他的詩：『沉鬱藻麗，原本杜陵，清高逸致，遠在梅村祭酒之上。』（見陳文述頤道堂集卷上）。吳偉業，字駿公，號梅村，太倉人。明末進士，入清爲國子祭酒。四庫全書提要評梅村集說：『才藻豔發，吐納風流，有藻思綺合，清麗芊眠之致。其中歌行一體，尤所擅長。格律本乎四傑，而情韻爲深；敍述類乎香山，而風華爲勝；韻協宮商，感均頑豔，一時尤爲絕調。』梅村生於國步艱難社稷傾覆之後，爲詩多所感慨。比錢謙益，吳偉業少後的大詩人，是王士禎。士禎字貽上，號阮亭，又號漁洋山人，山東、新城人，官至刑部尚書。著有帶經堂集、感舊集、古詩選、唐賢三昧集等詩集。他對於做詩，有鮮明的主張，就是神韻說，他以爲『禪道惟在妙悟，詩道亦在妙悟，』這種主張，出於嚴羽的滄浪詩話。與王士禎齊名者有朱彝尊，即竹垞，秀水人。康熙十八年，召試博學鴻詞科，官翰林院檢討。紀曉嵐說：『彝尊以布衣登館閣，與一時名士，掉鞅文壇，時王士禛工於詩而疏於文，汪琬工於文而疏於詩，閻若璩、毛奇齡，工於考證而詩文皆次乘，獨彝尊事事皆工，雖未必凌跨諸人，而兼有諸人之勝，核其著作，實不愧一代之詞宗。』（見四庫簡明目錄）。朱彝尊於古詩特顯其長，格律蒼勁，但其詩比王漁洋，稍爲低下。立於錢謙益、吳偉業、王士禛、朱彝尊、四家之間者，有施愚山、宋荔裳、順治之際，聲名並著，一時有南施北宋之目。愚山，字尚白，江南、宣城人，荔裳，字玉叔，山東、萊陽人，二人因其產地而作風不同。南方產之愚山，溫柔敦厚；北方產之荔裳，雄健磊落。清初學宋詩而成名的，祇有一查慎行。慎行字悔餘，晚號初白，浙江海寧人，官翰林院編修。四庫全書提要論他所著的詩說：『近體源出於陸游，古體出自蘇東坡，』甌北詩話說：『梅村後，欲舉一家，列唐宋諸公之後者，實難其人。唯查初白才氣開展，工力純熟，鄙意欲以繼諸賢之後，而聞者已掩口胡盧，不知詩有眞本領，未可以槩古虛今之見，輕爲訾議也。』他教人作詩，注重詩之意，詩之氣，詩之空，詩之脫；而不在於詩之辭，詩之直，詩之巧，詩之易；意義亦混雜不清。清代中葉的詩人，有三大派，都是神韻派的反動。主張做詩注重格律的，有沈德潛；主張做詩注重肌理的，有翁方綱；主張做詩注重性靈的有袁枚。袁枚字子才，號簡齋，浙江錢塘人，著有小倉山房詩文集等書；他又是一個駢文家，但是做起詩來，卻不用典故。袁枚與陽湖趙翼，鉛山蔣士銓，號稱江左三大家。趙翼有甌北詩集，蔣士銓有忠雅堂集，都是提倡性靈的詩派。洪亮吉曾批評他們說：『袁簡齋如通天神狐，醉後露尾；趙雲松如東方正諫，時帶諧譃；蔣心餘如劍俠入道，尚餘殺機。』（見洪北江詩話）。這是他們作詩的分別。清代中葉詩人，比較著名的有三位：一是錢載，浙江秀水人，所著蘀石齋詩集，自成一家；一是厲鶚，浙江錢塘人，所著樊榭山房集，以精深幽峭見長。一是舒位，直隸大興人，所著瓶水齋詩集，才氣特盛。清代自太平天國起義後，詩界的風氣，大爲轉變，卽是宋詩運動。此時大詩人，如鄭珍的巢徑巢詩鈔，莫友芝的郘亭詩，金和的秋蟪吟館詩鈔，江湜的伏敔堂詩，都能以蒼勁的筆致，寫亂離的情緒；而金和的詩，更能有散文化的妙用，完全是模仿宋詩的成功。（參閱劉麟生中國詩詞概論一二一頁，胡適五十年來中國之文學十六至二十頁）。其他詩人，有仁和、龔自珍的定庵詩集，莊蔚心宋詩研究論他的詩：『雖淵源兩宋，實開宋人未有之境；七言絕句，富麗深峻，才氣橫及，古人中無有能及之者。』（見是書二十三頁）。他的詩是富於創造性的。清代末年，以新思想新材料去做詩的，有黃遵憲。黃遵憲，廣東嘉應人，他做的詩，有詠時事的，有詠新事物的，能用白話，能用散文，可說是詩學的革命。（參閱陳子展中國近代文學之變遷第二十七頁）。當時與黃遵憲主張相似的，有譚嗣同、梁啓超諸人，能替舊詩體，增加新的格式，對於中國詩的革新，是有貢獻的。（四）詞。清代的詞，可說是詞的復興時代。清初詞人，不免染了明人的氣習，到了朱彝尊，宗法姜、張；陳其年宗法蘇、辛，風氣一變。朱彝尊是浙派的先導，浙派詞到了厲鶚、郭麐，可謂登峯造極。浙派末流，不免失之堆砌，於是有常州派樹反動的旗幟，張惠言、張琦，是此派的領袖；周濟、莊棫，是此派的健將。浙派的流弊，爲雕琢生澀；常州派的流弊，爲空疏隱晦；所以項鴻祚與蔣春霖，折衷於二派之間，而自成一派。清末詞人，有鄭文焯，朱祖謀，所撰的詞，都可以稱名家。（五）小說。清代小說和以前的小說比較，有兩種變化：一種是進化，一種是退化。所謂進化，就是由宋、元式的說話變爲描寫，如曹霑的紅樓夢，吳敬梓的儒林外史，是取日常生活而描寫的，至說話體所取的材料，是離奇曲折熱鬧非常的故事，兩種相比，後者比前者好，所以說是進化。但紅樓夢所寫的，是貴族的生活，儒林外史所寫的，多是文人的生活，都和民衆不相干，所以說是退化。其他宋元式的說話小說，有七俠五義，兒女英雄傳，粉妝樓，二十年目覩之怪現狀，老殘遊記，官場現形記等。迨至清末，西洋小說的譯本叢出，如偵探小說，冒險小說，歷史小說，人情小說，均極盛行。（五）戲曲。清初戲曲，是承明代南曲之舊，通稱爲傳奇，以孔尙任的桃花扇爲有名。桃扇以侯方域及金陵名妓李香君的戀愛故事爲主，中間夾敍明代亡國的事實，悽惻動人。稍後有洪昇的長生殿，李漁的十種曲，蔣士銓的藏園九種曲，黃燮清的倚晴樓七種曲，都有名，但不及桃花扇長生殿好。同時民間的地方劇也盛行，有所謂湖廣調行於湖北，西皮行於陝西，弋陽腔行於江西，徽調行於安徽，京調流行於北京。清末西洋戲劇輸入中國，中國的戲曲界，開始發生變化。

結論

以上就宋、元、明、清、四代文化轉變的趨勢而敍述舉文化所包涵的政治、風習、家族制度、農業、商業、工業、交通、幣制、官制、軍制、法制、宗教、美術、教育、學術、理學、文學等類，而揭其要點論列之。每一朝代有一朝代的文化特點，爲其他朝代所不及的，如宋代印刷術的發明，儒家思想的大轉變；元代版圖與交通制度的推廣，戲曲小說的勃興；明代與外國交通的銳進，和西方文化接觸的頻繁，中國醫學的發展，造船工業的進步；清代經史典籍的搜羅，西方文藝科學的模仿，均爲一代文化的特色。但在另一方面，我們感覺中國近世文化之徘徊不進，仍然與舊式的古板的落伍的文化綿延不絕，而爲新文化誕生的阻力。中國幾千年來的文化，從文化之間有優良者說來，其中亦有不可磨滅的價值存在，倘估量全部的文化，大部分已不能佔在時代的前線，故排去不良的文化素質，而吸收世界的優良文化素質，以產生新異的進步的文化，是爲今日的要圖。近世的文化生活，與我們的現在社會，距離不甚懸遠，鑑往可以知來，從近世期的文化，提綱挈領而一一估量其價值，與本來面目，這種工作，在學術上是很重要的。我們知道文化是社會生活的產物，社會變遷，文化當從而變遷，文化又是個人創造的產物，個人進步，文化當從而進步；生於今日不能以古代社會產生的文化爲滿足，而牢守不移，又不能以現代世界產生的文化爲滿足，而停頓不進。如果想了解人類社會生活的性質，及其可能的發展，必須了解文化之特殊要素，和支配人生前途的文化力量。文化在個人裏表現一種機能，在社會集體裏表現一種力量。人體的個體行爲與團體行爲，有許多是受文化的勢力所約束的。喪失了文化機能的個人，與喪失文化力量的社會，變成文化的窒息狀態，而斷沒有進展活動的可能；所以「現代人」的生活，可以說是文化的生活。沒有文化的生活，是非人的生活；沒有眞正文化的生活，是可憐的生活。現代的國家，現代的民族，倘是沒有唯人的眞正的文化生活，這個國家和民族，眞是陷於可憐可悲的命運了。中國的文化，開發於幾千年前，中經周、秦、漢、唐的光榮時代；一千年來，文化沒有什麼特別的進展，以前所創造的文化，至現代漸次喪失其重要性，而有創造新異的優良的適應現代需要的文化的必要。倘是中國的民族，不能振作復與起來，甚或爲帝國主義者的統治支配，則中國民族唯有生存於非人的生活，可憐的生活中，那有創造新異的優良的文化的可能呢？文化是包括人類控制自然界和自己獲得的能力，所以一方面牠是包含物質文明，如工具武器衣服房屋機器及工業制度的全體；他方面是包括非物質的或精神的文明，如語言文學藝術宗教儀式道德法律和政治的全體；（參閱美國 Charles A. Ellwood 文化進化論漢譯本一一頁）試問中國現代的物質的精神的文化，有那一種可以値得保存呢？有那一種應宜淘汰呢？中國現代物質的精神的文化，其仍適應於時代的需要，仍存有歷史的價値者，應保存而發展之；否則應淘汰而不宜容許，以阻礙國家的進步。（其詳可參閱拙著中西文化論戰之鱗爪一書）。梁啓超曾說過：『墳典索邱，其書不傳，姑勿論，卽如尙書已起於三千七百年以前，夏代史官所記載。今世界所稱古書，如摩西之舊約全書，約距今三千五百年，婆羅門之四吠陀論亦然，希臘和馬耳之詩歌，約在今二千八九百年前，門梭之埃及史約在二千三百年前，皆無能及尙書者；若夫二千五百年以上之書，則我中國今傳者，尙十餘種，歐洲乃無其一也。』但是估量中國的文化，雖開發爲世界先然千年來文化停滯不進（可說由宋代起）至今與歐西進步的文化較，甚後不知幾千里，故當「舍其舊而新是謀」以推陳出新的方法，使一切文化繼續向前發展而後足以維護民族的生存，而適應時代的需求。凡人類是具有創造文化的能力的，不過有等低下的民族，他們的能力是比較的薄弱，智識是比較的幼稚，思想是比較的卑陋，沒有平均的充分的發展而已，如中亞美利加的馬耶人(Mayas)的建築術甚爲進步，而關於冶金的方法，則反比非洲的黑人爲幼稚，他們對於家畜尙不知利用，而對於書畫的藝術，則有可觀。（參閱張國仁著世界文化史大綱二五頁）。中國的民族是具有創造能力的民族，證於中國文化開發於幾千年前，就可以知道。有人以爲中國現代的文化與歐美現代的文化比較，是一無所長的，這未免賤視中國民族本身的創造能力了。倘是中國民族所創造的文化，而均是一無所長的，則中國民族應爲天演所淘汰了。我們認定中國民族有創造的偉大能力，然而中國民族本身要獨立要自由而後足以發展現代的文化，享受現代的文化生活。埃及的奴隸人能造金字塔，但恭祝勝利之聲，未有所聞，勞工者一羣一隊臥於鐵道路車上，而鐵道火車上之一種安全睡車(Pullman Car)則未能享受；舖路的工人，他們不能以搬運車轉動於瀝青之路。（參閱 "The new Basis of Civilization,, P.9t.by Simon N. Patten,Ph.D;LL.D.)中國的民族倘不能努力於復興運動，而爲帝國主義者所統治所支配，則中國民族未能享受眞正的文化生活，中國現代文化的發展是沒有多大的希望。我們中國的民族，鑒於宋、元、明、清、四代文化之停頓不進，未能追蹤歐美文化的國家，今後當如何致力於新文化的創造啊。

中華民國二十五年一月初版

中國近世文化史一册
(95682·4)
每册定價國幣壹元貳角
外埠酌加運費匯費

著作者　陳安仁
發行人　王雲五
上海河南路
印刷所　商務印書館
上海河南路
發行所　商務印書館
上海及各埠

(本書校對者滕秉全)

祥

二五四上

版權所有
翻印必究